《湖湘伦理学文集》第三辑

社会转型与发展伦理

主编　李建华

Social Transformation and Development Ethics

湖南师范大学出版社

图书在版编目（CIP）数据

社会转型与发展伦理／李建华主编．--长沙：湖南师范大学出版社，2017.11

ISBN 978 - 7 - 5648 - 3045 - 8

Ⅰ.①社…　Ⅱ.①李…　Ⅲ.①社会转型 - 伦理学 - 研究②社会发展 - 伦理学 - 研究　Ⅳ.①B82 - 052

中国版本图书馆 CIP 数据核字（2017）第 274457 号

社会转型与发展伦理
Shehui Zhuanxing Yu Fazhan Lunli

李建华　主编

◇责任编辑：孙雪姣
◇责任校对：李　幸
◇出版发行：湖南师范大学出版社
　　　　　　地址/长沙市岳麓山　邮编/410081
　　　　　　电话/0731 - 88873071　88873070　传真/0731 - 88872636
◇经销：湖南省新华书店
◇印刷：长沙宇航印刷有限公司
◇开本：710mm×1000mm　1/16
◇印张：27
◇字数：456 千字
◇版次：2017 年 11 月第 1 版　2017 年 11 月第 1 次印刷
◇印数：1—800 册
◇书号：ISBN 978 - 7 - 5648 - 3045 - 8
◇定价：68.00 元

《湖湘伦理学文集》编委会

湖湘伦理学脉络及其当代使命

　　源远流长的湖湘文化为湖南伦理学的发展提供了肥沃的土壤，为其注入持久的生命力。以远古神农、炎帝故事为开端，湖湘文化早在数千年前便自成一派，在历史长河中奔流不息。屈原赋辞、贾谊哀鹏，古圣先贤们早已为我们留下了凝聚着我国优秀文化传统的道德精神。宋明以来，湖湘文化更是作为儒家正统而享有"道南正脉"的美誉。从朱熹、张渡、王夫之到曾国藩、左宗棠，再到魏源、谭嗣同、黄兴、毛泽东，湖湘文化广汇百家、博采众长，形成了包容、开放、勇于担当的道德态度，更凝结成"经世致用"、"敢为天下先"、"天下兴亡、匹夫有责"的精神气质。这种态度与气质已经融入每一位湖南人的血液之中，引领着一代又一代湖南人以天下兴亡为己任，致力于民族的复兴、国家的富强。能够在这片有着如此丰厚积淀的土地上进行伦理学研究，是我们的幸运，更是我们的骄傲。

　　湖湘伦理文化在数千年的历史长河之中如湘江之水源远流长、奔流不息。站在三湘大地，我们在呼吸之间都能感受到湖湘伦理文化的浓厚气息。早在上古时期，中华大地的两位圣君——炎帝、舜帝，先后驻居此地，遍尝百草、教化五伦，播下伦理的种子。千年之后，屈原怀着忧国忧民之心来到湘水之滨，慷慨赋辞，以投江的悲壮方式阐释了爱国与忠诚。汉代贾谊步屈子后尘，于穷困之时来到这片土地，在对先贤的凭吊与追忆中继承发扬了心系社稷的伦理精神，处江湖之远仍忧其君，始终不改家国之念。他们的到来既促成了湖湘文化从俗到雅的转变，更奠定了胸怀天下的湖湘伦理基调。宋明之际，胡安国、胡寅、胡宏承袭理学正统，自成一派，湖湘伦理文化开启了新的篇章，以系统性的形式成为中华伦理文明的重要分支，形成了"吾道南来，原是濂溪一脉；大江东去，无非湘水余波"的学术情怀。湖湘伦理从一开始就显露出"立乎其大，贯通融合"的风度。胡寅、胡宏完成了对心、理二分的超越，开创性地提出"心理一体"的哲学命题，就此衍生出从"体"到"用"的道德逻辑。王夫之博采众家之长，进一步构建出精致完备的从道德认知走向道德实践的"知行合一"伦理体系。往圣先贤们的道德智慧赋予了湖湘伦理知行相济、经世致用的独有气质。从曾国藩、左宗棠到谭嗣同、毛泽东，一代又一代湖湘儿女在实现民族自强、民族复兴的脚步中不断为湖湘伦理注入新的内涵。正因如此，湖湘伦理的土壤才能如今天这般肥沃厚重、生机勃勃。

在湖湘伦理文化的熏陶与滋养下，湖南伦理学的发展欣欣向荣。20世纪70年代末80年代初，湖南学者们就走在我国伦理学发展的前列，开始了作为专业性领域的伦理学研究。1980年，湘潭大学哲学系开设了伦理学必修课程，这是教育部首次规定哲学专业本科生要开设伦理学课程。经历三十多年的辛勤耕耘，湖南伦理学已经建立了从本科、硕士到博士、博士后的完整人才培养体系，承担了多项国家、教育部重大委托项目、重点研究项目，培育了数以千计的伦理学工作者。湖南已经成为中国伦理学教育、研究的重镇，湖南伦理学队伍也已成为中国伦理学的中坚力量。湖南伦理学建设有国家级、省部级重点学科、研究基地，涌现了大批优秀的学者，在国内外学界产生了重要的学术影响，如唐凯麟教授、曾钊新教授、陈谷嘉教授等学界前辈的诸多研究具有开创性的意义。目前，湖南伦理学在政治伦理、生态伦理、经济伦理、中国传统伦理、代际伦理、社会伦理、生命伦理、道德生活史等领域都形成了鲜明特色，取得了丰硕的研究成果，为我国伦理学事业的繁荣做出了重要贡献。

我国处于社会的转型时期，社会结构、生活方式的深刻变化产生了对于道德的急切呼唤。曾经在商业化浪潮中逐渐式微的道德话语重新走向了社会生活的中心舞台。伦理学迎来了生机盎然的春天，伦理学者们也担负着新的历史使命。在全球化的浪潮中，思想、文化早已冲破地域、民族的限制，在世界各个角落汇集、激荡。文化、价值的多元化向我们提出了一根本性的问题：如何坚持自己的文化道路？以何种价值体系引领我们的现代生活？党的十八大明确将加强社会主义核心价值体系建设、全面贯彻落实社会主义核心价值观列为建设社会主义文化强国的核心内容，道德文化建设被提升至国家战略的高度。党的十八届四中全会，我国又提出了全面推进依法治国的重大任务。正确处理以德治国与依法治国的关系，为依法治国创造良好的社会道德环境，是我们伦理学者履行的职责。在网络化、信息化的时代，技术的发展也在改变着人们的行为方式和思想观念，产生出新的道德问题。大数据时代已悄然到来，人们的日常生活都以数据的方式留下踪迹、存储在互联网的云端，在海量的数据面前，人的主体性、隐私权都受到极大的挑战。以伦理学者的知识与良心应对新技术带来的技术难题，帮助人们在充满复杂性的社会继续道德地生活，也是当代伦理学工作者们不可推卸的责任。

我们所处的时代为湖湘伦理学发展提供了新的舞台。经济模式的转换、社会结构的调整、生活方式的改变、知识技术的更新在对已有伦理体系提出挑战的同时，也产生了对于创新伦理知识体系、构建新型伦理秩序的内在需求。建设生态文明与社会文明，在人与自然、人与社会之间构建和谐共荣的相互关系，无疑是当代伦理学研究的核心问题。以积极的姿态面对伦理难题，为社会道德建设提供学术支撑，是湖湘伦理学人不可推卸的历史使命。在文化多元的时代、在社会转型的时代，人们较以往任何时候都更需要价值的指引、道德的认同。有理由相信，只要我们持守湖湘伦理文化中对于社会、对于国家的良知与热忱，就一定能谱写出湖湘伦理学的秀美篇章。

是，为序。

李建华

目　录

第三部分　应用伦理学及其他

第一部分

发展伦理基本理论研究

发展是当代中国的核心价值观

李建华

摘要： 发展成为我国当代核心价值观，具有深刻的必然性和合理性。发展是马克思主义的基本要义，是我国社会主义建设的本质概括，是我国优秀传统文化的精髓，为人民群众所普遍认同与接受。作为我国当代核心价值观，发展意味着公民道德的建立，意味着社会公平正义实现，意味着人民主人地位的彰显，意味着人与自然和谐关系的确立。对于当代中国而言，发展核心价值观为我国提供思想意识和精神动力，促进我国"科学发展观"的全面贯彻与创新型社会建设，有利于中国同胞的团结、形成中国民族凝聚力，有助于我国国际地位的巩固、提升。

关键词： 发展；核心价值观；当代中国

一、发展作为当代中国核心价值观的必然性依据

发展是我国当代的核心价值观，是我国思想意识形态领域中具有统合性和引领性的思想观念。发展作为我国当代核心价值观，具有深刻的必然性基础。

首先，发展是人类社会的永恒主题，是马克思主义及其系统理论的基本要义。马克思主义的最高目标就是追求人类的全面自由发展。人总是处于自然和社会的束缚之中。作为人类整体，其自由就表现在对于自然规律的掌握，对于自然束缚的摆脱。获得人类整体的自由，最根本的途径就是科学技术的发展，是生产力的提高。对于个人而言，个人总是受到出生环境、社会条件、历史阶段的限制。突破外界的限制，实现全面的自由发展，是个人价值的实现方式。发展也是马克思主义唯物主义历史观的基本

维度。在马克思主义理论中，人类历史是从低级向高级形态演进的发展过程。从奴隶制社会、到封建社会、到资本主义社会、再到社会主义与共产主义社会，人类历史总是从低级的社会形态不断向高级社会形态所推进和发展。因此，人类的历史不是单纯历史事件的杂乱陈章，而是蕴含着其自身发展的秩序与规律。正是因为人类社会总是处于前进与发展之中，人类社会的延续才具有明确的方向。马克思在《共产党宣言》中描绘了人类社会的远景蓝图："代替那存在着阶级和阶级对立的资产阶级旧社会的，将是这样一个联合体，在那里，每个人的自由发展是一切人的自由发展的条件。"历代马克思主义者都把人的发展视为社会建构的终极指向。发展更是马克思主义的基本思维方式和哲学方法。马克思主义理论是对于唯心主义和机械唯物主义、庸俗唯物主义的批判与全面超越。马克思主义分析、理解世界的根本哲学方法就是辩证唯物主义。它建立在黑格尔辩证法与费尔巴哈唯物主义基础之上，以辩证发展的视角认识世界、把握人类社会的基本规律。在马克思主义理论中，世界及其万物都是处于运动与变化之中的。运动的内在动力源自事物的内在矛盾性。伴随着量变到质变的过程，矛盾中的新兴力量开始增长，并促使旧事物的灭亡，推进新事物的诞生。立足运动与发展，是马克思主义哲学的根本特征。发展更是马克思主义理论体系的基本形态。从马克思主义、毛泽东思想、邓小平理论，到"三个代表"重要思想，再到科学发展观，马克思主义不断中国化、时代化的过程就是其理论体系不断发展完善、不断丰富和成熟的过程。毛泽东实现了马克思主义与中国本土化的结合，丰富了马克思主义革命理论。邓小平明确提出和平与发展是当代世界的两大主题，进一步完善了社会主义建设理论，提出了具有中国特色社会主义的新命题。"三个代表"重要思想指出代表人民群众根本利益、代表先进文化和先进生产力的发展方向是中国共产党的基本原则。胡锦涛同志在党十七大《高举中国特色社会主义伟大旗帜为夺取全面建设小康社会新胜利而奋斗》的报告中提出了科学发展观这一核心概念，建立了以发展为第一要义的马克思主义理论新体系。科学发展观系统提出了我国在新的历史时期的具体任务、发展模式和根本原则，在新的历史时期为我国社会主义建设提供了坚实的思想引领。党的十八大以来，以习近平同志为核心的党中央，坚持理论创新，在科学发展观的基础上，提出了"创新发展、协调发展、绿色发展、开放发展、共享发展"

的五大发展新理念。在不同的历史时期、在每一个社会建设历程，马克思主义的发展理论都被赋予了时代的要求、历史的意义，其理论系统在自我发展中不断完善、永葆活力。

其次，发展是对于我国社会主义建设进程的高度概括。我国建设社会主义的进程，归根结底是不断发展的伟大历程。作为拥有世界最多人口的发展中国家，中国最主要的历史任务始终是发展。自社会主义建设之初，我国就在不断探索符合我国基本国情、符合不同历史环境的发展道路。通过发展，我国从贫弱的半殖民地半封建国家一跃成为独立自主的文明大国。特别近三十年来，我国实行改革开放政策，迎来了国民经济的飞速发展，取得了举世瞩目的辉煌成就。我国人民生活水平大幅升高，某些地区人均收入已经接近甚至达到中等发达国家水平。我国已经成为世界不可忽视的重要经济和政治力量。这一切都是持续稳定的快速发展所带来的。发展是对于我国几十年来整体成就的最高度概括，更是解决实际问题，达到社会主义历史建设目标的根本方式。我国虽然取得了举世瞩目的成就，但是也存在着诸多的社会问题。人口结构上，作为独生子女政策的衍生后果，我国逐渐步入老龄化社会，意味着我国将要面临巨大的社会福利压力，以及劳动力数量的下降。在生态方面，我国在经济发展过程中付出了能源消耗与环境破坏的代价。随着气候变暖等环境污染问题成为世界性的挑战，我国亟待发展绿色产业，实现可持续发展。在居民收入方面，我国依然存在着城乡二元结构，存在着地区差异。值得重视的是，我国居民收入差距正日益拉大，作为居民收入衡量标准的基尼指数已经越过 0.5 的警戒线。解决这些问题，关键在于发展。只有建立新的发展模式、运用新技术、采用新能源，才能适应新的历史和社会环境，解决所遇到的各种社会问题。我国虽然已经具备了强大的综合国力，但仍然属于发展中国家，处于社会主义建设的初级阶段。只有立足于发展，才能解决我国面临的根本问题，实现中华民族的伟大复兴。

再次，发展是中国优秀传统文化的精髓。早在两千多年前，老子就提出了"一生二、二生三、三生万物"的本体论观念，彰显出生生不息的强大精神力量。"天行健，君子以自强不息；地势坤，君子以厚德载物。"在永恒的运动中，天格与人格相得益彰，行健自强、厚德载物被称为仁人君子的道德追求。先贤往圣无不深刻体悟到斗转星移的时空变迁，并且在日新月异的体验之间寻求天下之大道，探索自然与人类社会的基本规律。孔子看到江河的流逝，发出"逝者如斯夫"的感叹。《礼记》指出："苟日新、日日新、又日新。"这一方面动态描述了星辰日月以及世间万物的更替变迁，另一方面更凸显了对于新事物的期待和渴望。生命与生活不是停滞不前的，而是通过"日日新"向未来无限延展。天如此，人亦如此。在生命个体的角度，人也是不断成长、完善的，个人应该通过自身的努力求得人格的完满。随着生命的成长，人格也在日趋进步之中。在人生的各个阶段，个人都应该达到相应的道德境界。二十弱冠、三十而立、四十不惑、五十而知天命、六十耳顺、七十从心所欲而不逾矩。个人也不能安于现状，而应该一步步地塑造君子人格，实现自我的发展。以发展的视野审视天下万物，成为我国传统哲学思想的方法论精髓。宋明理学的开创者，大儒周敦颐在阐释宇宙发生时认为，宇宙生成的过程就是源自"无极而太极"的变化。太极"一静一动，产生阴阳万物"。太极动而生"阳"，静则生"阴"，"阴""阳"交换罔替，又生成其他的宇宙元素，这些元素相互组合变化，又生成万物。发展在中国传统文化中，具有最基本的方法论意味。在这种发展之中，中国的传统文化强调对于社会责任和自我责任的担当。既然万物都在变化发展、人性在不断升华之中，那么拥有理想人格的人就应该担负将天下引向大善的责任。从"穷则独善其身、达则兼济天下"到"为天地立心，为生民立命，为往圣继绝学，为万世开太平"，无不反映中国文化中强烈的历史责任感。就我国传统文化而言，"仁"是发展的目标，也是发展的内在驱动力量。施仁政于天下，以王道治理天下，是社会发展的最高理想状态。孟子曾说："不违农时，谷不可胜食也；数罟不入洿池，鱼鳖不可胜食也；斧斤以时入山林，材木不可胜用也。谷与鱼鳖不可胜食，材木不可胜用，是使民养生丧死无憾也。养生丧死无憾，王道之始也。"中国传统文化中充满了对于发展的热切期待，充满了对于发展的极大热情和自我使命感。

最后，发展是社会认同度最高的当代核心价值。2009 年度国家哲学社会科学基金重大招标项目"社会主义核心价值观构建与践行研究"课题组，进行了"社会主义核心价值观公民认同度"大型社会调查。调查问卷列举了"富强、和谐、发展、仁爱、自由、人本、正义、互助、共享、民主、文明、平等"12 个选项，调查结果显示，"发展"位居社会主义核心价值观选项之首，认同度最高，评分均值为8.50，标准差仅1.74。这充分表明，"发展"作为一种价值观，已经得到了人民群众的高度认可，并且被普遍接受。"发展"已经成为一种积极的社会心态，也成为人民群众的价值诉求。

发展作为马克思主义的基本要义、作为我国社会主义建设的本质概括、作为我国传统思想的文化精髓、作为人民群众最广泛接受的价值概念，成为我国当代的核心价值观是我国当前思想意识建设的必然选择。

二、发展作为核心价值观的基本内涵

在个人层面，发展作为当代中国核心价值观，意味着公民意识的培养与公民道德的升华。在市场经济中，经济人理性、经济人格占有主导性的地位。随着商品经济在社会生活中无孔不入的渗透，对于自我利益的关切，对于个体利益的过度强调滋生了个人主义道德。同时，商品经济在社会生活中日益凸显的重要地位使经济价值逐渐成为具有主导性的社会价值。在经济价值平整化作用下，道德价值、公共理性渐渐被人们忽视，处于被边缘化的境地。这种趋势所带来的严重后果，就是公共道德的缺失，甚至危机。马克思主义理论所提倡的集体主义道德开始受到巨大的挑战。

作为社会公民而言，发展首先意味公共理性的回归，意味着集体主义道德的确立。以自我利益最大化为目标的经济理性只是经济学理论的前提，甚至是一种假设。所以当代著名经济学家阿马蒂亚·森指出，将经济理性当作人的唯一理性，是一种非常狭隘的理解。即便在经济领域内部，人的理性也并不是只由经济理性所构成。森指出，经济理性的提出者，经济学之父亚当·斯密在提出经济理性的时候只是强调人对于利益的审慎思考和权衡，而并没有赋予经济理性绝对的优先和主宰地位。社会生活是由各个领域所构成的综合体系，过度的经济理性将导致公共生活的混乱，经济价值的过分追求将导致社会的失序。森认为，即便对于个人而言，在完全经济理性的指引下也不可能实现自我生活的幸福。我国正处于公民社会的建设与发展阶段。公民社会是一个公共性的社会。公共化是当代社会公民生活的主要特征。这种生活方式在本质上呼唤公共理性，呼唤公共道德。当代社会都是由陌生人所组成的公共领域。随着社会分工的细化，公共生活领域的扩大，人们对于社会的依赖程度也在不断增强。在社会整体层面，自给自足的生活模式已经不复存在。个人的期待、目标、利益都需要在社会中通过与他人的交往、合作、交流来实现。对于公民个体而言，如果只关注自我的利益，而忽视公共责任，忽视他人的利益诉求，将破坏公民相互间的互助、合作，与公共生活的本质呼求背道而驰。在公民社会中，任何公民都有维护社会良好秩序、尊重他人基本权利、保护公共利益的责任与义务。从熟人社会转向陌生人社会，在道德层面对个体提出了更高的要求。公民个体不但要能在有限理性的指引下实现、扩大自己的利益，而且要能够看到其他公民、社群甚至社会的整体利益。公共理性意味着，公民要自觉地将自我利益增长与集体、社会利益紧密联系，要树立强烈的权利意识、法制意识和合作意识，在法律、社会规则的范围之内促进自我利益实现，自觉遵守基本的社会规范。同时，公民要培养对他者、对社会的积极情感，关心其他社会成员的生存状态，关心社会的建设、发展。公民道德的本质在于超越个人的狭隘视野，能够将自己看作社会成员，主动承担各项社会责任，主动建立与其他公民的合作互助联系，共同推动社会进步。

发展对于公民个人，还意味着培养积极上进的优秀品德。商品经济在带来经济繁荣的同时，也带来了拜金主义、享乐主义等腐朽落后的观念。特别在全球化浪潮的席卷之下，无论是文化，还是思想观念，都呈现出多元化的趋势。一些西方不健康的思想观念也随之进入我国，严重腐蚀着人们的思想和心灵。个人要抵制不良思想和腐朽生活方式的诱惑，以集体主义和马克思主义伦理理论为指导，建立积极向上的人生观、世界观。近年来，我国爆发了食品安全、医药安全等道德事件。其根源在于部分人唯利是图，不断触犯道德底线，引发社会性的道德失序。公民要不断加强个人道德修养，建立自我道德堤坝，形成稳定的道德心理，实现道德自律。同时，创新是当代社会的主要推动力量之一，也是发展的内在动力。当前，人类社会已经迈入了信息时代，知识的交互、更新和丰富都在以前所未有的速度进行着。与之相伴的是生活方式的不断转变，社会模式、经济结构的巨大调整。这些史无前例的变化都是人类社会蓬勃发展的结果。追求卓越、展现自我、不断超越成为现代社会的时代精神。发展无疑是现代社会精神的集中体现。固步自封、慵懒享乐，只会被时代所抛弃。只有树立蓬勃向上的创新精神，紧跟时代的步伐，用开放、积极的心态对待新事物的出现，才能把握时代的脉搏。个人要形成创新意识，积极投身知识创新、技术创新、文化创新之中，顺应甚至引领时代的潮流。

在社会层面，首先，发展意味着为所有社会成员带来利益的增长和权利的实现。在我国建设初期，我国一度忽视经济发展和建设，而将斗争作为社会的主要思想观念，导致国民经济的停滞。改革开放以来，我国在一段时期内实行以经济建设为中心的政策，并且在短时间内实现了经济的跨越发展，大幅提高了综合国力，提高了人们生活水平。在当时的条件和历史环境中，以"经济建设为中心"作为一项在短时间内迅速提高国家经济实力的策略，无疑具有现实的必要性和合理性，但是也带来了负面的影响。在社会分配的层面，市场经济模式存在着自身难以规避的累积性后果。那些拥有更高天赋、拥有更多社会资源、具有更强能力、具有更好机会和运气的人无疑会获得、积累更多的财富。获得更多财富的人又将获得更多的市场机会，并且具备更强的市场竞争力。这意味着，只有部分社会群体能够从社会发展中收获利益。而公民社会是公民合作体系，如果其他参与社会合作的成员不能从社会发展中获得期待的利益，那么就有退出社会合作的倾向，社会合作体系的稳定性将受到挑战。更为严重的问题在于，经济的不平等会直接带来社会权利的不平等。在商品社会、社会能力、公共生活的场域与经济密切相关。那些拥有更多财富的人能够享有更多的社会服务，具备更大的社会影响力，享受更多的社会权利。现代社会最重要的伦理诉求，在于保障所有社会成员的平等权利。特别对于我国社会主义社会而言，以先富带动后富，最终实现共同富裕，让所有社会成员都能够共享社会发展的利益，才是社会发展的根本任务。

其次，发展意味着"以人为本"。"以人为本"是科学发展观的核心，是我国当前发展的主旨、要义。"以人为本"的发展要求，发展的方式、路径、手段必须尊重、保护、促进广大人民群众的根本利益，必须突出人民群众的主体地位。"以人为本"的含义在于：1. 人民群众是社会发展的最高服务对象，人民的满意程度、人民的支持程度决定着发展的成败；2. 人民群众在发展过程中应该发挥主导作用，要充分显示、调动人民群众的主观能动性和参与积极性。我国在发展过程中存在着为发展而发展的不良现象，在某些地区，发展甚至被工具化。某些地方政府或者部门为达到相应的发展指数，忽视甚至侵犯人民的合法、合理利益，造成了恶劣的社会影响。比如近年来出现的强拆现象。这种发展完全与我国的发展主旨南辕北辙。在发展过程中，任何时候都必须把人民的利益放在第一位。任何发展方式都是促进人民利益的手段和过程，在发展中要充分保护、尊重人民的合法、合理利益。另一方面，人民是社会的主人，只有发挥人民群众的积极性和创新性，才能实现更加快速和稳定的发展。在社会政策制定、决策以及具体实施过程中，要鼓励人民群众参与，使他们在社会发展过程中扮演重要角色。政府部门在处理公共事务时，必须倾听、考虑、采纳人民群众意见，使社会发展符合人民的要求和期望。

再次，社会的发展必须全面、均衡。一是地区间的均衡发展。地区发展不平衡，特别是城乡二元结构是我国发展失衡的主要问题。实现全面、均衡发展，必须逐渐打破地区间政策结构的藩篱，并且使政府政策向相对落后地区倾斜，积极促进相对滞后地区的发展，缩小地区间发展差距。二是社会领域间的均衡发展。社会生活包括文化、政治、经济、教育、卫生诸多领域，包含经济价值、文化价值、道德价值等诸多社会价值诉求。正义的发展意味着不能以牺牲某一合理的社会价值为代价，换取另一种价值的增长，不能只关注于某些社会领域的发展，而忽视另一些社会领域的状况。全面、均衡发展要求各社会领域同步协调，各种合理社会价值诉求都得到充分的重视与满足。社会发展要统筹兼顾，注意各行业间的协调、平衡，保持良好的社会结构。三是社会成员间的和谐关系。市场机制是一种竞争机制，这种机制能够充分调动社会成员的积极性，从而推动社会的整体发展。但是这种机制有产生、激化社会矛盾的危险。在社会发展中，如果不注意对于社会利益和心理的调节，势必造成社会的分化和矛盾。在社会发展过程中，要调节不同群体间的利益，培养相互关爱的良好社会心态。目前，社会中存在着为富不仁以及仇富嫉富等不健康心理，严重破坏社会成员间的和谐关系。要消除这些心态，就必须在社会成员之间建成通达的桥梁，在群体之间建立制度化的互助互惠机制。

在人与自然的层面，发展意味着建立人与自然的良好互动关系，保持社会的可持续发展。我国曾经把人与自然的关系完全归结为相互对立的矛盾状态，极端地认为人类的自由就是通过改变自然，甚至于破坏自然实现的。在社会建设过程中，忽视并且违反自然客观规律，造成了严重的生态后果。加之我国一度处于产业链的初级阶段，过度开采自然资源，对自然环境造成了严重甚至不可逆的破坏。沉重的生态代价给我们带来了一系列问题，比如气候的急剧升高、大气层的污染、森林的减少等。人是自然的组成部分，而且内在地受到自然界的制约。但制约不等于矛盾和对立。只有顺应自然规律，符合自然基本原则，才能为人类自我发展创造健康的外在环境。保护自然、维持生态平衡，是保证人类可持续发展的重要前提。发展作为当代中国的核心价值观，意味着，社会在发展过程中要尊重、维护生态环境，通过新技术的开发、新能源的利用、新生活方式的建立、新生态观念的兴起，充分保障发展的健康和可持续性。

三、发展作为核心价值观的当代意义

"发展"作为我国当代核心价值观，对于我国的未来将产生举足轻重的作用。其一，"发展"作为核心价值观，将是我国前进的主要精神力量和思想保障。马克思主义哲学认为，发展就是新事物的产生与旧事物的灭亡。只有当符合历史趋势、符合人类历史前进规律、具有强大生命力和远大前途的事物出现，才能被视为发展。"发展观"代表着与时俱进、勇于创新、勇于开拓的精神，寓含着遵循规律、辨别是非、探寻真理的理性要求。只有在发展观念的引领下，我国才能实践马克思主义系统理论，实现社会主义建设的伟大目标。随着时代的发展，马克思主义指导思想在具体的历史境遇中不断丰富、完善，赋予自身新的内涵与内容，才能永葆强大的生命力，发挥意识形态的指导作用。同时，历史告诉我们，对于国家和民族而言，只有富强，才能摆脱被侵略凌辱的地位。在目前历史阶段，虽然和平与发展依然是世界的主题，但是国际竞争日趋激烈，国际关系错综复杂。特别对我国而言，作为目前世界上人口最多、国土面积最大的社会主义国家，面对着其他一些国家的思想文化渗透，甚至政治干涉。发展观念能够让我国在纷繁复杂的国际环境中明确前进道路，坚定人民群众的思想信念，拥有蓬勃的生机与强大的精神力量。无论在思想意识、时代精神和实践智慧方面，"发展观"都是引导国家发展的重要价值基础。

其二，"发展"作为我国核心价值观，将为我国全面贯彻落实"科学发展观"，构建创新型社会提供价值基础。"科学发展观"是发展价值观在当代中国的集中表达，是处于国家最高意识形态的发展观念。"科学发展观"全面阐释了我国社会主义事业的核心内涵、基本理念、根本方式和具体目标，高屋建瓴地指出了我国当代社会主义建设的发展方向。创新是发展的内在动力，也是推动发展的主要方式，人类社会的每一次进步都是源自知识、价值、理念和技术的创新。创新需要价值的引领和指导，只有在科学发展的原则之内，创新才能顺应社会进步的趋势和需要，才具有积极的社会和道德价值。发展价值观将引领社会各部门创新，为知识、技术、文化、社会管理创新指明方向。

其三，"发展"作为当前中国的核心价值观，将最大范围地增进国家认同，团结各族人民和全球华人。国家的富强、繁荣和昌盛是炎黄子孙的共同愿望。自鸦片战争开始，中华民族经历了近百年的沉沦和屈辱，中华儿女都充分意识到国家的强盛是民族发展、人民安居乐业的基本保障。数百年来，从"师夷长技以制夷"到"辛亥革命""新民主主义革命"，再到社会主义革命和建设，中华儿女都在为实现民族的伟大复兴而不懈奋斗，其本质就是民族的自强、国家的发展。在发展中，历史的耻辱正在逐渐洗刷，澳门、香港都已经回归祖国的怀抱，海峡两岸的联系也日益紧密，在"一个中国"的原则共识中心心相依。随着我国改革开放政策的推进，海外华人也越来越多，在不同的国家中传承着中华民族的血脉、传播着中华民族的历史文化和现代价值观念。只有富强的国家才能为中华同胞在国际社会提供最坚实的后盾。在国家的发展中，世界对于中国、对于中华民族、对于中国人给予了更多的尊重与认同，越来越多的华人在国际舞台上扮演着越来越重要的角色，发挥着越来越大的积极作用。发展作为全球华人的热切期待，是彼此相互认同、相互团结的精神纽带。

我国是多民族国家。随着我国经济、文化的发展，民族之间交往较以往任何时期都更为频繁和紧密。各族人民都享受到国家强盛所带来的丰硕成果。我国从中央到各级地方政府都非常重视、关心少数民族地区建设与人民生活水平提高，颁布和实施了一系列方针政策。正是通过经济、社会的发展，我国少数民族地区人民生活水平得到极大改善，很多地区从自然经济社会模式直接进入了现代社会阶段。在市场经济中，各民族之间的人们已经突破了地域、文化的限制，彼此组成共生共荣的社会合作体系，共同创造财富。一方面，通讯技术、交通运输、信息交互发展等社会创新成果为民族融合提供了技术以及社会形态、结构方面的强有力支持。另一方面，各民族之间的交往促进彼此之间的相互了解和信任，促进文化、传统的相互尊重。无论在经济、精神还是文化层面，发展都深化了各民族同胞之间的内在联系，极大地促进了中华民族的稳定、繁荣。发展也是我国各民族兄弟姐妹的共同期待，为各民族文化所普遍认同。各民族文化中，都蕴含着对于未来美好生活的憧憬与企盼。

"发展观"是中华民族精神的优秀体现，将为各民族兄弟姐妹以及全球华人提供民族价值共识和精神动力。同时，发展是中华民族立于世界民族之林的前提，更是全球华人的现实诉求。"发展观"将引领所有华人为中华民族的振兴而努力。

其四，"发展"作为当前中国的核心价值观，将有利于中国价值的全球化，促进国际新秩序的建立。我们所提倡的"发展观"，强调发展主体间的和谐共处、利益双赢。和谐价值是"发展"的内在价值诉求。以和谐发展为目标，促进国际多元价值、文化的交流和融合，建立平等的国际社会新秩序，将得到各国际主体的认同与尊重。通过"发展"这一平台和媒介，加深国际社会对于中国价值观念的理解、接受和支持，将极大增强我国的文化软实力。现代的国际关系中，单边主义已经被历史证明是不可行的。任何国家谋求国际霸权的时代已经过去，多元共荣、多边共赢是全球国际关系的必然趋势。这对于我国而言，是历史的机遇。我国作为目前世界最大的经济体之一、联合国常任理事国，有责任和义务参与国际事务，并且发挥常任理事国应该具备的主导作用。发展是我国提升国际影响力的根本方式。

发展也是我国在国际新秩序中占据领先地位的基本途径。目前的国际政治、经济框架基本都是由西方发达国家所制定的。在这些框架和机制中，很多条款都有利于发达国家。旧有的经济结构、产业和格局中，西方发达国家无疑占据了有利地位，并且通过各种规则、标准的制定延续着其优势。但是，旧有的经济模式已经不能完全满足新时代的要求。生态破坏、能源危机等人类社会面临的新挑战要求我们谋求新的发展道路，比如发展绿色产业、清洁能源产业等。新的发展道路给予了我国赶超世界先进水平的巨大契机。在新的产业和经济模式面前，各国都处于平等的起跑线上。事实上，在电动汽车、风力发电等绿色产业领域，我国已经走在世界的前列。在新产业、新经济模式和规则体系中，我国要整合资源，进行知识和技术创新，发挥自身的特点和优势，努力成为国际经济领域的领跑者。

（作者李建华，长江学者，湖湘伦理学研究院（筹）研究员，浙江师范大学资深教授、中南大学教授、博士生导师。）

当代中国企业家精神建构的源头活水
——传统儒商精神的现代重构

唐凯麟

摘要：商人或企业家是现代市场经济的主体。社会主义市场经济的有序健康的发展，有赖于中国现代企业家的商业精神的自觉建构。传统儒商精神是中华民族优秀传统文化的重要组成部分，是建构当代中国企业家精神的历史的源头活水，认清传统儒商精神的现代重构的必要性和可能性，探究其重构的基本立场和具体路径，对于当代中国企业家精神的建构具有重要的现实意义。

关键词：企业家精神；儒商精神；现代重构

"儒商"一词始于何时何地已难于确证。据有关文献它发端于春秋末和战国时期，萌生于南宋，而最早把儒和商这两个概念结合起来则是在明清之际。其时随着商品经济发展，社会上形成了一些被称为"儒商"的群体。"儒商"一词除了指称那些或因世俗经商之风的诱惑，或因仕途无望以求出路而"下海"经商的人以外，主要是指那些"以儒术饰贾事"[①]，"用儒意以通积著之理"[②]，并以此作为经营理念和行为风范的商人。这些商人在长期的商业实践中，把中国传统文化特别是儒家文化同商品经济法则互补整合，形成了一种具有东方特色的商业文化精神——儒商精神。"商业精神"的核心是义利统一，它集中地体现了儒和商相结合的本质和特征，也是贯穿于其商业价值观、工作伦理、商业道德、经营理念、管理思想和经商风格等诸多精神中的灵魂。儒商精神的存在和发展有力地驳斥

---

① 《谭度黄氏族谱（第9卷）》，《望公翁传》。
② 陆树：《陆文定公集（第7卷）》。

了一些西方学者宣扬的受儒家文化影响的国家和地区不可能发展现代商品生产和市场经济，走向现代化的观点。它启示我们，要继承和弘扬中华民族的优良文化传统，走中国特色社会主义现代化道路，实现中华民族的伟大复兴，就必须在大力发展社会主义市场经济过程中对传统儒商精神进行"创造性的传承，创新性的发展"。本文试图从当代中国企业家精神建构的视角，谈谈传统儒商精神的现代重构问题。

一、现实呼唤自觉的现代商人或企业家精神

我国市场经济的发展，促进了我国经济以前所未有的速度向前发展，培养和造就了成千上万的商人或企业家。这些商人或企业家是市场经济的主体，他们以自己的智慧与汗水，纵横市场，弄潮商海，推动了市场经济的发展。应该说商人和企业家的崛起，是中国市场经济发展的一大成果，也是推动市场经济进一步发展与完善的主体条件。在这一商人或企业家群体中，已经涌现并且将进一步涌现一批高素质的现代商人或企业家。他们目光远大，志向高远，有优良的道德素质和卓越的经营才能，有勇于竞争、自强不息的奋斗精神。特别是他们开始自觉地把现代商品经济法则与社会主义价值取向、中国传统文化精神结合起来，营造出一种独特的经营理念和企业家精神，创造出了卓越的经营业绩。

然而，就总体而言，当代中国商人或企业家的素质还是相对较低的，有中国特色的现代商业文化精神还没有完善地建立起来，市场经济中非理性的、消极的观念和行为还大量存在。具体表现在：一是还有一大批素质低下的商人混迹于市场之中。中国市场经济的迅速发展和商业利润的引诱，促使各行各业的人员纷纷涌入商海，在这些投身商海的人之中，有大部分是既无商业经验，也不懂商业知识，甚至有不少是文盲半文盲。他们怀着一种赚钱发财的冲动进入商海，以冒险精神和一些正当与不正当手段纵横于市场之中。他们在给市场经济的发展带来一股自发的推动力的同时，也给市场经济的正常发展造成了消极的影响。时至今日，虽然很多商人或企业家在市场经济的摔打中逐步成熟起来，但由于商人或企业家整体的基础太低，有一部分商人或企业家不论是在经营水平还是经营道德上都还处于较低层次，这与社会主义市场经济的发展是很难相适应的。

二是商人或企业家道德或市场伦理不健全，各种不道德的商业行为充

斥市场，给市场经济正常运行与健康发展造成了很大的消极影响。这首先表现在当前中国市场经济中还未能形成一种能够得到广大商人或企业家认同的积极的价值观念和道德精神，而是各种不同的价值观、道德观无序地混杂在一起，造成了价值取向的混乱状态，以致社会上还没有形成一种弘扬商业伦理精神的积极氛围和有效机制，善行得不到相应的肯定，恶行可以逍遥法外的现象还时有存在。正因为如此，在我国当前的市场中，各种不道德、不正当的商业行为还普遍存在，假冒伪劣商品充斥市场，坑蒙拐骗行为不断发生，钱权交易屡禁不止，经济犯罪触目惊心。见利忘义、为富不仁的极端利己主义侵蚀着不少商人或企业家的灵魂，唯利是图、拜金主义的歪风邪气弥漫于市场空间。这些消极的行为和现象干扰和破坏了市场经济的正常运行，阻碍着社会主义市场经济的健康发展。

三是大部分商人或企业家的经营观念还比较落后，与现代市场经济发展不相适应，影响了经营业绩的发展。由于受旧的经济观念的影响，以及有很大部分商人文化素质低，加之现有市场机制还不太完善，许多商人或企业家在经营观念上与现代市场经济的要求还存在着很大距离。有的停留在小商小贩或小商品生产者的意识上，不了解、不懂得现代化大生产基础上的商品经济的客观要求，观念狭隘，目光短浅，热衷于以价格上的斤斤计较和商品上的以次充好、短斤少两去谋取厚利；有的则以早期自发资本主义市场经营的观念来指导经营，以冒险与投机、非经济的欺诈和巧取豪夺去贪求暴富；也有一些商人或企业家（主要是国有企业的商人）还不能完全摆脱计划经济体制下的经营习惯，市场观念淡薄，竞争意识不强，不能有效地利用市场机制来促进企业的发展；等等。

以上事实说明，中国商人或企业家及其理性精神虽然随着市场经济的发展有了一定的发展，这是必须肯定的，但与当代中国社会主义市场经济的发展相距甚远。建构起完善的有中国特色的商人或企业家精神，造就千千万万的高素质商人或企业家，乃是我国市场经济进一步发展的迫切要求。

从一定意义上说，只有具有理性的商人或企业家精神，才会有成熟的商人或企业家阶层；只有形成成熟的商人或企业家阶层，才会有市场经济的健康运行。可见，积极的商人精神的建构是极为重要的，因为商人或企业家精神是商人或企业家的灵魂，它对商人或企业家在市场活动中具有自觉精神导向作用，对其行为准则具有不可或缺的影响。具体说来，其一是导向作用。商人的市场行为无疑是受市场法则，像供求关系、价值规律、竞争机制等的制约和导向，但这只是就市场行为的直接层面而言的。商人行为归根到底是以主体自身为目的，商人对市场的适应也必然受主体这一根本目的制约。因此，商人的主体精神，特别是其价值观对商人的市场行为有着根本的导向作用，引导和制约着商人对市场活动和方式的选择。这种导向作用的伦理意义在于，当人们确立了一种正确的价值观就可以避免对那些不正当市场行为的选择，能够自觉地去维护市场的良性运行并提高自身的商业信誉。其经济意义在于，它可以通过确立起一种主体与外部环境的正确关系，减少行为的不确定性和每次选择的费用，降低其活动成本。

其二是激励作用。利益或利润无疑是商人或企业家行为的基本激励机制，但并不是唯一的机制，甚至常常也不是根本机制。这不仅在于利益和利润说到底只是人的一种外在的工具性因素，而不属于主体内在的目的性因素。人的行为的根本激励机制只能来源于主体内在目的，而且也在于主体的需要层次是多样的，物质的利益只能满足于主体一定层次，甚至是较低层次的需求，而主体的一些高层次需求像爱和自尊、自我实现等，并不能仅从物质利益中得到满足，甚至主要不是从物质利益中得到满足。因此，市场的利益或利润对主体行为的激励虽是基本的，但也是有限的。而商人精神中的积极的价值理念和伦理精神却是驱动商人行为的重要的甚至是更为根本的激励机制。马克斯·韦伯在《新教伦理与资本主义精神》一书中指出：驱使着新教徒企业家勤奋劳作的并非物质利益，而是一种名为"天职"的工作伦理精神。确实，商人内在的价值观念、伦理精神是驱动着商人行为的巨大精神动力，它激发着商人的信心、勇气和热情，促使商人去奋发有为，创造业绩。中国传统儒商就是在"经世济民""创家立业"等价值观和自强不息、奋发有为的伦理精神的激励下，去创造其辉煌的经营业绩的。相对于物质利益机制而言，精神激励一是具有内在性，较少受到外在条件的干扰，因而更为稳定；二是具有无限性，不会出现像对物质利益追求的那种厌足感，成功的行为只会不断强化它，而不会使其退化。因而它是一种比物质利益更为根本的、更为持久的激励机制。

其三是规范作用。对商人或企业家行为的自觉规范，一是靠法律制度，二是靠伦理道德。道德作为商人或企业家精神的重要组成部分，是一种内在的、自觉的行为约束。这种道德的自律和规范，从社会上看，它有效地维护了商品交换和市场运行的秩序，降低了市场风险和交易成本，有利于整个市场经济的良性运行和协调发展。从经营主体看，它有效地确立了商人或企业家的商业信誉，增殖了无形资本，改善了经营环境，促进了商人或企业家经营的成功和更大发展。

四是升华作用。马克思曾深刻地揭示，在资本主义市场经济条件下，由于市场机制的驱使、利欲的追逐，不可避免地导致商人或企业家自我人格的物化、金钱化，以致资本家成为资本的人格化，导致资本家的灵魂和本质的异化。马尔库塞也指出，在资本主义市场经济条件下，物质利益驱使着主体成为只追求物欲满足而失却了精神和艺术追求的"单向度的人"。资本主义市场经济的对人格的异化，当然是与资本主义私有制联系在一起的，但也是市场机制本身造成的。在任何制度中，市场机制都不可避免造成人格的一定程度的异化，这也就是为什么恩格斯说人类只有在消除了商品经济以后的社会中，才能获得真正的解放与自由的原因。但是市场机制造成的人格一定程度异化的自发倾向，并非不能在一定程度上得到抑制、克服和消除。克服和消除这种人格异化，一方面是靠合理的制度设置来调节，另一方面是靠市场理性和商人精神的弘扬，使市场行为的自发性减少，自觉性增强，使商人在市场行为中始终保持理性的头脑、一种更高层次的理想追求。这样就可以使商人从市场利欲的魔圈中解脱出来，使市场行为从利欲追逐的方式升华为一种自我实现的方式，从利己的行为升华为一种促进社会进步与发展的活动。

总之，商人精神不论是对于商人或企业家的经营和自我发展，还是对于市场经济的良性运行和优化发展都起着积极作用，有着重大的意义。可以说，没有积极的商人精神的弘扬，就不可能有完善的现代市场经济。因此，中国市场经济的发展和完善，必须建构起一种合理的商人精神或企业家精神。

二、传统儒商精神现代重构的必要与可能

现代中国应该建构一种什么样的商人精神或企业家精神？对此人们有着不同的看法。有一种观点认为，市场经济是在西方社会中首先发展起来

的，它与西方的经济私有化、政治自由化和意识形态的个人主义是不可分割地联系在一起的，我们要搞市场经济就必须在经济、政治、意识形态等方面向西方靠拢。因此，现代中国的商人精神或企业家精神也只能是一种以个人主义为核心的理性精神。显然，这种观点是错误的，它否认了市场经济作为一种经济运行方式是可以在不同的社会制度下存在的，抹杀了市场经济制度也必须与本国的具体国情结合起来，与本国的文化传统结合起来才能有效地运行这一基本事实。实践证明，中国的市场经济必须具有中国的特色，也只有中国特色的商人或企业家精神和市场理性才能对中国的市场经济加以引导和规范。

在这方面，西方新制度经济学的代表人物、诺贝尔经济学奖的获得者道格拉斯·C. 诺思在 1995 年来华访问时讲的一段话是很值得我们思考的。他说："我们的文化传统，我们的信念体系，这一切都是根本的制约因素。我们必须仍然考虑这些制约因素，这也就是说，我们必须非常敏感地注意到这一点：你过去是怎样走过来的，你的过渡是怎样进行的。我们必须非常了解这一切。这样，才能很清楚未来面对的制约因素，选择我们有哪些机会。"① 他在《经济史中的结构与变迁》一书中也指出：一个国家在选择一种制度安排时，必须把引进的正式制度安排与本国的文化传统、习俗等非正式制度调适起来，才能使制度有效地运行和发挥作用。诺思的观点给我们的启示是：中国市场经济制度的建构，绝不能脱离中国的国情和文化传统，相应地，当代中国的商人或企业家精神和市场理性的建构也必须具有中国特色。实践证明，中国特色的现代商人或企业家精神的建构，有相当一部分内容可以通过儒商精神的现代重构来实现，或者说经过现代重构的儒商精神可以而且应该成为现代中国商人或企业家精神的重要组成部分。

重构儒商精神来作为现代中国商人或企业家精神的重要组成部分，首先在于它能较好地适应中国市场经济主体——商人或企业家的行为习惯和精神心态，因而能更有效地发挥其引导激励作用。作为市场主体的商人或企业家的行为一方面受着客观市场法则的制约，另一方面又受着自身内在的精神观念、行为习惯的影响和引导。中国的商人或企业家从小受着中国

---

① 道格拉斯·C. 诺思：《制度变迁理论纲要》，载《改革》杂志 1995 年第 3 期。

文化传统的熏陶，传统文化实际上已积淀为他们观念和行为结构中不可分离的成分。因此，重构根植于中国文化传统中的儒商精神无疑更能与他们的精神心态和行为习惯相契合，从而更有效地对其发挥导向、激励和规范作用。

同时，从市场客体方面看，中国的文化精神也许能比西方文化更好地适应现代市场经济的发展。有的西方学者认为："如果西方的个人主义适合于工业化的初期发展，儒家的群体主义或许更适合大工业时代。"① 美国著名作家约翰·奈斯比特在其新著《亚洲大趋势》中认为：海外华人企业家运用中国传统文化于企业经营中，以其独特的"游戏规则"驰骋于世界经济舞台，取得了卓越的经营成就，他们已成为全球最杰出的企业家。他认为以西方的"游戏规则"建立起来的经济正在走向衰落，而建立在中华文化基础上的华人"游戏规则"则愈益显示出独特的价值和魅力。事实表明，对现代市场经济来说，基于中国文化传统的儒商精神有着一种比西方商人精神更大的亲和性，能更有效地促进现代市场经济的发展。这一点早已为受儒家文化影响的东南亚国家二十世纪下半叶的经济崛起所证明。

因此，在现代中国市场经济条件下，重构儒商精神是很有必要的、很有意义的。同时，重构儒商精神来作为现代中国商人或企业家精神的重要组成部分也是可能的、有充分条件的。这不仅在于传统儒商精神上已形成了完整明确的系统，并提供了重构的充分材料，而且在事实上，现代中国的不少商人和企业家对儒商有着向往之情，自觉或不自觉地运用传统文化于商业经营中。我国有的企业家就十分强调儒家"以人为本"思想对企业管理的重要性，并力图将"以人为本"的管理思想运用于他们的管理实践之中。他们还对儒家的"五常"作出新的解释并运用于企业管理中，例如有的企业家说："'仁'，是施仁政，得民心，在企业中就是要关心、爱护职工，全心全意为人民服务；'义'，就是通晓大义，同党中央保持一致，在维护大局的原则下行动；'礼'就是要讲文明礼貌，培养'四有'职工，在市场经济中讲道德、讲文明；'智'就是群策群力，讲究经营策略，善于把握机遇，开拓市场；'信'就是言而有信，维护企业信誉，真抓实干，

---

① 《孔子诞辰 2540 周年纪念与讨论会论文集》，上海：三联书店 1994 年版，第 2495 页。

赢得群众的信任和支持。"① 这些情况表明重构儒商精神有着广泛的现实基础。

也许有人认为，我们搞的是社会主义的市场经济，作为儒商精神的文化基础的儒学是封建时代形成和发展起来的，因此，二者是不可能相容的。确实，传统儒家文化有相当部分与现代社会主义是不相应的，但这并不是说二者是完全相互排斥的。因为儒家文化作为中国传统文化的主干不仅是封建时代的意识形态，也是中华民族数千年实践经验和智慧的结晶，包含着中华民族以至人类社会生活的某些真理。社会主义并非从天而降，而是在继承人类所创造的一切优秀成果基础上建立起来的。因此，现代中国的社会主义市场经济吸取中国传统文化精神是理所当然的。特别是像一些学者已经指出的，马克思主义的社会主义与中国传统儒家文化有着不少方面的同构和契合，② 如儒家的群体本位取向与集体主义价值观，儒家的"大同"社会理想与共产主义社会理想，儒家的辩证思想与马克思主义的辩证法等。虽然二者在本质、内容上有根本区别，但在形式结构上却具有某种同构性。这种同构无疑给二者在一定条件下的融通与整合提供了条件，因而也为传统儒商精神在社会主义市场经济条件下的重构奠定了一个可能的基础。

三、传统儒商精神的现代价值及现代重构的路径

重构儒商精神，首先必须对传统儒商精神进行一番现代透视，即用现代的眼光对其进行一番辨析、清理和评价。儒商精神无疑是一种具有一定优越性的商人精神，这不仅在于它是属于作为高层次的商人——儒商的精神，更在于它的精神内蕴着某种优越的特质，这主要表现在它的自觉性和辩证性上。所谓自觉性，就是说它并不是在自发地反映商品经济要求的基础上产生的，而是儒商在从事商品经济的过程中自觉地确立起来的，因而它不仅仅是对商品经济的适应，而且包含着对自发的商品经济的超越和规范。它力求在适应商品经济的客观要求时又能正确地去引导商品交换。这

---

① 《现代企业与传统文化》，载《人民日报》1994 年 11 月 9 日。
② 孔泾源：《中国经济生活中的非正式制度安排》一文中的第二部分《儒家思想与马克思主义》，载《经济研究》1992 年第 2 期。

在儒商精神的核心"义利统一"原则上得到最充分体现。"利"是商品经济的客观要求，"义"则是对商人行为的规范与升华。儒商精神一方面肯定"利"的合理性，一方面又强调"以义取利""富而好德"，强调以一种自觉的道德理性来引导和规范对利的求取。儒商精神这种自觉性正是现代市场经济所需要的。我们知道，不论是亚当·斯密所揭示的追求利益最大化的"经济人"，还是马克斯·韦伯指出的新教徒企业家出于"天职"伦理对金钱无止境的追逐，这种商人精神实质上都只不过是对商品生产和市场经济的价值规律、竞争法则的一种自发反映，其功能也只是去适应市场。而现代市场经济与早期自发的市场经济已有很大的不同，它强调不能只是靠市场价格这只"看不见的手"来自发调节，而必须同时需要一只"看得见的手"即运用法律、政策、伦理等自觉的理性方式来自觉地引导和调控。这样才可能使市场运行得到优化，真正实现效用的最优化。

儒商精神的另一优越之处是它的辩证性，即它的一些基本精神较少片面性而能注重不同方面的协调与统一。如儒商精神承认竞争的意义，同时又注重合作与和谐，提倡"和气生财""买卖不成仁义在"；承认个人的利益和作用，又提倡群体的价值和利益；强调稳健，又注重趋时而变；注重物质利益，又提倡超然物外的态度等。儒商精神受中国文化的辩证法传统的深刻影响，注重从事物的对立统一和整体联系中去认识和处理商业经营中的问题。它与现代化大生产相互联系、相互依存的客观要求比较适应，与现代经营所要求的系统策略相一致，无疑是具有现代价值的。

需要指出的是，传统儒商精神毕竟是在过去的社会历史条件下形成的，其局限性也是明显的。传统儒商精神涵盖了社会主义市场经济以前的不同时期的儒商精神，其共同特点：一是都是私有制条件下的商人精神；二是大部分时间是存在于封建社会的商品经济中，或者说其基本精神是在封建时代的商品经济中形成的。这就决定了它与社会主义市场经济所需要的商人或企业家精神有着较大距离，或者说从现代的眼光来看，它存在着不少局限。

这种局限性从总体上看：一是表现在其价值精神和社会主义市场经济的价值精神在实质上具有不一致性。儒商价值精神主要是以义利统一为原则，就抽象意义而言，社会主义的市场经济的价值精神也是义利统一的。但"义"的具体内涵却与传统儒商精神有着一些重大区别。社会主义市场经济的价值精神是由社会主义生产的目的所决定的，其根本要求是促进社会生产力的发展，实现广大人民的共同富裕。传统儒商精神中虽然也包含着一定的服务社会、扶贫济困的价值内涵，但是在总体上仍停留在个人或家庭的利益上。就一般说来，传统儒商精神是在为自己和家族的基础上去为社会尽点力。社会主义市场经济的价值精神则要求在以社会和人民利益为根本目的前提下来实现个人的利益和价值。因此，传统儒商的价值精神必须经过升华与重构才可能与社会主义市场经济的价值要求相一致。

二是表现在传统儒商精神的一些经营理念与现代市场经济要求存在不适应性。如前所述，传统儒商精神主要是在封建时代的商品经济活动中形成的，而封建时代的商品经济不论从性质和规模上看都与现代市场经济有着重大区别。在近代民族资本主义企业和海外华人企业中，儒商精神开始与现代市场经济联系在一起，但其企业主体大都是家族式的，其经营理念在不少方面保留着传统特色，与当代中国社会主义的现代市场经济也有着相当差距。例如：传统儒商的家族式组织管理方式所具有的保守性、不规范性，与现代企业制度特别是以公有制为主体的社会主义现代企业制度是不相适应的。家族式的经营理念如果不能在更高层次上得到扬弃，就会阻碍现代企业在更加社会化、更加国际化方向的发展。

总之，传统儒商精神具有与现代市场经济相适应的一面，也有不相适应的一面，有其优越之处，也有其局限性。站在发展社会主义市场经济的高度，用现代的眼光去对它进行一番具体分析、辨别和清理，弄清其优劣利弊所在，是重构儒商精神的基本前提。

所谓儒商精神的现代重构，也就是依据社会主义市场经济发展的要求，对传统儒商精神进行一番扬弃、改造、重建与升华，使之成为与社会主义价值观相符合，与现代市场经济法则相适应的现代商人或企业家精神和市场理性。

作为现代中国的一种市场理性精神，儒商精神重构的基础是中国社会主义的市场经济，因而它必须遵循三个基本原则：一是要反映现代市场经济的时代特征和客观要求，二是要体现出社会主义的本质和核心价值观，三是要符合中国的国情和文化传统。这里我们可以看到，传统儒商精神与第三条基本原则有着某种契合的成分，但又不是完全一致。即使撇开社会制度不谈，今天中国的国情和文化传统也与传统儒商精神存在时的情形有了不同，传统儒商精神必须通过一定的调整才能与之相适应。再从第一条原则来看，现代市场经济与传统儒商精神赖以形成的传统商品经济有联系也有重大区别，传统儒商精神必须进行改造与重构才可能与现代市场经济相适应。至于体现社会主义价值观这一原则是传统儒商精神所没有的，必须在重构儒商精神时重新确立。

从总体上看，传统儒商精神的现代重构必须完成两个重大转变：一是在价值取向上由私有制条件下的商人观念向社会主义商人价值观的转变；二是在观念和形式上由传统商品经济观念向现代市场经济观念的转变。这两大转变的完成将促使传统儒商精神成为社会主义的现代商人或企业家精神，成为有中国特色的社会主义市场理性的重要组成部分。

具体说来，儒商精神的现代重构必须包括四个基本环节，即扬弃、改造、重建、完善。扬弃是重构的第一个环节，也就是马克思主义的基本观点，根据现代市场经济的客观要求，对传统儒商精神进行一番深入的考察、分析和辨别，剔除其陈旧消极的糟粕，提取和保留其具有积极意义和生命力的精华。改造就是在扬弃的基础上对保留下来的精神成分进行一番现代加工，使其具有现代的内涵和形式。传统儒商精神是传统社会的产物，即使是精神部分也不可避免地打上了旧时代的印记，要使其成为新的商人或企业家精神中的一个有机成分，就必须用新的原则和观念进行一番加工改造。如"义利统一"是传统儒商精神的精华部分，但只有对其"义"的内容进行重新规定才能与社会主义市场经济相适应。传统儒商精神经过扬弃和改造将可以成为现代儒商精神的有机成分，但这还不足以构成完整的现代儒商精神。现代儒商精神的确立需要在吸取传统儒商精神积极成分的条件下，构筑新的基础和框架，注入新的内容。现代儒商精神虽然在形式结构和外在风格上可传承传统儒商精神，但在本质上却有着根本区别，在内容上也有了很大变化。因此，必须在总体上进行新的重建，这主要是指现代儒商精神应该体现社会主义的价值本质和现代市场经济的根本要求。这样儒商精神才会成为一种现代的商人或企业家精神。重建的儒商精神还必须在社会主义市场经济的实践中通过反复检验、修正、补充、完善。同时，通过舆论宣传引导、典型示范，以及体现于具体的制度约束之中，使之逐步成为广大商人和企业家自觉的精神导向和行为习惯，儒商精神的现代重构才算基本完成。

　　重构的现代儒商精神，应该是中国文化传统、社会主义价值观念与现代市场经济法则的互补整合而形成的一种具有中国特色的现代商人或企业家精神。中国文化传统形成其鲜明特色，社会主义价值观引导其根本取向，现代市场经济法则规定其基本内容。

　　应该说，对于现代的儒商精神，我们还只能提出一些建构的原则和路径，而不可能提出一套完整的观念体系。儒商精神从本质上说是一种实践理性，而不是一种纯粹的观念体系。因而从根本上说，它只能在千千万万的商人或企业家实践中形成，是由实践精神提炼升华而建构起来的，而不可能先验地把它设定起来。但是，现代儒商作为一种自觉的商业文化精神，也不可能完全自发生成，它必须有一定的理性指导，是在一定的理性指导与实践经验的相互作用中逐步产生和形成的。我们对现代儒商精神建构的基本原则和路径的探讨，也就是试图给这一建构过程提供一定的理性指导，从而使之更加自觉、更为有效地进行。可以预言，当代中国企业家精神的建构过程也就是传统儒商精神的现代重构的过程，这个过程将具体地体现为当代中国社会主义市场发展的伟大实践。

　　（作者唐凯麟，湖南师范大学道德文化研究院教授，博士生导师。）

正确义利观的深刻内涵与价值特质

王泽应

摘要： 正确义利观是以习近平为核心的中国领导人提出的既旨在调整国内利益关系又着眼于调整国际利益关系的伦理价值观，表征着当代中国价值观的基本风骨和神韵，又具有建构新型国际关系伦理价值基座的功能和效用，含有"合外内之道"的价值特质。

关键词： 义利观；命运共同体；共赢

一、正确义利观的深刻内涵

正确义利观的提出是相对于不正确的义利观而言的，不正确的义利观或者割裂义利关系或者混同义利关系，总是不能从利益关系的协调、整合与均衡发展来谈论义利问题，不能把最广大人民群众的根本利益和长远利益放在义利观的中心位置来思考，每每把利益关系单向化或片面化，进而走向利己主义和狭隘功利主义，或者离开最广大人民群众的根本利益和长远利益空谈道义，使道义成为与利益无关的精神抽象。正确义利观区别于不正确义利观的基本标志在于它既重义利之分亦重义利之合，主张在唯物史观的基础上把道义和功利、个人利益与公共利益以及国家利益与人类整体利益有机地统一起来，形成一种利益共生、责任共担、义利并举的价值格局，以此来范导和引领国内和国外的伦理生活。

正确义利观主张正确认识和处理义利关系。正确认识和处理义利关系，首先要求既不混同义利关系，也不割裂义利关系，坚持义利关系的辩证统一。所谓混同义利关系，亦即简单地把利视为义或把义视为利，譬如利己主义简单地把个人利益视为道义的化身，并理直气壮地为之辩护，或如整体主义简单地把整体利益视为道义的化身，使整体利益等同于道义。应该说，并不是每一种利益天然地就是合乎道义的，也并不是每一种道义一定就是利益。混同义利关系无法建构理想的义利关系，只能导致价值反思的缺失，进而取消价值导向的意义。它本质上是一种伦理观上的自然主义。割裂义利关系，亦即完全将义利关系对抗起来，否认二者之间的内在联系，坚持认定凡是合乎道义的，必定就是违反利益的，凡是违背道义的，必定就是合乎利益的，二者之间没有也不可能有内在的联系。伦理史上绝对的道义主义和狭隘的功利主义即是割裂义利关系的理论产物。正确义利观无论对混同义利关系抑或是割裂义利关系都持一种否定态度，坚持认为义利关系是一种既有差异又有联系的辩证关系，既不能简单地把义利关系等同为一也不能简单地将二者截然分割开来。利益是一种事实或行为效果，道义是一种价值和伦理原则。道义作为价值既在事实之中又超越于事实之外，利益作为事实或行为效果经过道义的检视或审查既有可能符合道义，也有可能非道义和反道义。因此，正确认识义利关系，就既需要认识到义利之间的差别或不同，也需要认识到义利之间的联系，并将认识差别与认识联系有机地统一起来。这种唯物辩证的认识是形成正确义利观的基础或前提。

其次，正确认识和处理义利关系，要求摆脱折中主义的价值纠结，超越简单意义上的二者结合，亦即它所置重的义利统一、义利并重是有先后轻重和公私之分的，要求在义利关系的处理上做到先义后利、见利思义和以义制利。

再次，正确认识和处理义利关系，必然内在地落实到利益关系的价值判断和应对上。从某种意义上说，义利关系常常通过利益关系表现出来。如何处理不同等的利益主体之间的关系以及同等的利益主体之间的关系，涉及个人利益与他人利益、个人利益与集体利益，以及国家利益与人类利益，还有不同类型的集体利益与集体利益、国家利益与国家利益之间的关系，自古以来即是义利关系展现的不同类型，也使义利之辨愈趋繁复，义利观愈加多样。

正确义利观不同于非正确和不正确义利观的地方在于处理不同等的利益主体关系既讲辩证统一，亦讲先公后私，先人后己，处理同等意义上的利益主体关系特别强调辩证结合，但是也主张看谁同人类整体利益和文明发展趋势的关系更贴近一些，整体上有一种人类命运共同体的价值理念在其中起价值拱立与价值支撑的作用。

正确义利观对割裂义利关系或混同义利关系的不正确的义利观持否定态度，主张超越纯功利主义或纯道义论的藩篱，强调正确对待和处理"义"与"利"的关系，既重视道义与责任，又强调彼此互利和共赢，坚持义利并重、义利兼顾和义利统一的原则，又在并重与统一的基础上以义制利、见利思义，将"义"与"利"辩证地结合起来，并以此来指导和引领全社会和整个世界的价值追求和伦理建设。

二、正确义利观的价值特质

从价值特质和价值建构而言，正确义利观有其从国内走向国际的理论逻辑，它首先是一种中国义利观，然后又是一种国际义利观，其理论基石是利益共同体和命运共同体，其本质内涵是互利共赢与平等相待，其基本要求是义利并重与以义制利，体现着对中国传统义利观和西方义利观的双重超越，同时又有对中国传统义利观和西方义利观精华的合理吸收。

1. 正确义利观含有"合外内之道"的价值特质

正确义利观既立乎其内又着眼于外，含有内外兼修、内圣外王合一的基质。义利观，必然要借助利益观或利益关系表现出来，因为义无非是利益关系的调节，或者在利益关系的调整时有一定的原则和规范。正确义利观，在国内利益关系上，主张把集体利益和个人利益有机地结合起来，坚持把国家和人民利益放在首位而又充分尊重公民个人合法利益，实现个人利益和集体利益的辩证统一。它将利益的追求纳入道义的轨道并接受道义的宰制与规约，反对损人利己、损公肥私的利己主义、狭隘功利主义和置道义于不顾的实用主义。

在国际关系上，正确义利观主张把人类整体利益和共同利益放在第一位，反对那种为了一国之私而损害国际社会共同利益和人类整体利益的国家利己主义，主张在追求本国利益时兼顾他国合理关切，在谋求本国发展中促进各国共同发展，增进人类共同利益。当前国际关系中存在着重利轻义，或者说重一国之私利而轻国际之大义的倾向，造成了国际关系的紧张和冲突，南南问题、南北问题、东西问题不仅没有得到较好的解决，反而愈趋严重，冷战思维、相互拆台现象有增无减，使得全球化遭遇重挫。如何扭转国际关系的偏差，使其朝着互利共赢的方向发展，迫切需要正确义利观的指导、规范和引领。

2. 命运共同体是正确义利观的基本价值视角

正确义利观从人类已经成为一个命运共同体的价值理念出发，十分强调互利共赢和人类整体利益的重要性，强调今天的世界和人类因全球化、信息化已经结成一个利益相关、休戚与共的利益共同体和命运共同体，并主张以此来引领国际社会的发展。命运共同体，既是现实经济政治文化交融互通的真实反映，更是建构面向未来的新型国际关系的共同诉求。建设和维护这一命运共同体，成为当代世界的整体利益和最高利益，同时也是每一个国家自身利益之所在。没有能够置身于这一命运共同体之外的所谓国家利益，也没有离开这一命运共同体的所谓世界利益。正确义利观既注重国际正义的建构与维护、国际道义的倡导与追求，又主张维护民族国家的核心利益并致力于推动各国和全球共同利益的实现，反对狭隘的民族利己主义和霸权主义以及罔顾国家核心利益的世界主义。它强调在追求本国利益时兼顾他国合理关切，在谋求自身发展中促进与其他国家共同发展，不断扩大共同利益汇合点，把自身利益和他国利益有机地结合起来。正因为如此，它完全有可能成为当代国际社会核心的伦理价值观。命运共同体是正确义利观的一个基本价值视角和伦理判断，其中包含着人类大义和世界大利相互统一的因素。

3. 发展共赢和责任共担是正确义利观的内在价值要求

正确义利观主张在命运共同体的整体构架中实现各自的利益和共同利益，实现共同发展、共同幸福；同时形成同心同德、责任共担的道义追求。它主张超越零和博弈、非此即彼的思维藩篱，认为人与人、集体与集体以及国与国之间，并不只是我赢你输或你赢我输的发展结局，而是存在着大量的互利共赢的发展机遇和空间。一旦人们抛弃非此即彼的对抗思维，去寻找共同利益，就会发现共同利益远远要大于和多于利益的对抗和冲突。只要各方本着相互尊重、彼此关切的原则，完全有可能从零和走向正和，实现皆大欢喜、各方满意的结局。"你好，我好，大家好"的利益格局完全可以通过各方、各国的共同努力成为现实。

三、正确义利观的伦理意义

正确义利观是对国际国内利益矛盾的积极应对和价值引导，本质上是对当代中国利益关系和国际利益关系及其所需要的伦理价值观科学把握和深刻思考的产物。

1. 正确义利观是建构新型国际关系伦理的价值基础

在当代国际关系伦理领域，以个人利益或权利为国际关系正义标准的世界主义和以共同体利益或发展为国际关系正义化身的社群主义可谓各执一端。世界主义虽然将单个的个体与作为整体的人类联系起来予以价值关切，但关切的重心和基点仍是对个体利益或权利和价值的推崇。个体利益或权利的优先性以及据此来建立普世的伦理关系构成世界主义的思想核心。社群主义价值关切的重心是国家而非个体，认为个体的意义与自我实现极大地依赖于所处的国家。在社群主义者看来，道德基础不应建立在个人权利上，而应建立在人与人的社会关系中。世界主义和社群主义都因为坚持单一的价值观点从而无法正确认识当今世界格局中的义利关系，无法为建构健康有序的当代国际关系伦理做出应有的贡献。因此，超越世界主义和社群主义的对立，成为建构新型的世界伦理价值观的必然选择。

正确义利观以其特有的既兼顾国家和民族利益又注重世界整体利益的价值追求实现了对世界主义和社群主义伦理价值观的双重超越，它从人类已经成为一个命运共同体的价值理念出发，十分强调互利共赢和人类整体利益的重要性，并主张以此来引领国际社会的发展。当今的全球化、信息化以及所面对的复杂形势，将所有国家的命运连为一体，任何国家都不可能独善其身。因此，各个国家都应当以"命运共同体"的视角审视当今世界大势和国际关系，努力去寻求人类的共同利益和共同价值，为建构和平发展、共生共赢的国际关系新格局做出贡献。

当代世界伴随全球化、信息化、多极化正在发生复杂而深刻的变化，利益博弈、利益冲突与利益共生同时存在。摒弃非此即彼的利益对抗与零和思维，寻求共生共赢的共同利益，创建公正平等、和谐友好的国际伦理关系和秩序，成为世界各国的共同愿望。当今世界出现的种种利益冲突和矛盾，无不与非正确和不正确义利观的大行其道密切相关。重利轻义的狭隘功利论，以自我利益为本，以他人利益为末的利己主义或自我中心主义，为了一国之私不惜搞乱一个地区或国际社会的国家利己主义，整体上看，都是一种错误的义利观。这种义利观引发了当代世界道德生活的许多灾难，并导致了重重危机。矫正当今失衡、扭曲的世界义利观，建构健康而良善的国际关系伦理，迫切需要以正确义利观为武装和指导。

2. 正确义利观挺立中华道德和价值观的风骨和神韵

正确义利观表征出当代中国价值观的基本风骨，彰显出中国道德的精神风貌、独特神韵和价值魅力。正确义利观锻铸着中国道德文化的基本精神，拱立着中国道德的基本构架，并渗透、贯穿在中国道德的原则规范和主要范畴之中，不仅规定着中国道德的性质和发展方向，而且陶铸着中国道德的模式和类型，形成着中国道德的精神吸引力、价值感召力和伦理影响力。中国道德之所以是中国道德，就在于它有自己正确的义利观以及与正确义利观密切相连的伦理价值观和伦理范畴系统。正确义利观把中国发展与世界发展联系起来，把中国人民利益同各国人民共同利益结合起来，不断扩大同各国的互利合作，以更加积极的姿态参与国际事务，共同应对全球性挑战，凸显了中国这一东方大国的价值取向和勇毅担当，成为崛起的中国向外宣示自己价值追求和价值取向的道德泉眼或道德基本精神。

（作者王泽应，哲学博士，湖南师范大学道德文化研究中心教授，博士研究生导师。）

制度伦理与公共生活领域的塑造[①]

彭定光

摘要： 公共生活领域既不是市民社会，又不是国家、公共组织或者公共场所，而是一定社会共同体的人们为了该共同体的生存发展而进行的处理其公共事务的共同活动。它需要塑造同时又具有塑造的可能性和动力。其塑造由于是一个追求道德合理性的过程，因而离不开道德。这种道德只能内生于公共生活领域，不能来自公共生活领域之外。因其塑造是由合理的制度来保障所决定，制度伦理成为了公共生活领域得以塑造的道德基础。制度伦理包括制度设计伦理和制度运行伦理，前者偏重公共生活领域塑造的合理性，后者偏重公共生活领域塑造的有效性。

关键词： 公共生活领域；塑造；制度伦理

公共生活领域是人类生活的一个必不可少的构成部分，它在人类的生存发展中具有重要的地位和作用。在当代社会里，由于公共生活领域的不断拓展，人们越来越依赖于公共生活领域，并对其有了更多的期待和要求。这种期待和要求所指向的是公共生活领域的塑造，以便使之具有道德合理性。为了达到这一目的，公共生活领域需要找到有效地塑造其自身的道德基础。

---

① 本文是 2010 年度国家社科基金重点项目"妥善应对国际金融危机中政府的道德责任及其限度研究"的阶段性成果，项目编号：10AZX005；2009 年度湖南省社科规划课题"当代社会的制度伦理基础研究"的阶段性成果，项目编号：09JD31；2007 年度湖南省教育厅重点项目"寻找公共生活的道德基础——制度伦理研究"的阶段性成果，项目编号：07A045。

一、公共生活领域需要塑造

自从人产生了自我意识或者私有意识之后，作为整体的人类生活就分成了公共生活领域（又称公共领域或者公域）和私人生活领域（又称私人领域或者私域）。公共生活领域总是相对于私人生活领域而言的，其范围有多大、边界是否确定、内容有哪些，与私人生活领域的明晰有着直接的关系。虽然它随着人类历史的发展而发生了变化，不断地调整了自己的范围和内容；但是，这种变化性或者不确定性并没有否定公共生活领域的本质，即它是一个事关某一社会共同体的生存发展的具有公开性和共享性的领域。

公共生活领域的本质只是人们判定何者是公共生活领域的尺度，并没有确定它的具体内容和范围。那么，公共生活领域的具体内容和范围究竟是什么呢？学者们对此是见仁见智、看法各异的。有人认为公共生活领域就是市民社会；有人认为公共生活领域是介于市民社会与国家之间的一个调节性领域；有人认为公共生活领域是政府官员们进行官方活动的领域，或者说是受到政府管制或者控制的领域。自由主义者对公共生活领域的把握有两种不同的角度或者观念，第一种观念源于洛克，它是在与社会领域相区分的意义上把握公共生活领域；第二种观念源于受浪漫主义影响的自由主义，它是在与个人领域相区分的意义上来把握公共生活领域。第一种意义上的公共生活领域就是国家，第二种意义上的公共生活领域既包括国家又包括公民社会。现代公共管理学者认为，公共生活领域并非只是政府官员们进行官方活动的领域，还是非政府部门进行活动的领域，其标志在于它关涉的是普遍性问题和大众性利益。在当代社会影响较大又较切近于当代社会特征的观点则是阿伦特和哈贝马斯的看法。阿伦特认为，人有着三种最基本的活动：劳动、工作和行动，与之相对应的分别是私人领域、社会领域和公共领域。公共领域中人的活动就是行动，它是唯一不需要借助任何中介所进行的人的活动，是人们生活于世界的群体条件。"行动不管其特定的内容是什么，总是在确立各种关系，因此它具有这样一种内在倾向：迫使取消所有限制，穿越所有界线。"① 她明确地指出："政治领域

---

① ［美］汉娜·阿伦特：《人的条件》，上海：上海人民出版社 1999 年版，第 191 页。

直接产生于共同的行动，即'言行的共享'。这样，行动就不仅与我们共有世界的公共部分有着最密切的关系，而且还是一种构建这一公共领域的活动。"① 行动是自由的，言行者通过共享的言行来限制政治权威，并对政府所垄断的强制或者暴力进行控制。哈贝马斯虽然不同意阿伦特将人的生活领域划分为私人领域、社会领域和公共领域的看法，并重新回到了黑格尔将人的生活领域划分为私人领域与公共领域的观点上；但是，他又并不赞同黑格尔将公共领域等同于国家的简单做法，而是沿袭阿伦特关于公共生活领域的思路，认为公共生活领域是一个不同于国家的领域，是介于私人生活领域与国家之间的领域，它"首先可以理解为一个由私人集合而成的公众的领域；但私人随即就要求这一受上层建筑控制的公共领域反对公共权力机关本身"②。公共讨论或者批判是公共生活领域的活动方式，也是其得以维持的方式。这些学者之所以如此理解公共生活领域，是因为他们持有不同的社会观。

在我们看来，公共生活领域既不是市民社会，又不是国家、公共组织或者公民自由地讨论并形成其公共意见的公共场所，而是一定社会共同体的人们为了该共同体的生存发展而进行的处理其公共事务的共同活动；也就是说，公共生活领域的实质就是一定社会共同体的生存发展。有资格进行这种共同活动的主体并非只有个人、国家或者政府，还有其他的社会组织，这些主体所进行的处理公共事务的活动一起构成了公共生活领域。

真正的公共生活领域应该具有如下特征：第一，客观性。首先，公共生活领域以社会共同体为主体。这种共同体不是"想象的共同体"，更不是观念的共同体，而是实实在在的人的共同体，是人与人的"共同存在"和人们的同时"在场"。其次，公共生活领域以实践作为自己的存在方式。这种存在方式虽然不同于自然物和个人生命的存在方式，但是，公共生活领域如果离开了人的实践，就不可能存在。换句话说，公共生活领域正是在人的实践基础上建构和发展的。

第二，普遍性。首先，公共生活领域所存在的是一定社会共同体中所

① ［美］汉娜·阿伦特：《人的条件》，上海：上海人民出版社1999年版，第198页。
② ［德］哈贝马斯：《公共领域的结构转型》，上海：学林出版社1999年版，第32-33页。

有成员的相同的共同生活，它既不能包括存在着差异的私人生活，又不能被还原为各自不同的私人生活。正是在此意义上，黑格尔强调不要将公共生活领域与私人生活领域相混淆，他指出："如果把国家同市民社会混淆起来，而把它的使命规定为保证和保护所有权和个人自由，那么单个人本身的利益就成为这些人结合的最后目的。……但是国家对个人的关系，完全不是这样。"① 其次，公共生活领域要求人们形成超越个人偏好或者偏见的具有普遍性的公共意见，并以此来指导自身。要形成这种公共意见，"公共领域最好被描述为一个关于内容、观点，也就是意见的交往网络；在那里，交往之流被以一种特定方式加以过滤和综合，从而成为根据特定议题集束而成的公共意见或舆论"②。再次，公共生活领域要求人们形成基于其"类生活"或者"类存在"的"类意识"。"作为类意识，人确证自己的现实的社会生活，并且只是在思维中复现自己的现实存在；反之，类存在则在类意识中确证自己，并且在自己的普遍性中作为思维着的存在物自为地存在着。"③ 最后，公共生活领域由于是一定社会共同体中所有成员的共同生活，并为他们的生存发展都提供相同的条件，因而，它要求所有成员都承担共同的责任。

第三，非联合性。公共生活领域是人的共同体，它主要以国家为其存在的标志。在国家这一政治领域，个人不能如诺齐克所设想的那样可以自由进出，绝大多数人只能如罗尔斯所说的那样"生而入其中，死而出其外"。因此，国家不同于人的联合体。首先，个人不能对自己应该生活于哪个国家进行选择，不能同时拥有多个国家的成员资格；而联合体则是由个人所要达到的某个目的或者要完成的某项任务而临时组成的，个人可以对其进行选择，可以同时生活于不同的联合体之中。可见，"政治的领域不同于联合性的领域，后者在许多方面是志愿性的，而政治的领域则不是"④。其次，国家的成员资格是由法律所规定的；而"联合体的成员身份

---

① ［德］黑格尔：《法哲学原理》，北京：商务印书馆1961年版，第253－254页。
② ［德］哈贝马斯：《在事实与规范之间》，北京：三联书店2003年版，第446页。
③ ［德］马克思：《1844年经济学哲学手稿》，北京：人民出版社2000年版，第84页。
④ ［美］罗尔斯：《政治自由主义》，南京：译林出版社2000年版，第145页。

是自愿的，假如一个成员觉得对成员义务的要求过多，它可以告辞"①。再次，联合体只是由于互惠、互助、互利的缘故而产生的，无政府主义者葛德文强调"最初是为了互助才联合在一起的"；而国家就不只有互惠、互助、互利，更重要的是有超越私人利益的共同目标和共同责任。最后，国家的成员不是"经济人"，而是"政治人"，他不能从私人利益出发对国家事务进行权衡，不能对利害、得失、负担作出"二者择一"的取舍；而联合体的成员则具有"经济人"的本性，他是出于私人目的来选择利害、负担的，是根据自己对利害、负担的选择来选择或者组成联合体的。

第四，共享性。首先，公共生活领域是一个确立和追求公共价值的领域。公共价值既是公共生活领域存在和发展的基础，又是其成员的愿望和追求的表达。为了确定和追求公共价值，公共生活领域的成员一方面应该严格区分公私，不以私人性的东西去干预公共生活领域，而应该把纯粹私人的偏好和信念同关于公共生活的信念区别开来，否则，公共生活领域就会变成人们讨价还价的市场；另一方面应该充分地向公共生活领域表达自己的愿望和要求，并诉诸公共理由，用公共理由来说服他人，同时又不压制他人的表达，以便实现彼此之间的沟通、辩谈，使大家发现共同的理想和愿望，达成所有成员都一致同意的价值共识。其次，公共生活领域是一个非竞争、对抗的领域。它不同于私人生活领域，既不歧视和排斥任何成员，又不允许其成员无视"他者"的存在和部分成员之间基于私人利益的合谋，既不制造成员之间的对抗或者不正当的竞争，又不允许成员之间的威胁、损害或者伤害，相反却肯定成员们独立生活的相关性，并要求他们共生共存。再次，公共生活领域是一个其成员平等地享受公共利益的领域。它既不允许任何成员或者少数派独占公共利益，不压制其成员对公共生活领域那些具有非排他性的东西的追求，并为其成员通过利用公共生活领域来实现个体利益提供有利条件，又不允许其成员剥夺他人的合理利益诉求与要求受到保护的资格以及限制他人对公共利益的平等享受。

由上述可以推出，公共生活领域并非自然而然地就是"好"的，而只

___

① ［英］A. J. 米尔恩：《人的权利与人的多样性——人权哲学》，北京：中国大百科全书出版社 1995 年版，第 152 页。

具有趋向"好"的可能性，如果不防止、克服它的现实缺陷，不对其进行塑造，它就不可能具有道德合理性，人们因此就会对其漠不关心，甚至拒绝进入公共生活领域。

那么，为什么公共生活领域需要塑造？

第一，公共生活领域是被创造的。作为一种客观的存在，公共生活领域是超越人的个体性的共同体。在人的共同体中，人与人之间的关系虽然是其实质内容，但是，它却因人与人的互动、实践或者设计而有所不同，从而使不同民族或者国家的公共生活领域表现出某种差别。互动会使人产生对交往者的合理性期待和要求。实践与人对公共生活的价值选择相关。设计意味着建构，意味着有人的理性的参与。无论是合理性的期待和要求，还是价值选择和建构，都是在超越公共生活领域的现有缺陷基础上的塑造。正如莱斯利·里普森所说：在公共生活领域，"在政治中，我们总是永不停息地争论是与非，辩论互相替代的政策的优与劣，争辩那些终极目标的明智性，并且衡量可能方法的有效性。一句话，我们置身于对价值的探索之中"①。在公共生活领域，人们不仅选择合理的公共价值，而且选择那些能够表达合理的公共价值的政策、法律。由于公共生活领域必然包含着价值选择，主要是由价值选择构成，因此，它根本不同于自然界，不同于由纯粹的客观规律所支配的事物。因为后者是必然发生的，不可选择的，而前者则可以对其价值进行比较，需要我们根据一定的价值理念和价值标准来作出选择。在此意义上，公共生活领域的极富特色之处就是它是一个充斥着可能性的领域，正因为如此，麦迪逊主张在公共生活领域尤其是其中的政治领域"拒绝休谟的数学确定性的见解。他视政治为一个随机性和多元性更强的领域，因此他决不会真正相信那种确定性的主张"②。这就是说，公共生活领域或者"政治王国不是被发现的而是被创造的"③。

第二，公共生活领域的存在和发展需要具备共识基础。公共生活领域

---

① ［美］莱斯利·里普森：《政治学的重大问题：政治学导论》，北京：华夏出版社 2001 年版，第 17 页。

② ［美］肯尼思·W. 汤普森：《宪法的政治理论》，北京：三联书店 1997 年版，第 38 页。

③ ［美］塞缪尔·亨廷顿：《变革社会中的政治秩序》，北京：华夏出版社 1988 年版，第 388 页。

是被人所创造的。然而，如果创造者们的价值观念各异，那么，公共生活领域不是纷争不断或者四分五裂，就是不可能存在或者只能依靠强力来暂时维持。因此，对于公共生活领域的存在和发展来说，最重要的是寻找其塑造的共识基础。在人与人之间还存在着"内部"与"外部"、"我们"与"他们"之间的界线时，这种共识是不可能形成的。要形成这种共识，其前提是消除这种界线。"从现在①起，所有的同质性必须通过筛选、分离和排斥，从大量杂乱的多样性中精选出来；所有的一致性需要被创造；'人为制造出来的'和谐是唯一行之有效的形式。"② 这意味着公共生活领域的共识基础也是由人所创造的。当然，在形成这种共识的时候，人们所扮演的角色并非是私人角色而是"公共人"角色。他们处在公共生活领域之中，对其有各自的感知和理解。由于这些感知和理解都是源于公共生活领域的，因而，他们就能够形成以此为基础的共识，从而真正地把握公共生活领域。正如阿伦特所指出的：在公共生活领域，"尽管角度不同，因而看法各异，但每个人关注的总是同一客体"③。

第三，公共生活领域需要排除来自私人生活领域的干扰。公共生活和私人生活本来都是公民应该享受的，可是，公民有时可能会将两者混淆，不重视公共生活甚至将公共生活领域私人化。其情形主要有四种：其一，没有任何人愿意进入公共生活领域，"没有任何社会能够是一种人们真正自愿加入的合作体系，因为每个人都发现自己生来就在一个特定的社会中处于一个特定的地位，这一地位的性质实质上影响着他的生活前景"④。其二，人们"对政治领域的更加冷漠和消极以及对诸如家庭、职业和个人事业等私人领域的更加关注"⑤，这种现象被称为"公民的私人化症状"。金里卡认为，人们之所以远离公共生活领域而迷恋于私人生活领域，并不是因为前者无法满足人的愿望，而是因为后者更为丰富，人们可以在其中基

---

① 即"内部"与"外部"、"我们"与"他们"之间的界线再也无法划定的时候——引者注。

② ［英］齐格蒙特·鲍曼：《共同体：在一个不确定的世界中寻找安全》，南京：江苏人民出版社 2003 年版，第 10 页。

③ ［美］汉娜·阿伦特：《人的条件》，上海：上海人民出版社 1999 年版，第 45 页。

④ ［美］约翰·罗尔斯：《正义论》，北京：中国社会科学出版社 1988 年版，第 11 页。

⑤ ［加拿大］威尔·金里卡：《当代政治哲学》，上海：上海三联书店 2004 年版，第 529 页。

本上满足自己的需要。这两种情形表明人们缺乏进入公共生活领域的动力。其三，由于缺乏公共生活领域所需要的正义感，人们就可能会想方设法推卸自己的公共责任，即"从自我利益的观点来看，每个人都想减少他的分内职责。……当公民相信或者合理地怀疑其他人不会尽职时，他们就会想法躲避做出自己的一份贡献"①。其四，人们认为公共生活领域本身没有其独特的价值，它只不过是私人生活的手段，应该为私人生活领域服务。就此而言，公共生活领域被私人生活领域"殖民化"。在诸如此类的情形下，公共生活领域面临着私人生活领域的严峻挑战，其纯洁性和独立性受到威胁，其吸引力被大打折扣。这些都要求公共生活领域进行自我塑造。

二、制度伦理是塑造公共生活领域的道德基础

公共生活领域不仅需要塑造，而且还具有塑造的可能性和动力。它的塑造并非只是超越自身的已有缺陷、从现在走向未来的过程，更重要的是一个追求合理性、符合人们的合理性期待和要求的过程。因而，它的塑造是离不开道德的。

公共生活领域的塑造需要道德是毋庸置疑的，问题在于它是什么样的道德？是内生于公共生活领域的道德，还是外在于公共生活领域的道德？如果我们将人的生活整体划分为公共生活与私人生活，那么，整个社会的道德就可以分为公共生活领域的道德与私人生活领域的道德。这两种道德是有所不同的。在莱茵霍尔德·尼布尔看来，这两种道德，"一个集中点存在于个人的内在生活中，另一个集中点存在于维持人类社会生活的必要性中。从社会角度看，最高的道德理想是公正；从个人角度看，最高的道德理想则是无私"②。可是，西方自由主义却认为，公共生活领域是不可能产生自己的道德的，规范公共生活领域的道德是市民社会这一私人生活领域所提供的，市民社会的道德是人类的唯一道德权威，人类生活中的一切

---

① ［美］罗尔斯：《正义论》，北京：中国社会科学出版社1988年版，第325页。
② ［美］莱茵霍尔德·尼布尔：《道德的人与不道德的社会》，贵阳：贵州人民出版社1998年版，第257页。

都必须接受这一道德权威的指导。其实，这两种生活领域各有自己的道德原则。这两种道德原则，即"指导我们处理公共事务与私人事务的原则不是我们的发明创造，而是灌注在事物的存在与本性中，为事物所固有"①。如果否定公共生活领域有自己的道德，那么，就必定会造成公共性丧失的恶果；而"国家和社会内部公共性的消失，以及相互交往过程中公共性的退隐，都是由于未能扬弃不同利益的多元主义所造成的；这种多元主义使人们怀疑从中是否还能形成一种可以作为公众舆论标准的普遍利益"②。如果如此，那么，公共生活领域的塑造就会成为泡影，其结果是导致私人生活领域对公共生活领域的全面入侵，公共生活领域被"殖民化"。因此，用于塑造公共生活领域的道德只能是内生于公共生活领域的，而非来自公共生活领域之外的。

在现实的公共生活领域，它的塑造是依赖于制度来保障的。制度是一定社会在实践过程中所形成和维系的用以组织其公共生活的规定或者安排，它产生于公共生活领域，是对社会运作原理的反映，是公共理性的凝结形式和表达方式，是共同体的社会能力、社会技术和管理手段。一方面，它是人们互动的模式与构建公共生活领域的框架，直接制约人们的共同活动方式，使个人的选择普遍化，维系着公共生活领域；另一方面，它是人类文明进程的稳定化和人类文明的重要标志。制度能够模塑公共生活，使公共生活由不确定变得确定；相反，如果制度缺位或者失效，就会使公共生活领域难以维持。然而，制度有合理的与不合理的之分。对于公共生活领域来说，不合理的制度是一种灾难，不但不能对之塑造，相反会使它变得秩序混乱。可见，公共生活领域的塑造是由合理的制度来保障的。因此，要塑造公共生活领域，其前提是必须使制度本身具有道德合理性，使制度建立在合理的道德基础之上。而研究制度的道德合理性，以便为公共生活领域提供合理的道德理念和道德规范，则是制度伦理应该担当的任务。这就是说，制度伦理是公共生活领域得以塑造的道德基础。

---

① ［英］埃德蒙·柏克：《自由与传统——柏克政治论文选》，北京：商务印书馆 2001 年版，第 275 页。

② ［德］哈贝马斯：《公共领域的结构转型》，上海：学林出版社 1999 年版，第 265 页。

作为一定社会或者共同体的正式规范体系，制度是人们用来规范和调节整个公共生活领域的。这就是说，人们设计或者建立制度的目的是为了落实或者实现制度，将其付诸社会实践。因此，制度建立后的一个必然环节就是制度的执行和运作。与此相应，制度伦理就包括制度设计伦理和制度运行伦理。制度设计伦理是关于"是什么""为了什么""做什么"方面的伦理，而制度运行伦理则是关涉"怎样做"的伦理。前者偏重公共生活领域塑造的合理性，后者偏重公共生活领域塑造的有效性。

公共生活领域的塑造所需要的制度设计伦理必须具有三个特征，其一，它们应该是人们基于共同生活而形成的道德共识，只有这样才能被人们所普遍接受、认同和遵守；其二，它们应该既符合整个社会的生存发展需要又反映个人的利益要求，只有这样才能为公共生活领域的塑造提供动力；其三，它们应该是相对稳定、长期有效的，而不应该是多变的，不出于长远考虑的制度设计伦理所具有的社会效力将受到影响。这些特征既是对制度设计的内容的伦理规定，又是对其形式的道德要求。

具有道德合理性的制度设计的内容，就是在公共生活领域中生活的人们所形成的共识。这种共识之所以会形成，是因为人与人之间必定会构成"共有的理解共同体"，"这种共同体是关于它们如何看待别人，它们认为什么是公正的，它们如何区分对错的"[①]。于是，在实际的公共生活过程中，人们就会顺利地就何者是"公"、何者是"私"以及它们之间的关系进行公开讨论，并确定公共生活领域的界限及应该追求的价值和遵守的道德标准，就会形成一种合理的意志。这一过程被哈贝马斯称为"实践问题用话语来处理"的过程。"经过话语形成的意志，之所以具有'合理性'，原因在于，话语与讨论状况的形式特点足以保证，共识只会通过被适当解释的普遍利益而产生。"[②] 这种基于普遍利益而形成的合理的共识是具有普遍性的。之所以如此，是因为"我们采取了整个共同体的态度，采取了所有有理性的存在的态度。……因此，不论是从我们的目的的（将会与各种

---

① V. 奥斯特罗姆、D. 菲尼、H. 皮希特：《制度分析与发展的反思——问题与抉择》，北京：商务印书馆 1992 年版，第 342 页。

② ［德］哈贝马斯：《合法化危机》，上海：上海人民出版社 2000 年版，第 141 页。

原始冲动相对应的）内容的观点来看，还是从它的形式来看，它都必然是某种社会性目的。社会性（sociality）使各种伦理判断具有了普遍性，……不仅判断的形式具有普遍性，而且判断的内容也具有普遍性——目的本身是可以普遍化的。康德说过，我们只能使形式普遍化。然而，我们确实可以使目的本身普遍化"①。而自由主义者和具有自由主义倾向的人基本上否定公共生活领域存在普遍化的目的，如哈耶克认为，公共生活领域是不可能存在公共目的的，"如果人们必须就应当优先考虑哪些特定利益的问题达成共识，那么不同利益群体之间就会失去和谐，并发生公开的冲突。在大社会中，人们之所以有可能保有和平和达成共识，实是因为个人不必就目的达成共识，而只需就那些有助益于各种各样的目的之实现且能够有助益于每个人实现自己的目的手段达成共识。……正是对于未来结果的无知，才使得人们有可能就那些作为实现多种目的之共同工具的规则达成共识"。② 实际上，合理的目的和手段都是公共生活领域的共同利益；不过，相对而言，合理的公共目的才是共同利益的最重要的方面。因为，只有它才成为了公共生活领域自我塑造、不断超越的动力。可以肯定，合理的公共目的和公共手段都会要求公共生活领域进行自我塑造，它们确定了塑造公共生活领域的不同方向，也决定了不同共同体尤其国家在公共生活领域塑造方面的差别。

制度设计的形式上的道德合理性，就是公共生活领域中的制度形式的道德化。制度形式是表达制度内容的方式，是制度设计的一个不可缺少的方面。公共生活领域的塑造对制度形式的道德要求主要有：其一，制度设计具有全面性。制度设计的全面性是指一定共同体所设计的制度应该是完整、内洽而没有漏洞的。如果共同体所设计的制度不全面，就会出现制度不能在其中发挥其作用的空间，这些空间就不可能被规范化，就会表现出随意性。其二，制度具有稳定性。制度具有与时俱进的特征，必须随着社会生活的变化而不断地调整其内容。但这并不意味着制度没有相对的稳定性，可以随便变来变去，今天制定的制度，明天可以废止，后天又可以恢

---

① ［美］乔治·赫伯特·米德：《心灵、自我与社会》，北京：华夏出版社1999年版，第407－408页。

② ［英］弗里德利希·冯·哈耶克：《法律、立法与自由（第2、3卷）》，北京：中国大百科全书出版社2000年版，第4－5页。

复。人们刚刚熟悉和适应了这样的制度，接着马上又要去熟知和适应那样的制度，这使人们会产生一种不安定感，会使人们厌恶制度。如果是这样，制度设计就是不严谨的，制度就是没有权威性的。制度的稳定性是人们对制度产生信心的前提，也是制度具有效力的一个标志。其三，制度具有明晰性。它要求制度有着确定的界限，是对公共生活领域的真实反映；它也要求制度尽可能地明确，应该语言准确、没有歧义。含糊不清的制度会使人们无所适从，将会导致严重的后果。

制度运行是一定共同体的社会性行为，虽然它表现为多种多样的行为，但它主要有两类，其一是制度管理，其二是制度实现。前者是就制度自身（即制度的内容和性质）而言的，后者是就制度的功能（即制度对现实公共生活领域的作用）而言的；前者着眼于制度如何在公共生活领域保持自身的自我同一性，后者则着眼于制度与现实公共生活领域的良性互动及如何准确而又高效地发挥自己的效能。相应于制度运行的这两个方面，制度运行伦理包括制度管理伦理与制度实现伦理。制度管理伦理是对制度进行管理的伦理，它包含着多种多样的伦理问题，其主要伦理问题，一是何种主体对制度进行管理在道德上是合理的，二是应该如何对制度进行管理。制度实现伦理包括"制度运用"伦理、"制度监督"伦理及"制度裁决"伦理，前者关涉公共权力机关或者政府在其行动中应该如何运用与对待制度的问题，后两者关涉公共权力机关或者政府应该如何用制度监督与判定他人或者社会群体行为的问题。不论是制度管理伦理，还是制度实现伦理，都各有其道德要求。

公共生活领域的制度运行除了遵循制度管理伦理与制度实现伦理的具体道德要求之外，还应当遵循如下主要伦理原则：第一，公平原则。制度运行的这一原则是就制度对人的关系而言的，是由制度本身的普遍性或普适性所决定的。其基本要求是：公共权力机关或者政府应该依据制度平等地对待每个人。公平是制度的基本内容，正如美国法学家德沃金所指出的，平等关切的原则"不但会影响到政府的所有基本制度的设计，而且影响到这些制度中的每一个所作出的具体决策"。① 在我们看来，真正合理的

---

① ［美］罗纳德·德沃金：《至上的美德：平等的理论与实践》，南京：江苏人民出版社2003年版，第207页。

制度本身是蕴涵和追求善的，它关注每个人的生存发展。为此，政府应该平等地对待所有的人（包括应享的权利和应尽的义务），为他们提供起码的生存发展条件。这就要求政府应该根据变化了的实际情况，制定权变性的然而却是符合制度的公正方案。第二，效率原则。制度运行的这一原则是就制度对现实公共生活领域的关系而言的，是由制度本身的实用性或工具性所决定的。其基本要求是：公共权力机关或者政府应该充分地发挥制度对整个公共生活领域的作用，以维持公共生活秩序，实现共同利益。制度是支撑公共生活领域的理性体系，是一种社会资本。为了使其价值得到充分的实现，公共权力机关或者政府应该做到以下几点：首先，由于制度是一种抽象的、普遍性的东西，与多种多样的现实公共生活存在着一定的距离，因而，公共权力机关或者政府应该将制度贴近具体的现实公共生活，使制度具有更强的解释力和适应力；其次，公共权力机关或者政府应该通过各种渠道向公民宣传和解释制度这一公开的规范体系，以便公民理解、接受、认同制度；再次，公共权力机关或者政府应该注重实施制度的方式方法的合理性和可接受性，切忌简单地使用强制手段；最后，公共权力机关或者政府应该注重制度的确定性和稳定性，切忌朝令夕改，应该防止各项具体制度的相互抵触，以免制度运行的低效和无效。第三，服从原则。制度运行的这一原则是就行为主体对制度的关系而言的，是由制度本身的权威性、强制性和稳定性所决定的。其基本内容是严格遵守制度，杜绝任意性。这一基本内容体现了罗尔斯所指出的形式正义的一个重要特征，即"形式的正义是对原则的坚持，或像一些人所说的，是对体系的服从"。① 它要求公共权力机关或者政府在操作制度时，应遵循制度及制度由之而建立的伦理观基础，对守规者赏，对违规者罚，不能赏善而不罚恶，也不能罚恶而不赏善，更不能该赏者反而罚、该罚者反而赏。它也要求个人不违背制度，服从公共权力机关或者政府的决定。需要指出的是，个人对公共权力机关或者政府的决定的服从，并不是服从公共权力，而是服从公共权力机关或者政府据以作出决定的制度。在此，公共权力是由制度所规定的权力，是一种规范的权力，因而是一种有限度的权力。如果个人所服从的不是制度而是权力，那么，权力就会在独立运作中凸显其自我膨胀

---

① [美] 约翰·罗尔斯：《正义论》，北京：中国社会科学出版社 1988 年版，第 54 页。

的本性，摆脱制度的刚性约束，最终成为制度的反对者，使制度形同虚设。个人对制度的服从有两种情况，其一是消极的服从，其二是积极的服从。消极的服从是一种被动的、被迫的、并非心悦诚服的服从，其中隐藏着或多或少、或明或暗的不服从。之所以出现这种情况，可能是因为制度结构尚不合理（这里指的是在制度的性质合理的前提下，存在着某些具体制度不合理的现象），或者制度由之建立的伦理观基础不合理（这里指的是制度的性质不合理，但有可能其中的某些具体制度是合理的）。因此，要使个人对制度的服从由消极的服从转变为积极的服从，就必须使制度的伦理观基础和制度结构都是合理的。

（作者彭定光，教育部人文社会科学重点研究基地湖南师范大学道德文化研究中心教授、博士生导师、哲学博士。）

国家治理的伦理维度

向玉乔

摘要：国家治理是一项具有深厚伦理意蕴的政治活动。它在本质上是向善的，在运行上应该合乎一定的伦理要求，在效果上应该体现有利于国家发展、社会进步和国民福祉的崇高道德价值。要凸显国家治理的伦理维度，国家治理者应该借鉴人类治理国家的善治和恶治记忆，以彰显其向人类道德文化传统学习的道德品质；应该捍卫国家权力的公共性，以实现国家公共利益的最大化和增强惩治政治腐败的治本效果；应该维护国民的基本权利，以弘扬分配正义；应该采取德治和法治相结合的治国方略，以保证国家治理能够最大限度地体现手段善。要治理出一个"好国家"，国家治理者必须具备遵德守法的道德品质。

关键词：道德记忆；公共权力；公民权利；分配正义；德治；法治

当今中国正处于从现代化大国向现代化强国转型和提升的历史节点，这一方面说明我国三十多年的改革开放取得了巨大成就，另一方面也给我国当前的国家治理工作提出了许多新的挑战。一个强国的崛起不仅仅指经济实力、军事实力等国家硬实力的大幅度提升，更重要的是指它的文化软实力特别是它的国家伦理精神必须发生质的飞跃。这一新时代背景既要求当今中国的国家治理者能够从更宽广的伦理视野、更高远的伦理思想和更深邃的伦理智慧来审视、反思和处理国家治理问题，也要求我国伦理学界对该问题展开深入系统的理论研究。本文拟从政治伦理学的角度来对国家治理的伦理维度展开专题探讨。这是一个具有理论意义和现实价值的论题，但也是一个外延很宽广、内涵很复杂的论题。本文不求面面俱到，仅仅从人类治理国家的道德记忆、国家权力的公共性与政治腐败的关系、国民的基本权利与分配正义的关系、德治和法治方略相结合的伦理意义等四个方面切入论题。

一、善治、恶治与人类的道德记忆

趋善避恶是人类的本性，也是人类社会生活的一个重要内容。人类以向善、求善和行善为荣，以向恶、求恶和作恶为耻。因此，亚里士多德说："一切技术，一切研究以及一切实践和选择，都是以某种善为目标。"① 黑格尔更是明确指出："世界上没有一个人是为了恶而作恶的，也就是说，人们都是向善的，在动机和思维中都是希求善的。"② 趋善避恶的本性使人类成为道德动物，并赋予人类社会生活崇高的道德价值。然而，人类努力追求的善在何处？他们努力回避的恶又在何处？善恶的一个重要寓所是人类的道德记忆。道德记忆是关于人类道德生活经历的记忆。人类借助于他们的记忆能力，将他们过去的善恶道德生活经历储存于他们的记忆世界，并将其作为他们在现在和当下过道德生活的重要依据，从而使他们的道德生活建立在一定的道德记忆基础之上。

在国家治理领域，人类明辨善恶的道德记忆主要是通过他们的善治和恶治记忆来体现的。"善治"是充分彰显善性或道德合理性的国家治理模式。实现国家公共利益和国民幸福的最大化是国家治理的理想境界，也是善治之善的最佳表现。"恶治"是充分暴露恶性或不具有道德合理性的国家治理模式。将国家公共利益和国民幸福最小化是国家治理的最糟糕境界，也是恶治之恶的极端表现。"善治"和"恶治"都是在人类治理国家的历史长河中积淀而成的历史性概念。人类经历过奴隶制国家和封建制国家，目前正处于社会主义国家与资本主义国家并存和争鸣的世界格局中。在不断推进国家治理的社会历史中，人类积累了大量向善、求善和行善的善治经验，也留下了许多向恶、求恶和行恶的恶治教训。不同民族在历史上开展的国家治理活动不尽相同，但每一个民族都具有通过民族性集体道德记忆将治理国家的善治经验和恶治教训代代相传的优良传统。

---

① 苗力田编：《亚里士多德选集（伦理学卷）》，北京：中国人民大学出版社1999年版，第3页。

② ［德］黑格尔：《法哲学原理》，杨东柱、尹建军等译，北京：北京出版社2007年版，第71页。

人类社会发展史留下了大量关于善治的道德记忆。根据《史记》记载，我国在远古时代就流传着很多关于"善治"的佳话。黄帝"普施利物，不于其身。聪以知远，明以察微。顺天之义，知民之急。仁而威，惠而信，修身而天下服"；因此，他能够得到老百姓的普遍拥护，所谓"日月所照，风雨所至，莫不服从"。① 后来的尧帝也是深受万民拥戴，因为"其仁如天，其知如神。……富而不骄，贵而不舒"。由于尧帝以仁德治理国家，百姓"就之如日，望之如云"②。尤其被世人广为传颂的是，他最终将帝位传给了强调父义、母慈、兄友、弟恭、子孝的舜。尧帝治理国家可谓大公无私，"终不以天下之病而利一人"③。这是指，由于不愿意以损害广大老百姓的利益为代价来使自己一人得利，尧帝将治理国家的大权交给了舜。后来，舜帝又将帝位传给了"其德不违，其仁可亲，其言可信"④的禹。我国远古时代的黄帝、尧、舜和禹都是"善治"的典范。他们以德垂范、以德服人、以德治国，因而在国家治理方面给后世的人留下了难以磨灭的良好道德记忆。

人类社会发展史也留下了很多关于恶治的道德记忆。秦始皇统一中国为我国社会发展立下了卓越功勋，但他私欲膨胀，以私废公，实行暴政，因而为秦王朝的迅速灭亡留下了祸根。正如司马迁所说："秦王怀贪鄙之心，行自奋之智，不信功臣，不亲士民，废王道，立私权，禁文书而酷刑法，先诈力而后仁义，以暴虐为天下始。……孤独而有之，故其亡可立而待。"⑤ 其意指，秦始皇怀有贪婪卑鄙之心，自恃才高，不信任功臣，不亲爱百姓，不坚持弘扬仁政的王道，树立私人权威，禁止人们读书，主张实行残酷的刑法，崇尚诡诈和暴力，轻视仁义之德，从而开了以专制和暴政治理国家的先河。这一切不仅使秦始皇难以得到老百姓的普遍支持和辅佐，而且预示了他本人和秦王朝的快速灭亡。司马迁曾如此感叹："借使秦王计上世之事，并殷周之迹，以制御其政，后虽有淫骄之主而未有倾危

① ［西汉］司马迁：《史记（第1册）》，哈尔滨：北方出版社2007年版，第2页。
② ［西汉］司马迁：《史记（第1册）》，哈尔滨：北方出版社2007年版，第3页。
③ ［西汉］司马迁：《史记（第1册）》，哈尔滨：北方出版社2007年版，第5页。
④ ［西汉］司马迁：《史记（第1册）》，哈尔滨：北方出版社2007年版，第10页。
⑤ ［西汉］司马迁：《史记（第1册）》，哈尔滨：北方出版社2007年版，第80页。

之患也。"① 他想强调，如果秦始皇能够以前代的史事为鉴，吸取殷周二朝治国理政的经验，并在此基础上制定正确的治国之策，纵然后来出现了骄奢淫逸的君王，秦王朝也不会有倾覆灭亡的危险。

黄帝、尧帝、舜帝和禹帝治理国家的模式与秦始皇治理国家的模式形成鲜明对照，一善一恶泾渭分明，这不仅彰显了善治和恶治的本质区别，而且为后代人类治理国家提供了可贵的历史参照。人类治理国家的道德记忆暗示我们，善治是国家之福、社会之福、国民之福，恶治是国家之祸、社会之祸、国民之祸；因此，人类治理国家的社会实践总是以实现善治作为理想价值目标，而不是以追求恶治作为理想价值目标。

国家治理问题是人类进入国家状态之后必然要遭遇的一个综合性问题。原始社会仅仅存在社会管理问题，并不存在国家治理问题。在原始社会，人类以血缘关系为纽带联结在一起，以氏族部落的方式过着简朴的原始群集生活，每一个氏族部落都按照原始氏族制度来管理，血缘关系的联结力和氏族酋长的权威在部落管理中发挥着举足轻重的作用，社会管理工作比较简单、容易。进入国家状态之后，人类不再局限于氏族部落的狭窄空间，他们的生活具有日益强化的交融性、流动性和公共性，人与人之间的社会矛盾也变得越来越复杂，所有这些事实都使得国家治理成为紧迫的社会需要。国家治理与氏族部落管理的不同之处主要在于，它不再依靠氏族血缘关系的联结力和氏族酋长的权威来约束人们的思想和行为，而是转而采取公共治理的方式来整治社会秩序。国家治理必须依靠专门的公职人员和公共机构才能进行，它对人类社会的整治具有专门化、公共化、综合化、系统化、规范化等特征，它所达到的内容、规模、水平、境界等都与原始社会的氏族部落管理模式有着根本区别。

正如氏族制度是决定原始社会状况的最重要因素一样，国家治理是决定国家状况的关键因素。一个国家的好坏从根本上取决于国家治理的优劣。任何一种国家治理活动都不应该是任性妄为的，它必须受到一定道德规范和社会制度的规约。尤其重要的是，人类总是要借助于一定的善恶标准来评价和衡量一种国家治理活动的成败。善的国家治理模式合乎人类对国家治理活动的普遍道德价值认识、道德价值判断、道德价值定位和道德

---

① ［西汉］司马迁：《史记（第1册）》，哈尔滨：北方出版社2007年版，第80页。

价值选择，它是人类向善、求善和行善的道德价值观念和道德实践能力在国家治理活动中所达到的高度统一。这种国家治理模式在根本性质上是善的或合乎伦理的，因而被称为"善治"。恶的国家治理模式不合乎人类对国家治理活动的普遍道德价值认识、道德价值判断、道德价值定位和道德价值选择，它与人类向善、求善和行善的道德价值观念和道德实践能力背道而驰，在根本性质上是恶的或不合乎伦理的，因而被称为"恶治"。"善治"和"恶治"代表着两种截然对立的伦理性质。

"执古之道，以御今之有。"① 前人治理国家留下的善治经验和恶治教训都能够给当代人类治理国家提供有益的启示。历史不拒绝人类的记忆，所以才成为了历史。人类不拒绝历史记忆，才能成为有根的存在者。因为具有记忆能力，人类才能记住和不断回顾他们的历史。人类"对记忆的需求是对历史的需求"②，而历史反映的只能是人类过去的生存经历。人类过去的生存经历不仅作为历史事实而存在，而且作为善恶事实而存在，这就使得他们的历史记忆往往具有道德记忆的性质。前车之鉴，后世之师。前人在治理国家方面留下的善治和恶治记忆是当代人类进行国家治理必须依靠的宝贵资源。因此，习近平总书记强调："历史的经验值得注意，历史的教训更应引以为戒。"③ 他尤其注重从我国反腐倡廉的历史记忆中吸取经验和教训："研究我国反腐倡廉历史，了解我国古代廉政文化，考察我国历史上反腐倡廉的成败得失，可以给人以深刻启迪，有利于我们运用历史智慧推进反腐倡廉建设。"④ 向人类过去的道德生活经历学习，向人类道德生活史学习，向人类道德文化传统学习，向人类追求善治的道德记忆学习，是每一个当代国家治理者都应该注重培养的一种重要道德品质。

二、国家权力的公共性与政治腐败

公共权力的设立是国家诞生和存在的最重要标志。国家从原始氏族组织中脱胎而出，与后者既有关联，也有区别。恩格斯将它们之间的区别归

① 《老子》，饶尚宽译注，北京：中华书局2006年版，第34页。
② ［德］阿斯特莉特·埃尔：《文化记忆理论读本》，冯亚琳主编，北京：北京大学出版社2012年版，第100页。
③ 习近平：《习近平谈治国理政》，北京：外文出版社2014年版，第390页。
④ 习近平：《习近平谈治国理政》，北京：外文出版社2014年版，第390页。

结为两个主要方面。一方面，原始氏族组织把氏族成员牢固地束缚在很有限的氏族部落范围内，而国家是按照居住地来划分它的国民的。"这种按照居住地组织国民的办法是一切国家共同的。"① 另一方面，原始氏族组织只存在人类自发组织的武装力量，而国家设立了公共权力。"这种公共权力在每一个国家里都存在。"② 进入国家状态的人类会受到国家公共权力的强力制约。公共权力的设立导致了官僚机构和官员的产生。在国家里，官僚机构中的官员掌握着公共权力。国家公共权力的强大是任何原始氏族组织都不能相提并论的，因此，恩格斯说，"文明国家的一个最微不足道的警察，都拥有比氏族社会的全部机构加在一起还要大的'权威'"③。另外，原始氏族组织的权威是通过氏族部落酋长在氏族内部获得的尊敬来体现的，它不是通过强迫手段确立的，而国家的权威是通过官僚机构和官员所掌握的公共权力来体现的。国家公共权力不仅是一种处于社会之外和社会之上的权力，而且是一种通过强迫手段确立起来的权力。

国家公共权力是随着国家的诞生而在人类社会形成的一种强大政治权力。它的形成与国家的诞生一样具有历史必然性。根据历史唯物论观点，人类在原始社会末期分裂成阶级之后，人与人之间的利益矛盾日益尖锐化，氏族部落依靠自发或自动的武装组织维持社会秩序的可能性已经荡然无存，国家公共权力的设立就成为历史的必然。④ 另外，国家公共权力一经产生，它在本质上就是公共的。这意味着国家公共权力不是一种私人物品或私有财产，它不是任何个人可以据为己有的一种东西，也不是任何个人可以随意取消或废止的一种东西。它仅仅属于国家。不过，国家并不是一种抽象物，它是由具体的人、社会机构等元素构成的。国家存在的一个最基本事实在于，一部分国民必须作为国家的治理者而存在。他们的职责是代表国家行使国家公共权力。在现代社会，这种人被称为国家公职人员。他们主要是各级国家机关的领导干部和工作人员。

国家治理的核心任务是捍卫国家公共权力的公共性。由于在本质上是公共的，国家公共权力的适用范围和社会功能都是确定的。一方面，它只

---

① 《马克思恩格斯文集（第4卷）》，北京：人民出版社2009年版，第190页。
② 《马克思恩格斯文集（第4卷）》，北京：人民出版社2009年版，第190页。
③ 《马克思恩格斯文集（第4卷）》，北京：人民出版社2009年版，第191页。
④ 《马克思恩格斯文集（第4卷）》，北京：人民出版社2009年版，第190页。

能用于处理国家公共事务，不能用于处理国家公职人员的私人事务；另一方面，它的主要社会功能是维护国家公共利益，不是维护国家公职人员的私人利益。公权只能公用，并且只能在维护和增进国家公共利益方面发挥作用，这是国家公共权力的内在要求。要捍卫国家公共权力的公共性，关键是要杜绝政治腐败。政治腐败是国家公共权力的敌人。所谓政治腐败，就是国家治理者利用国家公共权力谋取个人私利的行为。以权谋私、公饱私囊、损公肥私、假公济私等成语生动地反映了政治腐败的邪恶本质。政治腐败之所以是邪恶的，是因为它是公权私用的表现形式，并且严重侵害国家公共利益。由于从根本上与国家公共权力的公共性本质和主要功能相背离，政治腐败无论是以何种形式表现出来，它都不具有道德合理性基础。

公权私用的一种特殊表现形式是行政不作为。有些人身居国家机关，手中掌握着一定的国家公共权力，但他们并没有尽职尽责地运用手中的公共权力处理公共事务和维护国家公共利益，致使国家公共权力被闲置和浪费。这就是行政不作为。它之所以是公权私用的一种特殊表现形式，是因为它实质上反映了国家治理者将国家公共权力当作私有物品来随意对待和使用的事实。国家公共权力只有在被用于处理公共事务和维护国家公共利益时才能证明它存在的本质和价值。如果被不合理地闲置或浪费，它实质上就蜕变成了一种缺乏公共性的私人物品或私有财产，并失去了作为国家公共权力存在的本质和价值。

当今中国存在比较严重的行政不作为现象。以习近平为核心的党中央近年对我国日趋严重的政治腐败现象采取了零容忍态度和高压态势，把反腐败的正义大刀同时砍向了贪腐的"苍蝇"和"老虎"，这不仅对那些习惯于搞政治腐败的领导干部产生了巨大威慑力，而且对那些有意于搞政治腐败的领导干部起到了强有力的警示作用。这是一件大快人心的好事，但它同时也引出了另外一个问题，即行政不作为问题。一些领导干部出于对反腐败正义大刀的恐惧，或出于明哲保身的考虑，在工作中采取了无所作为的消极态度。他们不履行自己的职责，不干实事，不求有为，但求无过，这不仅致使他们手中的国家公共权力被闲置和浪费，而且从根本上消解了国家公共权力的存在价值。这种人表面上是在践行"清廉"的"美德"，实质上是在通过闲置和浪费国家公共权力的方式搞变相腐败，其危害性不亚于贪腐的腐败分子。一个国家治理者的行政不作为完全可能导致国家和社会发展的局部性或全局性停顿或倒退，其危害性不容小视。

国家治理者不应该沦为贪污腐败的牺牲品，也不应该成为无所作为的渎职者。贪腐是犯罪，应该受到道德上的否定和法律上的惩罚；行政不作为也是犯罪，也应该受到道德谴责和法律惩罚。"清廉"是国家治理者的首要美德，但它必须与"奉公"的美德相结合才具有实实在在的伦理意义。"奉公"也不能流于"空谈"，它必须通过"勤政"才能得到体现。廉洁才能奉公，奉公才能勤政，勤政才能有为，有为才能促进国家发展和社会进步。不在其位，可以不谋其政；在其位，就必须谋其政。笔者认为，廉洁奉公和勤政有为是每一个国家治理者都应该信守的两个基本政治道德价值观念，也是每一个国家治理者都应该具备的两种基本政治美德。

如何合理使用国家公共权力的问题从古到今一直是人类解决国家治理问题的关键。国家公共权力本身无所谓善恶，但一旦由具体的人来掌控和使用，它就不可避免地会被打上善恶的烙印。在阶级社会，国家公共权力的善恶性质从根本上来说是由它本身的阶级性决定的。国家随着阶级的出现而产生，也只会随着阶级的灭亡而灭亡；因此，国家公共权力的命运在阶级社会是由阶级性决定的。"由于国家是从控制阶级对立的需要中产生的，由于它同时又是在这些阶级的冲突中产生的，所以，它照例是最强大的、在经济上占统治地位的阶级的国家，这个阶级借助于国家而在政治上也成为占统治地位的阶级，因而获得了镇压和剥削被压迫阶级的新手段。"[1] 在阶级社会，国家是阶级统治的工具。国家之所以能够成为一个阶级统治另外一个阶级的工具，是因为居于统治地位的阶级手里掌握着能够支配社会生活的国家公共权力，并且能够利用它维护他们的阶级利益。国家公共权力一旦被统治阶级所掌握和利用，它就有了善恶之分，它的善恶性质就只能由统治阶级的利益需要来决定。因此，恩格斯说："凡对统治阶级是好的，对整个社会也应该是好的，因为统治阶级把自己与整个社会等同起来了。"[2] 只要阶级和国家存在，国家公共权力的善恶之分就不可避免。

---

① 《马克思恩格斯文集（第4卷）》，北京：人民出版社2009年版，第191页。
② 《马克思恩格斯文集（第4卷）》，北京：人民出版社2009年版，第197页。

国家公共权力是一柄双刃剑。用之正当，它是将国家治理纳入合伦理轨道的利器；用之不当，它是导致国家治理背离伦理的凶器。一个国家的治理者掌控和使用国家公共权力的方式不同，他们进行国家治理所达到的目的会彰显截然不同的伦理性质。一个治理良好的国家是那种能够将国家公共权力的掌控和使用引向目的善的国家。公权公用，并且增进了国家公共利益，则国家公共权力是一种能够造福于国家、社会和国民的社会正能量；公权私用，并且损害了国家公共利益，则国家公共权力是一种有害于国家、社会和国民的社会负能量。国家公共权力的合伦理性是通过它本身的公共性来支撑和保障的。维护和捍卫国家公共权力的公共性是一个国家推进国家治理工作的关键，也是它与政治腐败进行斗争必须坚守的要塞和主阵地。

三、国民的基本权利与分配正义

国家的另一个重要标志是人类的"国民"身份。生活在国家中的人类被称为"国民"。他们与原始社会的人类所能享受的权利是不同的。在原始社会，由于社会生产力水平极其低下，人类只能过着"靠天吃饭"的生活方式，他们人之为人的权利从根本上来说是自然界赐予的，因而主要表现为自然权利。相比较而言，虽然国家中的"国民"仍然必须依靠自然权利而生存，但是他们所能享受到的绝大多数权利被打上了"国家"的烙印。在现当代人类社会，国民的基本权利通常被称为"公民权利"。它们包括人类以正当方式占有物质财富的经济权利，以思想自由、言论自由、宗教信仰自由、出版自由等形式表现的政治权利，以及谋求发展机会、幸福等权利形式。这些基本权利是"国民"在国家中生存和发展必不可少的基本条件。

国民的基本权利是相对于国民的基本义务来说的。要理解这一点，我们需要深刻认识、理解和把握国家与国民之间的伦理关系。黑格尔曾经说过："国家是实现了的伦理理念与伦理精神，即它是现实中的伦理概念与其定在的统一。"① 其意为，国家是真正意义上的伦理领域，人类只有在国

---

① ［德］黑格尔：《法哲学原理》，杨东柱、尹建军等译，北京：北京出版社2007年版，第113页。

家之中才能实现个人独立性和普遍性、外在自由和内在自由或自律和他律的统一。一旦进入国家状态，人类就与国家之间结成了一种非常紧密的伦理关系。国家可以对它的国民提出道德义务要求，并同时赋予他们相应的道德权利。生活于国家中的人类所拥有的道德义务和道德权利是统一的，因为"人对国家所负的义务同时就是国家给予人的权利，权利的内容与义务的内容是完全相同的，这是人们实现自由的原则"①。这意味着，国家既是能够对国民提出义务要求的伦理实体，也是必须维护国民权利的伦理实体。国家与国民的真实关系是一种双向性的伦理关系：一方面，国家有权要求国民承担和履行它提出的正当义务要求；另一方面，国民也有权要求国家尊重和维护他们的正当权利。

一个国家的国民能否充分享受基本权利的事实折射的是它的分配正义状况。广义的分配正义概念就是基于国民的基本权利得到界定的。它指物质财富、政治权利、发展机会、幸福等社会资源在国民中间得到合理分配所体现的公正性。人类的国家生活其实很简单，因为它实质上表现为国民占有物质财富、政治权利、发展机会、幸福等社会资源的过程。在国家中，国民占有各种社会资源的过程实际上就是他们享受国民基本权利的过程；不过，他们对社会资源的占有并不是绝对自由的，而是必须通过国家分配的途径来实现。国家对物质财富、政治权利、发展机会、幸福等各种社会资源的分配均有严格的制度规定，而国民只能按照国家的制度规定来获取他们所需要的社会资源。这是人类国家生活的一个重要特征。

孔子曾经说过："有国有家者，不患寡而患不均，不患贫而不安。"②其意为，生活于国家中的人最担忧的不是在物质财富分配方面得到的份额少，而是贫富不均的问题；他们最担忧的不是贫穷，而是贫富不均所导致的社会动荡。孔子显然是在论述物质财富分配的公正性问题，但他的观点是可以推而广之的。在国家中，人类必须依靠物质财富、政治权利、发展机会、幸福等社会资源的公正分配才能过上有尊严的社会生活，要求所有社会资源得到公正分配是他们的普遍愿望。由于事关切身利益，分配正义

---

① ［德］黑格尔：《法哲学原理》，杨东柱、尹建军等译，北京：北京出版社 2007 年版，第116 页。

② 《论语·大学·中庸》，陈晓芬、徐儒宗译注，北京：中华书局 2015 年版，第 143 页。

问题在任何一个国家都是每一个国民特别关注、特别在乎、特别重视的重大问题。

当今中国旨在建构的"小康社会"从根本上来说就是一个以实现分配正义为核心价值取向的"好国家"理想。它的价值目标是"学有所教、劳有所得、病有所医、老有所养、住有所居"①，而这显然必须建立在物质财富、政治权利、发展机会、幸福等社会资源在国民中间得到公正分配的事实基础之上。党的十八大报告明确强调："公平正义是中国特色社会主义内在要求。"② 这不仅揭示了我国当前建设小康社会的理想应该以维护分配正义作为核心伦理价值目标的事实，而且暗示了中国特色社会主义应该将分配正义作为长远伦理价值目标加以重视的事实。

维护国民的基本权利即维护分配正义。一个分配正义得到充分实现的国家就是一个能够保证物质财富、政治权利、发展机会、幸福等社会资源在国民中间得到公正分配的国家，就是国民的基本权利能够得到充分维护的国家。公正比星辰更加光辉，③ 它是生活于国家中的人类最珍视的一种社会价值；因此，罗尔斯强调："每个人都有基于正义基础上的不可侵犯性，这种不可侵犯性甚至以社会整体利益之名也不能僭越。"④ 在国家中，国民的分配正义诉求与他们的基本权利诉求是高度一致的。"在一个公正社会里，公民平等地享有自由是确定无疑的；由公正保障的公民权利不应该受到政治上的讨价还价或社会利益算计的影响。"⑤ 国民的基本权利与分配正义是相互贯通、相辅相成的。

国家治理者应该深刻认识国民的基本权利与分配正义之间的相通性和互补性。在国家治理的现实中，治理者既应该看到国民为国家尽义务的必

---

① 胡锦涛：《坚定不移沿着中国特色社会主义道德前进为全面建成小康社会而奋斗——在中国共产党第十八次全国代表大会上的报告》，北京：人民出版社 2012 年版，第 34 页。

② 胡锦涛：《坚定不移沿着中国特色社会主义道德前进为全面建成小康社会而奋斗——在中国共产党第十八次全国代表大会上的报告》，北京：人民出版社 2012 年版，第 14 页。

③ 苗力田编：《亚里士多德选集（伦理学卷）》，北京：中国人民大学出版社 1999 年版，第 103 页。

④ John Rawls：A Theory of Justice. Cambridge Massachusetts：The Belknap Press of Harvard University Press，1971：3.

⑤ John Rawls：A Theory of Justice. Cambridge Massachusetts：The Belknap Press of Harvard University Press，1971：34.

要性，也应该看到国民享受其基本权利的重要性。由于国家治理工作必须通过具体的治理者来完成，正确认识、理解和处理国家和国民的伦理关系主要是国家治理者不可推卸的道德责任。在现实中，由于对国家与国民的伦理关系缺乏深刻认识，有些国家治理者倾向于片面强调国民对国家的义务，而不注重维护国民的基本权利。有时候，他们甚至打着维护国家利益的幌子肆意侵害国民权利，以至于造成分配正义遭到践踏和国民怨声载道的后果。善待国民是国家治理者应该培养的道德品质。生活于国家中的国民都将国家的善待视为至高无上的道德关怀。正因为如此，古代中国人总是对"仁政"表现出殷切的期望。孔子曾经指出："民之于仁也，甚于水火。"① 其意为，老百姓对仁政的渴望超过对水火的需要。孟子更是旗帜鲜明地用"仁政"来说明以德治国的精义。他认为"民为贵，社稷次之，君为轻"②，并且强调"国君好仁，天下无敌焉"③。所谓"仁政"，就是以仁义之德治理国家的模式，它要求国家治理者（国君）避免居高临下的官僚主义作风，想民之所想，乐民之所乐，忧民之所忧。古代中国哲学家的"仁政"伦理思想包含着要求国家治理者尊重国民权利和弘扬分配正义的伦理价值取向，这是值得后世国家治理者借鉴和学习的地方。

维护国民的基本权利是国家治理者必须肩负的道德责任。人类进入国家状态的根本目的无疑是要过上幸福生活。正是出于这样一种目的，他们才从原始社会末期日益尖锐化的人际利益矛盾中摆脱了出来，并作出了过国家生活的明智选择。在国家状态中，不同的人对幸福的认识、理解和解释是不同的，但这并不影响他们将幸福作为共同生活理想的选择。亚里士多德曾经指出，无论我们是将荣誉、快乐、德性还是别的东西作为幸福来看待，我们都是"为幸福而选择它们，通过它们我们得到幸福"④。亚里士多德并没有把"幸福"界定为个人只能通过"孤独"生活才能获得的一种东西，而是将它理解为个人必须通过参与国家生活才能得到的"自足"感。他说："我们所说的自足并不是就单一的自身而言，并不是孤独地生

① 《论语·大学·中庸》，陈晓芬、徐儒宗译注，北京：中华书局 2015 年版，第 194 页。
② 《孟子》，万丽华、蓝旭译注，北京：中华书局 2006 年版，第 324 页。
③ 《孟子》，万丽华、蓝旭译注，北京：中华书局 2006 年版，第 319 页。
④ 苗力田编：《亚里士多德选集（伦理学卷）》，北京：中国人民大学出版社 1999 年版，第 14 页。

活，而是既有父母，也有妻子，并且和朋友们、同邦人生活在一起，因为，人在本性上是政治的。"① 虽然亚里士多德所说的国家是指古希腊的城邦制国家，并不是现代意义上的国家，但是他用国家生活来解释国民幸福的观点无疑是值得肯定的。他至少告诉我们这样一个真理：每一个国家的国民都以幸福作为他们的共同生活目标，但这一生活目标必须通过他们参与国家生活的方式才能得到实现；因此，国民能否受到国家的良好保护事关他们的幸福追求。

事实上，"幸福"也是一种可以分配的社会资源。与物质财富、政治权利、发展机会等社会资源一样，它也可以通过国家分配的方式为国民所拥有。当我们生活于其中的国家能够公正地对待我们的时候，我们必定能够获得一种强烈的幸福感。我们作为"国民"所能拥有的幸福是多种多样的，但其中最大的幸福莫过于一个"好国家"善待我们带给我们的幸福。苏格拉底曾经明确地将这样的"好国家"称为"幸福国家"②，并且将它描述为一种能够给所有人带来幸福的国家形态。在他看来，一个能够给所有人带来幸福的国家"一定是智慧的、勇敢的、节制的和正义的"③，但这种国家只能由有智慧的哲学家来治理，因为只有他们有能力"给个人给公众以幸福"。④ 柏拉图则在他的著作《理想国》一书中将他的老师苏格拉底追求的"幸福国家"称为"理想国"。德国近代哲学家康德将他心目中的"好国家"称为"目的王国"。他说："每一个理性存在者对自己和所有其他人，从不应该只当作手段，而应该在任何情况下，也当作其自身即是目的。……这是一个可被称作'目的王国'的王国（当然只是一个理想的王国）。"康德意在强调，一个"好国家"是那种能够赋予它的所有国民人格尊严的国家，而要达到这一目标，唯一行之有效的途径是将所有国民都当成"目的"来对待，而不是将他们仅仅当成可以利用的工具来看待。当代美国哲学家约翰·罗尔斯则将"好国家"解读为一个分配正义得到充分实

① 苗力田编：《亚里士多德选集（伦理学卷）》，北京：中国人民大学出版社1999年版，第14页。
② ［古希腊］柏拉图：《理想国》，北京：商务印书馆1986年版，第135页。
③ ［古希腊］柏拉图：《理想国》，北京：商务印书馆1986年版，第146页。
④ ［古希腊］柏拉图：《理想国》，北京：商务印书馆1986年版，第216页。

现的"良序社会"。① 毫无疑问，每一个国民都希望他生活于其中的国家是一个能够给他带来人生幸福的"好国家"。

真正有伦理智慧的国家治理者必定会深切关心、高度重视和着力维护国民追求个人幸福的权利。习近平总书记在号召当代中华儿女努力实现以中华民族伟大复兴为核心内容的"中国梦"时强调，"中国梦"有三个维度，即"国家富强、民族振兴、人民幸福"。② 这意味着，"中国梦"既是当代中华民族的强国之梦和民族振兴之梦，也是个人的幸福之梦。一方面，它以国家富强和民族振兴作为中华民族实现伟大复兴的前提、根基和重要内容，强调"国家好，民族好，大家才会好"③；另一方面，它也以个人幸福作为中华民族实现伟大复兴的根本目的和落脚点，强调"中国梦归根到底是人民的梦，必须紧紧依靠人民来实现，必须不断为人民造福"，认为每一个中国人都应该"共同享有人生出彩的机会，共同享有梦想成真的机会，共同享有同祖国和时代一起成长与进步的机会"。④ 肯定和凸显个人幸福的重要性是"中国梦"能够在当今中国社会接地气、接人气的一个重要原因。

四、德治与法治相结合的伦理意义

国家治理必须保证国家公共权力的掌控和使用有利于维护国家公共利益和国民的基本权利。要实现这种目的善，国家治理者除了应该坚持以国家治理活动向善、求善和行善的政治伦理理念之外，还应该诉诸合理、有效的国家治理手段或方略。具体地说，他们应该借助于一定的手段善或工具善来实现他们追求的目的善。

纵观人类社会发展史，人类治理国家的手段或方略主要有两种：一是德治；二是法治。德治即以德治国。它是借助于道德规范来整治国家的方略。法治即依法治国。它是借助于以法律制度为主要内容的社会制度来整治国家的方略。这两种方略的根本区别在于：德治所依靠的道德规范是非

---

① John Rawls：A Theory of Justice. Cambridge Massachusetts：The Belknap Press of Harvard University Press，1971：314.

② 习近平：《习近平谈治国理政》，北京：外文出版社 2014 年版，第 56 页。

③ 习近平：《习近平谈治国理政》，北京：外文出版社 2014 年版，第 36 页。

④ 习近平：《习近平谈治国理政》，北京：外文出版社 2014 年版，第 40 页。

强制性的，它告诉人们什么是善和什么是恶，并告知人们应该做什么和不应该做什么，但并不强制性地命令人们只能做什么和不能做什么；因此，它对人类行为的约束或规约是软性的、有弹性的。相比之下，法治所依靠的社会制度具有强制性，它告诉人们什么是合乎制度的行为和什么是违背制度的行为，并要求人们严格按照制度规定为人处世，而不是非强制性地告诉人们应该做什么和不应该做什么；因此，它对人类行为的约束或规约是硬性的、非弹性的。一般来说，德治方略的运用旨在将人们的行为控制在一个富有弹性的基础层面，它允许人们的个人道德修养存在人际差异性，并且将遵守底线道德和崇高道德的人都视为有道德修养的人；法治方略的运用旨在将人们的行为控制在一个没有任何弹性的严格层面，它要求所有人在同一个水准上严格遵守社会制度的规定，不允许任何人在服从社会制度规定方面讨价还价。在道德规范面前，人与人之间是难以平等的；而在社会制度面前，人与人之间是平等的。

德治是国家治理不能不依靠的一种最基本手段。在国家状态中，绝大多数人会自觉接受道德规范的制约，并且能够自觉地按照道德规范的要求处理彼此之间的关系以及个人与社会之间的关系，这是一个国家能够拥有正常社会秩序的基本保证；相比之下，突破社会制度防线的人在任何一个国家往往仅仅占据少数。这说明，虽然道德规范对人们的约束是非强制性的，但是它的约束力在人类社会是普遍有效的。正因为如此，道德实在论者强调，"道德是人类生活中一种实实在在的力量"[1]，它"对我们有发言权，能够命令、强迫、鼓励或引导我们行动；或者至少可以说，当我们求助于它的时候，我们对彼此的行为有发言权"[2]。道德规范是非成文的非强制性社会规范，但它可以作为人类的内心信念来影响他们的行为，也可以借助于社会舆论、风俗习惯、礼节礼仪等形式来对他们提出行为要求；因此，它对人类行为的约束几乎达到无时不在、无处不在的程度。尤其重要的是，道德约束是通过树立人们的荣辱感来发挥作用的，或荣或辱对每一个人来说都是极其重要的事情，甚至事关他们人生事业的成败得失；因

---

[1] Christine M. Korsgaard：The Sources of Normativity. Cambrdige：Cambrdige University Press，1996：13.

[2] Christine M. Korsgaard：The Sources of Normativity. Cambrdige：Cambrdige University Press，1996：8.

此，绝大多数人宁愿做光荣的道德人，不愿意做被钉在耻辱柱上的人。道德规范对人类行为的约束力不容忽视，这是国家治理者青睐德治方略的现实原因。

在国家治理领域，德治方略针对的对象应该主要是国家治理者。在中国传统社会，国家治理者主要是指帝王和政府官吏；在当今中国，国家治理者主要是指国家领袖和领导干部。无论是中国传统社会的帝王和政府官吏，还是当今中国社会的国家领袖和领导干部，都是手中掌握着国家公共权力的人。由于掌握着国家公共权力，他们的所思所想和所作所为直接决定着国家公共权力的运行状况。他们可以用合乎道德要求的方式使用手中掌握的国家公共权力，也可以用不合乎道德要求的方式使用它。何去何从，这在很大程度上取决于他们的个人道德修养状况。正因为如此，在实施德治方略的时候，有伦理智慧的国家治理者往往会将国家道德建设的重点放在官德建设上。官德昌明，则国家公共权力容易在阳光下运行；官德暗淡，则国家公共权力很容易在暗箱操作中运行。

"道德禁令是国家基本强制权力所拥有的全部合法性之根源。"① 德治的有效实施能够给国家治理者掌控和使用国家公共权力设置第一道防线。以个人道德信念、社会舆论等方式存在的道德能够对国家治理者掌控和使用国家公共权力的观念和行为起到一定的规范或制约作用。如果国家治理者具有良好的个人道德修养，他们就比较容易表现出合理掌控和使用国家公共权力的道德行为。他们会以用权为公为荣，而以用权谋私为耻。不过，作为一种非成文的非强制性社会规范，道德对国家治理者的约束力毕竟是有限的。殊不知，国家治理是一个充满利益诱惑的政治生活领域，五花八门的利益诱惑很容易将那些道德修养不到位的国家治理者引上离德、弃德、背德的轨道。一个国家治理者一旦突破道德防线，他就很容易踏上以权谋私的邪恶道路。道德不可能对国家治理者的国家治理行为形成绝对有效的控制。这暴露了德治方略的局限性，但为法治方略的出场提供了道德合理性。

法治是国家治理必不可少的第二道防线。与德治不同，法治方略强制

_____

① ［美］罗伯特·诺奇克：《无政府、国家和乌托邦》，姚大志译，北京：中国社会科学出版社 2008 年版，第 6 页。

性地要求国家治理者必须在社会制度允许的范围内掌控和使用国家公共权力。一方面，它会划定国家治理者掌控和使用国家公共权力的合理性边界；另一方面，它会对那些不按照社会制度规定掌控和使用国家公共权力的国家治理者进行严厉的惩罚。也就是说，社会制度通过两种方式来约束国家治理者掌控和使用国家公共权力的行为："有时它禁止人们从事某种活动；有时则界定在什么样的条件下某些人可以被允许从事某种活动。"①更进一步说，社会制度仅仅保护严格遵守它的国家治理者，而会对那些突破其防线的国家治理者予以严厉惩罚。用习近平总书记的话来说，法治能够"把权力关进制度的笼子里，形成不敢腐的惩戒机制、不能腐的防范机制、不易腐的保障机制"。② 法治方略的成功实施能够弥补德治方略缺乏强制性的不足，能够将国家治理者治理国家的行为纳入制度化的轨道，能够极大地减少国家治理者以权谋私的机会。

德治和法治是国家治理的两种主要手段，但不同时代的人在运用这两种手段治理国家时会有所侧重。以德治为主、法治为辅的国家治理模式主要适用于奴隶社会和封建社会。在奴隶社会和封建社会，国民经济以自给自足的农业经济为主，工商业和商品经济不够发达，人与人之间的经济交往和契约关系很有限，家庭掌握着国家的经济权力。与这种经济基础相适应的是政治上的等级制度。等级森严是奴隶制度和封建制度的共同特征，它使等级划分不仅具有不容忽视的政治意义，而且具有至关重要的伦理意义。奴隶社会和封建社会的社会关系主要是靠人与人之间的等级伦理关系来定义的。因此，当齐景公向孔子求教为政之道时，孔子说："君君，臣臣，父父，子子。"③ 其言下之意是，为政之道在于明确人与人之间的等级伦理关系，如果一个国家的国君像国君，臣子像臣子，父亲像父亲，儿子像儿子，这个国家就算是治理好了。

进入资本主义社会之后，由于资本主义市场经济、政治和文化的不断发展，人与人之间的利益矛盾变得非常复杂，特别是资产阶级和无产阶级之间的阶级利益矛盾日趋尖锐化，如何借助于强制性社会制度来治理国家

---

① ［美］道格拉斯·C. 诺思：《制度、制度变迁与经济绩效》，杭行译，上海：格致出版社2008年版，第4页。
② 习近平：《习近平谈治国理政》，北京：外文出版社2014年版，第388页。
③ 《论语·大学·中庸》，陈晓芬、徐儒宗译注，北京：中华书局2015年版，第143页。

的方略受到了资产阶级的高度重视。在经济生活领域，他们普遍实行市场经济体制，并推行严格的生产资料私有制度、市场准入制度、金融税收制度等；在政治生活领域，他们普遍实行三权分立的政治制度模式，使立法机关、行政机关和司法机关分别掌握国家的立法权、行政权和司法权，从而使国家公共权力的使用处于相互制衡的状态；在文化生活领域，他们普遍实行自由主义文化体制，鼓励人们进行文化创新，从而使资本主义文化呈现出众声喧哗的态势。总体来看，资本主义国家普遍更多地重视社会制度的国家治理功能。正是基于这种认识，当代英国哲学家布莱恩·巴利指出："制度是实现社会正义的关键。"①

我国是在没有经历资本主义社会的情况下转入社会主义社会的，这一特殊社会背景为我国的国家治理者长久坚持以德治为主、法治为辅的国家治理模式提供了理由，却极大地抑制了我国的法治建设进程。与西方资本主义国家相比，我国在法治方面一直处于明显的落后状态，这可以通过我国法治建设不令人满意的现状得到证明。以习近平为总书记的党中央明确指出，我国在法治建设方面目前仍然存在许多与党和国家事业发展的要求、广大人民群众的期待以及我国推进国家治理体系和治理能力现代化的目标不适应、不符合的问题，其主要表现是"有的法律法规未能全面反映客观规律和人民意愿，针对性、可操作性不强，立法工作中部门化倾向、争权诿责现象较为突出；有法不依、执法不严、违法不究现象比较严重，执法体制权责脱节、多头执法、选择性执法现象依然存在，执法司法不规范、不严格、不透明、不文明现象较为突出，群众对执法司法不公和腐败问题反映强烈；部分社会成员尊法信法守法用法、依法维权意识不强，一些国家工作人员特别是领导干部依法办事观念不强、能力不足，知法犯法、以言代法、以权压法、徇私枉法现象依然存在。"②

党的十八届三中全会将完善和发展中国特色社会主义制度、推进国家治理体系和治理能力现代化确定为我国当前全面深化改革的总目标。什么是国家治理体系的现代化？笔者认为，就是从以德治为主、法治为辅的国

---

① ［英］布莱恩·巴利：《社会正义论》，曹海军译，南京：江苏人民出版社2007年版，第21页。

② 《中共中央关于全面推进依法治国若干重大问题的决定》，北京：人民出版社2014年版，第3页。

家治理模式转向德治和法治相结合的国家治理模式。

"工欲善其事，必先利其器。"① 要治理出一个好国家，必须选择适当的国家治理手段或方略。虽然适当的国家治理手段仅仅是国家治理者实现"好国家"理想的手段善，但是它毕竟是"好国家"得以产生的必要条件，因而也是国家治理者不能不高度重视的手段善。非强制性的道德规范不能单独承担治理国家的重任，强制性的社会制度也不能单独承担治理国家的重任。当今中国确立德治和法治相结合的治国理政之道既有历史依据，也有现实依据。它说明当代中国人对国家治理手段的认识、理解和把握达到了应有的水平、境界和高度。

实行德治和法治相结合的国家治理方略的伦理意义主要在于：它能够同时借助于国家治理者的个人道德修养和以法律为主要内容的社会制度，对国家公共权力的运行进行"双保险"式的管控，从而使德治和法治方略真正成为有助于国家治理的手段善或工具善。"国家和社会治理需要法律和道德共同发挥作用。"② 要治理好一个国家，必须走德治和法治并举的道路。德治和法治都是国家治理必不可少的手段或方略，各有所长，也各有所短，彼此之间具有很强的互补性。德治的有效实施有助于培育和滋养人们的法治思维、法治意识、法治思想和法治精神，法治的成功推进也有助于建构和提升人们的德治思维、德治意识、德治思想和德治精神。一个治理得好的国家必定是德治和法治方略相互结合、相辅相成、相得益彰的产物。

五、余论

国家治理是国家治理者借助于一定的理念、机构、规范和人员对国家的运行进行综合整治的活动。它是一个政治问题，也是一个伦理问题。政治性是国家治理的一种内在规定性，但它的存在是以国家治理的伦理性作为价值边界的；因此，国家治理实质上是一项以合伦理性为根本的政治活动。"伦理"的在场和规约是国家治理具有道德合理性的根源。

---

① 《论语·大学·中庸》，陈晓芬、徐儒宗译注，北京：中华书局 2015 年版，第 187 页。

② 《中共中央关于全面推进依法治国若干重大问题的决定》，北京：人民出版社 2014 年版，第 7 页。

国家治理需要伦理思想、伦理精神和伦理智慧的引领。缺乏伦理思想、伦理精神和伦理智慧引领的国家治理活动不仅没有道德合理性基础，而且必定会变成政客争权夺利的"名利场"。"伦理"的在场和规约并不能绝对地保证国家治理朝着善的方向展开，但它毕竟是推动人类在国家治理活动中向善、求善和行善的必要手段；因此，每一个国家的治理都应该充分彰显其应有的伦理维度。

要充分凸显国家治理的伦理维度，国家治理者应该借鉴人类治理国家所形成的善治和恶治记忆，以彰显其向人类道德文化传统学习的道德品质；应该捍卫国家权力的公共性，以实现国家公共利益的最大化和增强惩治政治腐败的治本效果；应该维护国民的基本权利，以弘扬分配正义；应该采取德治和法治相结合的治国方略，以保证国家治理能够最大限度地体现手段善。

需要特别强调的是，国家治理者的主体性作用在国家治理中至关重要。他们是代表国家掌控和行使国家公共权力的人。如果不能正确认识和理解他们自身的社会身份和职业性质，他们完全可能错误地将国家委托给他们的公共权力当成私人权力来加以对待和使用。一旦陷入这种错误，他们的国家治理活动必定会脱离道德规范和社会制度的约束和制约，变成一种任性妄为的行为。任性妄为的国家治理者不会对道德规范和社会制度保持应有的敬畏心理，不会自觉遵循"公权公用"的行政道德原则，不会自觉地抵制政治腐败，更不会自觉地用他们手中的公共权力维护国家公共利益和国民的基本权利，因为他们的所思所想和所作所为往往是以满足其自身追逐非法私人利益的邪恶目的为轴心的。因此，解决国家治理问题的起点是必须管控好国家治理者。要管控好国家治理者，关键是必须培养其遵德守法的道德品质。只有具备遵德守法的道德品质，国家治理者才能成为以德治国和依法治国的表率，也才能为国家发展、社会进步和国民福祉承担道德责任。

（作者向玉乔，湖南师范大学道德文化研究院教授，博士生导师。）

培育和践行社会主义核心价值观的
主要道德阵地

卢明涛

摘要：社会主义核心价值观是社会主义道德价值理念体系中的最重要内容。培育和践行社会主义核心价值观无疑是一社会系统工程，工程的重点是必将社会主义核心价值观融于三种主要道德的建设进程中。它是官德、教德和青少年道德。它是培育和践行社会主义核心价值观的三个主要道德阵地。

关键词：社会主义核心价值观；官德；教德；青少年道德

社会主义核心价值观是当代中华民族在推进中国特色社会主义建设事业的过程中逐步形成的道德价值观念体系，它反映的是中国特色社会主义的内在道德要求，它的培育和践行也需要借助于社会主义道德建设的途径才能得到实现。培育和践行社会主义核心价值观无疑是一项社会系统工程，它的工作重点是必须将社会主义核心价值观融于三种主要道德的建设过程中。它们是官德、师德和青少年道德。本文称之为培育和践行社会主义核心价值观的三个主要道德阵地。

一、培育和践行社会主义核心价值观的官德阵地

培育和践行社会主义核心价值观的首要道德阵地是官德。所谓官德，在中国传统社会，是指政府官员的道德修养状况；在当今中国，是指领导干部的道德修养状况。

官德历来受到人类社会的重视。中国儒家伦理思想尤其强调，为官者

必须首先修身,修身重在修德,修德是齐家治国平天下的根本所在。正如《大学》所强调的那样:"自天子以至于庶人,壹是皆以修身为本。"① 其意为,上至皇帝,下至普通老百姓,都是以修身修德作为根本的。儒家伦理思想还强调,修身修德是为官者获得百姓支持的必要条件。孔子说:"为政以德,譬如北辰,居其所而众星共之。"② 其意指,如果政府官员能够以德行政,他们就会得到老百姓的普遍支持,这就好比北极星受到众多星辰拱卫。在当今中国,党中央更是强调领导干部修德的重要性。习近平同志指出:"好干部的标准,大的方面说,就是德才兼备。"③ 显然在习总书记看来,衡量一个好干部的标准是德才并进,但德在先,才在后。

官德的重要性还在于,领导干部的道德修养状况能够在社会上产生广泛而有力的示范作用。在一个国家里,领导干部是国家公共权力的主要掌控者和运用者,并且能够在很大程度上主导国家的政治生活;因此,他们实际上充当着国家治理的中坚力量。正因为如此,领导干部在任何一个国家中的地位都是比较显赫的,担任领导干部也很容易成为国家公民普遍追求的人生理想。在官本位观念严重的社会里,领导干部甚至是绝大多数人羡慕和崇拜的对象,担任领导干部也被普遍视为最荣耀的事情。由于在国家生活中占据十分显要的位置,领导干部的所思所想和所作所为不仅容易成为广大社会公民关注的焦点,而且会对他们的行为产生上行下效的示范作用。一般来说,如果一个国家的官德状况比较好,它的整体道德状况也比较好;反之,如果一个国家的官德状况比较差,它的整体道德状况也一定比较差。如果说每一个国家的发展都需要以道德建设为基础,那么,它进行道德建设的首要任务就是必须狠抓官德建设。

当今中国正在同时实施以德治国和依法治国的方略。要有效实施这两种方略,领导干部的角色和作用是关键。2015年2月2日,习近平在省部级主要领导干部学习贯彻十八届四中全会精神全面推进依法治国专题研讨班的开班式上就曾经旗帜鲜明地指出,各级领导干部在推进依法治国方面肩负着重要责任,全面依法治国必须抓住领导干部这个"关键少数"。事

---

① 《大学·中庸》,颜培金、王谦注译,武汉:崇文书局2009年版,第14页。
② 《论语》,北京:外语教学与研究出版社1998年版,第12页。
③ 习近平:《习近平谈治国理政》,北京:外文出版社2014年版,第412页。

实上，领导干部不仅是我国依法治国的"关键少数"，而且是我国以德治国的"关键少数"。无论是推进法治，还是推进德治，领导干部都是举足轻重的中坚力量。只有在领导干部能够发挥模范带头作用的前提下，我国的法治和德治方略才能取得实际效果。

培育和践行社会主义核心价值观是我国实施以德治国方略的最重要环节，也是我国在改革开放时代推进官德建设的最重要环节。要实现以德治国的方略，关键是要借助于社会主义核心价值观来明确引导国家发展、社会建设和公民行为的道德价值目标，但要达到这一目的，最重要的是必须首先将社会主义核心价值观内化为领导干部的道德价值观念。领导干部是当今中国进一步推进改革开放和中国特色社会主义事业的组织者和领导者，他们培育和践行社会主义核心价值观的状况对整个社会起着不容忽视的示范和导航作用；因此，他们也应该充当培育和践行社会主义核心价值观的先锋队。可以说，社会主义核心价值观能否培育好，关键要看领导干部；社会主义核心价值观能否践行好，关键也要看领导干部。

领导干部都是掌握着一定国家公共权力的人，因此，衡量领导干部道德操守的最重要标准是看他们能否合理运用其掌握的权力。一些领导干部将他们手中掌握的国家公共权力视为私人权力，以权谋私，为所欲为，从而沦为贪污腐败分子，并且给国家和社会的发展带来巨大危害。要推动领导干部培育和践行社会主义核心价值观，就必须推动他们树立和践行用权为民、用权养民、用权利民、用权惠民的道德价值观念。如果领导干部不能树立和践行这些道德价值观念，他们就不能为建设富强、民主、文明、和谐的国家做贡献，不能为建设自由、平等、公正、法治的社会做贡献，也不能为培养爱国、敬业、诚信、友善的公民做贡献；相反，他们不仅很可能作为国家和社会的败坏者而存在，而且很可能作为广大社会公民的坏榜样而存在。

作为当今中国社会的"关键少数"，领导干部应该在培育和践行社会主义核心价值观方面充当先行者、引领者和带动者。正如习近平总书记所说："榜样的力量是无穷的，广大党员、干部必须带头学习和弘扬社会主义核心价值观，用自己的模范行为和高尚人格感召群众、带动群众。"① 如

① 习近平：《习近平谈治国理政》，北京：外文出版社 2014 年版，第 164 页。

果说社会主义核心价值观的培育和践行是一项社会系统工程，那么，它首先应该从领导干部抓起。带头培育和践行社会主义核心价值观是领导干部不可推卸的道德责任。

二、培育和践行社会主义核心价值观的师德阵地

培育和践行社会主义核心价值观的另一个重要道德阵地是师德。师德是指教师的道德修养状况。什么是教师的道德修养？它意指教师的职业道德涵养。教师是一种重要职业，并且有相关的职业道德要求。师德就是这种职业道德要求在教师身上得到内化的现实表现。师德的重要性是由"教师"这一职业的存在价值决定的。

人类的生存活动比其他动物的生存活动要复杂得多。文明是区分人类和其他动物的界线。为了使自身的生存状态具有文明性，人类不仅需要对他们的自然本能进行有意的抑制，而且需要发明道德、法律等各种各样的社会规范来规约他们的行为；或者说，人类必须借助于各种各样的社会规范来阻止他们自己退回到低等动物的野蛮状态。本能的生存是不需要学习的，但文明的生存是需要学习的；因此，人类的生存活动必须建立在学习基础之上。学习是人类生存的一个必要条件，也是人类生存的一个重要内容。要成为文明人，人类必须在学习中锤炼自己的人性。

教师是人类社会最崇高、最光荣的职业，因为它不仅是联接人类学习活动和教育活动的纽带，而且是保证人类文明得以不断传承的重要桥梁。领导干部主要是通过他们使用国家公共权力的方式来影响人类社会的。与领导干部不同，教师对人类社会的影响主要是通过教育的途径来实现的。在传统社会，教育主要借助于家庭、私塾、社会等形式来进行；在现当代社会，教育主要借助于学校来进行。教师就是专门从事教育工作的人，他们的职责是教书育人。"教书"意指教师具有传授思想、理论和知识的职责；"育人"意指教师还具有塑造人的品格、灵魂和精神的职责。在现实生活中，教师之所以被称为"人类灵魂的工程师"，是因为他们所从事的教育工作能够对受教育者的心灵起到强有力的塑造、净化和提升作用。教师是推动人类社会发展的一支重要力量。正因为如此，教师在人类社会历来具有比较高的社会地位。

教书育人是教师的道德责任，但并非所有人都有资格来承担这种道德

责任。纵观人类社会发展史，只有那些能够真正为人师表的人才有资格成为教师。教师应该有大师风范，而不是"照本宣科"的机器。他们的所思所想和所作所为不仅会对受教育者个人产生巨大影响，而且会对人类社会的发展产生深刻影响；因此，他们既应该成为学问大师，也应该成为品行大师。正如习近平总书记所说："教师要时刻铭记教书育人的使命，甘当人梯，甘当铺路石，以人格魅力引导学生心灵，以学术造诣开启学生的智慧之门。"① 教师的光荣在于教书育人的光荣；教师的伟大在于教书育人的伟大。在当今中国，教师"教书育人"的一个重要使命是必须将社会主义核心价值观教育融于他们的职业活动之中。习近平同志明确指出，社会主义核心价值观"要从娃娃抓起、从学校抓起，做到进教材、进课堂、进头脑"。② 可见，传播社会主义核心价值观是我国教师的共同使命。要完成这一使命，教师不仅应该深入系统地认识、理解和把握社会主义核心价值观的精义和内涵，而且应该成为培育和践行社会主义核心价值观的模范。

要推动教师做培育和践行社会主义核心价值观的模范，就必须进行教师队伍建设。从目前的总体情况来看，我国的绝大多数教师在坚守着"教书育人"的神圣使命，并且努力"为人师表"，因此，他们能够在培育和践行社会主义核心价值观方面发挥表率作用。不过，进入改革开放时代之后，由于唯利是图、贪污腐败等丑陋社会现象对校园形成了巨大冲击，加上师德建设在我国各级学校普遍遭到了严重忽略，教师背德、丧德、失德的现象在我国也呈现出日益严重的态势。有些教师以工资待遇不好为借口，在教学工作中敷衍塞责。他们不认真备课，不勤于科研，不积极进取，把课堂当成发泄个人牢骚的场所。这样的教师对教育事业缺乏真诚的爱，因此，他们不可能在教育工作中表现出应有的乐观精神和奉献精神。他们往往将自己的悲观主义人生态度带进课堂，对学生的成长造成极其严重的消极影响。有些教师滥用手中的行政权力或学术权力，以权谋私。在当今中国，各级学校均存在比较严重的行政化问题，官本位问题也比较突出，"教师想当官"的现象十分普遍。有些教师不安心于本职工作，千方百计到政府机关或学校谋个一官半职。这样的教师一旦掌握一定的行政权

① 习近平：《习近平谈治国理政》，北京：外文出版社 2014 年版，第 175 页。
② 习近平：《习近平谈治国理政》，北京：外文出版社 2014 年版，第 164 – 165 页。

力或学术权力，贪污腐败往往就成为他们的行为特征。有些教师用实利主义的眼光看待师生关系，唯利是图，将学生当成"摇钱树"来看待。这样的教师将教书育人的神圣职责抛之脑后，以"财"取人，利用教师节、春节、过生日等等机会榨取学生的钱财，将师生关系变成纯粹的经济利益关系。有些教师弄虚作假，剽窃他人学术成果，在社会上产生了极其恶劣的影响。这样的教师急功近利，出于职称晋升、沽名钓誉等等目的而置学术道德于不顾，侵犯他人的知识产权，甘愿做学术道德的破坏者和诚信危机的加剧者，从而对我国学术的发展造成非常恶劣的影响。有些教师在课堂课后不注意自己的言行，胡言乱语，致使教师队伍的整体形象遭受损害。这样的教师要么存在过分推崇西方价值观念的问题，要么存在对我国社会现实缺乏了解的问题，要么存在缺乏社会责任感的问题，要么存在缺乏师德修养的问题，要么存在哗众取宠的问题。

上述问题说明，我们不能想当然地认为教师必定能够充当培育和践行社会主义核心价值观的模范或表率。我国目前所拥有的教师队伍并不是整齐划一的。绝大多数教师尽职尽责，确实堪称"教书育人""为人师表"的楷模；因此，他们能够承担培育和践行社会主义核心价值观的重任。与此同时，我们也不得不承认，由于存在思想道德修养不到位等问题，一些教师并不能在培育和践行社会主义核心价值观方面发挥应有的表率作用。要推动教师做培育和践行社会主义核心价值观的模范或表率，必须将社会主义核心价值观教育作为师德建设的核心任务来加以重视。教师并不是天生就能够教书育人、为人师表。与其他人一样，教师需要在不断的学习中才能成长起来。学习也是教师应有的一种美德。教师对社会主义核心价值观的认识、理解和把握也可能存在不深入、不到位的问题。在培育和践行社会主义核心价值观的问题上，教师也需要学习。

与领导干部一样，教师的所思所想和所作所为在社会上也具有不容忽视的示范效应。在现当代社会，几乎所有人都必须经过教师的教育才能成为能够融入社会生活的人才。教师既是绝大多数人的学问导师、知识导师，也是绝大多数人的人生导师、品德导师。正因为如此，要在当今中国很好地培育和践行社会主义核心价值观，我们必须重视师德建设。师德是教师的灵魂，也是教育的灵魂。没有师德支撑的教师不堪为人师表。没有师德支撑的教育只能是腐败堕落的教育。当今中国要完成培育和践行社会主义核心价值观的使命，也应该高度重视"师德"这一道德阵地的建设。

三、培育和践行社会主义核心价值观的青少年道德阵地

青少年时期是人类最有挑战性的年龄阶段。这一年龄阶段的人必须学习适应社会生活的各种知识、技能和手段，必须把绝大部分时间花在学习上面。更重要的是，他们必须逐步培养人类社会所需要的各种道德价值观念；否则，他们的所思所想和所作所为就不能得到社会的认可和接受。可以说，青少年时期是人类逐渐养成道德价值观念并以此作为其最重要生存资本的人生阶段。孔子所说的"不惑之年"（40岁）其实是横亘在青少年和成年之间的一条年龄分界线。青少年以达到"不惑"作为终点，成年人则以"不惑"作为起点。所谓"不惑"，是指人类能够明辨是非善恶美丑的事态；或者说，它指人类能够正确地作出是非判断、善恶判断和美丑判断的事态。

道德价值观念是人类参与社会生活的道德资本；因此，培养道德价值观念的青少年时期往往被视为人类的黄金年龄阶段。这一年龄阶段对于青少年本身来说是最珍贵的，对于人类社会来说也是最珍贵的，因为它预示着青少年未来人生的成败，也预示着人类社会未来发展的成败。对于个人来说，拥有成功的青少年阶段，他的人生至少成功了一半。对于一个社会来说，拥有成功的青少年，它的未来发展就充满着成功的希望。青少年的成功主要在于道德价值观念的成功。正因为如此，任何一个致力于追求可持续发展的国家和社会都会高度重视培养青少年的道德价值观念。

青少年的道德价值观念之所以重要，原因主要有两个：一是因为它们决定着一个国家和社会的未来价值取向，事关一个国家和社会的未来发展前景；二是因为它们处于养成和确立阶段，具有很强的可塑性，能否抓好这一年龄阶段的道德价值观念建设至关重要。正如习近平总书记所说："这就像穿衣服扣扣子一样，如果第一颗扣子扣错了，剩余的扣子都会扣错。人生的扣子从一开始就要扣好。"① 青少年是一个国家和社会的希望所在，而培养青少年的关键是必须帮助它们养成和树立正确的道德价值观念。只有帮助青少年在人生的关键时期扣好"道德价值观念"这一颗扣

---

① 习近平：《习近平谈治国理政》，北京：外文出版社2014年版，第172页。

子，他们才能步入真正成功的人生道路，也才能真正点燃一个国家和社会的未来希望之火。

当今中国要培育和践行社会主义核心价值观，也必须高度重视在青少年中间传播社会主义核心价值观的工作。要在青少年中间传播社会主义核心价值观，就是要鼓励朝气蓬勃的青少年深入系统地了解我国社会发展的未来价值取向，就是要推动他们深入系统地了解当代中华民族正致力于建设什么样的国家、建设什么样的社会、培养什么样的公民，就是要促使他们深入系统地了解当代中华民族精神的精髓，就是要让他们深入系统地了解当代中国价值观念与中国传统价值观念、西方资本主义价值观念的区别。

青少年是我国不断推进中国特色社会主义建设事业的未来希望。中国特色社会主义是必须用社会主义核心价值观武装起来的社会主义。它不仅需要显示与西方资本主义相比较的优势，而且需要展现可持续发展的魅力。在与西方资本主义相比较的过程中，中国特色社会主义的最大优势应该通过它的核心价值观念来体现。在展现可持续发展的魅力方面，只有坚持社会主义核心价值观，中国特色社会主义才能具有最坚实的道德合理性基础。要完成这两大使命，推动青少年培育和践行社会主义核心价值观是题中之意。

要很好地培育和践行社会主义核心价值观，我们必须有长远的眼光。这不仅意味着我们在培育和践行社会主义核心价值观方面应该有持久用力、持久用功的思想准备，而且意味着我们应该将培育和践行社会主义核心价值观的长远希望寄托在那些正在茁壮成长的青少年身上。社会主义核心价值观的培育和践行绝非一朝一夕的事情。只有放眼未来和长远，我们才能高度重视在青少年中间培育和践行社会主义核心价值观的工作。在培育和践行社会主义核心价值观方面，我们应该着眼于长远，而不是仅仅立足于现在和当下。争取青少年、鼓励青少年培育和践行社会主义核心价值观，社会主义核心价值观才能展现可持续存在的价值和魅力。

四、结语

官德、师德和青少年道德是衡量一个国家或社会道德状况好坏的主要指标。如果一个国家或社会的官德、师德和青少年道德昌明、强盛，则该国家或社会的整体道德状况比较好；反之，如果一个国家的官德、师德和青少年道德黑暗、软弱，则该国家或社会的整体道德状况必定很糟糕。作为社会主义道德价值观念的最重要内容，社会主义核心价值观在当今中国的培育和践行状况根本上取决于它融入我国官德、师德和青少年道德的程度。

社会主义核心价值观的培育和践行需要具体的道德载体。这既是社会主义核心价值观彰显其生命力的最有效途径，也是社会主义核心价值观影响当今中国社会的必经之路。只有以官德、师德、青少年道德等具体道德形式为载体，社会主义核心价值观才能真正融入人们的道德生活之中。在培育和践行社会主义核心价值观方面，领导干部、教师和青少年群体应该担负主要责任，与之相关的官德、师德和青少年道德也是培育和践行社会主义核心价值观的三个主要道德阵地。只有重点解决好如何将社会主义核心价值观融入当今中国的官德建设、师德建设和青少年道德建设的问题，社会主义核心价值观的培育和践行才能展现出成功的希望。

（作者卢明涛，湖南师范大学公共管理学院 2014 级硕士研究生。）

城镇化背景下马克思"私地悲剧"思想的伦理阐析

贺汉魂

摘要："公地悲剧"理论是私有化主张者批判公有制的有力的理论武器，也是土地私有化者的直接理论依据。"私地悲剧"是马克思土地所有制思想的重要内容，它启示我们：促进城镇化，提高土地产出，私有化提升效率只是美丽的神话；通过土地私有化避免农民的人道灾难只是一种道德乌托邦；国家是一国土地的终极所有者，农民不应拥有农村土地的所有权益，包括因城镇化增殖的土地权益，通过土地私有化保障农民土地权益是对正义的越界。在我国农村城镇化大力推进的背景下，对马克思"私地悲剧"思想进行伦理探究具有重要的理论与实践意义。

关键词：城镇化；私地悲剧；马克思伦理

"公地悲剧"理论因 1968 年美国学者哈定在《科学》杂志上发表《公地的悲剧》一文而流行于世，意指对无主资源，人们出于私心过度使用，致使资源生产能力不断降低，直至不再具有生产能力。此理论一经问世便成为私有化主张者批判公有制的"利器"，更成为土地私有化者的直接道义论依据。西方经典教科书便称，"土地的这个例子还有一种较简单的解决方法。该镇可以把土地分给各个家庭"，"用这种方法，土地就成为私人物品而不是共有资源"。① 全然不顾此理论本身实际上已清楚表明"公地悲剧"源于公共资源的私人利用，而不是公有制的悲剧。也许或是认识到"公地悲剧"的重大理论缺陷，或是意识到在现代中国，抬出"马克思"

---

① ［美］曼昆：《经济学原理（上册）》，上海：三联书店 1999 年版，第 237 页。

更容易将土地私有化主张"包装上市",个别人以马克思对农民土地私有一定的道义肯定,对剥夺农民私有土地的"圈地运动"深刻的道义批判,认为马克思并不反对,甚至是主张土地私有化。但稍加审视便可发现他们既没有指明马克思在何种意义上、何种程度上肯定土地私有化,更没有提及马克思的"私地悲剧",即土地私有化必然造成人间悲剧的思想,当然更没有论及其中的伦理意蕴。如今,我国农村城镇化正以更快速度、更大规模、在更深层次上大力推进,在此背景下,对马克思"私地悲剧"思想进行一番伦理探究无疑具有重要的理论与实践意义。

一、悲剧之一:土地私有化的逆效率性

所谓土地私有化,极端说法就是所有土地都实行私有制,一般情况实际指在土地多种所有制的情况下主要实行私有制。效率常常是私有化主张者"说事"的重要依据,城镇化背景下,更成为土地私有化者的有力证据:其一,城镇化意味人口和产业向城市集聚,要求提升农村土地流转效率,前提自然是明晰土地所有者,为此需要土地私有化;其二,"公地悲剧"理论说明"大家有"终将变成"大家都没有"。相反,土地私有化有利于提升土地所有者对土地长期投资的积极性,从而有利于提高土地产出,包括提高粮食产量。又由于私有化有利于土地流转,因而有利于土地集中,促进农业规模经营,这些均可为城镇化发展提供更扎实的物质基础。其实,无论是促进土地流转,还是提高土地粮食产量,私有化只是一个美丽的神话,导致效率低下倒是不争的悲剧。

何谓土地流转?作为最固定的生产资料,土地本身无法流转,人们所谓的土地流转其实指土地经济权,即土地资源权与财产权流转。土地之所以具有重要的,甚至可以说是最重要的经济权,一在于作为人类最基本的生产资料与人类经济活动的基本空间,土地非常有用,"土地对大多数人来说还是他们的劳动和资本不可缺少的活动场所"①;二在于因为稀缺容易产生排他性的土地经济权。道理很简单,无用便无从产生经济权,有用但不稀缺人们并不关心其经济权。这一点马克思实际上说得很明确,"土地所有权的前提是,一些人垄断一定量的土地,把它作为排斥其他一切人

---

① 《马克思恩格斯文集(第7卷)》,北京:人民出版社2009年版,第910页。

的、只服从个人意志的领域"。① 人们关心土地经济权及其流转，根本而言，当然因为它极其有用。所以土地使用权才是土地流转的实质，土地所有权只是土地流转的前提而已。从土地流转实质看，土地流转可能是土地所有权流转。这样的流转显然意味社会已经实行了或将要实行土地私有制。但也可以是土地支配权、使用权与收益权流转，这样的土地流转并不必然要求土地私有化。关于农村土地流，我国国家政策规定在保持所有权归属和农业用地性质不变的情况下，将土地使用权（经营权）从承包经营权中分离出来进行流转显然非常符合，至少没有违背土地流转的本质。

显然，土地私有化论者既没有看到，当然可能是故意无视土地国有或集体所有制，所有者实际上已经非常明晰，那就是国家或集体，也没有看到土地私有化往往会对土地有序、有效流转造成重大妨碍。因为需要很高的协调费用方能清晰界定每块土地的私人归宿，私有化后还将妨碍土地的集中统一使用，增加土地流动成本。二战后，日本曾实行过土地私有制，结果土地经营更加分散化，更加凝固化，严重妨碍了土地流转。在我国，若土地私有化，情况只能更加严重，不少农民完全可能视土地为一种保值增值的资产，宁愿粗放经营，甚至撂荒也不让土地流转。另外，在今天的中国，土地私有化的实施成本极其浩大，甚难估计，更可能无法在"私有化给谁"方面达成共识而使社会付出巨大的"斗争"成本。

土地私有化不利于土地流转，自然也不利于农村城镇化推进。马克思曾指出，对土地私有权的否定是近代资本主义工业革命，城市化推进的必要社会条件。这一点，新中国建立以来，尤其是改革开放以来，我国工业化、城镇化的快速推进更是充分予以了证明。改革开放以来，在资本投入量远远小于欧美发达国家的前提下，我国城乡面貌变化却大大快于欧美，包括日本等发达国家，重要原因是建设成本远远低于西方。建设成本低，一在于人力资本即劳动力的价格低，二在于与我国土地所有权相关的土地使用费用，即地租低廉。可以认为，正是因为我国土地公有制确保了国家可以较低的成本扩展城市和建设基础设施，从而为城镇化的快速推进提供了基础条件。

土地私有化并不必然会提升土地产出效率，相反，它恰是妨碍提升土

---

① 《马克思恩格斯文集（第7卷）》，北京：人民出版社2009年版，第695页。

地产出效率的重要因素。马克思指出："劳动生产力是由多种情况决定的，其中包括：工人的平均熟练程度，科学的发展水平和它在工艺上的应用的程度，生产过程的社会结合，生产资料的规模和效能，以及自然条件。"① 这说明私有化也许可以保证私有者产生净回报最大化的动力，却无法保证他们有足够的能力和精力来提升效率。事实上，生产效率大多与生产社会化发展相关，生产社会化要求生产资料社会化，要求对生产资料私有制进行否定。这一点在土地所有制上表现得尤为突出，如马克思指出，资本主义生产方式较之于封建生产方式更能提升土地产出效率，重要原因就在于它对封建土地私有制进行了一定否定，"一方面使土地所有权从统治和从属的关系下完全解脱出来，另一方面又使作为劳动条件的土地同土地所有权和土地所有者完全分离"②，因而促进了农业现代化发展，"伴随土地所有权关系革命而来的农业，是耕作方法的改进，协作的扩大，生产资料的积聚等等"③。

效率主要指生产效率，生产的实质是劳动，显然，更多有劳动能力者努力劳动，整个社会的生产效率将因此提升。这就是马克思强调劳动应成为有劳动能力者根本义务的重要原因。如在《共产党宣言》中，马克思明确提出未来的共产主义社会要"实行普遍劳动义务制，成立产业军，特别是在农业方面"。④ 生产资料私有制却使一部分人凭生产资料私有者身份不劳而获，如在资本主义城镇化过程中，"他们（指地主，引者注）就把不费他们一点气力的社会发展的成果，装进他们的私人腰包——他们是为享受果实而生的"。⑤ 这样既减少了社会实际从事生产劳动的人数，还助长着更多人通过多种方式不劳而获；同时又因不公正分配劳动义务致使劳动者消极地履行劳动义务，"既不是出于忠诚，也不是由于义务"⑥，对于提高生产效率，自然没有什么积极性。由此一来，整个社会的生产效率自然会因此受到损害。

---

① 《马克思恩格斯文集（第5卷）》，北京：人民出版社2009年版，第53页。
② 《马克思恩格斯文集（第7卷）》，北京：人民出版社2009年版，第697页。
③ 《马克思恩格斯文集（第5卷）》，北京：人民出版社2009年版，第855页。
④ 《马克思恩格斯文集（第2卷）》，北京：人民出版社2009年版，第53页。
⑤ 《马克思恩格斯文集（第7卷）》，北京：人民出版社2009年版，第700页。
⑥ 《马克思恩格斯文集（第1卷）》，北京：人民出版社2009年版，第129页。

一些人常常提及家庭承包责任制促进农业生产效率提升，是因为它比传统农村集体经济更"私"些，农民的土地权利更充分些，若能"私"得彻底，肯定更能促进农业生产率提升。这样的观点既忽视了是农村土地集体所有制保证了农民"耕者有其田"，是计划经济下农田水利建设为实行家庭承包责任制提供了良好的公共物质基础，也没有看到长期实施这种分散的土地利用制度，我国农田水利设施的建设已经严重不足，严重制约了农业生产力发展。显然，如果土地私有化，这种现象只会更严重。事实证明土地公有制更有利于在集体内部实现土地连片规模经营，集中力量进行农田水利基础设施建设，华西村、刘庄、南街村等先进的农村都是这样做的。至于我国现在存在的土地抛荒现象，主要原因是种田的比较收益太低。土地私有化后，即便土地可以自由买卖，只要种田的比较收益依然太低，一样也会出现土地抛荒现象。

实际上，"公地"承担的效益主要表现为综合的、长远的利益，私人追求的效率往往具有片面性、短期性。对于土地私有者说，将土地非农使用，如开发房地产，或种植更能发财的经济作物是理性的选择，马克思就曾引述英国房地产老板自己的话说，"一个人要想发迹，单靠公平交易是不行的……除此以外，他还必须从事建筑投机，而且必须大规模地进行"①。另外，土地私有者往往会通过破坏公地来提高私人的生产效率。就如马克思所指出的，在资本主义私有制下，对土地的滥用使得"在一定时期内提高土地肥力的任何进步，同时也是破坏土地肥力持久源泉的进步"。② 再反观现实，看看那些个人承包的小煤窑、小油井、小矿山因为滥开滥采严重污染着环境，并且造成事故频发，更可明白提升私人的生产效率绝非总是好事。既然"公地悲剧"由私人经济的外部性造成，私地公有化自然才是真正避免此悲剧的根本途径。这一点非常符合马克思所有制思想的本义，也为不少现代西方学者所坚持，如肯尼思·N. 汤森指出，"在国家既是资源的所有者，又是决策代理人的情况下，其经济活动不可能形成对其他团体的外部成本"③。马歇尔·戈德曼说："国家早晚都必须承担

---

① 《马克思恩格斯文集（第7卷）》，北京：人民出版社2009年版，第876页。
② 《马克思恩格斯文集（第5卷）》，北京：人民出版社2009年版，第579-580页。
③ ［美］赫尔曼·E. 戴利、肯尼思·N. 汤森：《珍惜地球》，北京：商务印书馆2001年版，第315页。

一切社会成本。如果每家工厂都既负担其直接经营成本，又对其社会成本负责的话，大部分的污染在工厂内部得到处理，而不必由全部人口得到承担。"① 奥尔多·利奥波德强调："当某事物倾向于保护整体性、稳定性及生物群体的美丽时，它就是对的，是正确的；否则，它就是恶，是错误的。"②

至于传统公有制之所以效率低下——但不能否定在较长时期它也是高效的，根本原因其实在于该制度忽略，甚至企图消灭"经济人"的利己之心。显然，此"公地悲剧"与西方学者所谓的"公地悲剧"理论大不同：此悲剧因私心张扬不及，彼悲剧因私心张扬过度。而且必须指出，这样的"悲剧"虽的确存在过，与马克思思想也并无关系。马克思重建"个人所有制"的理论，承认"按劳分配"是"资产阶级法权"的思想实际上已充分表明马克思是反对彻底否定人的利己之心的。由此看来，即使资本支配者所支配的资本不归其个人私有，但只要保证人们努力工作的预期收入高于个人的机会成本，他也有足够的动力去争取尽可能高的资金净回报，从而促进效率提升。③ 按照这一思想，只要保障土地承包经营权真正作为一项稳定的财产进入市场并产生应有的交换价值，农民因此提高收入水平，土地流转及土地产出效率便会提升，根本不需要进行土地私有化。家庭承包责任制普遍实行初期，农民从事农业生产，特别是粮食生产的积极性高涨，绝不是因为土地私有化，而是因为农民种粮有利可图了；后来，生产积极性下降了，也绝非土地没有私有化，而是因为种粮获利大大减少了。

二、悲剧之二：土地私有化的不人道性

在土地私有化者看来，即便土地私有化提升效率只是一种美丽的神话，土地依然应该私有化。因为土地私有化能有效避免农民的人道灾难，如拥有一份土地的农村老年人相当于有了养老的本钱，子女则因此多了赡养老人的经济动力等等。此外，正是因为土地公有制为官商勾结侵犯农民土

---

① Msarshall I. Goldman: Regulirovanie ratsional nogo prirodopol zovaniia, voprosy ekonomiki (no. 11) 1981：36－37；reprinted in problems of Economics, 1982：36－37.

② Aldo Leopold："The Land Ethic", in A Sand County Almanac, New York：Oxford University-Press, 1949：262.

③ 左大培：《混乱的经济学》，北京：石油工业出版社2002年版，第277页。

地权益提供了基础，当代中国城镇化过程中"伤农"事件才因此不断发生。

问题是土地私有化真能有效避免农民的人道灾难吗？马克思早以事实对此作出了雄辩的否定。马克思指出，大量有人身自由却丧失生产资料的劳动者是资本主义生产方式形成、运行的根本前提，运用各种手段掠夺农民私有土地是形成此种前提的基本方式，失地给农民带来了深重的人道灾难：他们被迫出卖劳动力，"贪得无厌的人……或者通过暴力和不正当的手段迫使所有者不得不出卖一切"①，许多走投无路的农民被迫变成了流浪者和贫民，又因此而受到惩罚；即使能就业，收入也很低，生活质量极其糟糕，"今天的英格兰农业工人，不要说同他们十四世纪下半叶和十五世纪的先人相比，就是同他们 1770 年到 1780 年时期的先人相比，他们的状况也是极端恶化了"②；收入低，工作不体面，劳动时间长给工人及其家庭生活、私人生活造成道德上的非常不幸的后果，如一些留守儿童，"在各种卑劣、猥亵、无耻的习惯中野蛮无知地成长着，从幼年起就沦为放荡成性的败类"③；即便进了城，实际上也难以真正融入城市，"阴郁的不满情绪笼罩着这个阶级的行列，他们留恋过去，厌恶现在，绝望于将来"④。可见，土地私有化根本无法避免农民的人道灾难，相反，"人民群众遭受的这种可怕的残酷的剥夺，形成资本的前史"⑤。

在马克思看来，资本主义社会城镇化过程中造成农民人道灾难的根本原因在于噬血是资本的本性，"一有适当的利润，资本就会非常胆壮起来。……有 300%，就会使人不怕犯罪，甚至不怕绞首的危险"⑥ 资本噬血本性突出表现为对农民私有土地的侵占引发的农民人道灾难。马克思对此多处引用史实的记载，如《资本论》引述资料说在苏格兰，"从 1814 年到 1820 年，这 15000 个居民，大约 3000 户，陆续地被驱逐和消灭了。他们的村庄全都被破坏和烧毁，他们的田地全都变成了牧场"⑦ 马克思还指出，资产

---

① 《马克思恩格斯文集（第5卷）》，北京：人民出版社 2009 年版，第 845 页。
② 《马克思恩格斯文集（第5卷）》，北京：人民出版社 2009 年版，第 781 页。
③ 《马克思恩格斯文集（第5卷）》，北京：人民出版社 2009 年版，第 534 页。
④ 《马克思恩格斯文集（第5卷）》，北京：人民出版社 2009 年版，第 815 页。
⑤ 《马克思恩格斯文集（第5卷）》，北京：人民出版社 2009 年版，第 873 页。
⑥ 《马克思恩格斯文集（第5卷）》，北京：人民出版社 2009 年版，第 871 页。
⑦ 《马克思恩格斯文集（第5卷）》，北京：人民出版社 2009 年版，第 839 页。

阶级政府在维护农民土地权益方面不作为是资本能够噬血的根本社会条件。这一点在圈地运动晚期表现得尤为突出，如"光荣革命""开辟了一个新时代，使以前只是有节度地进行的对国有土地的盗窃达到了巨大的规模"。① 根本原因就在于资本主义社会官商已经高度勾结，"市民资本家鼓励这种做法，为的是把土地变成纯粹的商品"，"新土地贵族又是新银行巨头这一刚刚孵化出来的金融显贵和当时靠保护关税支持的大手工工场主的自然盟友"。② 官商一旦勾结，拥有小块土地私有权的弱势农民实际上根本无法避免人为刀俎，我为鱼肉的人道悲剧。

土地私有化论者显然不愿提及马克思的这些论述，更不愿意提及发展中国家土地私有化必然会带来的人道悲剧。如土地私有化后，一些农民因种种原因一次性卖掉土地，在没了回村的退路又花光卖地的钱时如何生存。我国城市化、城镇化加速发展的过程中，大量农村人口流入城市或城镇却没有发生重大社会动乱，可谓是当代世界之大奇迹。究其根本原因，便在于现阶段我国农村土地制度让农民可以依据村民身份获得一份基本均等的土地财产，广大青壮年农民因而敢大胆地往城里走，且既避免了城里出现大规模的贫民窟，又在客观上为我国历次经济危机提供软着陆的基础。③ 这一点，不带偏见的西方学者给予了承认，"在印度，印度尼西亚和其他社会中，相当多的失地、无地农村人口所遭受的极端剥夺和不安全，更加突出了中国在保障绝大多数人口的生存和基本福利所取得的成就"。④现阶段我国的确存在一些土地征用补偿不合理等问题，但这并不是土地公有制的结果。解决问题的根本办法只能是完善相关制度，推进工业化和城镇化，为农村剩余劳动力提供更多就业机会等。

社会保障本是政府的职责，岂能要求农民以土地自我保障呢？土地私有化者往往如是说。其实，保障指国民（包括农民）的生活（主要是生存）保障，首先应该由个人和家庭自己来保障，然后才是社会保障。建立农民的社会保障制度当然主要是政府的责任，但在全面建设小康社会阶

---

① 《马克思恩格斯文集（第 5 卷）》，北京：人民出版社，2009 年版，第 831 页。
② 《马克思恩格斯文集（第 5 卷）》，北京：人民出版社 2009 年版，第 832 页。
③ 温铁军：《莫让私有化摧毁乡土社会》，载《中国房地产业》2014 年第 12 期。
④ Mark Selden：City versus Countryside? The Social Consequences of Development Choices in China. Review（Fernand Braudel Center），Vol. 11, No. 4, 1988：544 - 545.

段，农民在相当程度上还得依靠土地保障。在未来相当长的时期内，我国的土地问题主要不是土地的数量问题，也不是农业问题，而是几亿农民如何平稳转移进入城市的问题。为此必须构建一种农民可以进城，又可以返乡的灵活机制。土地私有化使农民有可能丧失这条最基本、最可靠的保障线，必定会带来极其严重的后果。那么，当农村全面建成了小康社会时，土地便可以完全私有化了吗，当整个社会越来越小康时，土地便可以不断私有化了吗？依然不可。一方面，对农业人口数量众多的中国而言，此过程必定甚为漫长，急不得。而且农民不断减少恰意味可以不断推进农村土地国有化，而不是实现私有化，因为土地私有化是不正义的，对此本文下目详论之。另一方面，在这种情况下，推行农村土地私有化也不可能是把土地私有化与农民，而只能是私有化给资本家之类的人物了。这大概就是某些极力鼓噪"资本下乡"者的真实想法吧。

可是为何总有人对土地私有化情有独钟呢？几乎所有土地私有化主张者都认为只有土地私有化才能保障耕者有其田，才能保证农民按自认为最有利的方式自由地使用、处置和转让土地而致富。事实上，土地私有制并不能保障耕者有其田；相反，这恰是致使土地集中在少数不种地的人的手中，造成耕者无其田的重要原因。我国几千年封建社会循环出现的土地兼并的历史事实就是明证。解放初期，我国无地和少地的农民通过土地改革都分到田地，但在人多地少、农业落后的情况下，天灾人祸、生老病死、劳力缺乏等原因使得不少农民不得不卖地救急求生，重新失去土地，或由于缺乏技能和就业机会而无法进城务工经商，再次沦为无地雇农或等待救助的穷人。这正是我国农村走向社会主义集体经济道路的重要原因之一。可见，只有土地耕者集体所有或共同所有的公有制才能真正保证耕者有其田。至于企图通过土地私有化，确保农民卖地致富更不可能：没有政府和制度的保证，分散、组织化程度低的农民并无定价权和自由买卖权，甚至连转不转让都要受制于人；农民人多地少，大多数农民出售私有土地的收益连生存保障都谈不上，何谈发财致富。

马克思早已揭示："资本主义所要的，正好是人民大众的奴隶状态，是人民大众转化为佣工，是人民大众的劳动手段转化为资本。"① 推动土地

---

① 《马克思恩格斯文集（第5卷）》，北京：人民出版社2009年版，第827页。

私有化，彻底剥夺农民的土地使用权便是达此目的的不二法门。由此可进而想象，一旦土地真正私有化了，究竟会"土落谁家"？答案很简单，那就是特别有钱的人，一是国内特别有钱的人，二是国际特别有钱的人。这些人购买土地后会干什么呢？当然是什么赚钱最多，最快便干什么。这就意味大量土地不会用于粮食生产。五谷者，万民之命，国之重宝，当粮食安全得不到保障时，发生严重人道灾难也就在所难免了。当今世界最有钱的私人当然是国际垄断资本家。这就意味一旦土地私有化，大片国土将落于所谓的"友邦"之手。这并不是危言耸听，因为事实证明通过大量"购买"中国土地进而控制中国经济是国际垄断资本家一直在筹划的方案。只不过由于中国政府死守土地不能私有化的底线，迄今，他们只能痴心妄想罢了。由此看来，土地私有化论者所谓的"人道"关怀最重要的意义恰在于提醒人们：我国的土地万万不能私有化。

不能否定，改革开放以来，与城镇化同时推进的社会主义中国的"圈地运动"并没有完全避免资本主义圈地运动的人道悲剧。而且城镇化过程中的土地违法案件，不少地方政府脱不了干系。但是此现象并不能成为农村土地应该私有化的依据。实际上，官员贪污否，官商勾结否，与土地制度关系甚微。在印度、菲律宾这类土地私有化国家，官员贪污和官商勾结起来侵占农民土地权益的情况比比皆是。相反，香港、新加坡这类土地国有化的国家和地区，并无多少因为土地国有而产生的官员贪污和官商勾结的情况。这说明只要司法腐败和行政不公，即使农民对其耕种的土地拥有私有权也无奈权势者。所以真正要做的是切实反腐惩贪，而不是强力推行农村土地私有化。

三、悲剧之三：土地私有化的背正义性

人们关心土地所有权，从根本上讲，主要因为土地权益乃最重要的经济权益。至于土地经济权益产生的根源，马克思指出，既可能主要因为土地是人类最基本的劳动对象，也可能主要因为生产方式的改变使得土地空间价值得以增加，如"对建筑地段的需求，会提高土地作为空间和地基的价值"。①

---

① 《马克思恩格斯文集（第 7 卷）》，北京：人民出版社 2009 年版，第 875 页。

那么土地经济权益的所有者应是谁呢？西方学者的"先占"与"劳动"原则为不少人所认同、接受，如洛克强调，"我的劳动使它们（自然物，引者注）脱离了原来所处的共同状态，确定了我对他们的财产权"①。问题是"先占"与"劳动"并不能为土地私有化提供充足的理由。关于"先占"，西塞罗将公共土地比作剧院，虽然剧院为到来的任何人共有，但每个人坐的地方应该属于他自己。② 西班牙的国际法奠基人苏亚雷斯在反驳这种说法指出，应该保障那些被排除在外的人要求别人履行挪开或腾出座位的权利。③ 至于在公地上"劳动"也不能为土地私有化提供充足的理由，因为劳动实际是个人用自己拥有的劳动力与不拥有的（无主的土地）相结合，由此获得劳动成果，如得到庄稼，理由当然非常充分，但据此得到土地所有权便不在理了，毕竟这些东西又不是劳动者创造的。

实际上，关于土地权益的所有者，马克思劳动正义论已作出了解答。马克思指出，在任何劳动中，都使用某种劳动材料和劳动资料，劳动资料因劳动而成为劳动资料，劳动对象则因劳动而成为对象，"从产品的角度加以考察，劳动资料和劳动对象二者表现为生产资料，劳动本身则表现为生产劳动"④。劳动还是保存财富的重要方式，"正是活劳动通过使未完成的劳动产品成为下一步劳动的材料，才保存了这种产品的使用价值"。⑤ 正义的实质是"在非自愿交往中的所得所失的中庸"⑥，公正"是等利（害）交换的善行"，不公正则"是不等利（害）交换的恶行"⑦。任何劳动必然要付出人的体力与脑力，"把劳动的有用性撇开，劳动就只剩下一点：它是人类劳动力的耗费"⑧。按正义原则要求，劳动者自然是生产资料，包括劳动改造过的土地的土地权益所有者。这就是马克思批判资产阶级学者片

---

① 洛克：《政府论（下篇）》，瞿菊东等译，北京：商务印书馆1962年版，第19－20页。

② 转引自詹姆斯·塔利：《语境中的洛克》，上海：华东师范大学出版社2005年版，第96页。

③ 转引自詹姆斯·塔利：《语境中的洛克》，上海：华东师范大学出版社2005年版，第96页。

④ 《马克思恩格斯文集（第5卷）》，北京：人民出版社2009年版，第211页。

⑤ 《马克思恩格斯全集（第30卷）》，北京：人民出版社1998年版，第330页。

⑥ 苗力田编：《亚里士多德全集（第8卷）》，北京：中国人民大学出版社1992年版，第103页。

⑦ 王海明：《新伦理学》，北京：商务印书馆2000年版，第303页。

⑧ 《马克思恩格斯文集（第5卷）》，北京：人民出版社2009年版，第57页。

面肯定私有制的重要原因，因为他们混淆两种不同私有制，"其中一种是以生产者自己的劳动为基础，另一种是以剥削他人的劳动为基础"①。

至于原始土地，马克思指出，"人最初不是作为劳动者，而是作为所有者与自然相对立"②；"自然物本身就成为他的活动的器官"，"土地是他的原始的食物仓，也是他的原始的劳动资料库"。③ 与自然共生之人取得与其共生的土地本就自然。由于与自然共生之人是以群体存在的人，"如果要谈到这个个体的人的存在，那么，这是氏族的人、部落的人、家庭的人等等"。④ 所以土地等天然财富应归共同体共同所有。所以正义的所有制是"在协作和对土地及靠劳动本身生产的生产资料的共同占有的基础上，重新建立个人所有制"。⑤ 人类共同体最初是部落，所以"财产意味着：个人属于某一部落（共同体）"。⑥ 随历史发展，部落演变为民族、国家，所以天然财富最终应归民族、国家共同所有，"社会运动将作出决定：土地只能是国家的财产"。⑦ 这就意味源于土地所有权的土地权益最终应归全体国民所有才正义，虽然土地权益本身可以分离。同时，由于历史原因，一国之内的不同国民与不同地域的土地的自然亲近性不同，不同人民对土地的"所有"程度自然应有些不同。在社会主义制度下，全体公民平等地拥有其所在国全部土地所有权的一部分，但不同人民对土地的占有权、使用权并不完全相同。

由以上分析可以认为，马克思关于土地权益所有者的基本思想是：劳动者应是一国土地权益的根本主体，但不是唯一主体；土地因劳动者的改造成为可用之地，劳动者更应是土地权益的直接所有者——主要表现为占有权、使用权。由此可进而认为，马克思关于农村土地权益所有者的基本思想是：就国家层面而言，农民虽不是国家土地权益的唯一主体，但作为国民的重要组成成员肯定应是根本主体，在农业大国尤应如此。现行的

---

① 《马克思恩格斯文集（第5卷）》，北京：人民出版社2009年版，第876页。
② 《马克思恩格斯全集（第32卷）》，北京：人民出版社1995年版，第109页。
③ 《马克思恩格斯文集（第5卷）》，北京：人民出版社2009年版，第209页。
④ 《马克思恩格斯全集（第32卷）》，北京：人民出版社1995年版，第110页。
⑤ 《马克思恩格斯文集（第5卷）》，北京：人民出版社2009年版，第874页。
⑥ 《马克思恩格斯全集（第30卷）》，北京：人民出版社1995年版，第485页。
⑦ 《马克思恩格斯选集（第3卷）》，北京：人民出版社1995年版，第129页。

《中华人民共和国宪法》第九条规定：矿藏、水流、森林、山岭、草原、荒地、滩涂等自然资源，都属于国家所有，即全民所有；由法律规定属于集体所有的森林和山岭、草原、荒地、滩涂除外。此条所说的"全民"当然包括农民。我国现行宪法第十条规定：城市的土地属于国家所有。农村和城市郊区的土地，除由法律规定属于国家所有的以外，属于集体所有；宅基地和自留地、自留山，也属于集体所有。既然中国所有土地不是国有便是集体所有，那么这些土地权益自然应当为国家所有或相应的集体所有。

需要说明的是，我国农村土地集体所有制的实质是一切土地的终极所有权归国家，农村集体只是享有土地占有权，也正是由于国家掌控着土地所有权，才可以在土地改革后不久即推行农业合作化，农业合作化几年后又实现集体化，后来推行联产承包责任制，其根据也在于土地所有权由国家掌控着。至于某村（组）的土地只归该村（组）的农民集体占有，主要是因为这里的农民与该村的土地关系更加亲近，更加自然，又是改造农村土地的根本主体，即所谓"土生土长"的人。所以，现阶段农村土地集体所有制的基本结构便是土地所有权归国家，占有权归集体，使用权归农民。① 总之，我国农村土地集体所有制是非常符合劳动正义要求的。

农民应是农村土地权益的根本主体，并不意味农村土地权益不能变化，也不意味农民不能失去土地权益，但应按劳动正义原则，对离开土地的农民给予适当的利益补偿。马克思之所以批判资本主义城镇化，主要原因就在于此过程同时也是违背劳动正义剥夺农民土地权益又没有对其恰当补偿，甚至毫无补偿的过程，"一方面是直接生产者从土地的单纯附属物（在依附农、农奴、奴隶等形式上）的地位解放出来，另一方面是人民群众的土地被剥夺"。② 在现代中国农村城镇化过程中，侵犯农民土地权益的事情常常发生，且情形颇似于马克思曾经批判的，主要表现就是一些地方土地转移用途而成的巨额收益，农民所得甚少，绝大部分被地方政府和开发商占有了，严重违背了正义是"等利害交换"的根本要求。但是造成这种状况的主要原因不是土地公有制，而是其他相关制度和具体管理存在一

---

① 刘永佶：《论中国农村土地制度的改革》，载《中国特色社会主义研究》2014年第1期。
② 《马克思恩格斯文集（第7卷）》，北京：人民出版社2009年版，第696页。

些缺陷，特别是征地制度和补偿制度不合理、不完善。解决的办法应该是深化改革征地制度，完善相关制度法规和严格执法，加强监督和管理，确定土地增值收益分配的合理原则和比例，真正保障失地农民得到应有的补偿。

与此同时也应看到，既然国家才是一国土地的终极所有者，农村集体是农村土地的占有者，农民就不应该拥有农村土地的所有权益，特别是因城镇化而增值的土地权益，通过土地私有化保障农民土地权益那是对劳动正义的越界。因为增值的土地利益实际上与农民的劳动付出无多大关系，主要是因为国家和其他投资者进行的基础设施建设、城镇建设和工商业项目建设改变了土地用途，增加了土地的需求，工商用地的经济效益又远远高于农业用地。其前提恰在于土地公有制保证了国家有权对土地用途实行管制，限制了多数土地非农使用。所以，在保证失地农民的合理权益前提下，土地增值收益中，应给国家和相关投资者必要的补偿或回报，使国家更有能力、投资者更有积极性进行基础设施建设、城镇建设和工商项目建设。

现阶段，在我国条件成熟地区，应该允许、鼓励土地流转，以适应城镇化对土地资源市场化及生产社会化的要求。但是我国农民实际拥有的是土地使用权，这也是其土地收益权的主要来源。所以我国农村土地流转，流转的只能是使用权——表现为承包权，而不能是所有权，对农民征地补偿应主要针对此项权益以合理的方式进行。农民不应以土地私有者的身份要求利益补偿，更不能"不如我愿"便动辄采取抗争行为。马克思之所以强调土地最终应该国有化，重要原因就在于土地国有化可使"阶级差别和各种特权才会随着它们赖以存在的经济基础一同消失"。[①] 如果说马克思这里所谓的"阶级差别"主要指剥削阶级与被剥削阶级的话，那么"各种特权"可以包括，或者说预示了农民在土地权益方面的多占行为，所以"从一个较高级的经济的社会形态的角度来看，个别人对土地的私有权，和一个人对另一个人的私有权一样，是十分荒谬的"。[②]

但是在当代中国农村城镇化过程中，农民"过分"要求土地权益的现象已经发生，主要表现是：其一，农民不应获取城镇化带来的大部分，不能获取所有土地级差收益，更不应因此在城市近郊形成一个拥有庞大征地

---

① 《马克思恩格斯选集（第3卷）》，北京：人民出版社1995年版，第129页。

② 《马克思恩格斯文集（第7卷）》，北京：人民出版社2009年版，第878页。

收益的土地食利阶层。但在一些地方，这些"不应该"已是事实。其二，因城镇化而增加的农村土地权益应归农村集体所有。但目前一些征地农村的农民却要求集体最好不预留一分钱。其三，在农村土地所有权中，农民拥有的实际是土地使用权，这也是其土地收益权的主要来源。征地补偿应主要针对此两项权益进行。但一些"理性狡诈"的农民常在征地前抢种苗木，抢建房屋、设施以获得更多补偿，甚至上演了父与女、母与子假结婚的荒唐闹剧。显然这些不正义之事，若土地私有化，只会加剧，因为它为农民过分要求土地权益提供了"正义"的依据。

四、基本结论与主要对策

综上所论，可以得出如下结论：推进农村城镇化是必需的，土地私有化是绝不允许的。马克思"如是说"为我们思索现代中国农村城镇化过程中，坚守保障农民土地权益这一道德红线提供了重要启示。

其一，明晰农民土地权益是根本前提。明晰农民土地权益无需土地私有化，而是在坚持农村土地集体所有制的前提下，深化土地制度改革，切实保障农民合法且合理土地权益。当土地作为农地使用时，它是集体所有的，一旦作为城市建用地，它就应该是国有的。明晰土地产权，关键是明确土地所有权、占有权与使用权各自应当分享的土地收益的比例，防止在现行农村社区民主不够健全的情况下，农村集体土地入市后真正受益的是代表集体组织的少数内部人。首先，应加快土地确权，如可以给农民发放土地使用证书并统一编号管理，避免农民土地权益因土地产权不明而受损。其次，建立和完善农村村民自治制度，增加征地、补偿、安置等政策的透明度，充分尊重农民的知情权和协商权，保证集体土地公平地流转。

其二，避免农民人道灾难是重点问题。一是保障离开土地的农民能稳定就业，有稳定的收入，如做好进城务工人员的技能培训工作，提升失地农民就业能力和专业技术素质，鼓励、扶持失地农民自主创业，对吸纳本地失业人员达到一定比例的企业给予社会保险补贴、职业介绍补贴等优惠，认真清理、纠正对农民工的歧视政策等。二是贯彻"广覆盖、保基本、多层次、可持续"原则，建立多层次的农村保障体系，逐步弱化土地的福利与社会保险功能，同时做好城乡户籍制度改革，真正解决好土地转让者的后顾之忧。三是促进集体经济发展。集体组织在土地补偿中应得的份额可用于发展集体经济，以解决失地农民的就业和生活保障。为保证资产的安全性和收益性，国家为此可成立专门机构负责相关管理和运作。四是确定公平公正的补偿原则。补偿应充分考虑失地农民失业、养老、医疗保险等社会保障，可让农民以土地使用权或集体占有权参股到经营性用地中，分享土地增值的部分收益。

其三，引导、规范政府行为是关键所在。首先，政府应充分认识到农村城镇化虽是自觉选择，其进程却取决于经济发展情况，因而又是自然的过程。现代中国，不应为城镇化而城镇化，为土地流转而土地流转，不能让土地财政成为卖地财政，应杜绝不合理、不合法的圈地行为与拆迁行为。其次，没有工业化为基础，就不会有稳定的就业人口，农民的劳动素质及恋乡之情又决定了他们更愿意在附近就业。所以农村城镇化的重点是在城乡结合处，应努力发展"联农""益农"产业以尽量减少新的圈地，新的拆迁，以尽可能少的土地流转成本实现农村城镇化。再次，适时修改土地管理相关的法律以规范行政执法行为，增加行政违法成本。

其四，"消灭"农村不是必然选择。城镇化发展的重要表现是农村在空间上变为城市的组成部分。就此而言，"消灭"农村是农村城镇化的重要方式。但现代中国完全可以实行，事实上一直存在着不消灭农村的城镇化，那就是"渗于农村的城镇化"与"以农村为中心城镇化"。"渗于农村的城镇化"表现为城市工业生产链及商业网络、城市生活方式渗透于农村，但农村依然是农村，城市依然是城市。这种模式实际上在我国广大农村地区早已开展，而且其范围在不断扩大，程度在不断加深。这种模式虽然"很农村"，但均以镇为中心，而且镇越来越"城市"。随着镇的扩展，比邻的镇将自然走到一起，农村最后自然地城镇化。我们认为对于这一自然过程，应因势而利导之，如在比邻镇的空旷之地积极发展益农产业、活农商业、联农交通以加快镇与镇的一体化进程。"以农村为中心的城镇化"主要指在农村积极发展工业、商业，与此同时不断扩大农村规模。这样的农村虽然"很城市"，但依然被称为农村，居民虽然大多从事着现代工业、商业，享受城市生活文明，却依然被称为村民，遵循着集体经济基本原则，他们活得不比城里人差，甚至比城里人活得好，却没有乡愁。华西村与南街村就是这种模式的典范。此两种农村城镇化模式，虽然形式上有重大区别，但充分说明现代中国完全可以走出一条既保障、增加农民土地权益，又避免农民过分要求土地权益的"中庸"之道。

其五，发展农村合作经济是重要任务。在不消灭农村的前提实现城镇化，必然需要解决好农村经济如何发展这一重要问题。当前，我国农村经济发展面临的重大问题之一便是在工业化与城镇化快速推进的过程中，农业现代化滞后的矛盾日渐突出，特别是小规模的农户经营与社会化大生产之间缺乏有效的对接，农业劳动力又在不断减少。[①] 合作化经营既有利于提高农户经营的比较效益，也有利于降低农户的市场交易费用及参与市场的风险，提高农户对经济的参与程度，关心程度和监督程度，是解决小农户与大市场矛盾的最佳途径。另外，合作农场作为集体经济与合作经济混合而成的农村经济新形态也是重要方式。这种方式是在明确农村集体所有制性质、充分考虑现实条件、尊重农民自愿的前提下，鼓励农民将所承包的耕地、山地、山林、水面等土地资源作价入股，而且规定土地资源股份不能买卖、转让或抵押，迁移社区时由集体收回股份，以保护本地区农民生存所需要的物质条件。

其六，农村土地国有化是基本方向。以马克思劳动伦理思想视之，农民与农村土地自然亲近性最强，农村土地应该实现集体所有制。随着城镇化推进，农村"空闲"土地必然不断增多，农民数量也在不断减少，新一代农民与土地的自然亲近性又不断地弱化。鉴于土地私有化是不应该的，也是不允许的，农村土地国有化应该成为一个基本方向。农村土地国有化可使国家在土地资源分配与土地利益分配环节更遵循公平原则，更充分发挥土地规模效益，从而有利于厘清国家、集体、农民三者之间的土地权利义务关系。当然，考虑到现有农民多数人还无法彻底与农村土地"脱离"关系，国有化后，使用权仍然可以交由农民集体或个人支配，但国家可以调整使用权的配置，并承担国有农村土地所需要的农田水利设施和道路基础设施建设的责任。[②]

（作者贺汉魂，湖南第一师范学院教授，中国社科院马克思主义研究院访问学者。）

---

① 程恩富：《中级政治经济学》，上海：上海财政大学出版社 2012 年版，第 352－353 页。
② 程恩富：《中级政治经济学》，上海：上海财政大学出版社 2012 年版，第 364 页。

强化规则意识，弘扬社会主义法治价值观①

喻文德

摘要：社会主义法治价值观是一种法律至上的价值导向。规则意识是弘扬法治价值观的重要思想基础。当前，规则意识的淡薄是弘扬社会主义法治价值观面临的重要难题之一。强化规则意识是弘扬社会主义法治价值观的重要途径。培养法治思维、依法执政、严格执法等是强化规则意识的重要举措。养成全民守法的行为习惯是弘扬社会主义法治价值观的一项基础工程。

关键词：规则意识；社会主义法治价值观；法律至上

亚里士多德认为，法治是良法之治和普遍守法的统一，"法治应该包含两重意义：已成立的法律获得普遍的服从，而大家所服从的法律又应该本身是制定得良好的法律"。② 实际上，在人类历史的发展过程中，法治的内涵是与时俱进的。封建社会的法治仅是帝王专制的工具之一，而现代社会的法治则是法律至上的治国方略。法治既是我们党治国理政的基本方式，也是社会主义核心价值观的一项基本内容。从现代法治理念出发，社会主义法治价值观包含了信守规则、保障人权、制约权力、维护正义等价值诉求。厉行法治不仅需要良法，更加需要公众的自觉守法。自觉守法包含了对规则的尊重和敬畏。规则意识愈是强烈，社会主义法治价值观的思想基础愈是深厚。在社会主义初级阶段，弘扬社会主义法治价值观面临权

---

① 项目基金：国家社科基金项目《社会主义核心价值观融入公共生活的基本问题研究》（15BKS097）；湖南省教育厅开放基金项目《和谐社会视域下社会主义核心价值观的公共生活化研究》（15K104）。

② ［古希腊］亚里士多德：《政治学》，北京：商务印书馆 2009 版，第 202 页。

力滥用、权利贫困、规则意识不足等诸多难题。本文着重探讨规则意识的淡薄对弘扬社会主义法治价值观的制约及其解决途径。

一、"中国式过马路"：规则意识的淡薄

规则即行为通则。规则意识是对规则的深刻认同并自觉遵守的观念与习惯。公民的规则意识是衡量现代社会法治水平的重要指标。没有规则可怕，有了规则而不遵守，则更为可怕。从当前"中国式过马路"这一行为习惯来看，不少公民的规则意识还比较淡薄。"闯红灯"几乎是每个国家都存在的交通违法现象。相比较而言，在欧美国家，"闯红灯"只是个别现象，而在中国、越南、泰国、蒙古等亚洲国家"闯红灯"则比较普遍。

（一）规则意识淡薄是"中国式过马路"的主要原因

近年来，对"不管红灯绿灯，凑足一撮人就走"的调侃——"中国式过马路"成为一个新的网络流行词汇。从媒体的报道来看，"中国式过马路"是一种比较普遍的交通违法现象。道路交通属于公共生活领域，行人与车辆组成一个共同体。在"中国式过马路"面前，交通规则形同虚设，交通秩序严重受损，行人与车辆安全面临诸多隐患。违反交通规则大大增加了交通事故发生的几率。据报道："2012 年 1 月至 10 月份，全国因违反道路标志标线肇事导致涉及人员伤亡的道路交通事故共计 87852 起，造成26154 人死亡，其中因行人违规导致的肇事造成 262 人死亡。"[1] 血淋淋的事实可谓有目共睹。但是，有些人对此熟视无睹，依然我行我素。这是为什么呢？

对于"中国式过马路"的原因可谓见仁见智。从主观方面来分析，有人认为，从众心理引发"抱团"闯红灯；[2] 也有人认为，捷径心态促使国人集体闯红灯；[3] 还有人认为，法治观念的缺失是"中国式过马路"的深层原因。[4] 从客观方面来分析，有如下几种有代表性的观点：第一，红绿

---

① 高鑫：《把脉"中国式过马路"》，载《检察日报》2013 年 4 月 1 日 005 版。
② 周斌：《记者路口蹲点调查"中国式过马路"根源》，载《法制日报》2012 年 12 月 18 日005 版。
③ 马龙：《捷径心态为何成风》，载《人民日报》2013 年 1 月 17 日 013 版。
④ 本报评论员：《从"中国式过马路"谈起》，载《光明日报》2015 年 2 月 11 日 003 版。

灯时间设计不合理，公众被迫集体闯红灯；① 第二，对法不责众过于放纵加剧了"中国式过马路"现象；② 第三，行人与车辆为争夺路权导致集体闯红灯；③ 等等。从主观和客观两个方面综合起来看，有人认为，"中国式过马路"既与国民素质有关，也与"中国式管理"有关。④

造成公众集体闯红灯的原因是很复杂的。上述分析从不同的视角看到了"中国式过马路"的不同原因，都具有一定程度的合理性。总体上来说，并非所有的红绿灯信号都设置不合理。但是，几乎所有的红绿灯路口都有"中国式过马路"现象。从弘扬社会主义法治价值观的视角来看，我们认为规则意识的淡薄才是"中国式过马路"的主要原因。

（二）规则意识淡薄的诸多原因

不少人规则意识淡薄，不守规则成为生活常态。陋习难改，原因何在？不守规则作为一种集体无意识和深层的社会心理结构必须从民族文化传统和现实社会境遇中寻找原因。

首先，人治思想根深蒂固是导致规则意识薄弱的政治原因。我国经历了两千多年封建专制统治，人治思想根深蒂固。人治的理想是贤人治政，强调统治者自身的德行与才能，但也夸大了统治者个人的作用。人治是以政治上的专制为基础的。法律不是作为民众权利的基础，而是作为专制权力的工具。在专制制度下，权大于法，权力的拥有者不受规则制约，可以随意超越规则。人治体现的是权力拥有者的意志。权大于法，造成公众只唯上、不守法的现象。尽管我国宪法规定，中华人民共和国是人民民主专政的社会主义国家。依法执政是发扬人民民主和建设社会主义法治国家的根本要求。但是，有一些党政官员在人治思维的影响下经常以权压法、以言代法，或是徇情枉法，严重削弱了法律的权威。在人治环境中，人们习惯了接受上层领导的摆布，头脑里没有法律即规则的意识，而只有权力即规则的意识，一些人普遍形成了世故乡愿、阳奉阴违、不讲规则的人格

---

① 苑红伟、肖贵平：《基于交通心理的行人不安全行为研究》，载《中国安全科学学报》2008 年第 1 期。

② 伟德：《规则失范导致法不责众》，载《中国改革报》2012 年 10 月 17 日 003 版。

③ 杨娅敏：《"中国式过马路"的法理分析》，载《法制与社会》2013 年第 8 期。

④ 刘庆传：《"中国式过马路"考问"中国式管理"》，载《新华日报》2012 年 10 月 17 日 B03 版。

特征。

　　其次，小农经济的广泛存在和市场经济体制的不完善是导致规则意识薄弱的经济原因。人们的思想观念与社会生产方式密切相关："个人怎样表现自己的生活，他们自己就是怎样。因此，他们是什么样的，这同他们的生产是一致的——既和他们生产什么一致，又和他们怎么生产一致。因而，个人是什么样的，这取决于他们进行生产的物质条件。"① 在我国漫长的封建社会中，自给自足的小农经济占主导地位。建国以后，小农经济经过社会主义改造转化为高度集中的农业集体经济。改革开放以后，农业集体经济变革为以家庭为单位的农业生产活动。尽管我国正处于由农业社会向工业社会的转型过程之中，但是，分散经营的小农经济依然广泛存在。由小农经济而滋生的小农意识严重制约了规则意识的成长。另外，我国正处于由计划经济向市场经济的转型过程之中，市场经济体制的不完善引发大量的投机行为，由此也削弱了人们对规则的遵守。

　　再次，实用理性泛滥是导致规则意识薄弱的文化原因。实用理性是中国传统思想文化的一个重要特征。李泽厚曾指出："所谓'实用理性'就是它关注于现实社会生活，不作纯粹抽象的思辨，也不让非理性的情欲横行，事事强调'实用''实际'和'实行'，满足于解决问题的经验论水平，主张以理节情的行为模式，对人生世事采取一种既乐观进取又清醒冷静的生活态度。"② 在中华民族的生存发展过程中，实用理性坚持生存至上，功不可没。但是，实用理性所追求的"实用""实际"主要是偏重于人生日用。这样，实用理性存在两个严重缺陷，其一是急功近利，只求有用；其二是目光短浅，缺乏对超验理想的追求。在经济利益的鼓动之下，当下中国人的实用理性已经发展到无以复加的地步，由此引发的社会问题可谓一言难尽。从实用理性出发，很多人信奉"规矩是死的，人是活的"，置法律法规于不顾，总是想利用各种关系解决问题。由此而来，很多社会规则都要大打折扣。

　　除此之外，道德失范、社会不公、吏治腐败、执法不严等因素都会削

----

　　① 马克思、恩格斯：《马克思恩格斯选集（第 1 卷）》，北京：人民出版社 1995 年版，第 68 页。

　　② 李泽厚：《中国现代思想史论》，北京：东方出版社 1987 年版，第 320 页。

弱人们对规则的遵守。

（三）规则意识淡薄对弘扬法治价值观的危害

在不守规则的文化氛围中，一些人以挑战规则为荣、以超越规则为能。规则意识的淡薄导致社会治理成本高、效率低。作为一种群体现象，无视规则对弘扬社会主义法治价值观危害极大。规则意识淡薄，任意践踏法律，不仅损害法律权威，而且破坏社会正义。

法律权威是指法律在整个社会规范体系中主导地位——法律高于任何其他社会规范，是所有行为主体的最高行为准则。对此，美国启蒙思想家潘恩曾形象地指出："在专制政府中，国王便是法律。同样的，在自由国家中，法律便应该成为国王。"① 法律权威需要公民的内心认同和自觉维护。只有每一个公民衷心拥护法律，法律权威才能真正树立起来。正如法国启蒙思想家卢梭所说："一切法律中最重要的法律，既不是铭刻在大理石上，也不是铭刻在铜表上，而是铭刻在公民的心里。"② 法律权威还需要法律的有效实施。法律只有通过实施才能产生法律效力，法律权威才会真正具有实践意义。如果得不到有效实施，再好的法律也是一纸空文。法律权威受损，法律效力将大打折扣。

法律是维护正义的基本防线。法律执行不力，一些违法行为得不到应有的惩处，导致故意违反法律的人受益，自觉守法的人反而受损，这将严重破坏社会正义并挫伤公民自觉守法的积极性。久而久之，一些自觉守法的公民会自觉或不自觉地加入到违法队伍中来，最终在社会道德生活中形成德福背离的现象。自觉守法是公民道德的基本规范之一。德福是否一致在很大程度上关系公民道德建设的成败。历史经验一再表明，什么时候德福一致，什么时候公民道德就发展良好；什么时候德福背离，什么时候公民道德就面临溃败。道德与幸福背离——有德者受损，无德者获利——这种德福背离的现象实际上是社会不公在道德领域中的体现。对此，有学者指出："如果社会上一部分人的非正义行为没有受到有效的制止或制裁，其他本来具有正义愿望的人就会在不同程度上效仿这种行为，乃至造成非

① ［美］潘恩：《潘恩选集》，北京：商务印书馆 1981 年版，第 35－36 页。
② ［法］卢梭：《社会契约论（下册）》，北京：商务印书馆 1980 年版，第 317 页。

正义行为的泛滥。"①

二、规则意识：弘扬社会主义法治价值观的重要思想基础

法治社会的规则包括法律、道德、习俗、禁忌、村规民约等。规则意识预设了对所有个人和社会组织的防范：没有规则，每个人或社会组织都有可能损人利己，损公肥私。规则意识是弘扬社会主义法治价值观的重要思想基础，两者相互支撑，相辅相成。

（一）规则意识蕴含了法律至上的法治精神

法律至上是指法律具有绝对的权威，任何组织和个人都必须遵守法律，而不能凌驾于法律之上。从法律的内部效力来看，法律至上是指宪法至上，一切其他法律违宪无效；而一般法律又高于行政法规、规章和命令。就法律与其他社会规范而言，法律在社会规范体系中居于最高地位，任何其他社会规范不得与法律相违背。法律必须具有至上的权威。如果人们可以随意违反法律，那么再好的法律也是形同虚设。法律是社会最基本的规则和最底线的伦理。规则意识犹如合法与非法之间的隔离带，能够有效阻止人们的违法行为。遵守规则首先要遵守法律；遵守法律必须要维护法律权威；维护法律权威必然要坚持法律至上。法律至上既是法治的核心理念，也是规则意识的集中体现。我们认为，法律至上的法治精神体现在如下几个方面。

首先，法律面前人人平等。法律至上要求法律要平等地约束每一个公民和社会组织，任何组织和个人都不享有超越法律之上的特权。"作为最低标准，法治要求建立一个使政府和人民都平等地受到法律的有效约束的体制。在这种体制中法律是根据预先确定的制度制定的，并且是普遍的和公开的。"② 其次，权在法下。任何公共权力都要依据宪法和法律产生。当公共权力与法律发生矛盾时，法律至上要求公共权力服从法律的制约。党和国家机关及其工作人员都要在宪法和法律范围内行使公共权力。再次，对法律的绝对服从。在一般情况下，法律和正义是一致的，自觉守法就是

---

① 慈继伟：《正义的两面》，北京：三联书店 2001 年版，第 1 页。

② ［澳］切丽尔·桑德斯：《普遍性和法治：全球化的挑战》，夏勇等主编，北京：社会科学文献出版社 2004 年版，第 273 页。

维护正义。尽管只有正义的法律才是绝对至上的，才值得人们遵守。由于正义具有相对性，良法也是与时俱进的，人们对法律的善恶评价具有主观性等多方面的原因，即使法律与正义发生背离，人们也要自觉服从法律，而不能以此为借口随意违背法律。古希腊的苏格拉底就是在法律丧失正义的情况下依然遵守法律的典范。在法律与正义发生了严重背离的情况下，公民可以要求经过正当的程序修改法律。

（二）规则意识彰显了权利与义务相统一的公民意识

公民概念源于古希腊时期的奴隶制民主政治。亚里士多德认为，不同的政体有不同的公民。在理想的政体中，公民"应该是以道德优良的生活为宗旨而既能治理又乐于受治的人们"。在古希腊城邦社会里，公民是能够参与城邦事务的自由人，奴隶、女人、小孩等都不是公民。因此，古希腊城邦的公民是一种特殊阶层，而不是所有人都可以平等获得的身份。在现代社会，公民是指具有某个国家国籍的自然人。国籍是确认某人属于某国公民的法律依据。任何公民都享有所在国宪法和法律规定的权利并承担相应的义务。

公民意识是公民对自身权利和义务的自觉认识。公民意识的生成是法治社会的内在逻辑，体现了权利与义务对等的价值取向。规则意识是公民意识的核心要素。在弘扬社会主义法治价值观的过程中，我们要积极倡导公民意识，推动全社会树立规则意识。只有在全社会普及规则意识，才能有效地弘扬社会主义法治价值观念，并逐步实现"法治中国"的建设目标。在普法宣传活动中，不少公民学会了如何保护自己的合法权益，权利意识不断增强。但是，不少人往往片面强调个人权利，义务意识相对匮乏，不愿意承担自己应该承担的法律义务。

规则意识是一种权利与义务相统一的公民意识。法律是分配权利义务的重要规则体系之一。依据规则意识，公民不仅要有权利意识，而且要有义务意识，还要把两者有机地结合起来。权利意识是公民对自身权利的认知与态度，包括权利认知意识、权利实现意识和权利救济意识等。义务意识是公民对自身职责的一种自觉认同，包括道德义务意识和法律义务意识等。权利与义务相统一的公民意识充分体现了公民作为社会成员的"公共性"。公民既是权利主体，也是义务主体。义务与权利是对等的：没有无权利的义务，也没有无义务的权利。公民在享有权利的同时必须履行法定的义务。如果公民只顾行使自己的权利，而不顾自己对他人和社会义务，不仅会破坏法治秩序，而且会直接损害自身权利。因此，只有在履行对他人和社会义务的过程中，公民才能更好地实现自己的权利。

（三）规则意识是一种维护正义的道德能力

道德能力是个体完成道德活动所具有的潜能或力量。孟子认为，人先天具有仁、义、礼、智等道德能力。尽管道德能力离不开某些自然基础，但是，道德能力并不是先天的，而是人们在社会实践中逐渐养成的。从形而上层面来说，道德能力是使人成为道德之人的能力。无道德能力，则无有德之人——道德能力是美德赖以生成的必要条件。从形而下的层面来说，道德能力是道德主体对某种具体道德规则的认识、选择与践行的能力。无道德能力，道德规则无法兑现——道德能力是道德规则由知转化为行的必要条件。

正义是制度的首要美德，也是社会主义法治价值观的内在诉求。法治不仅是法律之治，更是良法之治。正义是法治的生命线。只有正义的法律，才有可能成为良法。规则意识包含了对正义的深刻觉解和坚决捍卫。在规则意识的支配下，公民才会自觉地遵守法律和维护正义。因此，规则意识既是一种正义美德，也是一种维护正义的道德能力。只有拥有正义美德的人才会义无反顾地去遵守法律，维护正义。对此，麦金太尔指出："美德与法律还有另一种至关重要的联系，因为只有那些拥有正义美德的人才有可能知道如何运用法律。"① 因此，仅有规则还不够，还必须培养正确运用规则的美德，而培养美德的前提是培养道德能力。法治以公平正义为旨归，而道德能力是维护公平正义的必要条件。

在当代，培养公民的道德能力成为道德教育的重要目标。在一个价值多元的社会，如何实现正义很大程度上取决于公民的道德能力。当代美国学者罗尔斯把公民的道德能力视为实现正义的道德基础。他认为，社会是一种公平合作的系统，公民的道德能力是取得合作成员资格的条件。为此，他指出："个人被看作是因其在必要程度上拥有两种道德人格能力——正义感能力和善观念的能力——而成为自由平等的个人。"② 正义感能

---

① ［美］麦金太尔：《追寻美德》，宋继杰译，南京：译林出版社2003年版，第192页。
② ［美］罗尔斯：《政治自由主义》，万俊人译，南京：译林出版社2000年版，第36页。

力是理解、运用和践行公共正义观念的能力，善观念的能力是一种合理追求个人利益的能力。两种道德能力是现代公民的必备条件——每个人只有拥有这两种道德能力，才能成为一个自由而平等的公民，才能正常地参与社会生活。

三、在规则意识的养成中弘扬社会主义法治价值观

养成全民守法的行为习惯是弘扬社会主义法治价值观的一项基础工程。只有让规则意识成为公民的文化素养和内心信念，社会主义法治价值观才能内化于心、外化于行，社会才能真正实现良法善治。规则意识的养成是一个不断习得的过程，这一过程需要多种因素的共同作用。

（一）以法治思维促成自觉守法

规则意识的养成需要法治思维的指引。简而言之，法治思维是指按照法律规范和程序分析问题和解决问题的思维方式。相比人治而言，法治有利于社会的长治久安。法治的稳定性源于规则的稳定性。规则是法治的载体，法治思维实际上是规则思维。培养法治思维是培养规则意识的不二法门。

规则具有可普遍性。康德曾经为人类行为提供了一条先天的普遍性实践规则："不论做什么，应该做到使你的意志所遵循的准则永远同时成为一条普遍的立法原理。"① 康德强调为义务而义务，规则的普遍性缺乏现实的经验基础，是一种唯美的道德理想主义。法律规则是一种经验的可普遍化规则——它建立在现实利益之上，是对各种利益关系的调整。可普遍化要求法律规则平等适用于所有人。行为的合法与非法的法律分析必须基于普遍性规则的演绎。普遍有效的法律规则使人们能够准确地预测他人的行为，合理规划自己的行为。可以说，法治思维是一种可普遍化思维，是规则意识的具体表现，规则意识是法治思维的思想基础。两者相辅相成，共同推动社会主义法治价值观的落实。

法治思维需要领导干部和普通民众共同拥有，以便在相互监督、相互制约中实现法治。因此，法治思维不仅要落实到政府的执政活动中，而且要落实到公民的日常生活中。只有法治思维成为公民的一种日常思维，才

---

① ［德］康德：《实践理性批判》，关文运译，北京：商务印书馆1960年版，第30页。

能使法律分析成为思考问题的逻辑起点。普通民众是将法治贯彻到底的决定力量:"从法治的角度看,社会需要的不是每一个人都成为卓越法律人才,而是众多的合格公民——那种具有法治思维水平和掌握法治方式的自由、权利的捍卫者。"① 要培养法治思维,一方面,所有民众要学习法律知识,增强法制观念,形成依法表达诉求的习惯,这是法治思维形成的主观条件;另一方面,政府要在社会治理中依法行政,切实践行社会主义法治价值观,这是法治思维形成的客观条件。法律的权威在于实施。只有让广大民众感受到法律的权威,才能不断地强化法制观念,逐渐养成法治思维。

(二) 以依法执政树立守法榜样

广大党员干部是依法治国的倡导者和实践者,因而也是弘扬社会主义法治价值观的核心力量。依法执政是弘扬社会主义法治价值观的关键。依法执政即依法运用国家权力管理国家和社会事务。中国共产党是依法执政的主体。村看村,户看户,老百姓看干部。广大公众对党员干部的法治观念有着较高的价值期待。广大党员干部的言行作风发挥着行为参照的作用。他们能否依法行使国家权力在弘扬社会主义法治价值观的过程中发挥着至关重要的作用。孔子说:"政者,正也。子帅以正,孰敢不正?"(《论语·颜渊》)也就是强调执政者要以身作则,充分发挥模范带头作用。如果广大党员干部滥用权力,知法犯法,不仅会严重挫伤广大公众的守法积极性,而且会引发他们的刻意仿效。党员干部的违法行为可能成为某些公众践踏法律的借口。

依法执政的核心是依法用权。广大党员干部必须以身作则,依法行使权力,为广大公众树立守法榜样。当前,我们党在国家治理中运用的规则有两套。一套规则是宪法和法律,另一套规则是党的路线、方针、政策、报告、文件、讲话和批示等。如何处理两套规则之间的关系? 根据依法执政的要求,第二套规则要服从第一套规则;第二套规则只有通过法定程序成为国家意志,才能获得法律效力。中国共产党是我国的执政党,党的各项决策必须依法依规,而不能凌驾于法律之上,任何以言代法、以权压法、徇私枉法的行为都是对法治的破坏,执政党只有依法执政、带头守

---

① 陈金钊:《"法治思维和法治方式"的意蕴》,载《法学论坛》2013 年第 5 期。

法，才能推动全民守法。

当前，依法执政面临最大的挑战就是权力的滥用。权力天然具有被滥用的倾向："一切有权力的人都容易滥用权力，这是万古不易的一条经验。有权力的人使用权力一直到遇到有界限的地方才休止。"① 缺乏有效的制约往往会导致权力的滥用。法治以人性恶为预设，试图通过制度约束权力。制度是一种刚性制约——制度足以形成权力拥有者不能滥用权力的防范机制和不敢滥用权力的惩戒机制。因此，制度制约成为防止权力滥用的有效途径。习近平主席曾指出，要把权力关进制度的笼子里，可谓一针见血，切中要害。把权力关进制度的笼子里就是要实现权力的制度化、法治化——权责法定，法无授权不可为。

（三）以利剑高悬遏制违法行为

英国制度经济学家马尔科姆·卢瑟福指出："制度是行为的规律性或规则，它一般为社会群体的成员所接受，它详细规定了具体环境中的行为，它要么自我实现，要么由外部权威来实施。"② 法治是一种权威之治。规则意识的养成不仅需要自省自律，更加需要严格执法的强力支持。矫正人性的弱点不能没有法治。只有严格执法，才能使人被迫遵守规则，不敢违法。

食品安全问题为何屡禁不止？企业缺乏社会责任是其主要的内因，而监管不严则是其主要的外因。生产伪劣食品的企业失去了道德底线，但食品的安全不能纯粹寄希望于企业道德底线的回归，严加监管才能让其坚守底线。在美国，食品与药品管理局（简称 FDA）为执行《联邦食品、药物和化妆品法》和《公平包装和标签法》，制定了大量技术法规，对其管辖范围内的食品的质量标准、标签、生产加工程序等进行详细的规定，任何一点不符合法律法规，都会被 FDA 认定为不合格产品而不能在美国市场进行销售。这些规定对于食品生产者来说，都是不可触碰的"高压线"。严格的法律监管有效地维护了食品安全。美国的这种做法对我国的食品安全监管具有重要的借鉴意义。

对于生产制造伪劣食品的企业来说，牟取不正当的高额利润是他们的

① ［法］孟德斯鸠：《论法的精神（上册）》，北京：商务印书馆 1982 年版，第 154 页。
② ［英］卢瑟福：《经济学中的制度》，北京：中国社会科学出版社 1999 年版，第 1 页。

生产目的。当他们通过违法生产而获取的利润远远高于可能因此而受到的惩罚时，选择铤而走险也就在所难免了。对这些企业来说，从事伪劣食品生产逮不着就可以牟取暴利，万一被逮着罚点钱也无关紧要。我们现在处罚酒驾的法律之剑越来越严，酒驾事件明显减少。这种法律原则同样适用于食品安全监管。针对不法企业的这种贪婪和侥幸心理，在食品安全监管过程中，必须利剑高悬，让达摩克利斯之剑始终悬在食品企业法人头上，对违法者决不姑息，让其付出惨重代价。只有通过严格执法，才能让他们从严厉的惩戒中敬畏法律，最终自觉遵守法律。

规则意识的养成需要人们自觉训练、反思总结、不断提高，最终才能进入孔子所说的"从心所欲不逾矩"的境界。在这种境界中，遵守规则就成了人们的行为习惯。规则意识是社会主义法治价值观的重要滋养。规则意识的养成过程也是不断弘扬社会主义法治价值观的过程。随着规则意识的养成，法治将转化为公众的生活方式、思维方式和行为习惯。此时，社会主义法治价值观也就真正落地生根了。

（作者喻文德，吉首大学哲学研究所教授，哲学博士。）

中国富裕阶层"绅士化"的伦理思考

屈振辉

摘要： 在 20 世纪末重现于中国社会的富裕阶层，较之中国传统缙绅阶层和当代西方富裕阶层存在着许多明显差异。本文以当代中国的富裕阶层为研究对象，以经济伦理学和伦理社会学为视角，着重分析了道德失范对富裕阶层自身发展的重要影响，以及普遍提升富裕阶层的道德水准对中国社会发展的重要意义。

关键词： 富裕阶层；道德失范；绅士化

以邓小平"共同富裕"理论为指引，经过改革开放的积累，富裕阶层在绝迹了近半个多世纪后重现中国社会。该阶层因其生成背景、成员来源等较为特殊，明显不同于中国传统的缙绅阶层，与当代西方的富裕阶层也存在显著差异。大众对这个新崛起的阶层普遍缺乏认同感，认为"大多数富裕阶层中人素质低下，其行为方式、生活态度以及心态对中国社会产生的影响大都是消极的"[①]。在对待富裕阶层的态度问题上，人们因受传统伦理义利观的影响，更多地将其关注点集中在道德层面，习惯用"为富不仁""富而失德"等字眼描述他们。我国富裕阶层中确实存在着某些道德失范现象，这既影响了富裕阶层自身的发展，更激化了贫富阶层之间的矛盾。先富阶层在社会主义社会中本应起到示范作用，但我们似乎很难想象道德水准普遍不高的先富阶层能自觉地"先富带后富、先富帮后富"，更难想象倘若以其为典范，中华民族在道德建设上又将走向何方。现在许多

---

① 汪荣有：《当代中国经济伦理论：当代中国经济伦理嬗变及经济伦理建设研究》，北京：人民出版社 2004 年版，第 224 页。

先富者"已不满足于以'富'为荣了，巨额的财产，已不能带给他们向往的尊贵感，他们现在渴望提升'品位'，渴望'由富到贵'了"①。他们颇为崇尚传统的绅士阶层并竞相以其为标榜，在自觉与不自觉中进行着自身的改造。概而言之，无论从社会还是从个体的角度而言，绅士化都成为了当代中国富裕阶层发展的应然趋势。

一、绅士化概述及其伦理道德意涵

绅士在中国是特殊的社会阶层，以往的研究也常见于社会、历史领域。有中国绅士问题研究扛鼎之作之称的《皇权与绅权》，开创了以社会学、历史学等视角研究绅士问题的先河，此后的研究和著述也都大多承袭了这一传统。② 尽管中国学者们对绅士的概念表述各异，但都普遍认为经济富有、具有功名、曾经为官、学识丰富和颇有声望等是认定绅士身份的要件，这其中最为重要的就是经济方面；③ 即使是举止文明、谈吐文雅、衣着得体等外在要素也莫不与经济因素有关，管子所说的"仓廪实而知礼仪，衣食足而知荣辱"即是最好的反映。但物质上的富裕只是成为绅士的前提，绅士的概念在某种意义上更侧重精神层面。中国富裕阶层的存在已是不争的事实，而其中能真正被称之为绅士又有几人？这不仅是社会大众的普遍看法，就连许多处于富裕阶层中的人也都似乎有同感。但经济上的富裕已决定了他们成为绅士的最有可能，他们缺乏只是一个过程，即绅士化的过程。绅士化这个概念最初的使用并非是在社会、历史领域，而是在人文地理、城市规划等领域，它原是指"城市中原先低收入阶层居住的社区被中高收入阶层移入所取代的社区变化过程"④。但从词源的角度考察，"绅士化"的本意应是成就绅士的过程；综上所述，"绅士化"在某种意义上也可被认为是富裕阶层实现由富到贵，从经济富裕到物质与精神共同富

① 吴晓斌：《"由富到贵"并非易事》，载《企业文化》2004 年第 10 期。
② 研究中国绅士问题的主要著作有：吴晗、费孝通：《皇权与绅权（民国丛书）》，上海：上海书店 1949 年影印本；张仲礼：《中国绅士——关于其在 19 世纪中国社会中作用的研究》，上海：上海社会科学出版社 2002 年版；王先明：《近代绅士——一个封建阶层的历史命运》，天津：天津人民出版社 1997 年版。
③ 周晓虹：《中国中产阶层调查》，北京：社会科学文献出版社 2005 年版，第 2 页。
④ 薛德升：《西方绅士化研究对我国城市社会空间研究的启示》，载《规划师》1999 年第 3期。

裕的过程。虽然其中并非仅有伦理道德因素在发生作用，但它却是整个绅士化进程，尤其是造就绅士精神的重要环节。人不仅是物质的存在，更是精神的存在！"精神属性是人性的一部分，人之为人，更需要丰富的精神追求和精神生活。所以在一定的物质需要得到满足之后，人将追求更高层次的精神需求的满足，期待着过一种真正有价值的人的生活，而道德修养、道德生活则是其中重要目标之一。"① 因而从理论角度分析，追求精神满足、提升道德水准必然会成为绅士化运动的主题；而从历史角度分析，国外富裕阶层同样历经了先"去草莽化"而后追求绅士价值观的进程，② 这预示着绅士化必然会成为当代中国富裕阶层发展的方向。

二、绅士化的理论可能与现实意义

以往我们对富裕的理解常拘于物质领域而很少论及精神层面。"物质的富有和精神的贫乏不是现代人的理想人格……现代人应该是物质文明与精神文明同时丰厚的'富有者'，这才是真诚、健全的'富有者'。因此，追求美德的需要应该成为生活追求的主旋律。"③ 这是社会对所有成员的一般要求，富裕阶层不可能也不应当例外。况且社会道德状况与财富多寡一般成正向相关，富裕阶层理应拥有与其财产状况相应的高道德水准。在现代化的语境下，绅士已不再是对某个阶层的界定而似乎是某种美德的代名词，所谓绅士化也不过是富裕阶层"富而思德""追寻美德"的过程。美德伦理"是指以个人内在德性完成或完善为基本价值（善与恶、正当与不当）尺度或评价标准的道德观念体系"。④ 它以个人品质为出发点，立足道德个体的自我发展和人格完善，强调品质先行，并以其特有的内在性、自觉性、自律性和自我超越，追求人的至善禀赋和境界提升，关注个人内在品德的培养和高尚人格的铸就，是对人们道德水平的较高要求。⑤ 市场经

---

① 汪荣有：《当代中国经济伦理论：当代中国经济伦理嬗变及经济伦理建设研究》，北京：人民出版社 2004 年版，第 31 页。
② 汪晓波：《中国富豪的绅士化"改造"》，载《中国青年报》2006 年 4 月 13 日。
③ 曾钊新、吕耀怀：《伦理社会学》，长沙：中南大学出版社 2002 年版，第 56 页。
④ 万俊人：《寻求普世伦理》，北京：商务印书馆 2001 年版，第 141 页。
⑤ 肖群忠：《规范与美德的结合：现代伦理的合理选择》，载《西北师范大学学报（社会科学版）》1999 年第 5 期。

济是建立在道德基础之上的经济形态，伦理道德无时无刻不在影响着人们的价值观念。经济伦理中内含的道德理性及其价值导向，能激发人们在追求经济效益的同时自觉追求自身人格的健康发展，从而使自我的完善与整个社会的完善协调起来。不仅如此，道德理性的价值导向还能促使人们在注重经济效益的同时，自觉把社会整体利益放在首位，自觉抵制为局部利益而损害整体和他人利益的行为。

富裕阶层的绅士化不仅有着实现上的理论可能，而且更有现实上的重要意义。"纵观古今中外，财产的差距现象是难以避免的。在迄今为止的一切文明社会中，个人之间、群体之间，在财产、权力、社会地位等方面的差异和分层现象是普遍存在的。"[1] 在看待贫富差距的问题上，"传统自然经济基础上产生的经济伦理主流，重义轻利，竭力渲染'富能败德'的愚民观念，把义与利、富与德对立起来；在传统计划经济基础上生长起来的经济伦理主流，浸透了'左'的错误思想，同样把义与利、富与德对立起来，大肆渲染富不仅败德，导致人的腐化堕落，而且还会导致资本主义复辟，最终亡党亡国"[2]。为此，邓小平同志提出了共同富裕的思想。达到共同富裕的社会公正原则是社会主义市场经济应有的伦理原则，[3] 共同富裕本身即包含了丰富的伦理道德意涵。共同富裕不仅是指物质上的共同富裕，更是精神上的共同富裕。缺乏后者，整个共同富裕构想将有可能无法实现。倘若不提倡共同富裕的精神，先富者将如何自觉地带动后富者致富？不讲精神富裕而一味追求物质富裕，若以这样的先富者为示范而带动后富者，中华民族在道德建设上又将走向何方？"先富起来的那部分人的经济行为方式是否会妨碍其余人走上致富之路，他们的经济活动的结果是否能成为社会使其他人致富的条件。"[4] 这些都将成为经济伦理需要深入探讨的问题。在如何对待财富的问题上，国人的心理可谓极为复杂。他们一

① 李强：《转型时期的中国社会分层结构》，哈尔滨：黑龙江人民出版社 2002 年版，第 189 页。

② 汪荣有：《当代中国经济伦理论：当代中国经济伦理嬗变及经济伦理建设研究》，北京：人民出版社 2004 年版，第 208 页。

③ 陆晓禾：《世纪之交的我国经济伦理学：回顾与展望》，载《毛泽东邓小平理论研究》1999 年第 5 期。

④ 汪荣有：《当代中国经济伦理论：当代中国经济伦理嬗变及经济伦理建设研究》，北京：人民出版社 2004 年版，第 121 页。

方面憧憬着财富，而另一方面又在潜意识里把财富同失德相联系，"不患寡而患不均"的思想至今仍在影响着国人。"社会转型不仅指的是社会经济形乃至人们生活方式在社会学意义上的外在形态的变化，它乃是全民族的精神状态、价值观念的深刻变化。"① 处于社会转型时期的中国，贫富差距的拉大使得大众对富裕阶层的不满与日俱增，"仇富"情节在公众中无意识地滋长与激化。倡导以财富反哺社会并求得精神满足和社会认同的绅士化运动，有益于弥合富裕阶层与草根阶层之间的裂隙，对社会主义和谐社会的构建也将产生巨大的促进作用。

三、当代富裕阶层的道德现状扫描

我们是以伦理道德的视角审视富裕阶层的绅士化问题，因而很有必要对当代中国富裕阶层的道德现状进行扫描。这一阶层的道德现状总体上说并不理想，至少与其财富拥有状况不相适应。这主要表现在四个方面：一是奢侈消费。当代中国富裕阶层的穷奢极欲早已闻名于世，并正在不断地创造着新的纪录甚至是神话。他们过着完全非理性的"数字化"生活——仿佛只有那些令人瞠目结舌的消费数字方能体现其存在的价值。消费的伦理道德维度在于"对人的正常生活需求与其满足自己生活需求的实际能力之相互配应的关系基础上的理性计算"。② 基于欲望的奢侈消费是享乐型的消费，它以满足无限制的主观欲望为目的，并不具有道德上的正当合理性。崇尚奢华的富裕阶层其道德状况并不佳。二是追求特权。卢梭说："人生而平等，却无往不在枷锁之中。"特权是对平等最大的挑战，其意指某些只能为某些人独享的权利。现代社会中形式上的特权虽已不复存在，但事实上的特权仍以隐蔽的方式存在着。某些富裕者凭借金钱换取某些特权从而超脱于法律之外，即使身陷囹圄也能获得比其他人更好的法律保护。媒体对此的报道可谓屡见不鲜，超生、偷税、延误航班……举不胜举。法律是道德的底线，规避了法律自然也就超越了道德，因而很难说有什么道德上的高尚性。三是漠视他人。人们因受传统义利观影响，本来就对富裕阶层缺乏普遍好感。但该阶层中的某些人仍不自知，其作为仍在不

---

① 龚群：《当代中国社会的伦理生活》，成都：四川人民出版社1998年版，第3页。
② 卢风、肖巍：《应用伦理学导论》，北京：当代中国出版社2002年版，第167页。

断加剧人们的厌恶感。"仁"是传统儒家伦理的核心之所在,孔子将其本质含义诠释为"爱人"。富裕阶层中的某些人,非但不"爱人"反而"害人",至少是漠视他人,在社会上造成了诸多消极影响。这些大到各地都曾发生过的"宝马撞人"事件,小到阴雨天开快车将积水飞溅向行人并以此取乐,都体现着富裕阶层在道德情感上对他人的漠视。四是鲜施慈善。中西方富裕阶层对慈善事业表现出了截然不同的态度。马克斯·韦伯指出在宗教改革之后,基督教教义不仅不反对教徒致富,反而大张旗鼓地宣扬教徒应该通过合理合法的手段获得社会财富,并将这看作是教徒们获得上帝恩宠的标志。财富既来源于上帝赐予就应该广施于众,这是西方富裕阶层热衷慈善的深层原因。而当代中国的富裕阶层对此却表现出不应有的消极。据统计资料显示:"在中华慈善总会所获得的各类慈善捐赠中,约70%是来自国外和港澳台地区,内地富豪的捐献不到15%。"① 如此尴尬的主要原因在于先富阶层没有很好的致富思源,当然这与其致富途径也不无关系。除此之外,生活堕落、精神空虚、缺乏追求等也在困扰着当代中国的富裕阶层。上述种种状况表明,他们正处于道德失范的边缘,不及时采取对策将会引发严重的社会危机。

四、促进富裕阶层"绅士化"的道德对策

诚然,富裕阶层的存在对社会发展具有榜样示范、帮助支持和舆论导向等作用,② 但依据其道德现状我们不得不对这种作用发挥的可能性和积极性表示质疑。防止整个富裕阶层道德水准的进一步下降,从根本上扭转其在道德状况上的失范局面,这将成为促进中国富裕阶层"绅士化"进程中的重要环节。我们为此提出了以下四项有针对性的道德对策:一是加强道德建设,倡导富而思源。可以说,富裕阶层当前的道德窘况与我们在社会主义道德建设中的疏忽不无关系,促进中国富裕阶层"绅士化"必须首先高度重视其自身的道德建设。在社会主义市场经济中,"道德建设一方面要适应生产力发展水平和人们的普遍思想程度,保证社会大多数成员能

---

① 吴学安:《该如何做"富人"》,载《中国证券报》2005 年 6 月 4 日。
② 郭金玲:《富裕阶层:在中国的形成原因及社会意义》,载《河南师范大学学报(哲学社会科学版)》2001 年第 4 期。

接受与认同；另一方面又要超越市场经济的现实，向人们展示一种崇高的道德理想目标和生活境界，从而满足人们对高尚道德精神的追求与向往"①。在富裕者中大力倡导致富思源教育，让他们意识到其能先富完全是由于国家政策支持的结果，甚至是在效率与公平的博弈中牺牲后者的结果。只有这样才能使他们冲破个人主义樊笼而将实现共同富裕作为最高己任，也只有这样才能自觉地激发他们"帮后富""带后富"的热情。二是提倡道德自省，推动富而思进。自我省察是为伦理道德所特有的作用机制，也是提高道德修养、升华道德境界的重要途径。抛开公众对先富阶层致富手段和途径上的原罪责问不论，就以当代西方富裕阶层为参照，我国富裕阶层"无论是管理技术素质、知识水平素质还是道德素质都还有很大差距"②。"绅士"在现代语言中更多是对一种德性范畴的描述，"绅士的德性首先体现为自身做人的基本优良品德，如诚实、正直、忠诚；其次，体现为绅士对他人的鲜明的道德态度和待人之道，如同情、仁慈、温和、宽容、慷慨；再次，则体现出绅士对自己行为、处事的强烈的自我控制的理智精神和坚强意志，如谨慎、自制、节制、坚定、自尊、荣誉"③。无论是从民众还是从自我的感受角度讲，当代中国的富裕阶层都仅只是实现了"富"而还谈不上"贵"，即缺乏应有的绅士德性。塑造中国富裕阶层的绅士德性，一方面应加强德育特别是美德教育，使其自内心油然而生对道德高尚感的孜孜追求；另一方面应以中华传统伦理文化为切入点，通过教化使其普遍形成"得"就是"德"、"得"必须"德"、"德"为了"得"、"德"就是"得"、"德"必然"得"的道德共识。只有这样才能引发他们富而思进的强大动力。三是树立道德标榜，劝导富而思贤。道德标榜又称道德范例，"是道德实践中产生的、具有肯定意义的现实生活中的典型"，"它具有能触发人们仰慕的效仿性特征"④。当代中国的富裕阶层普遍存在着道德迷茫感，这在很大程度上是由于道德标榜的缺乏而造成的。其实现

① 汪荣有：《当代中国经济伦理论：当代中国经济伦理嬗变及经济伦理建设研究》，北京：人民出版社2004年版，第31页。
② 李强：《转型时期的中国社会分层结构》，哈尔滨：黑龙江人民出版社2002年版，第104页。
③ 肖群忠：《绅士德性论》，载《中国人民大学学报》2004年第4期。
④ 曾钊新、李建华：《道德心理学》，长沙：中南大学出版社2002年版，第26页。

实中并不乏这样标榜，比尔·盖茨、霍英东等人的成功经历和慈善情怀，都无一不值得中国的富裕者们学习。而问题的关键在于如何引导，即如何劝导他们富而思贤。四是实施道德控制，防止富而思堕。道德是实施社会控制的重要方式，通过道德控制可以维护社会生活的正常秩序，实现社会关系的和谐，促进人的自由全面发展。以往我们较为强调通过诚实劳动、合法经营致富，却放松了对富裕阶层的整体道德控制，从而导致了其整体道德水准的下降。

五、结语

社会主义市场经济发展的重要成果之一，就是全民致富意识的逐步确立与日益增长。国人越来越"想富、敢富、能富、善富"，也越来越懂得如何"勤劳致富、合法致富、正当致富"，所欠缺的只是"富而有德、富而思源、富而思进、共同富裕"的道德意识。富裕阶层的"绅士化"不仅是社会大众的期望，也是他们自身的渴求。绅士在当代中国已不再具有政治、社会的含义，它更多的是作为一种德性的要求而存在。从这个意义上说，中国富裕阶层的"绅士化"确实存在着进行伦理道德探讨的空间。笔者由于学识鄙陋仅能浅尝辄止，希望能抛砖引玉、引起共鸣。

（作者屈振辉，湖南女子学院副教授。）

浅析环境正义的若干问题

管亚苹

　　摘要： 环境正义的内涵、分类和原则等基本理论问题在学界存在不同的看法，这决定对于环境正义问题的认定和解决方案存在较大分歧。本文通过总结、分析环境正义的内涵、分类和原则等理论问题的不同观点，认为本着不同主体间的差异性，相互尊重，反对环境歧视是解决当代环境正义问题，真正做好环境保护工作的首要前提，这对于解决当前环境正义难题，制定相关法律法规具有重要指导意义。
　　关键词： 环境正义；环境保护；和谐

　　环境正义问题最早出现在 20 世纪 80 年代，起因是环境风险的不公平分配，目的就是要实现环境的平等权。这场运动引发了各国学者对环境正义理论的研究热潮，但迄今为止，环境正义理论研究在国内外尚未形成一个详尽的理论体系，这对于当代环境问题的解决是极为不利的。不可否认，环境正义从提出到现在，受到了越来越多的重视和关注，国际社会为解决地球变暖、疾病增加等环境问题进行的不懈努力就是很好的例证。但尽管这样，各国之间及其内部并没有达成共识，这主要体现在环境问题的解决上：一方面，发达国家强调环境问题是人类的共同责任，而发展中国家则强调发达国家的"历史责任"和本国的发展权；另一方面，许多发展中国家内部的环境非正义现象却未得到有效的遏制，其落后地区、弱势群体在环境责任负担上也存在着严重的分配不公现象。为有效解决这些国际国内存在的环境问题，必须形成统一的、全面的环境正义观，才能提出切合实际的符合公平正义原则的解决方法。

一、环境正义的内涵

环境正义这一概念提出的时间并不长，它作为一种新兴的正义观在一定程度上突破了传统正义观念的范畴，有十分广泛的内涵，并且处于不同文化背景下的研究者对环境正义有不同的理解。法国环境法学家就将环境正义的内涵概括为三个方面："首先，它意味着在分配环境利益方面今天活着的人之间的公平；其次，它主张代际尤其是今天的人类与未来的人类之间的公平；最后，它引入了物种之间公平的观念，即人类和其他生物物种之间的公平。"① 一个美国学者将其解释为"社会中所有团体公平地分配技术进步所带来的负担和利益的状况"。② 美国环保部门则认为，环境正义是指在环境法律、法规和政策的制定、适用和执行等方面，全体国民，不论种族、肤色、国籍和财产状况差异，都应得到公平对待和有效参与环境决策。③ 在我国，许多学者也对环境正义进行了界定。郑先佑认为，环境正义简而言之便是因环境因素引发的社会正义，尤其是关乎弱势群体与强势群体间不对等关系的议题。蔡守秋把环境正义理解为体现"人与自然和谐共处"的正义。④ 张登巧认为，环境正义是在处理环境保护问题上，不同国家、地区和群体之间拥有的权利和承担的义务必须公平对等，体现了人们在利用和保护环境中，对其权利和义务、所得和投入的一种公平评价。⑤ 王小文认为，环境正义是指在所有与环境有关的行为和实践，不同国家、民族、阶层的人都有合理的权利，承担合理的义务，受到公平公正的待遇。⑥ 还有学者认为，环境正义就是要求世界各国无论大小贫富，在

---

① ［法］亚历山大·基斯：《国际环境法》，张若思编译，北京：法律出版社 2000 年版，第 3 页。

② David. E. Newton：Environmental Justice：A Reference Handbook，California：International Horizons Inc，1996：249.

③ Institute of Medicine：Toward Environmental Justice，Washington，D. C：National Academy Press，1999：1.

④ 蔡守秋：《论环境道德与环境法的关系重庆环境科学》，载《科尔沁大草原》1999 年版，第 21 页。

⑤ 张登巧：《环境正义——一种新的正义观》，载《吉首大学学报（社会科学版）》2006 年第 4 期。

⑥ 王小文：《美国环境正义探析》，载《南京林业大学学报（人文社会科学版）》2007 年版第 2 期。

符合国际公约的基础上，在开发、利用自然资源，获取本国应有的环境利益以满足社会需要方面享有平等的权利；也要求一国内部的人们在利用自然资源满足自己利益的过程中遵循机会平等，责任共担，合理分配、补偿的原则，平等地享有环境权利，公平地履行环境义务。上述学者和机构对环境正义的内涵虽然见仁见智且异中有同，却显得有些纷繁芜杂，让人无所适从。

罗尔斯指出，为实现环境公平，社会强势群体应当与社会弱势群体差别对待，社会强势群体应当承担更大的环境责任。因此环境正义主要解决的是社会强势群体的环境责任承担问题，只有社会强势群体履行了自己的环境义务，承担了与其享受环境的权利相称的环境责任，才能实现社会弱势群体的环境权，实现环境公平。① 罗尔斯在阐述代际公平的时候提出了"合理储备原则"，即保证"为子女辈储备的东西同自己有权从父辈处索取的东西在数量上保持平衡"。② 根据罗尔斯的有关理论，环境正义包括两方面的正义内容，即当代人与当代人之间，当代人与后代人之间对其赖以生存的环境和自然资源有相同的选择机会和相同的获取利益的机会。

基于上述观点，环境正义的内涵应包括：人类不分世代、当代在国家、种族、文化或经济、社会地位等的差别均可根据正义的原则享有安全、健康以及永续性环境之权利，任何人不但无破坏或妨碍这种环境的权利而且应当根据分配的正义承当对环境的相应的责任和义务。

二、环境正义的类型

环境正义所依据的分类标准不同，分类的情况也不一样。罗伯特·布勒德将环境正义分为三种：程序正义、地理正义和社会正义。程序正义指的是公平问题，即社会管理的法律、法规、评价标准和执行活动以不受歧视的方式实施的程度；地理正义指的是有色人种和穷人社会选择废弃物处置场所的问题；社会正义是关于社会因素，例如种族、民族、阶级、政治权力怎样影响和反映到环境决策上的问题。③ 秦守秋认为环境正义分为代

---

① ［美］罗尔斯：《环境伦理学》，北京：中国社会科学出版社 2000 年版。
② ［美］约翰·罗尔斯：《作为公平的正义——正义新论》，上海：上海三联书店 2002 年版。
③ David. E. Newton：Environmental Justice：A Reference Handbook，California：International Horizons Inc，1996：5.

内公平、代际公平、国际公平和种族公平。李培超根据环境正义运动发展
轨迹将环境正义的理论向度分为国内环境正义、国际环境正义和全球环境
正义三种。① 张登巧则认为，从哲学的角度来看，环境正义根源于人的三
重属性的存在。由于人具有类、群体和个体三种存在状态，相应地，环境
正义也有不同的实现形式。人的类属性与种际环境相适应；人的群体属性
对应的则是群际正义，包括代际正义、代内正义；与人的个体属性相对应
的是个体间的环境正义。② 有些学者认为将环境正义分为种际正义和人际
正义，人际正义又分为代际正义和代内正义，代内正义又分为国际正义和
国内正义。还有些学者则认为环境正义可分为国内正义、国际正义和代际
正义。环境正义又称环境公平，张长元对环境公平从三个方面进行了分
类：第一，一般分类，分为国家之间的环境公平、一国内部的环境公平和
跨代环境公平。第二，按照环境的地域、空间与人们的关系，分为一国内
部相关区域的环境公平、两个国家间的环境公平、国际区域环境公平、全
球环境公平和宇宙环境公平。第三，按照环境要素的不同，分为大气环境
公平、国际海洋环境公平、国际内陆水环境公平、地球土地资源环境公平
和野生生物资源环境公平等。③

综合上述观点，虽然研究者对环境正义的分类都一定的合理性，但如
果在环境正义中划分出一个种际正义，这种分类方法是有待商榷的。因为
主张实现种际正义实际上是主张种际无条件平等。环境正义提倡人和自然
的和谐相处、赞同保护自然的目的是为了使人类生存条件最优化，是为了
使人类在自身发展和保护自然之间找到一个适当的平衡点，建立一个和谐
的环境友好型社会。如果把种际正义作为环境正义的组成部分，也就是倡
导一种把动物和人类放在同一层面上不加区别地对待的和谐，这是没有任
何意义的。殊不知"正义"只存在于人类中，它是人区别于其他生物的一
种主观意识发展的成果，忽略了这一点就是模糊人与其他生物的区别，是
要犯原则性错误的。另外，上述分类标准略显混乱，有交叉也有区别，如
果去除不合理的部分，可将环境正义归为下列三类：一是按空间横向分为

---

① 李培超：《论环境伦理学"代内正义"的基本意蕴》，载《伦理学研究》2002 年第 2 期。
② 张登巧：《环境正义——一种新的正义观》，载《吉首大学学报（社会科学版）》2006 年
第 4 期。
③ 张长元：《环境公平释义》，载《中南工学院学报》1999 年第 3 期。

国际环境正义和国内环境正义；二是按时间纵向分为代内环境正义和代际环境正义；三是按内容可分为分享环境权利的正义和承担环境义务的正义。

三、环境正义的原则

环境正义原则进一步揭示环境正义问题涉及社会正义问题，其具体内容囊括权利、需要、分配、国家制度和政策制定等诸多领域。1991 年在华盛顿特区举行的美国全国有色人种环境领导人峰会上通过的重要文件——《环境正义原则》，规定环境正义有 17 条原则，在国际上也有较大影响。但在这里值得一提的是，环境正义运动最早在美国兴起，美国环境正义的原则提出至今，已有近三十年的历史，但环境问题在美国并不很受重视。比如美国作为世界最大的温室气体排放国，它对旨在削减温室气体排放的《京都议定书》顽固说"不"，始终是国际社会的不和谐音，同时也将损害《京都议定书》的实施成效。这表明：美国有从本国强势群体利益出发打着环境正义的旗号大行唯我独尊的霸权主义行径的嫌疑，他并未切实践行环境正义原则。

当代最重要的哲学家罗尔斯在其《正义论》一书中指出，正义应有两个原则：1. 每个人所拥有的最大基本自由权利均等。2. 机会均等。并强调"差异原则"：处境最不利的成员能获得最大利益。① 因此，环境正义原则应包括以下几个方面：1. 权利与义务相对应的原则。代内和代际，人们所享有对环境的利用权利，应以有能力承担并切实承担对环境的相应义务为前提。在开发利用环境的过程中，即使是不可避免地对他国或他人的环境所造成了一些损害，也必须及时进行维护和补偿。2. 相互尊重的原则。是指代内所有人，国家之间不分贫富应彼此尊重他国利用自然资源、获取本国应有的环境利益以满足社会需要方面平等的权利，一国之内不分政治地位、经济地位、文化程度等方面的差别应尊重他人平等享有对环境的利用权利；每一代人在开发利用地球资源时，应本着可持续发展的总原则，即当代人的发展不能损及后代人利用自然满足需求的能力。3. 互助合作的原则。我们共同生活在同一个地球村里，环境因素又是相互影响的，各国

---

① ［美］约翰·罗尔斯：《正义论》，北京：中国社会科学出版社 1997 年版。

应放弃彼此之间的各种利益矛盾在解决大的环境问题时在实行责任共担、合理分配的基础上要互助合作。4. 人道关怀的原则。介于环境的共同性，既得利益阶层，如当代人、发达国家、强势群体和个人都要勇于承担对环境的责任和义务，应关心下代人、发展中国家、弱势群体和个人的正当环境利益（至少要保持生存底线），必要时要不惜牺牲自身的一些利益给予对方以人道上的帮助。

四、当代环境正义的实质

环境正义的实质是环境责任和生态利益的合理分担和分配，由此能够清晰地看到生态危机的社会根源以及解决生态危机所应采取的正确应对方略。环境问题从表面上看只是人与自然的失调，而隐藏背后的深层原因是人与人关系失调。许多发达国家利用经济的先发优势，把本国的环境保护建立在牺牲发展中国家的环境上，他们对资源的不合理开发和利用进而带来了生态危机，却往往不担负生态危机和自然反扑的后果（至少不需要立即承担）。比如，跨国企业在亚马逊及东南亚雨林砍伐树木和采矿所造成的水土流失、水污染、动植物死亡及其他的生态破坏等损失，都是由当地居民的健康和生存来垫付的。更有甚者，相对强势的团体在掠夺完或被掠夺完资源后，会进而以相同的方式去对待当地相对弱势的团体的生存环境，这样恶性循环就形成了，当地的环境就进一步恶化。其根源就是发达国家的这种狭隘的环境保护以及相关的环境伦理，其实是一种彻头彻尾的利己主义和不道德、非正义的行为。在我国的科尔沁大草原也上演了同样的悲剧。曾经是牛羊成群、绿染天边的科尔沁大草原，现在却是一片"风到这里加劲，鸟儿到这里回头"的凄凉景象。导致这种现象的一个非常重要的原因就是日本客商在中国订购了150吨甘草、麻黄，很多草原人为了经济利益对麻黄、甘草这样既是制药原料又是"草原卫士"的植物进行了野蛮挖掘。而日本客商在中国订购甘草、麻黄，其真正原因不是由于药分特别，而是我国的产量丰富，且特别便宜。我们应该看到，诸如甘草、麻黄的灭绝性挖掘现象的背后一方面是美国、日本等发达国家的"环境歧视"，另一方面难辞其咎的是像我国这样的发展中国家用经济理性来主导了整个政策思维。类似的现象不胜枚举，从整个过程来看，在全球环境破坏加剧、资源缺乏的今天，土地利用、资源掠夺、废弃物排放引发的环境问题已愈来愈严重，其中尤以少数族群和弱势团体所遭受的迫害最为显著。但环境的特点在于其自身的循环，环境的破坏最终会使所有身在其中的人蒙受灾害，从长远的观点来看，没有幸免者。因此，在处理国际环境问题时，必须充分意识到人类同住一个"地球村"，必须本着相互尊重，倡导环境正义、反对环境歧视的原则，必须考虑到满足世界上贫困人口和落后国家的基本需要，限制强势者、发达国家对自然资源的剥夺与滥用，建立公正的国际环境新秩序。

我国是一个典型的发展中国家，由于经济、社会、历史等原因，曾一度用经济理性来主导我们的整个政策思维，其后果是经济虽然创造了连续高增长的奇迹，但在我国经济繁荣的背后还存在较为严重的环境非正义、不公平现象。比如：我国的农村、农民、农民工和城市贫民等弱势群体还面临着最为严重的环境问题，他们的生存环境、生产环境正严重恶化，却很少得到补偿，正在承受着巨大的环境不公平。这样的环境非正义、不公平现象的大量存在也正好暴露了我国在环境立法上的漏洞。近几年我国环境法学界对生态环境的保护、对当代人与后代人之间、人与自然界动植物之间的环境公平研究较多，而对农民的生活和生产环境、城市居民的生活环境却很少关注。因此，我们在"环境正义"的视角下，必须本着不同主体间的差异性原则，在高呼环境保护的同时，必须重视发生在身边的由于"环境不公正"所造成的某些人群的生活与生存危机，时刻保持对环境问题的敏感、慎思和客观公正。对已产生的环境问题要建立起合理的生态补偿和重建机制；对于可能产生的环境问题要建立积极的预防机制；对于难以避免的环境问题，要坚持环境权利、环境责任、环境利益三者的统一。

环境法应当以环境正义为理念，把重点转移到关心当代人之间的生活和居住环境上来，应当走向人们的生活，应当保护居民的生活环境利益，打造能体现人民的价值和尊严的"宜居梦"。

（作者管亚华，湖南师范大学道德文化研究院博士研究生，长沙理工大学马克思主义学院讲师。）

资本逻辑之善恶反思

毛铭扬 陈 芬

摘要：资本逻辑就是作为物化的生产关系的资本自身无限追求增殖、扩张的动态规律。资本逻辑既有着推动社会生产力和科技迅速发展、为人实现更好的发展创造丰富的物质条件的善的一面，也有着不容忽视的造成人的生存危机、导致社会经济危机、引发自然生态危机的恶的一面。因此，利用资本逻辑全面建设社会主义市场经济就必然要合理定位资本及资本逻辑、坚持以人为本。只有这样才能真正做到利用与规制资本逻辑并行，从而实现社会转型与人的全面发展。

关键词：资本；资本逻辑；善；恶

被资本逻辑主导的今天，经济全球化实际上也就意味着资本逻辑无限利润最大化运动的全球空间展开。中国自改革开放以来，市场经济体系的确立与发展使得资本逻辑出现在人们的生活中并扮演着极为重要的角色。资本逻辑的推动下，社会生产力飞速发展，人们的生活得到了极大的改善。但物质条件极大丰富的同时也引发了效用原则至上、拜金主义享乐主义盛行、诚信缺失、生态环境污染等严重的伦理问题。这些问题都在不同程度上与资本逻辑存在着隐性或显性的关联。所以在合理利用资本逻辑的同时充分反思资本逻辑光圈下所掩盖的善与恶就显得尤为迫切了。

一、资本及资本逻辑的相关概述

资本，是马克思研究最关注的问题也是他毕生研究的核心概念。"资本"一词最早出现在拉丁文中，原指牛或其他家畜，后引申为财产的物质存在。可以看出资本这个词在原初始意义上就具有两层含义：家畜等作为资产的物质存在以及它们本身实现增殖的潜在可能性。① 在马克思看来，"资本不是物，而是一定的、社会的、属于一定历史社会形态的生产关系，后者体现在一个物上，并赋予这个物以特有的社会性质"。② 马克思并不是否认资本物的形式的存在，而是指出资本的实质是社会生产关系而非物本身。马克思说："黑人就是黑人，只有在一定的关系下，他才成为奴隶。纺纱机是纺棉花的机器，只有在一定的关系下，它才成为资本。脱离了这种关系，它也就不是资本了，就像黄金并不是货币，砂糖并不是砂糖的价格一样。"③ 这就是说，资本本来是自然物质，一旦被纳入社会关系领域，成为人们之间社会关系的承担者，便不再仅仅是单纯的自然物质，同时也是社会物质，成为社会性财富。

资本作为投入社会再生产中追求自身增殖的剩余劳动价值，它通过生产资料来支配人的劳动，从而不断把客观世界"资本化"，成为它实现价值增殖的工具，并由此形成了巨大的客观物质力量及发展规律，即"资本逻辑"。也就是说，所谓资本逻辑就是作为物化的生产关系的资本自身无限追求增殖、扩张的动态规律。资本逻辑的出发点和归宿是无限的增殖。马克思说：在资本主义生产中，"不是工人把生产资料当作自己生产活动的物质要素来消费，而是生产资料把工人当作自己的生活过程的酵母来消费，并且资本的生活过程只是资本作为自行增殖的价值的运动"。④ 资本逻辑追求增殖并不是为了满足其生活的直接需要，而是为了资本自身的贪欲本性。

资本逻辑强化了资本对现代社会的统治。资本逻辑成为市场经济社会中的主导逻辑，它使现代社会的一切存在物都成为资本的附属品，使现代社会的经济活动都服从于资本逻辑的增殖需要，造成只有为资本逻辑增殖服务的活动才有其存在的意义和价值。更连人的需求与消费都成了为资本增殖服务的工具和手段。"一旦资本成为资本，它就会创造它自己的前提，

---

① [秘鲁] 赫尔南多·德·托索：《资本的秘密》，王晓东译，南京：江苏人民出版社 2005 年版，第 28 - 29 页。

② 马克思：《资本论（第 3 卷）》，北京：人民出版社 2004 年版，第 925 页。

③ 马克思、恩格斯：《马克思恩格斯文集（第 1 卷）》，北京：人民出版社 2009 年版，第 723 页。

④ 马克思：《资本论（第 1 卷）》，北京：人民出版社 2004 年版，第 359 - 360 页。

即不通过交换而通过它本身的生产过程来占有创造新价值的现实条件。"①
资本逻辑渗透并控制了社会经济、政治、生活的方方面面。

二、资本逻辑的伦理特性

与同时代的其他思想家仅仅把资本看成是万恶之源或是人间福音的简
单化倾向完全不同，马克思用辩证的思维方式，对资本逻辑善的积极一面
进行了高度的肯定和赞扬，也对资本逻辑恶的消极一面进行深刻的否定与
批判。

（一）资本逻辑之善

马克思对资本逻辑的分析首先看到的是其善的一面，即资本逻辑有着
"伟大文明作用"——提高社会生产力、推动科技发展、促进人自身的发
展三方面的作用。

首先，资本逻辑极大地推动了社会生产力的发展和社会的文明进步。
马克思说，"资本一出现，就标志着社会生产过程的一个新时代。"② 这个
新时代的"新"首先就突出地表现在它创造的生产力水平远高于过去任何
一个时代。推动社会生产力不断发展的动力就来自于资本逻辑无限追求价
值增殖的本性。"资本的文明面之一是，它榨取剩余劳动的方式和条件，
同以前的奴隶制、农奴制等形式相比，都更有利于生产力的发展，有利于
社会关系的发展，有利于更高级的新形态的各种要素的创造。"③ 现代社会
飞速增长的生产力是资本逻辑在追求增殖过程中在客观上造成的状况。生
产工具的改进，劳动者与生产资料的结合方式的革新，使得生产效率相对
于过去有了质的改变，人类改造世界的能力空前提高，由此也把整个世界
变成了人的改造对象。

其次，资本逻辑推动了现代科学技术快速发展。资本逻辑典型生产方
式的确立过程本质上就是一个生产工具不断更新升级、科学技术不断发展
的过程。科学技术和资本生产之间出现了良性的互相推动。简而言之，资

---

① 马克思、恩格斯：《马克思恩格斯全集（第48卷）》，北京：人民出版社1985年版，第
163页。
② 马克思：《资本论（第1卷）》，北京：人民出版社2004年版，第198页。
③ 马克思、恩格斯：《马克思恩格斯全集（第25卷）》，北京：人民出版社1974年版，第
925－926页。

本生产的扩大引发了提高效率的需求，这种需求又推动了技术的进步与革新，而技术的进步与革新最终又使得资本逻辑的统治得以巩固。资本及其所有者要满足自身实现无限增殖的内在需要，要应对来自外部的其他资本的竞争压力，就要不断地缩减企业生产同一产品的必要劳动时间，以此来保证自己能够获得更多的相对剩余价值，甚至超额剩余价值。这种增殖的压力促使资本在尽可能地压榨劳动者的同时，也在改进生产技术、创造新的社会需要。可见，资本逻辑为了追求无限增殖，就必须重视科学技术在生产中应用，从而在客观上推动了科学技术的飞速发展。

最后，资本逻辑促进了人自身的发展。资本逻辑在改造生产力、改造社会的同时还在改造着活动的主体——人。毫无疑问，相比较前资本主义社会人的发展状况，在资本逻辑主导下的市场经济社会，人得到了空前的发展。马克思在《1857—1858 年经济学手稿》中从人的发展角度提出了"三大形态"理论，即人的依赖关系、以物的依赖性为基础的人的独立性、自由个性三个阶段，并且明确指出第二个阶段为第三个阶段创造条件。在前资本主义社会中，也就是人的依赖关系阶段，自然经济的性质所决定人只能以群体方式进行生产、生活，每个人都是一定地域范围内的、狭隘的群体附属物。作为社会成员大多数的奴隶、农奴、农民都没有最基本的人身自由，人的发展更是无从谈起。到了资本逻辑主导的第二个阶段，围绕着增殖的目的展开大规模的社会化生产，创造出了日益丰富的物质财富的同时，也使社会成员之间形成了普遍的物质交换关系，使人们产生了多方面的需求。在物的依赖性阶段的特征就是"全面依赖"和"普遍物化"。正是以资本逻辑为基础的生产培养作为社会的人的一切属性，并且不断丰富着人的属性，扩展人的各种社会联系，使人渐渐摆脱了自然的限制和自身的限制。资本逻辑主导的社会生产过程，使人逐步走出了自然崇拜的思维模式，增强了人改造自然的能力，扩大了人类交往、活动的范围，强化了人作为一个"类"的主体性地位；另一方面，资本逻辑发展所要求的社会的平等、自由等理念，促进了个人的自主性、自觉性和创造性，个人的能力不断得到提升，从而使个人的主体地位不断增强，使人的自由全面发展成为可能。

（二）资本逻辑之恶

资本逻辑的"伟大文明"作用在发展生产力等方面都起到了积极作

用，但马克思同样看到，"在我们这个时代，每一种事物好像都包含有自己的反面。我们看到，机器具有减少人类劳动和使劳动更有成效的神奇力量，然而却引起了饥饿和过度的疲劳。财富的新源泉，由于某种奇怪的、不可思议的魔力而变成贫困的源泉……我们的一切发明和进步，似乎结果是使物质力量成为有智慧的生命，而人的生命则化为愚钝的物质力量"①。资本逻辑同样也是包含着自身反面的事物，它既有着创造"伟大文明"的一面，也隐藏着造成了人的生存危机、经济危机和生态危机的邪恶一面。

第一，资本逻辑造成了人的生存危机。资本逻辑的无限扩张将人卷入其中，开始按照自身逻辑强制人的发展，人使沦为服从、服务于资本逻辑增殖的工具，遵从资本增殖的法则，为了追求利润的最大化听命于技术的安排，成为机器和技术的附属品。这种异化不仅包括《1844 年经济学哲学手稿》中所说的人与自己的产品、劳动活动、本身以及人与人之间关系等的异化，也包括消费的异化、人的日益片面化等。这种片面化不仅指人的活动的片面化，也包括人的精神生活的片面化、价值判断的片面化等。"资本在具有无限度地提高生产力趋势的同时，又在怎样程度上使主要生产力，即人本身片面化，受到限制等等。"② 资本的限制表现在从事劳动的个人无法使自己创造出来的东西成为自己财富的条件。恰恰相反，这些东西却成为自身贫穷和他人致富的条件。资本逻辑主导的机器大生产，为了提高生产效率，使得生产工序精细化，工人的活动变成简单的、不断重复的机械操作，工人的多种多样的生产志趣和生产才能被压抑，培育出的则是工人片面的技巧，工人依赖于机器才能生产，变成了机器的附属品。从本质上看，工人依赖于资本逻辑最终成为资本逻辑实现自己目的的工具和手段。工人一旦离开工厂、机器，离开资本逻辑，就无法进行生产劳动，甚至难以生存。即使在大机器生产为劳动者的解放奠定了物质技术基础的情况下，工人也并没能摆脱繁重的体力劳动。相反，"机器劳动极度地损害了神经系统，同时它又压抑肌肉的多方面运动，夺去身体上和精神上的一切自由活动。甚至减轻劳动也成了折磨人的手段，因为机器不是使工人

———————
① 马克思、恩格斯：《马克思恩格斯全集（第2卷）》，北京：人民出版社2009年版，第580页。
② 马克思、恩格斯：《马克思恩格斯全集（第5卷）》，北京：人民出版社2009年版，第871页。

摆脱劳动，而是使工人的劳动毫无内容"①。

第二，资本逻辑必然会带来经济危机。资本逻辑的内在矛盾的核心在于：创造文明的"积极本质"与价值增殖的"消极片面性"之间的矛盾冲突。这一内在矛盾具体到生产力与生产关系的相互关系上看，就实际地表现为资本主义生产方式的基本矛盾，也即是社会化大生产与生产资料的资本主义私人占有之间的矛盾。由于资本主义社会的生产目的并不是促进个人与社会的全面发展，而是为了资本增殖的需要，因此资本主义生产的规模会随着资本的运作而不断扩大。生产规模的不断扩大必然造成产品数量的与日俱增，这时必然要求社会提供出相应的"有效需求"。但社会的"有效需求"却因剥削率的提高和收入相对资本增长的减少而不断萎缩。这样，生产规模与有效需求之间的结构性差距的持续扩大便造成了严重的供需失衡。② 长此以往，会造成"产品过剩—资本过剩—劳动力过剩"等系列的重复反应，最终造成了周期性经济危机的爆发，使得人们的生活极为困苦。

第三，资本逻辑必然会导致生态危机。自然资源的存在是资本得以扩张与增殖的基础。资本的扩张与增殖过程就是将外在于资本体系的自然资源不断吸收到资本体系内部，使之成为工人的剩余价值生产得以可能的载体，从而实现资本不断扩张与增殖的目的。可见，资本要扩张和增殖必然要向自然资源进发，历史也证明在资本存在的数百年间，从地表到地下、从表面到深层的自然资源不断被资本化与货币化。在资本的不断扩张和增殖过程中，越来越多的自然资源被吸纳到资本的运作体系之中，在资本的吞噬之后，它们便变为了废水、废气、垃圾等被随意排放，再难变回以前的自然资源。对于此，马克思曾深刻地指出："资本主义生产使它汇集在各大中心的城市人口越来越占优势，这样一来，它一方面聚集着社会的历史动力，另一方面又破坏着人和土地之间的物质变换，也就是使人以衣食形式消费掉的土地的组成部分不能回归到土地，从而破坏土地持久肥力的

---

① 马克思：《资本论（第1卷）》，北京：人民出版社2004年版，第486-487页。
② 马克思、恩格斯：《马克思恩格斯全集（第5卷）》，北京：人民出版社2009年版，第188页。

永恒的自然条件。"① 然而，对自然资源的掠夺与破坏是持续的、不停歇的，因为资本的本性就是不断实现自身的增殖。为了这个目的，资本会不断地将最丰富且廉价的自然资源吸收到自身的生产体系之中，它不考虑人类是否需要，正如吉登斯指出的，资本"是现代社会得作的一种非理性方式，因为它用市场的疯狂代替了人类需要的有节制的满足"②。资本的这种疯狂就表现在它总是不顾一切地雇佣劳动力去掠夺自然资源，这只能带来资源的枯竭与生态的破坏，最终造成人类的灾难。

三、利用与规制资本逻辑并行

经济的发展已经成为现当代全球的中心问题，资本逻辑又是解决经济问题的关键。不论是资本主义国家的飞速发展，还是社会主义国家的稳步前进，资本逻辑都起着关键的作用，我们要辩证地看待资本逻辑。中国同样离不开商品经济形态，离不开资本逻辑的发展，资本逻辑本身具有善和恶的二重性，所以我们要始终扬善抑恶，努力使其向"善"的一面发展。

首先，商品经济的充分发展是社会主义发展的必然经历，面对我国处于社会主义发展的初级阶段这一国情，发展商品经济，是中国的正确选择。从这个意义上来看，资本不是资本主义的特权，我国经济社会主义的建设也离不开商品经济的发展。这一论证说明在社会主义经济建设中，资本是必然存在的。资本虽然有其罪恶的一面，但是资本更有善的一面，有其积极意义的一面。社会的发展与进步离不开经济的发展，经济的发展又跟资本是密切相关的，离开经济的发展就不可能达到社会的和谐。所以我们要承认资本，发展资本；但是我们不能忽视资本罪恶的一面。我们在努力建设社会主义经济的同时，必须限制资本，驾驭资本，使资本追求利润的活动纳入到为全社会最广大人民的根本利益服务的轨道。也就是说，张扬资本伦理"善"的方面，限制和消除资本伦理"恶"的本性。

其次，树立"以人为本"的资本伦理观。无限追求利润是资本逻辑的唯一目标，而资本逻辑是以牺牲人为代价来实现这一目标的。"资本主义

---

① 马克思、恩格斯：《马克思恩格斯全集（第5卷）》，北京：人民出版社2009年版，第579页。

② ［英］吉登斯：《现代性的后果》，田禾译，北京：译林出版社2011年版，第122页。

生产比其他任何一种生产方式都更加浪费人和活劳动，它不仅浪费人的血和肉，而且浪费人的智慧和神经。"① 所以，资本逻辑可以创造社会财富、扩大社会交往，为人的全面发展创造丰富的物质条件，但却不会以人的生存和发展为目标。在利用资本发展社会主义市场经济的过程中，我们必须正确处理资本逻辑与人的关系，摆正人和资本逻辑的主次位置；我们不能以资本逻辑为本，不能以物为本，而必须以人为本，即坚持资本逻辑服务于人，人驾驭资本逻辑。而不是人成为服务于资本逻辑的工具。只有这样处理资本与人的关系，社会主义市场经济下的全面建设和发展才有可能；如果资本逻辑凌驾于人之上，人臣服于资本，那么人就会丧失作为社会主体的尊严，社会的转型与发展也就难以实现。

总之，资本逻辑是引发当代中国社会伦理问题频发的根源，如何利用、规制资本逻辑使其更好地服务于人，是解决社会伦理问题、走出伦理缺失困境最亟待解决的难题。我们需要着力于摆脱资本逻辑的宰制，驾驭资本，充分利用资本逻辑之善，将其限定在经济领域之中发挥其激励作用，同时限制资本逻辑之恶，谨防资本逻辑在其他领域的肆虐横行。

（作者毛铭扬，硕士研究生，研究方向为马克思主义伦理学；陈芬，教授，主要从事伦理学研究。）

---

① 马克思、恩格斯：《马克思恩格斯全集（第32卷）》，北京：人民出版社1998年版，第405页。

"美丽中国"的伦理价值及世界意义

匡列辉

　　摘要："美丽中国"用一个充满诗意的文学词语描画了新的历史条件下中国生态文明、经济建设、社会建设、政治建设和文化建设所达之目标，勾勒了一幅令人神往的美丽中国画卷。以习近平总书记为核心的党中央对当前社会发展所出现的诸多问题的高度重视和采取的针对性的积极行动，标志着党对人类文明认识的拓展及对中国特色社会主义建设规律认识的深化。"美丽中国"体现着有形景观与无形内秀相结合相统一的全民共享共创的美，具有诸多深刻伦理值价值以及世界意义。

　　关键词：美丽中国；伦理价值；世界意义

　　习近平总书记在《致生态文明贵阳国际论坛 2013 年年会的贺信》中指出："建设美丽中国，是实现中华民族伟大复兴的中国梦的重要内容。"①美丽中国所形象勾勒的色彩丰富图谱，是对实现中华民族振兴、国家富强、人民幸福的"中国梦"的生动描绘。建设"美丽中国"，是习近平总书记为核心的党中央对亿万中华儿女实现美好新生活的热切期待、为圆百年"中国梦"所作的掷地有声的庄严承诺。中国的现代化建设从致力于建设富强中国进至创造幸福中国的新阶段时，大家意识到幸福的现代化中国，不但要有富强的经济基础和综合国力，而且也需要公平的社会秩序和优美的生活环境。"其完整的概念意义应该是，'富强中国'加'民主（正义）中国'加'文化（文明）中国'加'美丽中国'，这是近代以降

---

　　① 《生态文明贵阳国际论坛 2013 年年会开幕习近平致贺信》。

中华民族追求自强、自主、自由的现代化复兴的社会理想。"[1]

一、"美丽中国"蕴含深刻的伦理价值

结合我国全面建设小康社会的奋斗目标，十八大报告所提出的经济建设、政治建设、文化建设、社会建设和生态文明建设五位一体的现代化建设总布局的出发点和落脚点就是，满足人民过上更好生活新期待，赋予"美丽中国"图谱以鲜明的时代内涵，蕴含着丰富深刻的伦理思想。美丽中国是生态文明之美，是人文和谐之美，是道德创化之美。

1. "美丽中国"是生态文明之美

"美丽中国"首重生态文明之美。从向自然进军"人定胜天"的万丈豪情到"必须树立尊重自然、顺应自然、保护自然的生态文明理念"，再到可感、可知、可意味言传、可品评欣赏的"美丽中国"，足以说明，经过多年的执政实践，我们党的执政理念越来越尊重自然，越来越尊重人民感受。改革开放三十多年来，我国经济飞速发展，物质财富不断增长，成为全球第二大经济体，但这种高增长主要靠高消耗、高污染、以牺牲环境资源换来的，因而是不可持续的发展模式。发达国家上百年工业化各阶段出现的环境问题在我国三十多年来集中表现出来。为发展而破坏环境的代价是十分沉重而惨痛的。改革发展让我们摆脱贫困，但是经济富裕，环境质量却很差同样不是美丽的中国。

打开网络、电视，翻阅报纸、杂志，因生态破坏而酿成惨痛恶果的报道频频出现在人们的眼帘，触目惊心。资源越来越匮乏是当前中国的生态危机的最直接现实。据权威部门发布的统计数据，我国的石油进口已超过55%，铁矿石等原料对外依存度也正逐年加大，到 2012 年底达 57.2%。至 2012 年全国年均缺水量超过 500 亿 m³，三分之二的城市出现不同程度缺水，仅缺水一项带来的一年工业产值损失就达 2000 多亿；3.6 亿多农村老百姓喝的水都达不到饮用水卫生质量标准。海河、辽河和黄河等大江大河及西北内陆区域水资源开发和利用均已超过了水资源自身的负担和承载能力。耕地面积过度不合理的开发，目前已接近 18 亿亩红线。环境污染日趋恶劣是生态危机的直接表现。一些重点水域由于当地企业的"三废"未

---

① 万俊人：《美丽中国的哲学智慧与行动意义》，载《中国社会科学》2013 年第 5 期。

经很好的化污处理直接排放而导致污染严重。从北到南越来越多的城市灰霾现象凸显，一到冬季，这些地方雾霾黄色预警便多日连续发布。盘踞在头顶的雾霾使得人们想有一口纯净呼吸的空气都成为一种奢望。各种各样重金属污染和持久性有机农药污染导致人们对自己饭碗里的粮食安全都忧心如焚。随着生态危机的日益加剧，生态系统不断退化。应对当前生态自然环境的危机迫在眉睫，任务艰巨。"对于个人来说，没有健康，提高生活水平无从谈起。对于集体来说，没有健康，人力资源的优势难以发挥。要解决我国社会主义初级阶段的主要矛盾，在 2020 年如期全面建成小康社会，最大的制约因素就是环境质量。小康生活全不全面，最短的短板也是环境。"[1]

"既要金山银山，也要绿水青山""绿水青山就是金山银山"，生动地体现了人们对生态环境认识的提升，表明我们党和人民对中国特色社会主义总体布局的认识深化了，也彰显了中华民族对子孙、对世界负责的精神。

"生态文明体现为人类科学利用和保护生态资源和自然环境的意识觉醒和提高、生态制度体制建设的建立和完善等。"[2] 人类文明形态就历史发展来看，已经经历了原始文明、农业文明、工业文明三个时期，当前正逐步步入第四个文明时期——生态文明时期。工业文明的弊端日益凸显，导致社会矛盾日趋激烈，作为深刻反思并回应工业文明的一种新的文明形态——生态文明更为人类所希望和渴求。谋求人类与自然和谐统一，永续发展是生态文明建设的目标。其建设既要求顶层设计的制度、评价体系的科学合理完备，又要求在经济社会的发展中人的固有观念革新，更要求具体产业行业领域的对传统结构发展模式的改造升级和改弦易辙，"全面包括了人与自然、人与人、人与社会所有关系，是迄今为止为实现人类社会永续发展最科学的一种文明形态"[3]。

"美丽中国"的建设就是根据中国现时代经济社会科学发展的要求，坚持生产发展、生活富裕、生态良好的文明发展道路，统筹人与自然和谐

---

① 《十八大报告学习辅导百问》，北京：学习出版社 2012 年版，第 143 页。
② 黄海东：《谈建设生态文明的内涵与意义》，载《商业时代》2009 年第 1 期。
③ 黄海东：《谈建设生态文明的内涵与意义》，载《商业时代》2009 年第 1 期。

发展，推动经济社会发展资源环境相协调，形成资源节约型、环境友好型社会，使人民在良好生态环境下生产生活。把生态文明建设放在突出地位，坚持节约资源和保护环境的基本国策，坚持节约优先、保护优先、自然恢复为主的方针，着力推进绿色发展、循环发展、低碳发展，形成节约资源和保护环境的空间格局、产业结构、生产方式、生活方式，从源头上扭转生态环境恶化的趋势，为人民群众谋求福祉，创造美好的生产生活环境，实现中华民族的永续发展。

2. "美丽中国"是社会和谐之美

"美丽中国"勾画的隽美图画，不仅指祖国的山川秀美，处处蓝天碧水，更美在社会和谐。社会和谐是实现民族振兴、国家富强、人民富裕的"中国梦"的前提和保障，是中国特色社会主义"美丽中国"的本质特征。建设"美丽中国"，构建社会和谐，是坚持走健康、可持续发展，建设富强民主文明的社会主义现代化国家的必然选择，是对老百姓未来生活良好愿景铿锵而庄严的承诺。如果没有社会和谐，"美丽中国"就缺失其内在之蕴，只能形同没有源头之静水、断了根须的浮萍，徒具短暂美丽外表，而无实质长久的内在恒美生命。

在中国传统思想文化中，和谐是最高的理想，是最美的境界，是最好的状态。这种贵和的价值理想和行为规范，贯穿从先秦到近代以至当代的文化发展历程。春秋末年齐国的晏婴进一步用"相济""相成"的思想丰富了"和"的内涵。他以君臣关系为例阐明了"否可相济"的深刻道理。他强调："君所谓可，而有否焉，臣献其否，以成其可；君所谓否，而有可焉，臣献其可，以去其否。"可否相济便是"和"。通过"济其不及，以泄其过"的综合平衡，君臣之间保持"政平而不干"的和谐统一关系，以促进社会的良性运转。在孔子仁学体系中极力倡导的恭宽信敏惠五德、孝悌原则、忠恕之道等，也是为了达到维护社会秩序和谐的目的。以董仲舒为代表的汉代新儒学，以先秦原始儒学为基础，援阴阳五行入儒，使之成为理论骨架，结合法、道、墨、名诸子思想，利用以《黄帝内经》为代表的自然科学理论成果，建构了一个以天人感应为核心的新儒学，进而论证人与人、天与人、人与社会之间的内在和谐统一，更是将贵"和"思想发展到新的阶段。儒家所推崇的"厚德载物"的伦理思想，实质上包涵着、体现着和谐精神，以宽厚的道德承载万物、处理人世间的一切事情，既强调了人与自然的和谐统一，又包含着人与人、人与社会、民族与民族、国家与国家之间的和谐统一，把"己欲立而立人，己欲达而达人""己所勿欲，勿施于人"作为人际交往的行为准则。

和谐社会其实质是一种道德化的社会，是一个矛盾动态平衡，各方和谐安定的大集体。生活在其中的个体是德性、文化、心理、情绪等全面协调健康发展的人。因此，建设美丽中国、和谐社会，道德自觉是前提。把关心人的全面发展和关注民生的社会道德理念贯穿于党和政府、企业的各项事业当中，才能使人心情舒畅，为人处世体面尊严。假如对社会民生问题特别是在实际工作中对老百姓的疾苦忧虑置若罔闻，那么全部工作就会失去群众基础，社会矛盾就会不断涌现和激化，更何从谈得上和谐。当前，我国特色社会主义建设事业正处于全面建设小康社会的关键阶段，攻坚克难，任重道远。解决人民日益增长的物质文化需要同落后的社会生产之间的矛盾这一社会根本矛盾任务格外艰巨而繁重。尤其是当前我国改革开放已经进入深水区，社会主义市场经济体制在日臻完善过程中正历经华美而痛苦的深刻变革，社会各阶级各阶层结构出现了新的变动，经济基础之上的上层建筑包括政治的意识形态和人们的思想观念发生深刻改变。①空前的社会变革所带来的、所迸发出的推动社会主义建设的力量前所未有，但随之而来的问题、矛盾、困难也层出不穷。"美丽中国"的目标是构建和谐社会，题中之意不仅仅要实现人与自然和谐共存，更是为了达到人与人、人与社会和人与自身的和谐发展，实现整个社会的民主法治、公平正义、诚信友爱、充满活力和安定有序。作为全社会大集体中的一员，公民个人都应积极投身社会主义建设的滚滚洪流中，勇做时代弄潮儿，为早日实现"美丽中国"的宏伟蓝图贡献自己的聪明才智。中国特色社会主义建设突出强调发展为了人民、发展依靠人民、发展成果大家共享，开创社会和谐人人有责，和谐社会人人共有的生动局面。只有一少部分人富起来不是真正的"美丽"，只有全体人民通过发展摆脱"囊中羞涩"，实现"不差钱"的共同富裕才是真美丽。绝对的平均分配主义不会刺激经济发展，但是两极分化、贫富悬殊同样无益于社会公正、安定和和谐。必须坚持正确处理改革、发展、稳定的关系，把改革的力度、发展的速度和社会

---

① 胡锦涛：《十八大报告》，北京：人民出版社 2012 年版，第 34 页。

可承受的程度统一起来，维护社会安定团结，以改革促进和谐、以发展巩固和谐、以稳定保障和谐，确保人民安居乐业、社会安定有序、国家长治久安。①

3. "美丽中国"是道德创化之美

"美丽中国"的丰富伦理图谱中，天蓝地绿水净、空气清新表现的是美丽和谐的生态环境，经济发展、政治清明、人民幸福安定表现的是美丽和谐的社会环境。自然与社会环境都是人的活动场所，其美丽程度取决于生于斯、长于斯的活生生的生命个体的文明程度高下。只有通过道德创化和道德教育从整体提升人民的心灵美丽和精神文明，美丽中国的画卷才会靓得生动，美得长久。十八大从深层次把精神文明和生态文明的建设提到了一个全新的高度，精神文明与生态文明进行了一次全面的互动，从而衍生出"美丽中国"全新的国家建设思路。②

国家的振兴、民族的富强，离不开物质文明的提升，更需要精神文明的内在支撑。当前国际形势风云、变幻莫测，世界经济、政治和社会各领域不稳定、不安全、不确定的因素较以前更多更隐蔽。一方面，国内政治体制、经济体制和社会管理体制的全面深化改革，人们的思想观念也随着社会变革的脉动发生深刻变化；一方面，随着科学技术日益发展，信息传播方式更多样化和便捷化，人们每天都能主动或被动地接受形形色色、鱼龙混杂的信息。如果公众没有理性甄别意识和能力，跟着感觉走，就会误入歧途。诸如网络微博"大V"们有意或无意的不负责任的言行而导致粉丝围观者人云亦云，引起社情民意波动。要解决这些问题，需要政府强有力的管控，更重要的是提高公民的人文素质和道德修养，夯实全民团结奋斗的共同思想基础。公民的道德素养是人全面发展的首要前提，体现着一个民族和国家的软实力强弱。十八大强调：要全面提高公民道德素质，加强社会公德、职业道德、家庭美德、个人品德教育，弘扬中华传统美德，弘扬时代新风。要推进公民道德建设工程，弘扬真善美、贬斥假恶丑，引导人们自觉履行法定义务、社会责任、家庭责任，营造劳动光荣的社会氛

---

① 《中共中央关于构建和谐社会的若干重大问题的决定》，引自 http://cpc.people.com.cn/GB/64093/64094/4932424.html.

② 左静：《中国特色发展道路的新创举——建设美丽中国》，载《南京理工大学学报（社会科学版）》2013 年第 4 期。

围，培育知荣辱、讲正气、作奉献、促和谐的良好风尚。① 十八大报告对"美丽中国"蓝图中最主体的因素——公民的道德素养的要求和创造全社会良好道德风尚的目标和具体做法都给予了明确措施和方向指引。

伟大的时代总是有着先进的道德精神引领，健康的经济社会发展需要先进道德文化提供持续的前行动力。与建设丰富的物质家园并重，精神家园建设一刻也不容缓殆。建设"美丽中国"精神家园，其核心就是要用十八大提出的倡导富强、民主、文明、和谐，倡导自由、平等、公正、法治，倡导爱国、敬业、诚信、友善"三个倡导"社会主义核心价值体系积极培育社会主义核心价值观。在当代中国，伦理思想只有生动地体现了社会主义核心价值体系和核心价值观这个"魂"，才有主心骨，才有精气神，才能更好地发展和传承。② 我国公民道德建设的实践证明，发挥道德典范、道德榜样的引领和示范作用是提高公民道德水平的一个有效途径。可感可知的榜样的典范作用具有更大的可信度、更强的召唤力，能从内心激起人们见贤思齐的道德渴求，激化人们道德自律的主动性、积极性。

二、"美丽中国"具有世界意义的更广范围的伦理之美

恩格斯曾说过："每一个时代的理论思维，从而我们时代的理论思维，都是一种历史的产物，在不同的时代具有完全不同的形式，并因而具有完全不同的内容。"③ "美丽中国"这一语词出现在严肃的十八大报告里，一改以往报告用词中性、严谨、缺乏感情彩的风格，用生动形象、可感可知、为老百姓所喜闻乐见的文学话语勾画了人们对美好生活所期待的民族振兴、国富民强的中国梦。贴近基层、贴近百姓，给人以春风扑面的亲切感，内涵丰富又通俗易懂，如话家常却又寓意深远。美丽中国的建成，除了兑现中国人民对美好生活的祈盼，同时也是对世界文明的一个伟大贡献，具有深广的世界意义的伦理之美。

回望西方资本主义工业化几百年的发展历程，不管已取得多么发达成就，但其生产社会化和资本主义生产资料私人所有的基本制度决定了资本

① 胡锦涛：《十八大报告》，北京：人民出版社2012年版，第34页。
② 王泽应：《中国特色社会主义伦理思想的开拓创新》，载《伦理学研究》2013年第1期。
③ 《马克思恩格斯全集（第20卷）》，北京：人民出版社1957年版，第82页。

家生产的唯一目的就是逐利，最大限度地获取剩余价值。这一生产的价值取向决定了自工业文明以来几百年资本主义国家出自资源利己主义思想而产生的生态殖民主义，使得广大发展中国家在经济全球化大潮中不幸沦为发达国家的附庸。一方面发展中国家丰富的自然矿产资源等原材料和廉价的劳动力市场被大肆掠夺；另一方面又将污染严重、高耗能的企业和产业转入发展中国家，实行代价转嫁。生态殖民主义是一场看不见硝烟的战争，发达资本主义国家取得高度物质财富的同时给全球带来了无比深重的生态危机。

建设"美丽中国"的响亮提出，体现了党带领全国人民坚持走中国特色社会主义现代化道路的道路自信和价值追求。美丽中国的建设始终是以以人为本为出发点和落脚点，追求人的核心价值与周围环境价值的和谐统一，追求个人价值的实现与社会经济效益和环境效益的协调一致，完全摒弃了西方发达资本主义国家工业化进程中所走的生态殖民主义道路。

文明是人类特有的存在方式，是人类头上一束光芒，使人类挣脱了野蛮愚昧的枷锁，而追求智慧真知。但人类社会又存在多种悖论，其中具有根本意义的莫过于人类追求文明的愿望与人类自毁文明的行为所构成的悖论。西方工业文明与生态危机就是这一悖论的明证。刘湘溶教授指出，在生态危机危及整个人类的今天，人类防止其孜孜以求的文明大厦毁于一旦的唯一途径就是走生态文明道路，"生态文明是经济与社会协同进化的文明，是人类摆脱生态危机的总对策，是一场文明的全面变革。它既是历史的必然，又是主体的自主选择。既是我们所憧憬的理想境界，又是我们身边的已发现实"。① "美丽中国"作为建设中国特色社会主义的实现目标，是我党反思和重新审视高耗能、低产出、重污染的经济增长方式和建设模式后痛定思痛的一种理论超越和实践转型，深刻体现了在认识人与自然的和谐共处共荣伦理关系时道德思维水平上所取得的进步。对自然的人文道德关怀说到底共实质上还是以人为本，对人与社会自身长久健康发展的关怀。其天蓝地绿水净的宜居生态环境的隽美目标，其持续健康发展的经济文明态势，公平正义、运行有序的政治文明环境，政通人和、和谐安定的社会文明环境、百花齐放、百家争鸣、春色满园的精神文明环境等是对中

① 刘湘溶：《生态文明论》，长沙：湖南教育出版社 1999 年版，第 30 页。

国传统伦理文化及全人类伦理文化的继承和发展，理性地"扬弃"传统价值观追求人与自然关系的基本精神，但是它所达到的理论高度和所具有的思想的丰富性、深刻性是以往任何时代、任何国家的文明理论都无法相提并论的。"美丽中国"对于当今全世界无论是发达国家还是发展中国家，在应对各国自身发展中所出现的形形色色的各种棘手问题，无疑都具有丰富可供参考的伦理价值，并能进一步建之于发展的哲学思考。因而，"美丽中国"不仅应该属于现在的我们，也是属于全人类，不仅指导当下，也应该更有益于我们的后代。那么，爱护我们美丽的家园便不单有了属于我们和我们时代的美德意义，同时也包含着我们对于后人和全人类的道义与人情关怀。

（作者匡列辉，湖南城市学院副教授，哲学博士，中国社科院博士生。）

精准扶贫的伦理意蕴

李　皓

摘要： 中国政府提出精准扶贫，支持贫困人口脱贫致富，体现了党和政府对贫困人口的社会地位、生存价值以及人格尊严等方面的尊重与理解，体现了对贫困人口生存状况的关护与责任，是人类道德与文明的重大进步。精准扶贫是让贫困人口共享利益和幸福的必要条件，它的有效实践直接关系到全体人民的福祉，关系到全面建成小康社会的目标的实现。精准扶贫既是一个政治经济发展目标，也是一种价值取向，同时又是一种道义选择。我们在谋求实现社会共同富裕目标的进程中，只有在贫困人口脱贫的前提下，才能提高社会整体的生产效率，使全体人民共享改革发展创造出来的成果。

关键词： 扶贫；共享；精准扶贫；伦理；意蕴

贫困问题是人类进入文明社会以来面临的共同难题，人类试图消除贫困的决心从未停止过，缓解和消除贫困现象，促进人类社会共同进步、繁荣和发展，既是一个全球性的重大课题，也是一项全人类共同面临的重要任务。扶贫脱贫是我国经济社会发展不能绕过或回避的重要任务，是中国特色社会主义事业的重要组成部分。改革开放以来，我国扶贫脱贫工作开创中国特色的反贫困之路，并且取得了举世瞩目的成就，实现了由普遍贫困，到区域贫困，再到基本消除贫困的转向，为世界反贫困事业做出了突出的贡献。精准扶贫是我国深化改革新形势下扶贫脱贫工作的重大战略调整，是中国政府当前和今后一个时期内治理贫困的战略重点。研究我国精准扶贫的科学内涵及其伦理意蕴，既是一种道德理想也是一种道德实践，有利于更好地把握价值导向，为精准扶贫政策提供伦理辩护。同时，在伦理学的视野中探求精准扶贫的意义，既体现了制度伦理的价值诉求，又蕴含着共享发展的伦理精神。精准扶贫不是目的而是手段，其目的是消灭贫困，让人们共同奔向小康，最终实现全体人民的共同富裕。

一、精准扶贫的出台及概念

2013 年 11 月，习近平总书记在湖南湘西扶贫调研考察时指出："扶贫要实事求是，因地制宜。要精准扶贫，切忌喊口号。""精准扶贫"一词在此第一次被明确提出来，逐步成为解决中国贫困问题更有效的制度安排。2015 年 6 月 18 日，在贵州省召开的部分省区市党委主要负责同志座谈会上，习近平就加大力度推进扶贫开发工作提出了"六个精准"和"四个一批"。"六个精准"是指"扶持对象精准、项目安排精准、资金使用精准、措施到户精准、因村派人（第一书记）精准、脱贫成效精准"，"四个一批"就是"通过扶持生产和就业发展一批，通过移民搬迁安置一批，通过低保政策兜底一批，通过医疗救助扶持一批"。①"六个精准"和"四个一批"的提出勾画出了精准扶贫的基本轮廓，使其操作方法更具可行性、思想内涵更加丰富。2016 年 2 月，习近平在江西省看望慰问干部群众时，又指出"扶贫、脱贫的措施和工作一定要精准，要因户施策、因人施策，扶到点上、扶到根上，不能大而化之"，这使精准扶贫的内涵得到了进一步的完善。体现在国家扶贫脱贫政策的顶层设计上，以精准扶贫为基线的扶贫脱贫战略正在逐步形成。中国人民大学汪三贵教授认为："精准扶贫最基本的定义是扶贫政策和措施要针对真正的贫困家庭和人口，通过对贫困人口有针对性的帮扶，从根本上清除导致贫困的原因和障碍，达到可持续脱贫的目标。"② 精准扶贫的内容包括精准识别、精准帮扶、精准管理和精准考核四项内容，其核心要义是"扶真贫、真扶贫"，目的在于改变过去粗放式的扶贫方式，把扶贫脱贫的政策措施和责任落实到每个贫困村和每个贫困户，通过对贫困村户和贫困人口的精准识别和帮扶，从根本上消除阻碍脱贫的各种因素和障碍，实现真正意义上的脱贫致富。

---

① 《习近平召开部分省区市党委主要负责同志座谈会》，引自 http：//news. 12371. cn/2015/06/19/VIDE1434718202291678. shtml.

② 汪三贵、郭子豪：《论中国的精准扶贫》，载《贵州社会科学》2015 年第 5 期。

二、粗放扶贫的制度缺陷与精准扶贫的价值诉求

我国原有的粗放扶贫制度设计存在缺陷，不少扶贫项目粗放，针对性不强，更多的是在"扶农"而不是"扶贫"。以扶贫搬迁工程为例，居住在边远山区、地质灾害隐患区等地的贫困户，是扶贫开发最难啃的"硬骨头"，移民搬迁是较好的出路；但是，因为补助资金少，享受扶贫资金补助搬出来的多是经济条件相对较好的农户，贫困的特别是最穷的农户根本搬不起。新村扶贫、产业扶贫、劳务扶贫等项目，受益多的主要还是贫困社区中的中高收入农户，只有较少比例的贫困农户从中受益，且受益也相对较少。上述缺陷的存在说明，粗放扶贫制度有失公正性。

制度公正是制度的基本价值取向和首要的美德。公正是衡量制度优劣的首要标准，制度的首要德性不是效率而是公正问题。公正何以成为制度的首要德性？首先，从公正与制度的本质特征来看，制度公正的必要性来自于制度的公共性。由于制度是公共产品，也就是说它是为了所有人、针对所有人而制定的。在现代民主社会，它来源于公共意志，所以公正就成为制度的本质要求，构成一种制度的合理性基础。其次，从公正与制度的其他德性之间的关系来看，制度的效率等其他德性的实现依赖于制度的公正性。一个没有公正性的制度不可能有效率，或者说只能在短暂的时间内产生某种特殊的效率，只有公正的制度才能使社会成员的合作成为自觉自愿、积极主动、富于创造性的，从而才是高效的。

制度伦理的实质是关于制度与人的生存与发展的关系问题。研究制度伦理的目的，就是要建构制度的伦理秩序，探讨其自身的概念、演进和维系，必须涉及该制度本身的道德评价。粗放扶贫向精准扶贫的转变就体现了"制度的伦理——对制度的正当、合理与否的伦理评价和制度中的伦理——制度本身内蕴着一定的伦理追求、道德原则和价值判断"。①

贫困人口是一个需要倍加关怀并从制度上给予基本保障的特殊群体。如何从制度伦理的角度来对贫困人口予以关怀，建构与公平正义相适应的、旨在实现共同富裕的当代关怀伦理体系，是我国伦理学界和社会各界应当引起重视并深入探讨的一个重大理论和现实问题。

---

① 方军：《制度伦理与制度创新》，载《中国社会科学》1997 年第 3 期。

西方伦理学家罗尔斯早已意识到贫困人口问题，并提出，应"照顾最少受惠者的最大利益"，即在整个社会分配中，对处于社会最底层的弱势成员给予适当倾斜，以便使社会分配更公正。公正的精髓始终是"给每个人以应得"。他认为，要通过公正原则来调节主要的社会制度，从全社会的角度来处理这种出发点方面的不平等，主张政府干预"惠顾最少数人的最大利益"。

精准扶贫就是通过制度设计来调节贫困人口与社会全体或公共利益之间的利益关系，使贫困人口的权利与义务在社会分配过程中合理确认；通过机会平等、过程平等的制度安排来解决分配平等的问题。精准扶贫就是要进一步以制度的形式保障贫困人口的合法权，维护最广大人民的根本利益。

机会平等是每个人自由发展的基本权利。所有人不分高低贵贱、穷富美丑，只要付出了足够的努力，满足了相应的条件，达到了规定的标准，都有同样的机会来赢取同一个社会职位，也就是罗尔斯所说的"使所有职位对所有人开放"的原则。机会平等之所以是真正的平等，是因为它对所有人都是正义的。罗尔斯的正义论一开始针对的就是人们出生伊始在社会地位和先天禀赋上的不平等，正义的第一原则是在享有平等自由的前提下承认这种不平等，第二原则是对这种不平等进行限制，并使地位和机会向所有人开放。精准扶贫的制度设计就是在承认出生伊始不平等的基础上，对这种不平等进行限制，使机会向全体贫困人口开放；通过对贫困户与贫困村精准识别、精准帮扶、精准管理以及精准考核，统筹各类扶贫资源，实现扶贫到村到户，切实做到"扶真贫、真扶贫"，确保在扶贫工作中体现公平正义。

三、精准扶贫的共享伦理维度

改革开放三十多年来，我国社会主义现代化建设事业取得了举世瞩目的伟大成就。中国经济平均以年均9.75%的速度快速增长，远高于同期世界经济3.3%左右的年均增长速度。国内生产总值由1978年的600亿元人民币上升到2009年的33.54万亿元人民币，赶超日本，成为世界第二大经济体。

社会结构的急剧变化导致经济分配结构的迅速嬗变，收入差距逐渐扩大，贫困人口未能共享社会发展成果。当中国成为世界第二大经济体、部分发达省份"富可敌国"的同时，我国每天收入约 1 美元的贫困人口超过7000 万。我们的经济社会发展的确做到了使"一部分人先富"起来，但却还未能做到"先富带后富"。一部分人在先富的同时，另一部分人却变得更穷。社会贫富差距越来越大，基尼系数（衡量收入分配"不平均程度"的指标）逐年攀升，甚至远远超过了英美等发达资本主义国家。

　　贫困人口脱贫已成为我国全面建成小康社会最艰巨的任务、促进共享发展最基本的要求。确保到 2020 年我国现行标准下农村贫困人口实现脱贫，是我们党向全体人民作出的庄严承诺。习近平同志强调："面对人民过上更好生活的新期待，我们不能有丝毫自满和懈怠，必须再接再厉，使发展成果更多更公平惠及全体人民，朝着共同富裕方向稳步前进。"

　　在习近平总书记提出的"五大发展理念"中，共享是发展的出发点和落脚点。要使全体人民共享改革发展创造出来的成果，精准扶贫、精准脱贫直接关系到全体人民的福祉，关系到全面建成小康社会的目标能否实现，已经成为全体人民共享发展成果最基本的要求。正如习近平总书记在关于制定"十三五"规划建议的说明中所说的那样，"我们不能一边宣布全面建成了小康社会，另一边还有几千万人口的生活水平处在扶贫标准线以下，这既影响人民群众对全面建成小康社会的满意度，也影响国际社会对我国全面建成小康社会的认可度"。"在一个坚持共享发展的国家里，贫困是应该消除的社会丑陋现象。如果一个国家的贫困人口非常庞大，那么它一定是一个社会发展成果缺乏共享性的国家，也一定是一个极其不公正的国家。"[①]

　　党的十六大党章中明确指出，"发展是我们党执政兴国的第一要务"，这就从中国共产党执政兴国的高度强调了发展的重大意义。然而，"如果发展不能带来发展成果被人们共享的结果，则所取得的发展只能是没有道德价值的增长"[②]。共享作为一种发展理念，需要深入人心，更需要落到实处。精准扶贫与共享发展价值取向高度契合、与其基本原则基本保持一致，并为坚持共享发展理念提供了实现路径，是全面建成小康社会的着力

---

① 向玉乔：《共享发展理念的伦理基础》，载《伦理学研究》2016 年第 3 期。
② 向玉乔：《共享发展的伦理解读》，载《中国教育报（理论周刊）》2016 年第 5 期。

点。首先，精准扶贫与共享发展的价值取向高度契合，都是让发展成果更多更公平惠及全体人民；其次，精准扶贫与共享发展理念的基本原则是一致的，即在不断发展的基础上促进社会公平正义；再次，精准扶贫为实现共享发展理念提供了方法路径，即通过产业扶贫和转移就业扶贫、易地扶贫搬迁、教育扶贫、救济式扶贫、生态扶贫和资产收益扶贫七个方面的精准政策以及完善贫困治理体制机制确保贫困人口在规定时间内实现脱贫，使贫困人口共享发展成果。

共享所具有的伦理意义体现了精准扶贫道德实践精神的内在要求。在精准扶贫主客体具备的前提下，道德主体还要依据精准扶贫所要求的道德规范积极行动，自觉地实践精准扶贫道德理想和道德目标。道德绝不是仅仅停留于意识层面的空洞理论，而是渗透在实践之中的见之于物的活动。它不仅要求道德主体应该"知道"，而且要求道德主体应该按照其所知道的原则规范去做。共享作为精准扶贫伦理范畴的实践精神规定，是对精准扶贫道德主体更高层次的要求，是道德社会本质的内在规定。马克思说："道德的基础是人类精神的自律。"① 共享的伦理内涵是精准扶贫道德精神自律的社会表达，是抑恶扬善实现人类自身价值的现实手段。

精准扶贫是让贫困人口共享利益和幸福必要条件，也是实现共享目标的基本前提。少部分人先富不能作为评价道德主体行为的社会依据，也更不能凌驾于贫困人口利益和幸福之上；因为，由个体利益的满足而获得的快感仅仅达到了社会单个成员追求幸福的目的。如果个体利益不加节制地膨胀，个人可以不加约束地以破坏他人利益为手段而获取更多的个体利益，这必将导致整个社会的失序甚至颠覆。因此，少部分先富的人在实现个体利益的过程中必然要对社会和他人相应地承担自我约束、谋求社会整体和谐、通过帮助他人实现幸福从而实现自身的个体价值等职责。利己及人，使天下人得益，将自己的幸福融汇于社会的共同进步之中，并由此而获得自己的价值满足，这就是共享伦理的社会基础。因此，实现共享，哪怕是最低限度的共享，都是精准扶贫的最基本要求，也是精准扶贫的基本伦理标准。

---

① 《马克思恩格斯全集（第 1 卷）》，北京：人民出版社 1965 年版，第 15 页。

四、精准扶贫的财富伦理维度

在中国共产党历史上，毛泽东提出"使所有农民都要富裕"是我们党关于共同富裕的最初表达。在毛泽东的共同富裕思想中，我们可以清晰地看到"互助""合作""平等"的财富伦理印迹，无论是走农村合作化道路的主张，还是大家要在特殊历史时期吃一锅饭的平均主义，都是他在建国初期内忧外患背景下对如何改善人与人之间的关系、如何团结人民大众、如何协调人与社会共同发展所进行的思考。邓小平把共同富裕提升为社会主义的本质特征，把财富伦理价值取向贯穿于改革开放事业的始终，并把反对平均主义和在实现共同富裕进程中坚持公平的原则贯穿于改革开放的总体进程。邓小平认为："社会主义国家最大的特点并不是饥饿与穷困，而是温饱与富裕，并且是全体人民共同的温饱与富裕。"看似有失公平的多劳多得、少劳少得、不劳不得的分配理念，其实是对新环境下社会主义按劳分配的财富伦理原则的最好诠释，是对劳动者权利和尊严的极大尊重。

党的十八大以来，以习近平为总书记的党中央把贫困人口的脱贫作为社会发展的首要目标，创造性地提出了精准扶贫、共享发展，以及中国梦等重要思想，深化和发展了财富富裕思想。正如习近平所说："人民对美好生活的向往，就是我们的奋斗目标。"一切工作的出发点都应该要以人民群众的美好生活为出发点和归属，要有共同富裕的政策取向。

中国政府提出精准扶贫，支持贫困人口脱贫致富，体现了党和政府对贫困人口的社会地位、生存价值以及人格尊严等方面的尊重与理解，体现了对贫困人口生存状况的关护与责任，是人类道德与文明的重大进步；同时，通过对贫困人口进行精准识别、精准帮扶、精准管理以及精准考核，回答了在实现共同富裕的伟大历史进程中扶持谁、谁来扶、怎么扶的问题，切实做到"扶真贫、真扶贫"，确保能够在规定时间内完成精准脱贫，使共同富裕思想落到实处。精准扶贫既是一个政治经济发展目标，也是一种价值取向，同时又是一种道义选择。扶贫、脱贫问题如果不能很好解决，势必影响社会主义的凝聚力，共同富裕也无从谈起。

精准扶贫蕴含了财富伦理的价值目标，确保了贫困人口享受权利的真实性、公平性和广泛性，展示了坚持财富伦理目标对防止两极分化、实现中华民族伟大复兴的"中国梦"的伦理境界的重大意义。我们在谋求实现社会共同富裕目标的进程中，需要依赖于精准扶贫的有效实践，只有在贫困人口脱贫的前提下，才能提高社会整体的生产效率，推动全面建成小康社会的实现。

习近平同志强调："全面深化改革必须着眼创造更加公平正义的社会环境，不断克服各种有违公平正义的现象，使改革发展成果更多更公平惠及全体人民。"这阐明了精准扶贫与共同富裕之间的内在联系，要求我们在实现财富伦理目标过程中必须抓住"精准扶贫"这个关键和要害。抓住"精准扶贫"，就找到了影响共同富裕的症结，抓准了促进共同富裕的良方，才能抓住走向共同富裕的关键。

五、中国精准扶贫的推进对世界扶贫事业的贡献

贫困是一个世界性难题，扶贫是国际社会和各个国家或地区共同面临的责任。随着对贫困问题认识的不断深入和扶贫实践的有效推进，贫困概念和扶贫理论不断发展，形成了区域视角、制度视角、权利视角、文化视角、生态视角等不同的理论。精准扶贫体现了以人为本、公平共享、生态与协调发展的扶贫思想，并将该思想具体化、可操作化，初步形成了具有中国特色、体现社会主义优越性的精准扶贫理论体系。"精准扶贫"思想是对马克思主义扶贫理论的继承与发展，是马克思主义理论中国化的突破和创新。

当今中国正处于一个特殊的社会转型期，必然要求马克思扶贫理论阶段性的具体目标，要有一个相应的调整和变化，而不可能停留在近代资本主义社会无产阶级反贫困历史阶段的初级目标上。精准扶贫就是在这样一个阶段上看到了贫困形态、贫困内容、贫困性质、贫困领域、贫困群体等的变化，也看到了绝对贫困、相对贫困的比较差异，创新和发展了马克思扶贫理论，并且根据当代中国经济社会发展客观实际，正确地确立了扶贫的具体目标。这一目标与当今中国小康社会人民共同富裕的目标一致，与"中国梦"民族伟大复兴的美好愿景相一致。精准扶贫在扶贫的内容和实践形式上的创新与发展能有效地消除社会经济生活中的各种负面因素，优化社会经济伦理秩序，提升社会财富的品质，从而增强当代中国人民扶贫的实际效用。

社会共同进步和人类幸福为精准扶贫提供了现实的伦理要求，精准扶贫政策的制定与实施能为贫困人口带来切实利益，中国精准扶贫政策的实施也就意味着实现了扶贫脱贫理论的社会价值，这种社会价值在于政府、非贫困人口基于平等的原则对贫困人口所负担的发于良心或道义的帮扶，并从世界反贫困战略与中国精准扶贫制度化的高度解决贫困问题，使社会整体利益的共享最大化。所以，精准扶贫的社会价值就必须从世界反贫困理论和中国扶贫脱贫理论联系之中建立与贫困人口的参照并给予伦理解读，即从社会共享利益角度反观精准扶贫并对之作出价值规定。总之，精准扶贫社会价值的实现是社会进步和人类幸福的现实之源。

从伦理学的角度分析精准扶贫的伦理意蕴既有助于深化伦理学的社会公平理论，从而丰富和完善伦理学的理论宝库，也将有助于揭示贫困人口未能共享社会发展成果的深层次原因；并在此基础上，分析现有制度的伦理困境对贫困人口获取社会资源的能力和机会的制约和影响，建构贫困人口共享社会发展成果的制度，为精准扶贫提供理论支持和伦理道德资源。

（作者李皓，湖南师范大学公共管理学院 2016 级博士研究生。）

道德治化在现世社会治理中的
价值作用分析

王国庆

摘要：中国传统文化中儒家主张"德治"，其德治思想异常丰富、完整，但因多方面原因却一直没有纯粹地被完全实行。因此，不同流派的学者就关乎"礼与法"即"道德教育与法律制裁"的伦理关系争论不休，"法治"思想就成了与"德治"并行数千年的治理理念。除此之外，历来关于选用贤才过程中的"德与才"孰轻孰重何以抉择的问题一直是管理过程中人们讨论的重点。德才兼备者少，因此就提出"德为本"或"才为重"的说法，抑或在不同情况下任用不同人才。而"德治"必是人类社会所永远要追求的最高愿景，也必须坚信，德治乃治理社会的最高形态。而且要切实实行德治传统的现代转换，将其思想纳入以人民为本位的社会主义民主政治体制之中，以此推动中华民族的凝聚力。

关键词：德；德治；才能；法治；礼与法

中华传统文化是一种以求善为目标的道德中心主义的伦理型文化。这种文化在政治上的表现就是德治主义。自汉代以来，历代封建王朝皆注重发挥道德的政治功能，实行"以德治国""以礼和民"的治国方略，从而逐渐形成"德治为政教之本，刑罚为政教之用"的德治传统。几千年来，以德治国不仅使中华民族成为具有崇高理想和美好道德传统的"礼仪之邦"，而且在中华民族凝聚力的产生和发展以及多民族统一国家的形成中，都起了巨大的推动作用.是中华民族代代相承的传世之宝。考察现代视野下中华德治传统的社会价值及其转换，对我们今天增强中华民族凝聚力，复兴中国文明、振兴中华，无疑具有重要的现实意义。

一、"德"及"德治"的内涵理念界定

《说文》释"德"字从"彳"从"直"从"心"，意为人与人之间应该把心思放端正，以直心正身、真心诚意对待他人。"德"的本意为顺应自然、社会，和人类客观需要去做事。不违背自然规律发展去发展社会，提升自己。

又从"德"字象形字分析，德乃是"行"的象形字而得，即"因道生德"，道者，道路也；德者，得也，故而"行乃得，德实德，德属道"。因此，在管理社会治理国家的过程中，不仅要注重把握其发展规律，以人为本，同时也要注重德的教化，德者得也，如果想要得到所要达到的目标必须要以德为本，治理国家、管理人民及社会事务。

德治就是用这种正直、真诚的思想和仁义礼智信等道德规范治理国家，充分发挥道德的政治功能，使国家长治久安，社会不断进步。

"德治"是中国传统文化中重要的政治思想和伦理思想，两千多年前，以孔子为代表的儒家已经认识到法律和刑罚不能从根本上达到维护社会秩序的目的，在维护社会秩序中起着根本作用的还是民众的道德素质。由于儒家文化处于统治地位，德治在汉代以后的文化理念中一直占有重要地位。德治是中国古代的治国理论，含义有两点：第一，要求统治者集团以身作则，注意修身和勤政，充分发挥道德感化作用；第二，重视对民众的道德教化，"为政以德"，德主刑辅。由是，周人提出"明德慎刑""为政以德"，后经两汉魏晋南北朝的法律儒家化运动，礼法合流，《唐律》最终确定了"德礼为政教之本，刑罚为政教之用"的德治方略，并为后世历代所尊崇。

但是，在中华民族几千年发展历程中，单纯的德治方针一直未能完全实行开来。而主要的原因道德与人本身自性的问题，即"道德是否是万能的"的说法，尽管一直被人所讨论，但始终未能在实际中给出定论。除此之外，关乎"德与法"及"礼与法"的伦理关系到底孰轻孰重、孰本孰末的争论，亦是必须要思考的问题。因此，将主要根据这三点展开分析德治的意义作用。

二、德与才的匹配关系

数千年来，大多数人对道德的社会万能作用一直持否定态度，有人对

此提出疑问：有道德的人并不一定有才能，只有道德并不能做好所有事情，总有有德而才不足的人。其实，道德分两种：一种是上德（大德），另一种是下德（小德）。所谓大德，即是指造大福于社会，匡扶社稷，兼济天下的道德。但毕竟具备上德之人在少数，所以也只有少数人才能做到改变历史、影响历史。另外，有德此有人，一个有德行的人如果立志要做出一番事业，不管是对社会、人类或自己有多大贡献影响，只要立志去做，意识到自己的不足，必然会去根据自己的目标而去培养、发展自己的能力。所谓"人不为己，天诛地灭"，即是这个道理。我们总是习惯地以为这句话是说，人如果不去处处为自己谋利益，那么便会导致天诛地灭。但实际上并非如此，所谓"人不为己，天诛地灭"，是要告诉人们，一定要从自身做起，使自己成为一个有道德有能力的人，尽自己的努力，为社会的发展做出自己力所能及的贡献。大到"兼济天下，匡扶社稷"的"己立立人，己达达人"的境界，小到中正立己，诚之为贵"的"己所不欲，勿施于人"的水平，不管怎样，只要是不危害社会及他人而又能做出自己的一份贡献，那就是"为己"的体现。简单来说，"为己"是指如何由内而外地提升自己，使自己成为一个至诚的有德之士，如果连自己本身都不想去使自己进步，那么真的就是要"天诛地灭"了。所以，人言"古之学者为己，今之学者为人"，也真是一种讽刺之说。

　　如果一个人只是抱怨自己能力太小，做不了事情，而不去一点一滴做起，那么，这种人其实是打着道德的旗号，以满口仁义道德之言宣扬自己那虚伪的礼义。因为真正有道德的人必定知晓自己的志向而去努力实现，而那种只知道有目标而抱怨无为的人，其实是"小人的道德"。那么因此就引出了大德之外的另一种德，即小德。大德治理国家社会、造福人民，小德以德立身、帮助人民，切记"勿以善小而不为"。只要是有道德而不去抱怨，从身边的点点滴滴做起，尽自己的最大努力去做身边所遇到的每一件事情，而不去危害他人，切记"勿以恶小而为之"，这也是一种德，只是所做之事不一样罢了。当然，可能实际中确实有些国家或地区的社会治理情况目前无力解决却又真实存在，也无法使情况达到预想的地步，但毕竟对国家和地区社会的治理不是简简单单一个人或一代人就能够完成的。不是所有人都能成为社会中最精英者造福社会，有些特殊存在着的能力有限的情况我们也必须承认，但不能因此否认其才能，毕竟每个人都有每个人存在的意义。

故而，对于"有德无才"之说，这还算不上是一种德。《道德经》第三十八章言："上德不德，是以有德；下德不失德，是以无德。上德无为而无以为；下德无为而有以为。"真正有德行的人不会使得自己没有与自己目标所需无法匹配的才能。的确，在现实生活中，有很多所谓有德之人但没有足够的才能去实现自己的抱负，而且如果过多地相信道德万能之说，则会导致人们不注重增强自身才能。有德使有才，以才实现德。真正的有德之士不会因为才能不足而终日抱怨。"志大才疏"只是在实现理想的开始阶段感到不足，但如果想要实现目标，有德之士只会努力地提升自己以符合目标要求，而不会存在"有德但无才"的现象。这样的"德"不能算是一种纯粹的德，因为这种德并不能为这个社会带来积极意义上的改变。但与此同时，又在此基础上存在一种德才如何匹配的情况。可以简单地将其称为"目标合理化"，即个人所追求的目标符合自身能力的实际。当然，并非在此否定人的主观能动性，只是提出人应该结合自身实际而拥有实际可行的目标。因为尊重客观规律是发挥人的主观能动性的前提和基础，只有尊重客观规律，才能更好地发挥人的主观能动性。人们对客观规律认识越深刻、越全面，主观能动性就越能充分地发挥。如果违背客观规律，就会受到它的惩罚。尊重客观规律和发挥人的主观能动性是相辅相成的，既要尊重客观规律，又要发挥人的主观能动性，坚持遵守其辩证统一的关系。当然，这里所指客观认识规律即是指认识自己的实际情况，在发展客观实际的过程中，从实际出发，不宜"妄自尊大"或信守"精神万能论"的说教。

所以，关乎德与才能，首先要承认德是最重要的要求，其次也要去分清何种德需要何种才，如何使得自己的才能最大限度地实现自己的理想目标。不宜妄自尊大，而应实事求是地匹配自己的德与才的关系。有德之人自会知道且努力使得自己的才能符合自己的目标期望，而不会终日抱怨"志大才疏"抑或"才能不够"；其次，在考量自身德才时，应坚持实事求是的原则，切莫追求远超过自身水平的目标，以免最终落得个"身败名裂""一事无成"的下场。

古往今来，有多少才子仁人只因恃才傲物抑或德行不正，终至身败名裂。德乃立身之本。《大学》有言："有德此有人，有人此有土，有土此有财，有财此有用。"当然，这里并非纯粹指"人""土""财"，只是通过这个说明现代社会中的现实情况。一个人，只有内心具有德性的存在，那么这个人才可以算是一个真正的人、一个对社会国家民族有利的人，而这样的一个人是所有人都喜欢的且愿意追随相交的，所以，他的言行会影响到更多的人，会使这种"德"的思想理念传播到更宽广的地区，使更多人树立更好的德行以便实现自身各种正义的追求，推动社会国家的发展。如此积极的循环往复，社会治理必将是一片和谐景象。唐孔颖达说："有德之人，人之所附从，故有德此有人也。有人则境土宽大，故有土也。有土则生植万物，故有财也。财丰，而有供国用也。德能致财，财由德有，故德为本，财为末也。君若亲财而疏德，则争利之人皆施劫夺之情也。"（《十三经注疏·大学》）。对于个人而言，最重要的应该是德行，有才无德所酿成的灾祸会比有德无才酿成的灾祸更大，因为有才之人更加懂得怎样去索取自己所需的不正当利益而尽量少地甚至丝毫不受惩罚。

所以关乎"德与才"的不同说法，应该相信道德的万能作用，德乃立身之本，相较于后天可以学习到的才能而言，个人的德行是较难通过学习改变的，而一旦认识到道德的重要性，其作用不可估量。

三、德治与法治

"法治"是相对于人治而言，是一种以法律为主体，以市场经济的发展为经济基础、以民主政治的完善为政治基础、以发达的权利义务观为思想文化基础的社会控制方式。法治是一种良法得到普遍遵守的治理形式。其根本特点是：法律至上和法律正当，并且旨在实现以下四种价值，即自尊自主的人文生活、理性规范的社会合作、亲和可敬的司法正义和有效节制的政府权力。德治即是一种"以德治国"的治理国家社会的方式，是中国古代的治国理论，不仅要求统治者集团以身作则，注意修身和勤政，充分发挥道德感化作用，而且更要重视对民众的道德教化，"为政以德"，德主刑辅。

我国历来是一个讲求"以德治国"的文明国度，在我国几千年的发展历程中，德治与法治一直是治理国家的两种不可缺少的施政理念，但从实际情况来看，德治应该是起主导作用，而法治只是起到强制性的辅助作用。自习近平同志执政伊始，中国的政治发展进入到了一个新的纪元，即强调社会要依法治国、以德辅政。而就此展开的一系列党政活动也都围绕着依法治国展开，或者说在一定意义上展开了法治或德治的讨论。

毫无疑问，在目前中国，实行依法治国是治理国家事务的最佳方式。新中国建立半个世纪有余，虽说实现了空前的经济发展，但在政治发展上，依旧需要更加努力地完善政治建设上的不足。因此，在对公民、官员等进行行为制约和道德约束的制度设计上，不可避免地要实行法治，加强法律的约束力。

总的来说，依法治国的方针对良好高效的政绩评估及社会个人的自我约束方面有着极为重要的意义和作用。但除了外在的制度设计和约束外，政府官员自身的约束对政府绩效评估工作的开展才具有最重要的意义，个人内心的德化才是决定一个人约束力行为的最重要因素。因此，我认为，在政府绩效评估宏观环境向政府官员微观自觉的演进过程中、在个人行为提升过程中，法治所起到的作用仅仅是约束、矫正和引导调控，而不能从根本上解决问题。因此，若想从根本上解决政府各级官员及人民所普遍或特殊存在的问题，德治才是治本良方。

"有德此有人，有人此有土，有土此有财，有财此有用。"这里所讲的"土"，确切应指为"能力技术或资本"。一个人无论是官或民，首先都要以德为本，仁己立人。孔子曾提出"仁"的思想，主要理解为"忠""恕"两层含义：一是指消极的易实现的"仁"，即所谓"恕"，即"己所不欲，勿施于人"；二是指积极的难实现的"仁"，即所谓"忠"，即"己欲立而立人，己欲达而达人"，这在一定程度上与佛教地藏王菩萨所提出的"地狱不空，誓不成佛"有异曲同工之意。所以要做到"己立立人，己达达人"是很难的，但并不能因为难而不去做，所以德治、仁治就很重要。

用法治约束个人，无论法治化程度多么高，不可否认的是这种治理形式仍旧是暴力约束的问题，法治的背后是暴力的约束，用这种暴力的约束去改善目前社会中所存在的问题，只能治标不能治本。原因很简单，官员或公民在法治的胁迫下，在做出行动之前，首先想到的是做出这一行为的后果，即因为恐惧，惧怕这一行为带来的不良后果，而不是在心中用道德的力量告诉自己：这是不正确的。即便是在目前法治化程度很高的西欧国家也是如此，用法律的力量约束人民的行为，人们心中只是对此有恐惧感，进而形成一种"恐惧的不敢为"的文明秩序。

所以，人在社会中应该有一种"免于恐惧的自由"，当然这种自由也需要我们每个人自身努力"为己"以提升自我，建设一种没有恐惧、没有压迫的社会，人民在这个社会里也没有恐惧地生活，这应该是每个人都希望的。

当然，在目前中国不可否认，必须要采取法治的措施，不得不以法治来约束人们避免做出法律所不允许的实情。但是法律允许的是否就是完全正确的呢？我们不得不思考，道德在此也有很重要的意义作用。在德治的治理下，人心向善，以德立身。人们做出行为选择的时候，没有过多的考虑，只是因为一点：这是应该做的，这样做是有利于人民、有利于社会、有利于自己的。所以在目前法治中，必须要考虑德治，以德影响人。

因为单纯的法治不能满足社会和谐发展的需要，故而宜德治兼施，而且有必要把德治放到比法治更重要的地位上。因此，在实施过程中，为了避免不必要的问题，我们需要明确以下几点：

（一）法治需要思想道德建设先行

道德品格是法治的前提，法律的产生以道德为基础。重要的基本的道德规范是法律规范的主要来源之一。没有对道德理念的追求，法律可能成为专制与奴役的工具。法治的关键在于善法或良法的存在。法的正义与否，在相当程度上取决于立法者的价值取向和道德水准。不体现道德，甚至背叛道德的不义之法，也许可以称为法制，却永远无法纳入法治的范畴，不可能得到有效的贯彻实施。不同的经济社会群体有着不同的法律愿望，立法主体的道德品质在一定程度上决定着把什么样的法律愿望上升为国家法律，从而决定法律的品质。从我国来说，立法主体只有把代表最广大人民根本利益的法律愿望上升为国家法律，才能获得绝大多数人的支持，这样，法律才具备了顺利运行的前提条件。因此，比起法治，德治更具有基础性和前提性。

（二）法治的运行需要道德支撑

道德控制是法治的内在动力。法治的重点是人的外在行为，德治的重点是人的内心世界。法律不能自行，再好的法律也需要人来执行。法律的确立和实施，归根到底是人的活动过程，法治是靠人来实现的。见物不见人，法治也就无从谈起。法治的推行首先要依靠社会成员的普遍认同和自觉遵守。没有较高的道德水准,有了好的法律也不易执行,再严密的法律也有空子可钻。不可能设想法律和制度一旦建立,社会秩序就井然有序,失范现象就不攻自破或荡然无存。现实要求我们必须从思想道德上保证切实遵纪守法,同一切违法乱纪的思想和行为作斗争。要看到,一个社会如果大多数社会成员思想觉悟和道德素质低下,那么不论有多么苛刻严厉的法律,也不能从根本上解决社会秩序和管理问题,不能长治久安。法治是对全国人民最起码的要求,德治则是高层次的要求。没有德治支持的法治,是没有根基的。

(三)法治的完善离不开道德制约

法律在实践中是动态的开放的体系,需要在面对新情况、总结新经验的基础上,不断延续、提升和发展。道德的自觉约束与法律的强行约束是互相制约的,也可以互相转化,某些道德规范需要适时提升为法律规范。在法律未涉及的领域,道德就在其中起到补漏的作用。厉行法治,必须辅以德治。某些危害社会的行为,法律可能束手无策,道德却可以有所作为,人们可以依据道德来评判、谴责一切危害社会的行为。道德不仅可以弥补法律条文的某些空隙或薄弱环节,而且可以深入人的灵魂。以德治国并非是要以德治来代替法治,而是要真正强化和实现法治。只有在实行法治的同时实行德治,以道德教育、道德自律和道德建设作为法治的后盾,提高全民族的道德素质,依法治国才能进入良性循环,社会发展才能进入较高层次。

德治和法治作为人类社会治理的两种基本手段和方式,属于社会和国家政治层面的构成要素,它们的存在状态、功能作用以及变化趋势等都与所隶属的社会和国家的政治、经济本质紧密相连。社会的进步与发展既决定着德治与法治的本质和状态,同时又得益于德治与法治的功能和作用。人们通过发挥道德和法律的社会功能,亦即通过德治和法治不断调整着社会成员的行为,规范着社会的秩序,维系着特定社会形态的稳定:伴随人类社会形态的变化与发展,德治与法治的本质、功能和相互关系也呈现出各不相同的内容和形式。考察人类社会形态的辩证运动,会发现德治与法治曾经历着一个从"合"到"分"又到新的"合"的否定之否定的变化过程。研究和探讨德治和法治在人类社会历史中变化发展的客观逻辑,对于在建设有中国特色社会主义的进程中,坚持"依法治国、以德治国、德法并举"的治国方略，无疑具有十分重要的理论意义和实践价值。

但实现国家最优化发展并非一朝一夕之事，在现今这个价值观缺失、人们行为缺乏美好的准则的社会下，需要通过法律加强管制，以实现社会稳定，使人们趋向于一个营造合理安定的社会环境。但随着社会发展、国家进步，单纯的法治理念所带来的问题也日趋明显，人们不重视道德修养，社会价值观败坏，甚至有可能处理不当最终将会导致"三千年的思想大变动"时代的到来。因此，我们在此必须注意且强调，在实行法治的同时，更加不能忽视德治的重要性。在一个只是或者更大程度上实行法治管教的社会中，即便排除价值体系道德观的缺失这一点，这个社会也未必能管制得很好。因为即便社会趋于稳定、人民不敢为非作歹，那也只是因为人们在做事之前首先想到的是做这种事情会带来什么不好的后果，首先想到的会是高压政策下带来的恐惧感，即是因为受到法律的管制恐惧害怕而不敢去做坏事，而不是因为从自身思想出发去考虑做这件事会给别人带来什么不良后果。这样的法治，必定会造成社会幸福感下降，而且也会使得人民心中压抑的情感总有一天会爆发。但是，如果在法律调控的前提下，对社会管理施行"德化"的方针，使人民思想水平不断提高，更加愿意去做有利于人民和社会的事情。即便他们想要做违法的事情，但是首先想到的是这会给别人带来什么危害，而不是因为恐惧不敢做，那么这个社会的治理形式就是符合人性的合理的。正所谓"德者本也，才者末也，外本内末，争民施夺"，如果一个社会不够重视德化，那么就必然会导致更多的社会矛盾，无论是隐性的还是外显的，甚至是一些极端的矛盾发生。

所以，综上所述，德治与法治兼行并举，才是治理国家的良策方针。不过孰本孰末却是一个需要讨论的问题。法治只是暂时的治理形式，法治只是也只能起到引导、协调的作用，德治才是社会管理的最高愿景，才是社会治理的最高治理形态。

四、礼与法（理与法）的延伸思考

此谓"礼"者，道德教育也，"法"者，法律制裁也。

法固不可不用，而礼更为重要。"夫礼者禁于将然之前，而法者禁于已然之后，是故法之所用易见，而礼之所为生难知也。"（《汉书·贾谊传》引《治安策》）所谓礼是道德教育，让人民从思想上服从统治，有保民的作用，如果礼能实行开来，那么社会秩序就足以巩固加强了。但法仍旧只是一种压迫人民不得不遵守的绳索，不能让人民从内心深处予以认同，就不能够达到社会治理的最优。除此之外，从礼与法的效果来看，"以礼义治之者积礼义，以刑罚治之者积刑罚。刑罚积而民怨背，礼义积而民和亲……道之以德教者，德教恰而民气乐；驱之以法令者，法令极而民风衰。哀乐之感，祸福之应也"（同上）。以"礼义"治民，可以达到"民和亲"的效果；以"刑罚"治民，就会发生"民怨背"的危险。必须要承认，无论是德治还是法治都只是统治的工具，而最好的社会模式则应该是人心向善，心向德生，即没有治理，或者说没有治理的必要。

五、总结与展望

一个国家尚未建立的革命战争时期，军人是建国栋梁；国家建立之初、百废待兴、亟须建设时期，理工科类技能型人才是推动国家发展的必需人才；而今国家富强、民族振兴，在对国家社会进行统治和管理的过程中，人文社科型思想人才则是社会和谐更好发展的主心骨。我们国家的发展正处于社会主义初级阶段，需要更多的人不懈努力，为建设一个和谐稳定、没有恐惧、充满自由的社会。

但有关发展的恐惧，或许说关乎意识形态的争论甚至有组织的各种活动大概都不外乎由以下几点引起的：哪个民族是最好的？哪个宗教是最好的？哪种政治理论和政府形式是最好的？为什么其他人是如此的愚昧和邪恶？他们为什么要抗拒我们把他们纳入我们的控制之下？凡关乎此几点的有组织的活动大概都逃脱不了一种结局，那便是伤害。但这种意识形态的问题也许可以被广泛地接受，至少可以建立在一种"正义之善"的"德"基础上，互使更好，而不是排斥与"残杀"。所以，"德治"必是我们所永远要追求的最高愿景，我们也必须坚信，德治乃治理社会的最高形态。

（作者王国庆，中南大学哲学系研究生。）

第二部分

中西伦理思想研究

由术而道：中国健身气功发展何以可能①

唐光斌

摘要：健身气功的发展已有悠久的历史，在发展的过程中，中国健身气功已不仅仅停留在"术"的层面，更在积极走向"道"的层面。中国健身气功因其文化底蕴深厚、学术影响深远、国际视野深刻、政策扶持给力、社会影响日增等使其得到进一步的发展，成为一项优秀的群众体育项目，对服务民众的身心健康具有重要的意义。

关键词：健身气功；"道"；"术"

国家体育总局党组副书记、副局长杨树安在 2015 年全国健身工作会议上强调，健身气功归属群众体育，但是绝不仅仅是"术"，更要上升到"道"的层面。健身气功工作者要运用辩证唯物主义和历史唯物主义方法论，让健身气功真正成为我国群众体育的优秀项目，成为切实服务世界民众身心健康的中国良方，成为修习中国文化、提高境界和开发潜能的重要途径与方法。试问：健身气功果真能如此由术而道么？

一、关于健身气功

健身气功的概念，始见于 1996 年 8 月 5 日中共中央宣传部、国家体委、卫生部、民政部、公安部、国家中医药管理局、国家工商行政管理局等七部委联合下发的《关于加强社会气功管理的通知》。该《通知》明确指出："社会气功是指社会上众多人员参与的健身气功和医疗气功活动。

---

① 此为唐光斌主持国家健身气功管理中心科研项目《健身气功由术而道的实现路径研究》（项目编号：QG2016049）阶段性成果。

其中群众通过参加锻炼，从而强身健体、养生康复的，属健身气功；对他人传授或运用气功疗法直接治疗疾病，构成医疗行为的，属气功医疗。"表面看来，这里出现了三个气功概念，即社会气功、健身气功、医疗气功。实际上是把以往社会上出现的各种气功划分为两大类，即健身气功与医疗气功。为便于分类管理，更有利于气功事业的发展，将以自我锻炼为主要形式，以强身健体、养生康复为目的的气功划为健身气功，将由医者向患者实施以治疗疾病为目的的气功划为医疗气功。而社会气功，是对上述两类气功的总称。也就是说，健身气功也好，医疗气功也罢，本质上，都属于气功这一大门类。

既然健身气功与医疗气功都属于气功，那我们就来看看气功的定义。实事求是地讲，关于气功的定义，目前学界还没有一个统一的权威性说法。2007年，国家体育总局健身气功管理中心编印出版的《健身气功社会体育指导员培训教材》指出：气功是中华民族的瑰宝，具有悠久的历史和深厚的文化底蕴。它作为一种独特的身心锻炼方法，在中国养生学中占据着十分重要地位。如果从健身养生的视角出发，普遍比较认同的气功内涵是：气功是基于中华传统文化的人体生命整体观，通过调心、调息、调身的锻炼，改善自身的健康状况，开发人体潜能，使身心臻于高度和谐的技能。2012年，刘天君教授主编出版的全国中医药行业高等教育"十二五"规划教材《中医气功学》则指出：在医学领域，气功疗法是传统中医药学的重要组成部分，已有数千年的发展历史，至今仍应用于临床，且越来越引起现代医学和科学的重视，依据气功学术传承的宗旨，并结合现代学科与知识的分类标准，提出气功的定义：是调身、调息、调心三调合一的心身锻炼技能。

照此定义看来，无论健身气功还是医学气功，都认为气功是一种技能。因此，既然气功是一种技能，健身气功作为气功的一类，理当也应是一种技能。那么，健身气功应然于"术"，又何以为"道"呢？

二、关于道

老子说："道可道，非常道。"孔子说："朝闻道，夕死可矣。"韩愈说："师者，所以传道授业解惑也。"这些古人都论及了道，那么到底何谓道呢？在我看来，道是一种高度抽象且具有一定普适性的原理、规则，它应是世界观、方法论、认识论，而不是具体的方法、认识。比如人们都说"授人以鱼不如授人以渔"，常人也都能够理解这个道理，但道理归道理，道理也不是道，尽管它可能源于道。一般讲授人以"渔"，往往只停留在由此衍生出的捕鱼方法、技术、技巧层面上，比方说如何捞鱼、钓鱼、抓鱼、网鱼等。事实上，授人以"渔"，除了传授给人捕鱼方法、技术、技巧外，也还可以传授给人养鱼的新理念、新思路、新做法。显然，养鱼比捕鱼有着更深远的意义，它可以无中生有，由小做大，它不再仅仅只是简单的、具体的方法、技术、技巧，而是内含着奥妙无穷的道。

因此，"道"高于具体的技术、技巧或方法，是通过对具体的技术、技巧和方法的不断使用、修正、思考，进而升华所得，是经由"技巧——理念——道"这样一个认识的层次，逐级上升，最终达到的。处理具体问题的方式，处理的程序，是技术性的东西，它有时是在"道"的指导下形成的，有时是在解决问题的实践中形成的，它对人们的行为进行了规范。

技术、技巧练习得多了，它跟理念之间的联系，慢慢就通了，这种通，使人们可以从更高的层次看问题，更容易地解决问题，在解决问题的时候，明白问题为什么会得到解决。人们在不同的领域慢慢地总结出了更多的理念，人们就会发现这些理念的共同之处，再不断思考，通往"道"的大门，就慢慢打开了。

气功修炼讲究放松入静，进而反观内视，积极倾听、体味自我生命气息，这些具体的做法就是技术、技巧的层面，那为什么要放松入静、积极倾听、体味自我生命信息呢？因为我们身处宇宙自然生命之中，与宇宙自然融于一体，我们就是宇宙自然生命体系中的一分子。同时，就我们自身的身体而言，又是一个完整的生命体系，道家称之为人体小宇宙。宇宙自然生命布满着各种信息和能量，我们每一个人的周围也都布满着气，布满着各种信息和能量，包括我们人体自身的不同层面。我们只有用心去体悟，才能感悟生命的真谛，才不至于人云亦云地赘述一些所谓的道理。这个"为什么"就是理念的层面。当人们觉悟到，全然地相信生命，允许所有人自由地去探索、去发现，心灵得到解放，就得"道"了。

健身气功要上升到道的层面，我的理解，实际上也就是人们对待健身气功不仅要知其然，更要知其所以然。师者不仅要传授健身气功的技术、技巧等形体动作的一些具体做法，更要传授一招一式的功法原理，解决为什么的问题，也就是世界观和方法论的问题，进而使人们从观念上、认识上体悟健身气功的强身健体、养生康复之道，通过自身的气功修炼，激发人体潜能，感悟生命真谛。

三、关于现实可能性

鉴于对道的上述认识，健身气功要上升到道的层面，并非没有可能。从现实可能性分析，至少有如下几个方面的基础支撑。

第一，文化底蕴深厚。气功文化，把人体与宇宙自然视为一个有机整体，从而形成了最能体现中国哲学人文精神的天人合一整体观，在中国有着数千年的悠久历史。气功过去多以导引、吐纳、行气、服气、坐忘、守神、炼丹、坐禅等称呼，讲究调身、调心、调息。《庄子·刻意》记载的"吹呴呼吸，吐故纳新，熊经鸟伸，此导引之士，养形之人，彭祖寿考者之所好也"，正是气功流传于我国古代春秋战国时期的生动写照。气功以中国哲学天人合一、阴阳五行、中医经络等为理论基础，糅合中华民族传统体育内涵，形成了中华民族独具特色的健身养生文化。

健身气功是中华气功文明的最新成果。据考究，易筋经源于我国古代导引术，而导引则由原始社会的"巫舞"发展而来。[1] 可见，尽管"《易筋经》作者辨证"[2] 尚有学术空间，但易筋经源远流长则为世人所共识。"健身气功·易筋经"是在传统"易筋经十二定势"动作的基础上改编而来。五禽戏是我国东汉名医华佗根据古代导引、吐纳之术，模仿动物虎、鹿、熊、猿、鸟的动作，结合人体脏腑、经络和气血功能创编的一套供人们祛病强身用的气功功法。"健身气功·五禽戏"则是在对传统五禽戏进行挖掘整理的基础上编创的。六字诀是一种以呼吸吐纳为主要手段的传统锻炼养生方法，由庄子《刻意篇》描述古人"吹呴呼吸、吐故纳新"的养生方法，至少可以追溯到我国古代先秦以前，而现存最早的六字诀文献则见于南北朝时期梁代陶弘景所著的《养性延命录》。"健身气功·六字诀"则是在对传统的各种六字诀功法与文献进行了大量整理与研究的基础上，

---

① 参阅国家体育总局健身气功管理中心编：《健身气功·易筋经》《健身气功·五禽戏》《健身气功·六字诀》《健身气功·八段锦》，北京：人民体育出版社 2003 年版。

② 周伟良编著：《〈易筋经〉四珍本校释》，北京：人民体育出版社 2011 年版，第 2 页。

结合现代社会的特点和全民健身的需要，编创的一套具有时代特征的健身功法。"健身气功·八段锦"的演练图式，可以在长沙马王堆三号墓出土的《导引图》中找到近似"调理脾胃需单举""两手攀足固肾腰""左右开弓似射雕""背后七颠百病消"图式。南北朝时期陶弘景所著的《养性延命录》中也有类似的动作图式，如"顿踵三还"与"背后七颠百病消"动作相似，"左右挽弓势"与"左右开弓似射雕"动作相同，"左右单托天势"与"调理脾胃需单举"动作基本相同，"两手前筑势"与"攒拳怒目增气力"动作相同。这些都说明，"八段锦"与《导引图》和《养性延命录》有一定的关系，进而说明了八段锦有着悠久的历史文化。至于八段锦的名称，最早则出现在南宋洪迈所著的《夷坚志》中："夜半时起坐，嘘吸按摩，行所谓八段锦。""健身气功·八段锦"是在进行了大量文献、史料的考证与检索以及功法的挖掘整理工作基础上，先后收集了从南宋至今的立式八段锦64个版本，才得以完成雏形，其中的八段名称，基本上沿用了清末《新出保身图说·八段锦》中的"两手托天理三焦，左右开弓似射雕；调理脾胃需单举，五劳七伤往后瞧；摇头摆尾去心火，背后七颠百病消；攒拳怒目增气力，两手攀足固肾腰"，仅在名称顺序上进行了微调。

可见，健身气功承载着几千年的中华文明，所编排的一招一式，无论动作运用，还是音乐节奏，都充分融合了传统与现代的文明。

第二，学术影响深远。健身气功以"术"载"道"古已有之。《吕氏春秋·古乐篇》记载说，尧舜时期，"阴多滞伏而湛积，水道壅塞，不行其原，民气郁阏而滞著，筋骨瑟缩不达，故作为舞，以宣导之"。《黄帝内经》在描述远古时代黄河流域湿气重，人们多患"痿厥寒热"疾病，预防、治疗这类疾病的有效方法也是采取"导引按跷"。隋代太医令巢元方编著《诸病源候论》，通篇讲气功辨症治疗，对不同的病提出不同的气功疗法，没有一剂药方。相传大禹发明了一种"禹步"，唐代孙思邈曾解说禹步"以三步作一闭气，则九步即三过闭气也"。这些既承载着我国古人习练健身气功防寒祛病的方法，也承载着人体祛病延年的生命运化大道。而生命运化则被视为天下最大的德行，即"生生之大德"。凡修炼大器所成者，无不讲究这种德行。晋代道士许逊所著的《净明宗教录·松沙记》记载说："学道之士，初广布阴骘，先行气功，持内丹久视中法，气成之后，方修大药。"所强调的正是大道运化的生命德行，告诫人们修道一开始就要注重广布阴骘，做善事，积阴德，寓大道于气术修炼之中，如此，才能修成"大药"。庄子论万物齐一，以"通天下一气"勘破天人合一之奥秘。张载以气为本原阐发万物生发之理，道出聚散生死之真谛。孟子练气功讲究"养浩然正气"。这些均可谓古人由"术"而"道"的气功修炼典范。

当今健身气功一开始也是为生命运化大道而立。1996 年中共中央宣传部、国家体委、卫生部、民政部、公安部、国家中医药管理局、国家工商行政管理局等七部委联合下发的《关于加强社会气功管理的通知》首次提出了健身气功的概念，认定"群众参加锻炼，从而强身健体、养生康复的，属健身气功"，其中所论"强身健体、养生康复"，蕴含着"天行健君子以自强不息"的生命大道，这一大道的实施，则以"锻炼"的具体方法为操手，即从"术"开始。也可以说，"术"是方法、是手段，"道"则是目的、是旨归。"术"终究要回归到"道"。也许正因为如此，国家健身气功管理中心编写出版的《健身气功社会体育指导员培训教材》（2007年）认为，健身气功是一门关于"和谐"的学问，以科学态度正确认识气功，致力于气功由"术"而"学"的升华，是当代健身气功爱好者的共同使命。专家学者在阐述健身气功"术"的同时，也着手研究健身气功之道。北京大学哲学教授仓道来在《论健身气功的哲学基础》（2009 年）一文中认为：广义的气功都是健身气功，而气功修炼最终要达到"大道之行，天下为公"的境界，这时的人才是一个真正的人，一个脱离了低级趣味的高尚的人。气功的最深刻本质在于净化人的心灵，涵养人的道德，使人返璞归真，使生命得到真正的解放。北京大学哲学系教授荷清也认为，对气功来说，它的主要方面，它的整体，它的最高目的，是消除私有制出现与发展而带来的私有观念对人质朴本性的桎梏，将人从私欲中解脱，从而进一步由大同世界的政治经济思想的解放引向生命的解放，使人作为一个类，从一个境界升入更高的境界。这也就是自古以来老庄直到现代的世外高人和真正具有高德的修炼者、气功师所一意追求和为之奋斗不懈的目的，伟大而又神圣崇高的气功宗旨。柴进在《西昌学院学报·自然科学版》发表《从哲学的角度论健身气功》（2010 年）一文认为，中国哲学，尤其是道家哲学，其特点就是"道""术"不二，因而认为《老子》所谓的"道生一"的宇宙生成过程也就反衍为"抱一守气"的健身气功炼养过程。丁丽玲从文化的视角论述了健身气功之"道",她发表在《体育文化导刊》上的《论健身气功文化特征》(2010 年)一文认为,文化是健身气功的根基,也是健身气功发展的内在动力。李金龙发表在《健身气功知识荟萃(二)》的《涵养道德与健身气功》(2014 年)一文认为,涵养道德与健身气功锻炼之间的关系表现为"把握道"与"把握术"的关系。石开发表在《人民日报》上的《领导干部要养点"气"》(2014 年)一文认为:领导干部要好好调整一下自己的"气功",多正气、多大气、多朝气、多和气,少怨气、少泄气、少暮气、少脾气。许峰、李洁、赵晓霆、肖斌、李小青等 2015 年向第 13 届国际气功研讨会提交的论文《构建现代气功"气以臻道"学术思想的倡言》认为,"气以臻道"学术思想首先是指现代气功的学术研究中必须树立一个大方向,即中国传统文化标榜的最高目标——"道",其次是指气功研究乃借助于对无形有感之"气"的体验、认识与应用来达成形而上之"道",进而与"道"合一,认为气功之真谛在于"道"而非"术",二十世纪八、九十年代国内气功发展出现的低潮,在一定意义上就是学界对于"道"与"术"的严重混淆。在我看来,以上这些学术研究成果,对健身气功由术而道何以可能,应该说是给出了很好的注脚。

第三,国际视野深刻。气功虽然源于中国,但早已走出国门,受到了全世界的关注,国际影响与日俱增。颇具盛名的美国哈佛大学医学院早在 1980 年成立的行为医学系就研究气功。此外,英国剑桥大学、伯克贝科(Birkbeak)学院、纽约州立大学的生理心理研究所、圣地哥海军医院、斯坦福研究院、位于瑞士西里斯堡的马哈瑞希欧洲研究大学、加拿大安大略医学协会等,均有气功科研。据美国疾控中心统计,美国国立卫生研究院资助的气功课题数量,从 1993 年的 2 项到 1998—2000 年的 7 项,再到 2001—2003 年的 30 项,直至 2004—2006 年的 38 项,逐年增加。自 2001 年开始,美国 12 个国家补充替代医学研究中心中有 2 个开展气功医疗的科学研究分别是德州大学的癌症研究、新泽西医学院的中风与神经系统疾病研究。美国传统医学院内的艾滋病研究中心也正式开展了气功防治艾滋病的研究。《美国中医学杂志》设有针灸、气功和中草药等内容。纽约州立大学卫生与衰老研究中心把练气功作为减少应激反应的措施。气功能量疗法正缓慢而肯定地走入美国社会和医疗保健系统。气功已进入法国的养老院、健身中心和一些大型企业。德国政府已把气功列为医疗保健的一部分。韩国 Wonkwang 大学医学院 H. T. Chung 实验室系统研究 Chun Do Sun Bup（春多森步）气功多方面的作用。日本东京机电大学、放射医学综合研究所等开展了气功基础、临床、应用等多层面科研。《中华医学图书情报杂志》（2013 年）报道：20 世纪 90 年代，西方科学界就开始对气功进行系列研究，内容包括外气的研究、对气功心理学本质的分析、气功的临床研究、对气功的效用和规范的评论、气功的临床效应、气功对脑活动的影响和气功的机理探讨等，研究方法多基于心理、神经内分泌生理、免疫等生理生化基础。1960 年美国医生 Maninacci 等利用肌电图（MEG）作为反馈信号，帮助中风以及外周神经损伤患者，通过自身意识活动，使受损局部恢复。这一事件成功引起人们注意，遂成为生物回授技术的发端，十多年来发展相对迅速。所谓生物回授，就是用特定的仪器从人体引出特定的信号，并以适当方式通知本人，要他根据反馈信号，有意识地修正偏差，达到预定的目标——控制某一或某些生理过程。生物回授技术的发展，尤其是对内脏、组织、生理过程自主控制的逐步实现，突破了传统生理学的戒律，说明人可以通过自己的意识，控制自身的生理过程。诺贝尔奖获得者约瑟夫（J. Josephson）体会了佛家气功顿悟修炼的一些方法，认为顿悟是意识场不受干扰，让固有智能闪现的结果。美国著名的精神保健研究所脑进化和脑行为研究室主任保尔·麦克莱恩（Paul Maclean）提出了著名的三位一体脑结构理论，这一理论间接地证明了气功"元神"的存在。McDonald 与 Hodgdon（1991 年）在前人大量研究的基础上，就健康活动对心境影响做了元分析，认为健身活动对心境都有积极影响，且不受性别、年龄等的制约。2007 年，Arent，Landers 和 Etnier 等对身体锻炼与中老年人心境状态的元分析也表明，身体锻炼与中老年人的积极心境明显增加和消极心境明显减少有关。美国学者弗里乔夫·童普拉指出："由于东方哲学和宗教传统总是倾向于把精神和身体看作一个整体，因而东方发展出大量的从身体方面来解决意识的技术是不足为奇的。"南怀瑾认为，气功之气不是普通的空气，而是一种生命的潜能。2012 年 9 月，国际健身气功联合会在中国杭州正式成立。2013 年 8 月 18 日至 24 日，在美国纽约和新泽西，召开了首届国际健身气功科学论坛，比利时健身气功协会主席皮埃尔所作的报告称，习练健身气功改变了比利时人看待中国的态度。这些，也都蕴含着健身气功之"道"。

第四，政策扶持给力。新中国成立后，在党和国家的重视下，在气功达人刘桂珍的倡导和推动下，气功名称得以正式确立，气功活动得以较好发展，尤其是中国改革开放以来的二十世纪八九十年代，气功事业进入高潮，但因一些伪气功的掺和，又曾一度陷入低谷。1996 年，中共中央宣传部、国家体委、卫生部、民政部、公安部、国家中医药管理局、国家工商行政管理局等七部委联合发出《关于加强社会气功管理的通知》，整顿气功市场，对气功进行了分类指导，将气功纳入了国家管理层面。

健身气功作为全民健身国家推广项目，得到了党和国家领导人的高度重视与国家政策扶持。2014 年，国家将全民健身上升为国家战略。2015 年 3 月 2 日，国家主席习近平在人民大会堂见英国威廉王子时明确表示：未来中英将在气功项目上开展交流和赛事。紧接着，2015 年 5 月 7 日，国务院办公厅印发《中医药健康服务发展规划（2015—2020 年）》，提出要大力发展中医养生保健，推广太极拳健身气功。2016 年 10 月，中共中央、国务院印发了《"健康中国"2030 规划纲要》，又明确提出：大力发展群众喜闻乐见的运动项目，鼓励开发适合不同人群、不同地域特点的特色运动项目，扶持推广太极拳、健身气功等民族民俗民间传统运动项目。

事实上，早在 2001 年 6 月，国家就给编制、拨经费，成立了专门的健身气功管理机构——国家体育总局健身气功管理中心，全面负责健身气功管理工作。当时国家赋予了该气功中心工作职能主要有两项：一是满足人民群众全民健身的需要，二是反法轮功邪教维护社会稳定的需要。经过一段时期的工作实践及其在国际上的良好影响，2006 年，该中心又被赋予了第三项职能，即对外文化交流的需要。目前，该中心已经组织研究力量创编了"健身气功·易筋经""健身气功·五禽戏""健身气功·六字诀""健身气功·八段锦""健身气功·十二段锦""健身气功·大舞""健身气功·十二法""健身气功·马王堆导引术""健身气功·太极养生杖"等 9 套功法供人们练习选择。健身气功则被列为我国第 62 个体育运动项目。湖南省在推广国家创编的 9 套健身气功功法基础上，为满足广大人民群众多层次的健身养生文化需求，又增设了颇具功效特色与良好社会影响的首柱养生功作为全省普及功法。

健身气功由于有着不同于一般体育运动项目而又有着良好锻炼功效的

独特性，群众喜闻乐见，属于国家政策扶持项目，它的普及推广工作，目前并没有如同其他体育项目那样无需行政审批就完全放开，而是列入各级体育行政主管部门工作日程，纳入财政预算，采取站点注册、政府主导、多方联动的运行模式稳步推进，提出了健身气功进学校、进企业、进机关、进社区、进乡镇的"五进"发展思路开展普及推广工作。

第五，社会影响日增。学界对健身气功的功理、功法、功效、管理、推广及其文化底蕴与哲学基础进行了广泛研究，形成了以高校、科研院所为中坚力量的健身气功科研氛围，为健身气功的推广普及工作提供学术理论支撑。国内不少高校开设了传统体育养生课程，教授健身气功，现有3万多个健身气功站点，近400万人在练习健身气功，成立了中国健身气功协会。国外一些高校也将健身气功纳入了教学规划。2013年，又成立了国际健身气功联合会。截止到2016年，国际健身气功联合会加盟国已由刚成立时的18个发展到了87个，全球已有逾600万人在练习健身气功，而且这种发展态势仍在不断拓展。健身气功以其独特的养生康复功效，在德、法等国及我国的一些地方，被纳入了医保范畴。

值得一提的是，健身气功有着文化底蕴、学术影响、国际视野、政策扶持、社会影响等方面的资源优势，由术而道固然存在着一定的现实可能性。但是，作为中华气功学的一个部分，医学气功的发展目前相对滞后，这将从一定意义上，制约着健身气功的发展，因为目前的这种气功分类指导，仅仅只是为了便于管理而设，作为功法运用，是难以明显划分的。这是气功界存在的一个问题——发展不平衡问题。另外，人们普遍的观念认识总体还停留在过去的水准上，谈"气"色变。这又将是另一个问题——社会认知问题。这两个问题的存在，可谓健身气功由术而道的发展瓶颈。要解决好这个瓶颈，还有许多的工作要做。因此，健身气功要由术上升到道的层面，理论上是可行的，但在实际操作上，必将是路漫漫其修远兮，吾将上下而求索。

（作者唐光斌，哲学研究员，湖南省社会科学院哲学研究所副所长，生命哲学与养生文化研究中心主任。）

"诚""思诚""至诚"：王船山批判性哲学视域中道德教育思想摭论

谢　芳

摘要：本文旨在着重论述王船山的道德教育思想。船山基于批判性哲学视域，自创了一套以"诚"为核心概念的独特道德教育思想体系。船山的道德教育思想体系主要包含以下内容："诚"是道德教育的本体论依据，"思诚"是道德教育的认识论途径，"至诚"是道德教育的价值论归宿。这套道德教育思想体系为人们思考道德教育之本质、创新道德教育之路径，提供了具有不菲意义的理论参照和思想启示。

关键词：王船山；道德教育；诚；思诚；至诚

王船山（1619—1692 年）是我国明末清初之际伟大的哲学家和教育家，他以"六经责我开生面，七尺从天乞活埋"的豪杰精神，对国家民族发展之命运进行了深邃的思考，尤其关注民族教育事业之发展。他从哲学本体论的高度，对人性、知行、学思等教育理论和教育实践等方面提出了超越于前人的真知灼见。船山批判性哲学蕴含着深厚的道德趣味，这种道德趣味成为我们完整理解其哲学体系的"桢点"所在，也是我们深入辨析其道德教育思想不可绕过的学术背景。他在全面总结、梳理和扬弃中国传统道德教育思想的基础上，结合自己所处时代特征以及从事教学实践的经验，基于批判性哲学视域，自创了一套以"诚"为核心概念的独特道德教育思想体系。这套道德教育思想体系为人们思考道德教育之本质、创新道德教育之路径以及道德教育之价值归宿，提供了具有不菲意义的理论参照和思想启示。

一、"诚": 道德教育之本体论根据

谈到道德教育必然要谈到道德或道德规范问题,无论是从理论的层面还是从经验的层面,道德规范的合法性、合理性问题始终是道德教育的一个基础性问题。所谓道德规范的合法性、合理性问题,实质上就是指道德规范的形而上学初始根据或者是本体论根据问题,按照康德的话语,这就是在为道德"立法"。因为只有找到这样的根据,才能让人们在遵守道德义务时有一种强大的力量克服感性偏好,而这种感性偏好把人诱导到可能与道德义务相悖的方面上来,因而道德"必须一直回溯到形而上学的诸要素,没有这些要素,就别指望德性论中有什么可靠性和纯粹性,甚至连打动人的力量也别指望"①。中国传统孔孟儒家的道德规范基本上是一种箴言式的叙述,缺乏理论论证,在不得已时,往往搬出一个模糊的"天命""天道"作为根据,这种情况一直延续到宋明理学,朱熹以"理"作为道德根据,王阳明以"心"作为道德根据。这样,传统儒家道德的走向,在理论上愈发趋向于玄思,在实践上愈发堕落。而船山是个理性主义者,他反对用玄思的方式来诠释道德,亦反对用经验的方式来理解道德,并致力于寻求道德规范的纯粹形而上学根据,这是船山道德教育思想体系的发轫之始。

那么,船山认为道德的形而上根据是什么?他又是通过何种思维范式来探究的呢?道德形而上根据即是一个探寻"真实存在"的终极性问题,在哲学思维中,它亦必定是一个中心的哲学概念。纵观中国哲学的演变史,作为终极存在的哲学中心概念,是随着哲学研究范式的转换而变化的,其中经历了这样的变化:从先秦汉唐的"道",再到宋明时代的"理"与"心",再到王船山的"诚"。船山认为"诚"是世界的终极存在,是一切问题的本体论根源,也必定是道德的本体论根据,并提出了这样的命题:"尽天地只是个诚,尽圣贤学问只是个思诚。"②

---

① [德] 康德:《道德形而上学 (注释本)》,北京:中国人民大学出版社 2013 年版,第 162 页。

② 王夫之:《船山全书 (第 6 册)》,长沙:岳麓书社 2011 年版,第 998 页。

船山是通过何种思维范式来获得"诚"这个本体论根据的呢？船山生活于 17 世纪的明清交替之际，大动荡、大崩裂的政治、经济、文化背景给其思想烙下了深刻的批判印记，因此其哲学的范式是极具批判性的。船山在痛心于异族入侵、明王朝倾覆的历史灾难中，深刻反思作为宋明官方之学的理学和心学，并深深意识到理学和心学所提供的"理"与"心"这两个哲学中心概念是孤立的、不真实的，甚至是难以理解的存在。因为不真实，所以也就丧失了其在理论上的依据和其在实践中的生命力。船山认为，考察世界之本体就在于考察其"真实存在"的问题，而考察真实存在又包含着两个理论层面的问题：何谓真实的存在？采用何种方式回归真实存在？考察真实存在的问题就是考察道德之本体论根据问题，考察如何回归真实存在的问题就是考察道德学习或者道德教育如何实现的认识论途径问题。

那么船山所谓"真实的存在"指什么呢？船山用一个中心哲学词来指代，即"诚"。船山关于"诚"的概念内涵规定是极为丰富的，而极为丰富的"诚"之范畴为实践理性即道德奠定了深厚的本体论根据。

船山承继了张载的"实有"论而建构"诚"概念之逻辑起点，但他又在张载的基础上，分别从本体论和认识论的角度，将"诚之实有"分为实有之体和实有之性。

首先，船山从本体论的视角，把"诚"解释为浑然之"气"。"若夫天，则《中庸》固曰'诚者，天之道也'。诚者，合内外，包五德，浑然阴阳之实撰，固不自其一阴一阳、一之一之之化言矣。……天固为理之自出，不可正名之为理矣，故《中庸》言诚也曰一，合同以启变化，而无条理之可循矣。"① 从这段话可以分析出，船山批评程子把天当作"一理"的说法，认为程子理解不如张子"精义"，"诚"即是实有之"气"，并且是无条理的混一之"气"，"宇宙者，积而成乎久大者也。二气缊缊，知能不舍，故成乎久大。二气缊缊而健顺章，诚也；知能不舍而变合禅，诚之者也。谓之空洞而以虚室触物之影为良知，可乎？"② 阴阳二气缊缊健顺化生万物，这便是实有之"诚"，"诚"不能离气，"诚"是对气之特征的描

---

① 王夫之：《船山全书（第 6 册）》，长沙：岳麓书社 2011 年版，第 1113 页。
② 王夫之：《船山全书（第 12 册）》，长沙：岳麓书社 2011 年版，第 420 页。

述，离气而无诚；同时他又认为这个"气"即"诚"即"一"，具有"合同以启变化"的内在功能，能"聚而成形"，形成有条理之万物，所以船山又把"诚"解读为"前有所始、后有所终"①，"天下之所共见共者也"②之万物。可见，在船山的思想体系中，"诚"作为实有，是存在于主体感知之外的客体，是可以通过形象展现的万物，"诚则形，形乃著明，有成形于中，规模条理未有而有，然后可著见而明示于天下"③。

冯友兰先生对此有过仔细的解读："王夫之指出，太阳是客观真实存在的，它不但不是假的，而且还不能说，也不必要说，它不是假的，因为本来就没有个假的太阳。他认为'诚'并不是跟'伪'相对立的。这样的'诚'也不能解释为无'伪'。……这就是说，客观实在中的事物，都是有始有终的，人之所共同感觉的。它们确切就是如此，不能不是如此。其时如此是不以人的主观意志为转移的，这就是所谓的'莫之能御'。王夫之正确地指出客观实在的这些特点。这种客观实在是人所共见的，这就是现代唯物主义所说的物质。"④ 由此可见，船山本体论上的诚即指宇宙间一切物质的共同属性即客观实在性或者说客观存在的实体，这一思想体现了船山思维范式的转换，也体现了船山高度的抽象思维水平。

其次，船山从认识论的角度将"诚"解读为客观事物的一般规律性。他说："诚也者实也；实有之，固有之也；无有弗然，而非他有耀也。犹夫水之固润固下，火之固炎固上也，无所待而然，无不然者以相杂，尽其所可致，而莫之能御也。"⑤ 这是船山对客观事物的规律性作出的解释，"诚"即是"实有"之意，船山用水之固润下，火之固炎上的比喻来说明，"诚"即是指世界存在之自由之性。"实有之，固有之也"，指的是世界万物的规律性，这种规律性是指一种必然性而非偶然性的东西，也即是指"理"，这个规律性之理体现于宇宙万物，则是"天道"，体现于人则是"人性"。

为了进一步解释"诚"这个"实有之体"和"实有之性"之性质，

① 王夫之:《船山全书（第2册）》，长沙：岳麓书社2011年版，第306页。
② 王夫之:《船山全书（第2册）》，长沙：岳麓书社2011年版，第379页。
③ 王夫之:《船山全书（第12册）》，长沙：岳麓书社2011年版，第422页。
④ 冯友兰:《中国哲学史新编（下）》，北京：人民出版社1999年版，第306页。
⑤ 王夫之:《船山全书（第2册）》，长沙：岳麓书社2011年版，第353页。

船山接着讲,"说到一个'诚'字,是极顶字,更无一字可以代释,更无一语可以反形"。① 船山又说,"故知此之言诚者,无对之词",意思是说,从本体论上讲"诚"这个概念,找不出一个与之相对的词,"终不可以欺与伪与之相对也",如果硬是要找一个与"诚"范畴相反的词,"则中庸之所云'不诚无物'者止矣"。② 至此,船山对"诚"范畴的解读已经极为周详,"诚"是指世界万物的一种客观的、不以人的主观意志为转移的实在或者实有,从某种程度上讲,通于现代马克思主义哲学中的"物质"范畴,而欺骗、伪装是一个认识论上的范畴,与欺骗、伪装相对立的"诚"是指诚实、真实。船山认为,如果把"诚"理解为与"欺""伪"相对立的词语来理解的话,那便是把"诚"字降了一格,降了一格的"诚"则可以理解为诚实、诚信之意,这降了一格就是从本体论之"诚体"降为了认识论之"诚德",这种"诚"的德性,即是所谓"言必行、行必果,硁硁然之小人便是配天之至诚矣"③。船山借用孔子的话,说话一定讲诚信、做事一定果断这是小人以德配天之至诚,因为"言必信、行必果"的人可能不分是非黑白而只管贯彻自己的言行,因此说这种人是低于圣人贤人一等的,因为圣人和贤人是从本体上的"自诚明"。

此外,本文认为,船山本体论上的"诚"范畴还有另外一层含义,那就是"善",这个善也是从本体论上说的,即每一事物的客观存在就表现为每个事物都有每个事物的功能,而且宇宙万殊都是在尽职尽责地发挥着自己的功用,这便是善,这与古希腊哲学对善的理解颇有近似之处,如船山有这么一段话足以说明此层含义:

> 貌曰恭,举貌而已诚乎恭矣;言曰从,举言而已诚乎从矣;视曰明,举视而已诚乎明矣;听曰聪,举听而已诚乎聪矣;思曰睿,举思而已诚乎睿矣。诚也者实也,实有之,固有之也;无有弗然,而非他有耀也。……是貌、言、视、听、思者,恭、从、明、聪、睿之实

① 王夫之:《船山全书(第6册)》,长沙:岳麓书社2011年版,第997页。
② 王夫之:《船山全书(第6册)》,长沙:岳麓书社2011年版,第997页。
③ 王夫之:《船山全书(第6册)》,长沙:岳麓书社2011年版,第998页。

也。……人之形器所诚然也。……是故以泽其貌，非待冠冕以表尊
也，手恭足重、坐尸立齐之至便矣；以择其言，非待荣华以动众也，
大小称名、逆顺因事之至便矣；以达其明，非待苛察于幽隐也，鉴貌
辨色、循直审曲之至便矣；……故曰天地之生，人为贵。性焉安焉
者，践其形而已矣；执焉复焉者，尽其才而已矣。①

正是在这个意义上，船山认为，万物皆诚，不诚无物，每一个事物有
一事物的用处，没有用处的事物是不存在的。所以，"人之体惟性，人之
用惟才。性无有不善，为不善者非才，故曰，人无有不善。道则善矣，器
则善矣。性者道之体，才者道之用"②，但船山又思考了另外一个问题：尽
管万物均有个诚，均能履行自己的职责，但是有些事物就没有很好地履行
自己的职责或者发挥自己的功用，这是为什么呢？

船山说："呜呼！貌则固恭，不恭者非人之貌乎？言则固从，不从者
非人之言乎？视则固明，不明者非人之视乎？……然而且有媒貌而莠言
者，则气化于物也。气化于物，而动不因其动，言不因其由言；……官虽
固存，不能使效其职，其职之固明、固聪，实惟其旷矣。"③ 船山明确地指
出，那是因为有外物的干扰，就人来说，是因为"人欲间之""人欲乘
之"。④ 而事实上，宇宙间外物的干扰颇多，从而导致世界万物包括主体人
之善本性出现偏差。那么如何回归到真实的存在"诚"之状态，充分发挥
人之善性，这是船山道德教育要解决的关键问题。

二、"思诚"：道德教育的认识论途径

从本体论角度看"诚"的内涵，可以领会到"诚"有两种内在之本
质：其一，自然万物都是客观存在的，并不存在所谓的"伪己"；其二，
每个事物都有自己的功用。那么"诚"这种天道，需要被人意识到，并进
而转化为一种人道。为什么这么说呢？船山认为，作为自然界中一员，人

① 王夫之：《船山全书（第 2 册）》，长沙：岳麓书社 2011 年版，第 353－354 页。
② 王夫之：《船山全书（第 2 册）》，长沙：岳麓书社 2011 年版，第 352 页。
③ 王夫之：《船山全书（第 2 册）》，长沙：岳麓书社 2011 年版，第 354 页。
④ 王夫之：《船山全书（第 4 册）》，长沙：岳麓书社 2011 年版，第 1281 页。

需要认识并遵守这样的客观规律性即天道，并力求使主观与客观相符合，从而使天道转化为人道。但是问题是，天道之客观规律又不可能自动地转化为人之德性，这其中需要人主动架设一个桥梁，即自觉地进行道德修养或者接受道德教育，而这个过程即是"思诚"。王船山将"思诚"活动区分为两种类型：一种类型是"自诚明"，这是圣人才能做得到的；另一类是"自明诚"，这是一般人必须做的，而自明诚即是一个道德教育的过程。这一点，《中庸》里有明确地区分："自诚明，谓之性；自明诚谓之教。诚则明矣；明则诚矣。"船山解释说，"曰自诚明，有其实理矣；曰自明诚，有其实事矣。性，为功于天也，教，为功于人者也。"[1] "自诚明"即是人之本性，而"自明诚"的过程却是个道德教育、教化的过程，但道德教育之根据出自哪里呢？"修道方为而教已然"，"教"之根据即在"道"上，因为"命外无性，性外无道，道外无教"，"彼固然而我授之名也"[2]，因此道德教育之根即是道，即是诚，船山又说，"教亦无非自然之理"[3]，教什么？不过是教自然固有之理，事实上，这个过程也即是朱子所语的"复性"过程，即是把人所固有，但又失去了的东西再通过教育使之复归。船山又说"圣人之学自明而诚，……惟圣人之教自明诚也"[4]，最后船山干脆用一句话替代道德教育之根据，即是"尽天地只是个诚，尽圣贤学问只是个思诚"，所谓尽即是修养、学习、教育教化之谓。

从实质上说，所谓"思诚"则是要使受教育者实现与"诚"之客体的融突"和合"。"太虚，一实者也。故曰'诚者天之道也'。用者，皆其体也。故曰'诚之者人之道也'。"[5] 诚是气的实有性，从人道而言，则是诚之者，即思诚，即对客体之"诚"的认知和把握，天之实有即是无极，人诚之者则为至善，所以说，"通天人曰诚"[6]。在这里，诚不再仅仅是一个纯粹客观的范畴，而是主体对客体特性的一种认识和把握，进而生成人之

---

① 王夫之：《船山全书（第 6 册）》，长沙：岳麓书社 2011 年版，第 538 页。
② 王夫之：《船山全书（第 6 册）》，长沙：岳麓书社 2011 年版，第 538 页。
③ 王夫之：《船山全书（第 6 册）》，长沙：岳麓书社 2011 年版，第 539 页。
④ 王夫之：《船山全书（第 6 册）》，长沙：岳麓书社 2011 年版，第 540 页。
⑤ 王夫之：《船山全书（第 6 册）》，长沙：岳麓书社 2011 年版，第 402 页。
⑥ 王夫之：《船山全书（第 12 册）》，长沙：岳麓书社 2011 年版，第 402 页。

为人的善德，这种善德是被主体意识到了的，这种善德即是"诚德"，这是一个双向互动的过程，客体的诚道被主体认知，客体实现了主体化，主体又通过诚来表现，主体实现了客体化，因而"诚"是主客体融合的统一体，这便是"至诚"的境界。事实上，"人之所性，皆天使令之"①，人之性也是客观实在的，当然也是善性，所以说人无不善，但为什么人会出现恶呢？是因为外物的干扰，为了使人回归真实，回归本性之"至善"，就必须通过道德教育或道德修养，即思诚的活动，而回归真实存在之方式便是一个"思"字。由此可见，道德教育之目的是"使私欲不以害之，私意不以悖之"②，排除外物对"人之本性"的干扰，使人回归真实本性。船山亦把"思诚"范畴等同于"反身而诚"之范畴，并把"反身而诚"与大学中的八大条目之一的"诚意"作了彻底区分：

> "反身而诚"，与大学"诚意"字，实有不同处，不与分别，则不知"思诚"之实际。"诚其意"，只在意上说，此外有正心，有修身。修身治外而诚意治内，正心治静而诚意治动。在意发处说诚，只是"思诚"一节工夫。若"反身而诚"，则通动静、合内外之全德也。静则戒惧于不睹不闻，使此理之森森然在吾心者，诚也。动而慎于隐微，使此理随发处一直充满，无欠缺于意之初终者，诚也。外而以好以恶，以言以行，乃至加于家国天下，使此理洋溢周徧，无不足用于身者，诚也。三者一之弗至，则反身而不诚也。③

意思是说，静时不仅要正心，同时还要善于观察分析周围出现的种种现象，做出正确的判断，并坚持自己的善念，此处主要是防止只固守于善德一隅而拒绝与相对者对话的状况，这是强调学习者的批判能力、选择能力；在动处，则要使善德时刻充满于每一个隐微之处，无所偏离。

王船山又曰："尽天下之善而皆有之谓也，通吾身、心、意、知而无

---

① 王夫之：《船山全书（第 6 册）》，长沙：岳麓书社 2011 年版，第 456 页。
② 王夫之：《船山全书（第 6 册）》，长沙：岳麓书社 2011 年版，第 458 页。
③ 王夫之：《船山全书（第 6 册）》，长沙：岳麓书社 2011 年版，第 996 – 997 页。

不一于善之谓也。若但无伪，正未可以言诚。但可名曰有恒。故思诚者，择善固执之功，以学、问、思、辨、笃行也。已百己千而弗措，要以肖天之行，尽人之才，流动充满于万殊，达于变化而不息，非但存真去伪、戒欺求谦之足以当之也。尽天地只是个诚，尽圣贤学问只是个思诚。即是'皇建其有极'，即是二殊五实合撰而为一。"① 从这段话可以看出，"思诚"包含两层涵义：一是指要做到"存真去伪、戒欺求谦"，即要真实无欺，真诚、诚实之义，这是天道之本然状况，但仅仅做到"无伪"，只能是"硁硁然小人哉"；二是指要"择善固执"，"要以肖天之行，尽人之才，流动充满于万殊，达于变化而不息"，学习天道"诚"的德性，同时还要尽人之才，充分发挥人的聪明才智，根据"万殊"的流动变化而变化不已。这是船山"思诚"的重点内涵，也就是说，"思诚"并不是守旧，而是"变动"，"诚"是变化的，那么"思"也要跟随"诚"变化的脚步，学会在千变万化的世界中"思诚"，这才是重点。简言之，即"尽天下之善而皆有之之谓也，通吾身、心、意、知而无不一于善之谓也"②。这就是所谓的"通天人而言诚"之"思诚者"③，人"思诚"不欺天，而天道又本诚，"又将谓天下之谁欺耶？"所以船山说"尽圣贤学问只是个思诚"，也就是说，一切圣贤学问的旨趣都在于"思诚"上面。他又说，"大学教人之目虽有八，其所学之事虽繁重广大，而约其道则在三者也"④，这三者即是"明明德""新民""止于至善"，而这三大条目之基本内容即是道德教育。船山批判宋明理学通过理欲之辨来约束人性中的感性欲望具有虚妄性，并从本体论上论证人与世界、人与时间的关系，从而得出人是在世界中成长，人性是日生日成的绵延不断生成过程的结论。人存在之真实世界的广阔性和时间绵延性，需要人们在面对社会实践时有必要进行"反思"，即"思诚"，没有反思意识即不能产生真正意义上的道德行为，唯有时刻进行反思性实践，才能真正理解世界，构建观念，理解"诚"之道德属性，并作出相应的行为和选择。因此，船山认为，道德教育的本质即在于

---

① 王夫之：《船山全书（第6册）》，长沙：岳麓书社2011年版，第996－997页。
② 王夫之：《船山全书（第6册）》，长沙：岳麓书社2011年版，第997页。
③ 王夫之：《船山全书（第6册）》，长沙：岳麓书社2011年版，第997页。
④ 王夫之：《船山全书（第6册）》，长沙：岳麓书社2011年版，第399页。

培养学生深刻的实践感，这种实践感将使之对世界产生意义，并努力构建。质言之，道德教育的意义即在于对学生进行必要的价值援助，并从培养学生的实践意识、反思意识等方面取得成效。

由以上论述可见，船山提出要"思诚"，主要有这么几个内涵：即人是宇宙中一物，因而要按照人实有的、固有的德性生存；人要充分发挥人在宇宙中固有的功能，才算是充分扩充了人性之善。那么如何实现"思诚"？或者说"思诚"的途径？船山说："格、致、诚、正、修、齐、治、平八大段事，只当得此'思诚'一'思'字，曰'命'、曰'性'、曰'道'、曰'教'，无不受统于此一'诚'字。"① 可见，所谓"思"即是"教"，而思或者教的内容即是天道固有之"诚"。

尽管船山认为"诚"的缺失是因为"人欲间之"而导致，那是不是只要遏制了人欲，就能恢复人之固诚呢？显然不是，船山说："诚则人欲自不能间，但遏人欲而未能即诚。"② 那么要从哪些方面下工夫呢？船山主要从三个层面来讨论实现"思诚"或者道德教化的途径问题。

首先，正确处理好知与行的关系，这是要解决主体人与自身存在之"诚"的关系问题。船山的知行关系论是服务于明末清初的社会稳定之目的，因而主要是在传统儒家的道德之知和道德实践的框架下来讨论知行关系的。关于知行关系，宋明理学传统上是一种以知为中心的哲学，其道德教化论也是一种以知识为本位的教化论，而行在知的掩盖下已经淡化。在这种静观、玄思的大学术、大教育背景下，崇尚实学的船山则努力要重新树立实践之行为的优先性，即船山认为，事物的实有状态是在人的实践行为中次第展现的，这是一个"自明诚"的过程即"由穷理而尽性"的过程，而人的实践活动过程也是人作为学习主体向德性主体转换的"自诚明"过程，即"由尽性而穷理"的过程。③ 这是主体与自身存在的一个相互沟通的过程，通过这样一个双向互动的过程，主体可以祛除障碍，实现"诚"的状态。由此，船山提出了"知行相资以为用"的辩证知行观，"诚

---

① 王夫之：《船山全书（第6册）》，长沙：岳麓书社2011年版，第998页。
② 王夫之：《船山全书（第4册）》，长沙：岳麓书社2011年版，第1281页。
③ 王夫之：《船山全书（第12册）》，长沙：岳麓书社2011年版，第116页。

明相资以为体，知行相资以为用，惟其各有致功而亦各有其效，故相资以互用，则于其相互，益知其必分矣。同者不相为用，资于异者乃和同而起功，此定理也。不知其各有功效而相资，于是而姚江王氏知行合一之说得借口以惑世；盖其旨本诸释氏，于无所可行之中，立一介然之知曰悟，而废天下之实理，实理废则亦无所忌惮而已矣"。① 船山高度肯定了行对于知的重要性，强调要通过尽器、贯道、践形的活动以成就人的具体德性。

其次，正确处理好能与所的关系。就是要区分主体与客体的关系问题，即心与物的关系。能即是认识主体的主观能动性，所即是主体的主观能动性所实践的对象。船山认为学习层面的知行活动，以及德性层面的诚明活动，不能仅仅被限制于心性当中，它应当是发生在主体与客体的交互之中，因此他反对佛家混淆能所关系，最终"消所以入能"的思维模式。② 主体通过实践，把潜在于客体之中的精神本质展现出来，同时客体也以自身的精神特质作用于主体，这样能所之间就发生了双向性对象互动，但船山又认为存在于对象世界的事物之理又不能被人的主观能动性所限制，使对象之理服从于主观法则，"有即事以穷理，无立理以限事"③，人的正确认识只能来源于对客观事物的道德实践。船山还认为，这种对象性活动需要把握的关键就是要保持着能与所各自的"性"，能在所中展现自己，却仍然保持着能之本性，而不被异化为所即物性，从而导致能自身的消解。这是强调主体在道德实践中能坚持主体自身之"诚"而不被物之诚异化。

再次，正确把握主体与主体之间的关系，也就是我与你的关系。主体自我学习活动和德性活动的过程固然只有在知行过程中才能把握和展现真实的存在，但是主体这种自我探索的知行过程也必然发生在主体与主体的复杂交互关系之中，因为人是一种社会性动物。传统古典哲学把人的特性主要安置于人禽之辨，人的德性完善，主要强调人与动物的类本质区别之完善；这样，船山的道德教育思想就突破了传统古典哲学的视域。船山主张在自我探索活动中，即要保持着与他人之间的成功交互，但又随时需要

① 王夫之：《船山全书（第 4 册）》，长沙：岳麓书社 2011 年版，第 1256 页。
② 王夫之：《船山全书（第 2 册）》，长沙：岳麓书社 2011 年版，第 377 页。
③ 王夫之：《船山全书（第 5 册）》，长沙：岳麓书社 2011 年版，第 586 页。

维护个体的独特性，这是回归真实即思诚的必由之路。

三、"至诚"：道德教育的价值论归宿

船山主张的回归真实的德性活动过程也就是道德教育或道德修养过程。那么，道德教育或者道德修养的终极价值取向是什么呢？船山明确地提出"至诚"范畴。《中庸》也说，"唯天下至诚为能化""唯天下至诚，为能尽其性"，进而能"赞天地之化育""与天地参"，人只有达致"至诚"的境界才能感化万物，使人复性为全善。船山赞同《中庸》的观点，认为"至诚"为道德修养或道德教育之最高价值归宿。

何谓"至诚"？船山引用了张载的话，"性与天道合一存乎诚"①，意思是说，真实的存在是天道意义上的存在和人道意义上的存在的统一，而这种统一即是一种"至诚"的境界，实际上，也就是一种"实有之至"的境界，比如目诚能明，耳诚能聪，思诚能睿，子诚能孝，臣诚能忠，诚有是形则诚有是性，人若能尽性则能致"至诚"。因此人进行道德修养或者道德教育的过程也就是一个致"至诚"的过程。

那么"至诚"境界主要包含哪些方面内容呢？

首先，诚贯"三达德""五达道"。船山把"至诚"又称之为"达德"，什么是"达德"？"知、仁、勇三者，天下之达德也。"② 三达德与至诚是什么关系呢？"谓之达德者，天下古今所同得之理也。一则诚而已矣。"船山赞同程子的观点，"止是诚实词此三者，三者之外更别无诚"。③可见，三达德的境界即是至诚的境界。又说"达道者，……即书所谓五典，孟子所谓父子有亲，君臣有义，夫妇有别，长幼有序，朋友有信是也"④，由此可见，所谓"至诚"又包含"五伦"，五伦也即是天下之达道，而达道又是"至诚"境界的标志和保障。

"至诚"是一个贯通"三达德""五达道"的神化境界，事实上即是天人之合一境界。但特别要注意的是，这个"贯"是指"皆充实也。一有

---

① 王夫之：《船山全书（第 12 册）》，长沙：岳麓书社 2011 年版，第 114 页。
② 王夫之：《船山全书（第 4 册）》，长沙：岳麓书社 2011 年版，第 1280 页。
③ 王夫之：《船山全书（第 4 册）》，长沙：岳麓书社 2011 年版，第 1281 页。
④ 王夫之：《船山全书（第 4 册）》，长沙：岳麓书社 2011 年版，第 1281 页。

不诚,未至乎充实,断而不恒,小而不扩,偏而不全也"①,至诚即是"恒、扩、全"的状态,如果没有达到这个状态,即会被"人欲所乘"。因此说,人之"至诚"境界即是"尽人道"以合"天德","而察至乎其极"的境界。②

其次,至诚即是"通动静、合内外之全德也"。至诚是"通动静、合内外之全德"的"天人合一"的道德境界,它是对仁义礼智等伦理原则的高度自觉和着实体现,是真、善、美的统一。"存养于静者尤省察于其动",这样就可"事未至而可早尽其理,事至则取诸素定者以顺应之而不劳"③,"言诚者,外有事亲之礼,而内有爱敬之实","慎终追远,诚也"。④又解释说,"表里皆仁,而无一毫之不仁不义,则亦初终皆仁义,而无一刻之不仁不义矣。无一刻之可不仁不义,则随时求尽而无前后之分也"⑤。

再次,"至诚则自不容已"。船山赞同张载的说法,"天所以长久不已之道,乃所谓诚"⑥。宇宙实有之理之一即包含"气化有序而亘古不息","仁人孝子所以事天成身,不过不已于仁孝而已"。⑦船山解释说:"实知之,实行之,必欲得其心所不忍不安,终身之慕,终食之无违,信之笃也。"因此,船山说:"至诚则自不容已。而欲致其诚者,惟在于操存而勿使间断,己百己千,勉强之熟而自无不诚矣。"⑧这说明,"至诚"之境界要求时间上的绵延性,即"终身之慕""终食之无违",一旦有片刻的懈怠,都会使"至诚"打了折扣。

船山又认为人们致"至诚"的过程,也是个"致曲"的过程,所谓"曲"即是指"斯道之流行者不息,而曲者据得现前一段田地,亦其全体流行之一截也"⑨,这是说"至诚"不会是一帆风顺的,而是有阶段性的、

① 王夫之:《船山全书(第4册)》,长沙:岳麓书社2011年版,第1281页。
② 王夫之:《船山全书(第6册)》,长沙:岳麓书社2011年版,第528页。
③ 王夫之:《船山全书(第6册)》,长沙:岳麓书社2011年版,第528页。
④ 王夫之:《船山全书(第6册)》,长沙:岳麓书社2011年版,第528页。
⑤ 王夫之:《船山全书(第6册)》,长沙:岳麓书社2011年版,第528页。
⑥ 王夫之:《船山全书(第12册)》,长沙:岳麓书社2011年版,第114页。
⑦ 王夫之:《船山全书(第12册)》,长沙:岳麓书社2011年版,第115页。
⑧ 王夫之:《船山全书(第12册)》,长沙:岳麓书社2011年版,第115页。
⑨ 王夫之:《船山全书(第6册)》,长沙:岳麓书社2011年版,第546页。

有次第的实现过程，无法图谋一蹴而就之功效。尽管如此，并不影响"诚"的实现，因为"致曲而曲能有诚"，但有一个前提就是"能所择皆善，则所信益弘，而无有不诚"。

综上所述，王船山从批判性哲学视域出发，通过"诚""思诚""至诚"三个概念构建了一套完备的道德教育理论体系，从而使道德教育有了本体论依据，并进而鲜明指出道德教育的过程，即"思诚"的过程主要是培养人的实践意识、批判意识的过程，最后确立了道德教育的价值归宿即"至诚"。又由于"至诚"境界在时间上的绵延性和空间上的广延性，道德修养或道德教育的过程不会是一时之工夫，而是伴随着人之始终的永恒过程。这些理论对于加强当代大学生道德教育建设仍然具有方法论上的启发意义。

（作者谢芳，衡阳师范学院法学院副教授，湖南师范大学道德文化研究中心博士研究生。）

儒家伦理学之复兴何以可能

——张君劢的现代新儒家伦理学

欧阳询

摘要： 围绕儒家伦理学复兴何以可能的问题，张君劢建构了一套现代新儒家伦理学理论。在他看来，儒家伦理学复兴的理据有三：其一，伦理学的本质是"变中有不变者在"；其二，善、己、性与心四个基本概念，既是儒家伦理学的出发点，也是伦理学之所以为学的根本；其三，儒家伦理学的六大基本特点，"自孔孟确定大本，至今未或稍变"。由此观之，张君劢的现代新儒家伦理学脱离了人类社会历史实践，具有浓厚的道德理想主义色彩。

关键词： 儒家伦理学；复兴；张君劢

作为现代新儒家的重要代表人物，张君劢晚年之所以致力于儒家伦理学之复兴，一方面是受到马克斯·韦伯关于新教伦理与西方资本主义关系之看法的影响，认为儒家伦理学的复兴能够成为中国现代化的精神驱动力，一如他所言："马克思曰社会变化，起于下层经济关系之变，而后上层之宗教政治伦理随之。然麦克司威勃（指韦伯，引者注）反之，著耶教伦理与资本主义一书，说耶教劝人勤俭劳作，为资本主义所由产生。"① 另一方面是鉴于西方近代哲学和伦理学存在重大弊端，并由此导致了世界文化危机。亦即是说，西方近代认识论把知识在逻辑和心理上构成的过程进行分解、宰割，而以官觉为知识的唯一来源，或以心为一张白纸。"人之

---

① 张君劢：《国民心理之转移》，载程文熙编：《中西印哲学文集（上）》，台湾学生书局1981年版，第341页。

所以为己为心为性者，经支解之后，认为仅有其名而实无其物。不啻将人之所以为人之壁垒粉碎之摧毁之，从何而有道德意识可言者哉？"①那么，儒家伦理学之复兴究竟何以可能？在张君劢看来，其主要理据有三：（一）伦理学的本质是"变中有不变者在"，即"人心是矣，善恶是非之准绳是矣，伦理是矣"②；（二）善、己、性与心四个基本概念，既是儒家伦理学的出发点，也是伦理学之所以为学的根本，"有之则有伦理学，无之则无伦理学"③；（三）儒家伦理学的六大基本特点，皆"指人心而昭示之者，自孔孟确定大本，至今未或稍变"④，虽近世宋明理学与现代新儒学在理论方面不断演进，但"初不逾越孔孟规矩"⑤。

一、"伦理之变与不变"

张君劢指出，自19世纪中期以来，在西方政治社会制度与思想观念的冲击下，我国用以维系社会组织秩序与人心价值秩序的孔孟学说和纲常名教，确已全面崩溃、弃如敝屣，"吾国思想界之大变动，自中外交通以还言之，莫有过于道德意识之摇撼"⑥。具体说来，我国传统道德意识经历了三次大的动摇：第一次是戊戌、辛亥、"五四"等改造运动。19世纪末，我国的政体仍为君主专制，而近代西方则为民主宪政；社会上我国为男尊女卑与一夫兼有妻妾，而近代西方则为男女平等与一夫一妻。20世纪初，更有苏联的无产阶级专政，将西方平日所信守的制度一并推翻。因此，"国人心中起种种疑讶而有戊戌、辛亥与'五四'等等改造运动。此形成吾方道德意识之动摇者一也"⑦。第二次是西方进化论的传入。根据进化论中的几千年人类发展史，国人看到政治制度由部落而封建而专制而民主，男女关系由杂交群婚而进于一夫多妻或一妻多夫，乃至社会中由贵族与奴隶之分而进于第三第四阶级与人人平等。简言之，"其所穷溯之年代尤长，

① 张君劢：《儒家伦理学之复兴》，载《人生》（香港）1961年第245期。
② 张君劢：《儒家伦理学之复兴》，载《人生》（香港）1961年第245期。
③ 张君劢：《儒家伦理学之复兴》，载《人生》（香港）1961年第245期。
④ 张君劢：《儒家伦理学之复兴》，载《人生》（香港）1961年第245期。
⑤ 张君劢：《儒家伦理学之复兴》，载《人生》（香港）1961年第245期。
⑥ 张君劢：《儒家伦理学之复兴》，载《人生》（香港）1961年第245期。
⑦ 张君劢：《儒家伦理学之复兴》，载《人生》（香港）1961年第245期。

则制度之奇突亦尤甚。而吾国先圣先贤所昭示之名教，若不足视为典章以系人心志。此形成吾方道德意识之动摇者二也"①。如果说第一、二次道德意识的动摇主要是受政治社会制度的影响，那么第三次道德意识的动摇就是源于新的思想学说，包括功利主义、逻辑实证主义和辩证唯物主义。总之，上述三点，"就吾一国言之，酿成史所罕见之惨剧。在欧美言之，亦何尝不为历史上之大旋转点"②。

虽然如此，但中西对于伦理剧变的态度却是截然有别的。张君劢认为，我国在传统道德意识产生大的动摇之后，卒至否定道德观念的境地。对此，他批判道："其间（指人类进化发展史，引者注）自有向上向善征象，曰人格尊严，曰理智发展，曰善之实现。岂若吾国耳食者流，肆无忌惮，视道德若无物者哉。"③ 然而在欧美，虽同样经历了"历史上之大旋转点"，但道德观念仍屹立于现代西方文化之中，"政体由君主易而为民主，而敬上奉公之忠自若焉。夫妇限于一夫一妻，而彼此爱敬之情自若焉。其为个人者各有自由发展之途，特重于诚实不欺。其为公民者，己受法律之保障，然亦尤能爱护公物爱护国家与地方团体"④。可见，"敬上奉公之忠""彼此爱敬之情""诚实不欺""爱护公物"等，便是张君劢所谓的"道德观念"。基于此，他又指出："任公先生（指梁启超，引者注）批评西方社会组织，曰以权利观念为唯一原素。其实宗教伦理同为西方文化之成份，不可不分别立论。西方人之爱国爱乡，与夫捐资兴学，建立医院，岂能谓为不知有仁之观念哉。一家之内有和好之日，有争夺之日，和好时可行其孝悌慈爱，纷争时不能不讲度量分界。不唯一家如此，即各地方各机关亦何不如此。"⑤ 亦即是说，作为西方文化的两种主要成分，权利观念与道德观念是相互依存、相得益彰的。

进而言之，我国为何在传统道德意识产生动摇之后，走向了否定道德观念的境地呢？张君劢认为，这关键在于国人未能正确处理伦理之变与不变的关系，"吾人处廿世纪之今日，而论道德问题，其第一事应答复者，

---

①　张君劢：《儒家伦理学之复兴》，载《人生》（香港）1961 年第 245 期。
②　张君劢：《儒家伦理学之复兴》，载《人生》（香港）1961 年第 245 期。
③　张君劢：《儒家伦理学之复兴》，载《人生》（香港）1961 年第 245 期。
④　张君劢：《儒家伦理学之复兴》，载《人生》（香港）1961 年第 245 期。
⑤　张君劢：《新儒家政治哲学》，载《自由钟》1965 年。

曰伦理之变与不变"。① 所谓"伦理之变",是指随着社会结构和生活方式的变化,人类德性的表现方式会因时因地而不同;所谓"伦理之不变",是指"所以明善恶是非之辨之良知也"②。至于"伦理之变"与"伦理之不变"则是一体两面的关系。详言之,一方面变中有不变者在,即"人心是矣,善恶是非之准绳是矣,伦理是矣"③;另一方面,不变中有变者在,如"昔日贵守成,今日贵进步。昔日贵知足尚俭,今日贵供足给求。昔日视劳动为贱役,今日称劳动为神圣"④。诚然,张君劢如此强调良知或人心,容易使人产生一种感觉,以为"他提倡的新儒家道德哲学强调道德行为中的动机因素以及主体的选择作用"⑤;但实质上,他强调良知的真正旨趣,在于促进社会进步和文化发展,因为"伦理之不变"是就人类的客观精神而非个人的主观心灵而言,且"伦理之变"是就政治社会制度和生活方式而言。正如他所说:"古往今来政治社会制度之所以变,或因战乱,或因暴政,或因束缚太甚,或因分配不均,然所以谋人之各得其所者,不外乎平等自由与胞与之三义。此三义之背后之主动,则人而已,心而已,理而已矣。"⑥

　　按照张君劢的说法,既然良知或人心是社会进步和文化发展的内在驱动力,同时保证着社会进步和文化发展趋于人道主义方向,那么文化、道德的僵化停滞就得归因于良知的懈怠。当然,良知懈怠既是个人的,也是一个时代的。关于前者,张君劢如是说:"人处人群中,彼此相接相触,有对人对物对事之关系,有言语以达意,有文字书之书册,有典章法令以为范围约束。其始成也,视为新奇,勉于共守。及乎垂日既久,认为一成不易,于是心灵之体验停顿,仅视为具文而守之。"⑦ 至于后者,如清代人死守古经文字,以为蹈习故常可以解决人生问题,于是"将心思之与时消息之功能一齐放下","变宋明理学为'五种遗规'"⑧。为此,对于良知的

① 张君劢:《儒家伦理学之复兴》,载《人生》(香港) 1961 年第 245 期。
② 张君劢:《儒家伦理学之复兴》,载《人生》(香港) 1961 年第 245 期。
③ 张君劢:《儒家伦理学之复兴》,载《人生》(香港) 1961 年第 245 期。
④ 张君劢:《儒家伦理学之复兴》,载《人生》(香港) 1961 年第 245 期。
⑤ 胡伟希:《传统与人文》,北京:中华书局 1992 年版,第 215 页。
⑥ 张君劢:《儒家伦理学之复兴》,载《人生》(香港) 1961 年第 245 期。
⑦ 张君劢:《儒家伦理学之复兴》,载《人生》(香港) 1961 年第 245 期。
⑧ 张君劢:《儒家伦理学之复兴》,载《人生》(香港) 1961 年第 245 期。

自我扩充，以及对于良知懈怠的警惕，包括张君劢在内的现代新儒家们都给予了高度的关注。在《为中国文化敬告世界人士宣言》中，他与牟宗三、徐复观、唐君毅就特别强调道："我们与其说中国民族文化历史之所以能长久，是其他外在原因的自然结果，不如说这是因中国学术思想中原有种种自觉的人生观念（指良知，引者注），以使此民族文化之生命能绵延于长久而不坠。"①

二、儒家伦理学的基本概念

在张君劢看来，伦理学之所以为学的基本概念，亦即儒家伦理学的基本概念，主要有四："一曰善，二曰己，三曰性，四曰心。"②

（一）"善"

张君劢认为，人之为人，虽不离血肉，不离物质；但善恶是非之所以分，非视其行为效果如何，乃视其意识动机如何。换言之，道德之善，以心意之大公至正为主，而与世间之金银、财宝、器物、名位、利禄等无涉。在界定仁义礼智的内涵时，他说："道德之所谓仁，出于爱类与立人达人之念，而不参以为己之私。所谓义，出于理之当然，不顾艰难危险勇往以赴之。其所谓礼，出于合群生活中应有之先后或取予，而不杂以虚伪矫饰。其所谓智，在于求事物之真，明辨之慎思之。"③ 反之，世间除善意之外，无一事物可以不加限制地称之为善。比如，人的聪明、理智、才性等无一不可称之为善，然所以运用此聪明才性者在乎意，意若不善，则此聪明才性适足以为恶而有害于人。又如，权力、财富、名位、利禄等，对于不能抱有善意者来说，无一不引起人骄横自狂，无一不引起人迷失自我。平心而论，张君劢强调道德之善必须从善意出发，善的行为总是由善的动机产生，这无疑是正确的；但毋庸讳言，"善作为道德学说中与恶相对应的一个价值范畴，其涵义有两种，既指善的行为、善的结果，又指善的动机、善的愿望"④，故在评价一种行为是否善时，应以动机与结果的统

①　牟宗三、徐复观等：《为中国文化敬告世界人士宣言》，载程文熙编：《中西印哲学文集》（下），台湾学生书局1981年版，第871-872页。
②　张君劢：《儒家伦理学之复兴》，载《人生》（香港）1961年第245期。
③　张君劢：《儒家伦理学之复兴》，载《人生》（香港）1961年第245期。
④　郑大华：《张君劢传》，北京：商务印书馆2012年版，第432-433页。

一作为根据。更有甚者，人类社会历史实践证明，善的动机有时也会产生恶的结果，如王安石变法、张居正变法莫不如此。有鉴于此，余英时曾批评道，现代新儒家为了对抗近代科学主义所表现的"知性的傲慢"，而发展了一套与科学主义貌异情同的意识形态，即"良知的傲慢"。

（二）"己"

在论述颜渊"三月不违仁"、谢良佐"收去矜之效"的道德修养时，张君劢指出："如曰为仁由己而由人乎哉，此言择善固执之者，有己在焉。又曰吾日三省吾身，此言每日省察所为之是非善恶者己焉。倘非有己，则省之者为谁，执守之者将又为谁。"① 这里所谓的"己"，意指作为道德主体的良知，而良知显然是与生俱来的，也是人生不可须臾离的。但正如孟子所言，仁义礼智信等德性只是一种端倪，需要人努力去涵养之、扩充之，以自觉挺立道德自我。关于道德自我的挺立，张君劢完全诉之于超验的良知，即良知不杂处于物欲、情欲之中，如同他把道德的善等同于善的动机一样。因此，在《孟子哲学》一文中，对于戴震将声色臭味四者包涵于性之材质中，从而反对理等同于性、主张知所节制即为性善的观点，张君劢明确反驳道："戴氏解释为义理在人性之内，知所节制即为性善之旨。然孟子以为四端与性俱生，宋儒将义理与形气隔断，一属于思想与道德，一属于形气。二者如何混而为一乎？"② 值得指出的是，在传统儒家那里，"己"仅仅意指作为道德主体的良知；但张君劢在康德哲学的影响下，却将"己"引申到认识论领域，认为"己"还是"心中之范畴"。当然，不论是经验主义认识论，还是唯理主义认识论，均将其认识方法应用于道德领域。所以，张君劢对于经验主义认识论的批判，正是立足于"己"的两个层面而展开："陆克氏（指洛克，引者注）有心为白纸说，既已无心，则记忆、比较与改过迁善之功，安从而施？休谟氏倡为所谓己者，初非有此实体，不过前后观念之相续，乃易经所谓憧憧往来者而已。"③ 在这段话中，"记忆、比较"是指认识论，"改过迁善"则是指道德论。

---

① 张君劢：《儒家伦理学之复兴》，载《人生》（香港）1961 年第 245 期。
② 张君劢：《孟子哲学》，载程文熙编：《中西印哲学文集》（下），台湾学生书局 1981 年版，第 700 页。
③ 张君劢：《儒家伦理学之复兴》，载《人生》（香港）1961 年第 245 期。

(三)"性"

在儒家思想史上，人性论有两大派别：孟子的"性善论"与荀子的"性恶论"。张君劢认为，孟子虽主性善，然非不知富岁子弟之多赖，凶岁子弟之多暴；荀子虽主性恶，然非不知人性之可以矫正，可以化导；"如此就性之与生俱来者言之，自有善恶两方"。① 这样看来，张君劢似乎主张善恶二元论，借以调和孟子的"性善论"与荀子的"性恶论"。但进一步分析，则可窥知张君劢实属性善论者。一方面他称自己的哲学系统为"唯实的唯心主义"，"以唯心论为本，兼采唯实论之长"②；另一方面他称孟子为唯理论或唯心论者，荀子为经验论或唯实论者，"在今日言之，荀子着眼于自然之事实，孟子穷其义理之当然。此即经验派与理性派之争"③。很显然，在人性问题上，张君劢是以孟子的性善论为本，兼采荀子的性恶论之长。是故，他在肯定善恶皆与生俱来之后，又强调道："若就其高洁者言之，由克治约束以趋于中正。此视乎平日之存养，扩充，非可期之于人人者矣。"④

(四)"心"

在张君劢看来，所谓心的问题，本质上是指"心之为物，果有方所乎，果有形状乎，为体乎，为用乎，以思为主乎，以情为主乎，以意为主乎"⑤。这几个层面的问题，在传统儒家内部一直存在着争论，皆未有确切不移的答案。比如，"心之官则思"中的心，是以思为主，近乎所谓性；"心血来潮"之心，是以一时的冲动为主，近乎所谓情；"决心如何"之心，则以意为主。虽然心之为用如此之广，甚至连自己都不易觉察心之在否，"出入无时，莫知其向"；但无论如何，"人之知痛知痒知寒知暖知饥知饱，乃至辨彼此同异是非邪正，皆以一心为主宰"⑥。孟子主张性善论固然是如此，即便是荀子主张性恶论，也坚持认为："心者形之君也，而神

---

① 张君劢：《儒家伦理学之复兴》，载《人生》（香港）1961 年第 245 期。
② 张君劢：《儒家哲学之复兴》，北京：中国人民大学出版社 2006 年版，第 99 页。
③ 张君劢：《新儒家思想史写完以后》，载程文熙编：《中西印哲学文集（下）》，台湾学生书局 1981 年版，第 802 页。
④ 张君劢：《儒家伦理学之复兴》，载《人生》（香港）1961 年第 245 期。
⑤ 张君劢：《儒家伦理学之复兴》，载《人生》（香港）1961 年第 245 期。
⑥ 张君劢：《儒家伦理学之复兴》，载《人生》（香港）1961 年第 245 期。

明主也，出令而无受令。自禁也，自使也，自夺也，自取也，自行也，自止也。"① 张君劢等人指出，心既为身之主宰，亦即人生之主体，同时文化又为人生活动的产物，故"心性之学，乃中国文化之神髓所在"②。

综上所述，善、己、性和心四个基本概念，既是儒家伦理学的基本出发点，亦是伦理学之所以为学的根本，"有之则有伦理学，无之则无伦理学"。进一步说，善、己、性和心实为一个整体，实为良知的不同面相。在孟子哲学中，性是从天命的角度来说良知，心是体用合一的角度来说良知，善是对性的本质的表达，己是心自作主宰之意。对此，张君劢可以说是洞若观火："孟子更进而认定，良心为一定律则，与责任产生之源泉，并能判别是非。"③ 良心（良知）为知情意的统一，乃不言而喻矣。

三、儒家伦理学的基本特点

张君劢指出，自孔孟以后，儒家伦理学便有了一条根本原则，即"以善恶义利是非之辨，直接诉诸各人之良心，使其知所以身体而力行之是矣"④。分析这一原则可知，儒家伦理学包括六个基本特点：

第一，人有四端。孔子视德性为人所固有，故有志于道、据于德、依于仁等语。依此，孟子进一步提出了"四端说"，意指人所固有的仁、义、礼、智四种道德意识的萌芽，这是他论证人性本善的根据。《孟子》曰："恻隐之心人皆有之，羞恶之心人皆有之，恭敬之心人皆有之，是非之心人皆有之。恻隐之心，仁也，羞恶之心，义也，恭敬之心，礼也，是非之心，智也。仁义礼智，非由外铄我也，我固有之也。"⑤

第二，唯人有此四端，乃能以善恶义利是非之辨，直接诉诸各人之良心。孔子除了讲"行己有耻""克己复礼""毋有不如己者"之外，还说"德之不修，学不讲，闻义不能徙，不善不能改，是吾忧也"⑥。孟子亦尝

① 《荀子·解蔽》。
② 牟宗三、徐复观等：《为中国文化敬告世界人士宣言》，载程文熙编：《中西印哲学文集》（下），台湾学生书局1981年版，第870页。
③ 张君劢：《孟子哲学之意义》，载程文熙编：《中西印哲学文集》（下），台湾学生书局1981年版，第675页。
④ 张君劢：《儒家伦理学之复兴》，载《人生》（香港）1961年第245期。
⑤ 《孟子·告子上》。
⑥ 《论语·述而》。

言："求则得之，舍则失之，是求有益于得也，求在我者也。求之有道，得之有命，是求无益于得也，求在外者也。"① 以上是孔孟就"己"（良心）之所当为者，直接耳提面命，一若暮鼓晨钟之发人深省。这与康德以人为目的之训，以及边沁"最大多数人的最大幸福"之言旨在求得一项能适用于大多数人群者的自然公例，是迥然不同的。

第三，儒家之所以告人者，非一项公例，而在乎各人之所当为。这主要分为三个层次：就个人而言，是"勉人之昂首直立，各全其人之所以为人"②。如孔子曰："三军可夺帅也，匹夫不可夺志。"③ 孟子曰："居天下之广居，立天下之正位，行天下之大道，得志与民由之，不得志独行其道。富贵不能淫，贫贱不能移，威武不能屈，此之谓大丈夫。"④ 就五伦关系而言，要求君礼臣忠、父慈子孝、兄友弟恭、夫义妇德、长惠幼顺。孔子尝言："吾日三省吾身，为人谋而不忠乎？与朋友交而不信乎？传不习乎？"⑤ 就一般人际关系而言，则为忠恕之道，如《中庸》曰："忠恕，违道不远，施诸己而不愿，亦勿施于人。"张君劢认为，君礼臣忠、父慈子孝、兄友弟恭等，表面上看好像是单方面的义务，然试求其本，则出于父子君臣兄弟之人与人对待关系，故与忠恕之道同源异流。

第四，理之所当为，为道德之准绳，出于情与理之自然。张君劢指出，孔孟所谓的善，纯以善恶是非为道德的准绳，不可掺以功利的动机。孔子曰："富与贵，是人之所欲也，不以其道得之，不处也。贫与贱，是人所恶也，不以其道得之，不去也。"⑥ 孟子亦曰："一箪食，一豆羹，得之则生，弗得则死。呼尔而与之，行道之人弗受，蹴尔而与之，乞人不屑。"⑦ 从比较角度看，儒家的这种"理之所当为"思想，等同于西方伦理学所谓的"道德的义务"。至于西方另一伦理概念"善"，则有严格与宽泛两种释法。严格的释法，一如康德所谓"善良意志"；宽泛的释法，一如

---

① 《孟子·尽心上》。
② 张君劢：《儒家伦理学之复兴》，载《人生》（香港）1961 年第 245 期。
③ 《论语·子罕》。
④ 《孟子·滕文公下》。
⑤ 《论语·学而》。
⑥ 《论语·里仁》。
⑦ 《孟子·告子上》。

实用主义者或功利主义者所谓"有用有益有利或为人所乐者",其义中涵有善巧方便之意。因此,对于宽泛意义上的善,西方严格的道德论者仅称之为工具之善,以别于"人贵诚实、人贵自立之善之出于绝对义务者"①,后者另以"应为"或"当为"(ought)之语代之。

第五,善恶义利是非之辨,为人心所能觉察。孟子曰:"人之所不学而能者,其良能也;所不虑而知者,其良知也。"② 究竟此良知,纯为本能?抑或有学而知之成分?古今儒家众说纷纭、各执一端;然心能直接辨别是非善恶,却为他们所一致同意。譬如,人贵诚实,人应忠于职守,人应与人分工合作,各人闻之即可立下肯定之答案,"此即良心之直接洞见之所致也"③。

第六,不独知之,又贵乎力行。张君劢强调,儒家关于修己立身之道德,必以身体力行为归宿,如《大学》曰"君子有诸己而后求诸人,无诸己而后非诸人",王阳明曰"知而不行,只是未知"。西方伦理学虽亦讨论人的行为规范,但其反复讨论者曰何谓善,属于学术性的辩难,故与儒家直指各人之所当为迥然不同。更有甚者,"方今世界大通,各国间有宗教之殊,社会构造之异,乃至伦理观念之别。由此种种殊相之比较,即不免乎讨论研究,即不免乎知识成份之参杂"④。易言之,道德的直接指示,将变成伦理学的理论探讨。因此,我国学者倘能自识其道德教育的特点,而求所以保持其所固有者,必能对西方伦理学或当代世界伦理学救偏补弊。

最后,张君劢指出,儒家伦理学的六个基本特点,"自孔孟确定大本,至今未或稍变"⑤。至于近世宋明儒家,为对抗佛教计,扩大人伦以至宇宙、理气、心性关系,确乎精微奥妙,有着过人之处;然关于性善、道德本源、心之存养,并未逾越孔孟规矩。其在理论方面,如理气二者之先后,如性有义理之性与气质之性之分,如论性不论气为不备、论气不论性为不明之言,"此皆理论演进之所致,不得以其为孔子之不道性天而弃之

---

① 张君劢:《儒家伦理学之复兴》,载《人生》(香港)1961年第245期。

② 《孟子·尽心上》。

③ 张君劢:《儒家伦理学之复兴》,载《人生》(香港)1961年第245期。

④ 张君劢:《儒家伦理学之复兴》,载《人生》(香港)1961年第245期。

⑤ 张君劢:《儒家伦理学之复兴》,载《人生》(香港)1961年第245期。

也"①。从中西比较的角度看，孔孟所确定下来的六个基本特点，与康德"实践理性批判"中的善良意志和绝对命令最为相近，或者更准确地说，孟子与康德的伦理学"自有其殊途同归者在矣"。所谓"殊途"，就是"一为直接性，一为间接性；一为主观责任心，一为客观公例性"②；所谓"同归"，是指二者均追求道德上的"自然公例"或"同归原则"。

四、结语

统而言之，正是围绕儒家伦理学复兴何以可能问题，张君劢建构了一套现代新儒家伦理学理论。这套伦理学理论，既有社会的、历史的考量，又有形上学的根基；既融摄了西方近现代伦理学思想，又揭橥了儒家伦理学的特色之处；既总结了早期现代新儒家伦理思想的理论得失，又作出了推故致新、别开生面的理论创造。这就使它具有一种扬长避短、继往开来的理论特质与个性，用张君劢自己的话说，就是一种名为"唯实的唯心主义"伦理学，即以唯心主义伦理学为本，兼采经验主义伦理学之长。正是这样，在西方伦理学史上，他最服膺的是康德的伦理学思想，如其所言："在数十年中，除对西方哲学界之宗匠康德氏素所钦服外，其余各大家常觉其独到而不免于一偏。"③ 并且，他在对传统儒家伦理学进行认真清理时，力主调和孟子与荀子、朱子与陈亮两派伦理思想，进而指出："中国伦理学理论，在强调正义或道义上，并没有因此而忽略从道德活动所得的利益。"④ 当然，从马克思主义伦理学的角度看，张君劢的现代新儒家伦理学脱离了人类社会历史实践，有着浓厚的道德理想主义色彩，无疑是偏颇、空疏的。

（作者欧阳询，湖南师范大学道德文化研究院博士后。）

---

① 张君劢：《儒家伦理学之复兴》，载《人生》（香港）1961 年第 245 期。
② 张君劢：《儒家伦理学之复兴》，载《人生》（香港）1961 年第 245 期。
③ 张君劢：《新儒家哲学之基本范畴》，载《人生》（香港）1960 年第 232 期。
④ 张君劢：《孟子致良知说与当代英国直觉主义伦理学之比较》，载程文熙编：《中西印哲学文集（上）》，台湾学生书局 1981 年版，第 718 页。

从反讽概念看王龙溪的人生境界学说①

黄泰轲

摘要: 由乡愿到豪杰到狂者再到出世间大豪杰, 王龙溪以不同的人格状态, 展开了自己的人生境界学说。在不断的否定和超越中, 王龙溪显现出一种反讽姿态。王龙溪的境界学说既启迪了个体自身的道德成长, 又让个体警醒到其对国家、对社会的责任问题。借助西方伦理学的反讽概念, 通过比较王龙溪与克尔凯郭尔等人反讽的异同, 我们会更加深入地把握王龙溪人生境界学说的运思、意义及其存在的问题。

关键词: 反讽; 伦理规范; 至善; 人生境界; 王龙溪

反讽是一种古老的文化现象。一般地, 我们往往从修辞学的角度去研究反讽。事实上, 反讽也是哲学的一个重要概念。《斯坦福哲学百科全书》以及国内可见的《西方哲学英汉对照辞典》(尼古拉斯·布宁、余纪元编)、《外国哲学大辞典》(冯契编)、《伦理学大辞典》(朱贻庭编)、《价值学大词典》(李德顺编) 等工具书都收录有反讽词条。据以反讽概念为博士论题的丹麦哲学家克尔凯郭尔研究:"首倡、引进反讽的是苏格拉底""现代的反讽首先归于伦理学""恰如哲学起始于疑问, 一种真正的、名副其实的人的生活起始于反讽"。② 克尔凯郭尔被誉为是"丹麦的苏格拉底", 和苏格拉底与城邦事物保持距离而只关心自己的灵魂一样, 克氏对家庭、基督教会、国家均持反讽姿态而决意做个"个体的人"。为此, 他提出了

---

① 本文已发表于《船山学刊》2015 年第 5 期。
② [丹] 克尔凯郭尔:《论反讽概念: 以苏格拉底为主线》, 汤晨曦译, 北京: 中国社会科学出版社 2006 年版。

著名的"人生道路诸阶段"：审美阶段、伦理阶段、宗教阶段。结合苏格拉底的反讽实践及克尔凯郭尔的反讽研究，我们这样来看反讽概念的伦理学内涵：反讽是个体道德意识觉醒状态下对伦理规范的一种认知，它认为，伦理规范具有相对性，真正的人生应审视乃至否定这些相对的伦理规范而走向至善。以此标准来看，中国伦理史上亦有一批苏格拉底式的反讽思想家，如庄子、嵇康、李贽等。本文从反讽概念出发分析王龙溪的人生境界学说，试图得出一些有价值的结论。

一、王龙溪的反讽：从"无善无恶"到"至善"

在研究心学时，一些学者从存在主义视角出发，取得了一些研究成果。我们看到，以克尔凯郭尔为开创者的存在主义哲学与心学确有许多会通之处。陈来先生说："理学到心学的转向类似于黑格尔后，西方哲学从理性主义到存在主义的转向。存在主义的先驱克尔凯郭尔正是不满于黑格尔哲学的大厦无法安心立命而转向人的存在。"① 作为存在主义与心学的代表人物，牟宗三先生对克尔凯郭尔与王龙溪均十分欣赏。他认为："克氏思想之出现，实一眼看到西方近代思想末世一衰微之倾向，非人格的倾向，非立体的倾向，故一反其传统而主往里收，即重归自己之主体，肯定人格个性，以开辟出一光明之源，透露一真生命之机，吾人顺克氏之学回到自己来接中国学问，当能有一番新意思……存在主义思想正给予吾人一新刺激，逼使吾人回头见父。"② 牟先生还认为克氏的思想"可促使我们反省孔孟之教以及宋明儒者之造诣究竟在何层次……而知二溪（王龙溪、罗近溪）之学实乃中国心性之学发展至一成纯之最高峰"。③ 牟先生的高见为我们从克尔凯郭尔所研究的反讽概念看王龙溪提供了一个依据。

按照克尔凯郭尔对反讽概念的研究，我们认为，王龙溪也持一种反讽姿态。这样的结论，可以从龙溪的形象、行为和思想中得以印证。从形象、行为上看，王龙溪与传统儒者形象、行为格格不入。在未成为阳明弟子前，龙溪妙年任侠、混迹于酒肆博场之中，每见方巾之士，辄骂"腐

---

① 陈来：《有无之境：王阳明哲学的精神》，北京：北京大学出版社 2006 年版，第 13 页。
② 牟宗三：《人文讲习录》，南宁：广西师范大学出版社 2005 年版，第 117 页。
③ 牟宗三：《人文讲习录》，南宁：广西师范大学出版社 2005 年版，第 130 页。

儒"；成为阳明弟子之后，龙溪仍不愿为名教所节，不乐礼法而甘食悦色，提倡狂者之风，不居官场而四方讲学，多与僧、道、商等人游。从思想上看，王龙溪的"四无说"更为明显地体现其反讽态度来。王龙溪这样解释"无善无恶心之体"："善与恶相对待义，无善无恶，是谓至善，至善者，心之本体也。"① 与苏格拉底否定各种善（智慧、勇敢、节制、正义等）的定义一样，王龙溪看到了人们所遵从的伦理规范的相对性及其间的矛盾性；与克尔凯郭尔一样，龙溪看到了那些自诩为普遍伦理规范的虚伪性及令人窒息性。正如与王龙溪同时代的张居正说："昔以为善者，今以为不善；以此为善者，彼以为不善。"② 伦理规范的混乱使得人们"无所措手脚"，整个社会古风渐渺、士风日下，尤其是一些读书人，竟将"道德"当作功名利禄的"敲门砖"。王龙溪对明朝嘉靖、万历时期的社会道德状况有如下的批评：

> 世降学绝，士鲜克以豪杰自命，圣贤不世出，道德之风盖亦邈矣。下此而功名、而富贵，果能实心建立而忘爵禄否乎？果能明于利害而赫然震掉否乎？是未可知也。所趋既卑，故所见益陋，依傍假借，大抵名高而实下。今之所谓道德者，古之功名也。今之所谓功名者，古之富贵也。今之所谓富贵而已者，庸鄙攘窃，自比于乞墙穿窬之类，有仪秦所不屑为者而甘为之，所趋益下矣。③

与克尔凯郭尔批评黑格尔的"绝对精神"如出一辙，王龙溪认为，朱子哲学的"天理"已不能应付各种社会矛盾，相反地，还造就了一批死守其理的庸俗者、假道学、伪君子。正因为有了这样的认识，王龙溪才采取反讽的姿态说"无善无恶心之体"。他要通过这一"无"字，否定那些使人变得庸俗和窒息的伦理规范，走向至善。在王龙溪的思想中，"无"是一个关键概念。王龙溪把"无"视为"圣学之宗"，相较于乃师的"四有说"，王龙溪的"四无说"把"无"大大向前推进了，余波至李贽而不息。

---

① 王幾：《王龙溪全集》，台北：台北华文书局 1970 年版，第 389 页。

② ［日］沟口雄三：《中国前近代思想的演变》，索介然译，北京：中华书局 1997 年版，第 159 页。

③ 王幾：《王龙溪全集》，台北：台北华文书局 1970 年版，第 164－165 页。

上述分析，在沟口雄三先生如下的一段话中或许体现得更为明显："此的理和彼的理的相互龃龉或对立亦即矛盾的尖锐化，把龙溪推向了'无'，更把李卓吾推向'真空'。预先标榜的为善，已不能应付现时的多样的矛盾。在我作为主体而生活在矛盾中的条件下，这个我就不能不对理到底是什么这个问题负责。"① 那么，"理"到底是什么呢？在批判黑格尔的"绝对精神"后，克尔凯郭尔认为"主观的即是真理"，他所思考的问题是"如何做一个真正的基督徒"或"如何做一个真正的个体的人"；同样，在批判朱子天理之后，王龙溪承继乃师"心即理"的衣钵，所思考的问题是"如何做一个圣人"。王龙溪的境界学说是对此问题的回答。

二、王龙溪反讽姿态下的人生境界学说

克尔凯郭尔与王龙溪都认为，没有任何外在的"理"能调和社会及人生的矛盾，那些宣称放之四海而皆准的"理"除了窒息人生之外一无是处，矛盾的调和最终要靠"主观情感"或"心"。但是，"恐惧与战栗"及"人心惟危"让我们的情感和心灵总是处于一种失衡的状态，在这样的情况下，我们要借助反讽内蕴的否定精神，来求得一种"自满"或"自慊"。在克尔凯郭尔那里，"自满"只有历经审美、伦理、宗教等"人生道路诸阶段"才能达到，王龙溪那里，"自慊"也只有经历从乡愿到豪杰到狂者再到出世间大豪杰这样的人生诸境界才能实现。按照牟宗山先生的说法，王龙溪与克氏有相同的思路，但"讲法较克氏更积极"。

苏格拉底说，"未经省察的人生是不值得过的"，因此，内心的良知促使他从家庭事务和城邦事务中脱身出来，追寻"善的理念"。我们大部分人从未省察我们的道德良知，从未怀疑并忠实地遵守着外在于自己道德良知的伦理规范。乡愿和豪杰是严格遵守外在伦理规范的典型，但是他们却有着本质的区别。王龙溪是这样看待乡愿的：

　　若夫乡愿，一生干当分明要学圣人，忠信廉洁是学圣人之完行，同流合污是学圣人之包荒，谓之似者，无得于心，惟以求媚于世，全

---

　　① ［日］沟口雄三：《中国前近代思想的演变》，索介然译，北京：中华书局1997年版，第165页。

体精神尽向世界陪奉，与圣人用心不同。①

　　乡愿是那种八面玲珑、四处讨好、做人行事中规中矩、貌似忠诚老实的人，他们也热衷于学圣人，但这只是表面，他们真实的目的是既媚君子又媚小人，似德非德，是"伪君子"。与乡愿相反，王龙溪把那种读圣人之书、行圣人之教的真君子称之为豪杰。他说："儒者之学，崇效天，卑法地，中师圣人，已是世界豪杰作用。"② 豪杰严格以世俗的规矩要求自己，能做一个真豪杰，这已是很了不起的境界了。但在王龙溪看来，仅做个豪杰还是不够的。他说："自古圣贤须豪杰人做，然豪杰而不圣贤亦多有之，以其习气胜而志不远也。"③ 王龙溪认为，豪杰循规蹈矩，依傍名节，避毁趋誉，不敢越雷池一步，没有超越的气概且在不自觉中易"坠在乡党自好窠臼里"恣情混俗。王龙溪对豪杰的论述与克尔凯郭尔对"伦理的人生阶段"的论述有相似之处。在克氏看来，个体走向伦理的普遍性后，其作为特殊性存在的冲动常使他处于受诱惑的状态，"伦理的人生阶段"易回到"审美的人生阶段"，是有待否定和超越的人生阶段。

　　"无"使王龙溪由豪杰走向了狂者。早在孔、孟等先哲那里，已经有了狂狷之辩，狂者的特点是志向远大、行不掩言。王阳明对"狂者胸次"很是欣赏，《传习录》中有这样一段话：

　　　　王汝中、省曾侍坐。先生握扇命曰："你们用扇。"省曾起对曰："不敢！"先生曰："圣人之学，不是这等捆缚苦楚的，不是装做道学的模样。"汝中曰："观'仲尼与曾点言志'一章略见。"先生曰："然。以此章观之，圣人何等宽洪包含气象！且为师者问志于群弟子，三子皆整顿以对，至于曾点，飘飘然不看那三子在眼，自去鼓起瑟来，何等狂态！及至言志，又不对师之问目，都是狂言。设在伊川，或斥骂起来了。圣人乃复称许他，何等气象！圣人教人，不是个束缚他通做一般，只如狂者便从狂处成就他，狷者便从狷处成就地，人之

---

① 王畿：《王龙溪全集》，台北：台北华文书局1970年版，第397-380页。
② 王畿：《王龙溪全集》，台北：台北华文书局1970年版，第498页。
③ 王畿：《王龙溪全集》，台北：台北华文书局1970年版，第820页。

才气，如何同得?①

宋明理学家以"豪杰"称誉突出人才，如程颐称邵雍为"豪杰之士"，但在阳明及龙溪看来，豪杰虽有值得赞许处，但他们依傍圣人之言，被羁绊而不得自由，"一爱不除，百魔交集"，他们仍易陷于名节之中，他们自以为完形，其实还未透得生死、毁誉、好丑机窍，他们"得于人"还没有"自得"。所以，豪杰仍是有待超越的人生境界。狂者是对豪杰的超越。龙溪这样评价狂者：

> 夫狂者志存尚友，广节而疏目，旨高而韵远，不屑弥缝格套，以求容于世。其不掩处，虽是狂者之过，亦是其心事光明特达，略无回护盖藏之态，可几于道。天下之过与天下共改之，吾何容心焉? 若能克念，则可以进于中行，此孔子所以致思也。②

在龙溪看来，狂者志向高远、不拘俗套、心事光明，其境界已比豪杰超出一层。但是，狂者有行不掩言的缺点，仍不是最高的人格境界。不过，狂者可以通过克念之功，以达中行；再过，狂者"只是要做圣人"的志向为其进一步超越提供了内在动力。龙溪认为，只有超越豪杰与狂者，达到出世间大豪杰的境界，才是人生的最高理想人格。他说：

> 若是出世间大豪杰，会须自信本心，以直而动，变化云为，自有天则，无形迹可拘，无格套可泥，无毁誉可顾，不屑屑于绳墨而自无所逾。纵有破绽，乃其践履未纯，原非心病。③

出世间大豪杰自信本心，不傍人门户，破除了行迹、格套、毁誉、绳墨乃至生死的种种束缚。龙溪认为，一切道义名节，一切功业文章，一切是非利害，都是束缚人生境界充分发展的罗网，都要勘破。他说：

---

① 王阳明：《传习录》，张怀承注译，长沙：岳麓书社 2004 年版，第 286－287 页。
② 王畿：《王龙溪全集》，台北：台北华文书局 1970 年版，第 397 页。
③ 王畿：《王龙溪全集》，台北：台北华文书局 1970 年版，第 1184 页。

吾人不守道义，不畏名节，便是无忌惮之小人。若于此不得转身法，才为名节所拘管，又岂是超脱之学？尝谓学而有所忌惮，做不得真小人；为善而近名，做不得真君子。若真信得良知过时，自生道义，自存名节，独往独来，如珠之走盘，不待拘管，而自不过其则也。养生家不超脱，则不能成丹，吾儒之学不超脱，则不能入圣。①

王龙溪的反讽勇气，在此达到极致。到了出世间大豪杰这一境界，再无功名利禄之累，也不再傍依圣人之言教，真理的标准已不是外在的伦理规范、法律制度、神明圣教等，而是自家的一点良知、一点灵明。只有"自家"的而非"外在"的，我们才能"自去自来""自作主宰""自证自悟""自性""自养""自命""自立"，才能得大逍遥、大自在。

现在，我们总结一下龙溪人生境界学说展开的脉络：以"无"为方法，龙溪先后否定了乡愿、豪杰而至狂者人格，狂者怀疑了支撑乡愿、豪杰人格的伦理规范但自身的良知尚未能挺立，于是，进一步地，龙溪否定狂者，挺立良知，直达出世间大豪杰之境界。

在出世间大豪杰境界中，挺立之良知仍空仍虚仍寂，但正如目虚能见万色、耳虚能听万声，心虚能备万象，所以良知挺立，万物一体。不只是这样，万物还是良知所生，正如阳明先生说："天没有我的灵明，谁去仰他高？地没有我的灵明，谁去俯他深？鬼神没有我的灵明，谁去辩他吉凶灾祥？天地鬼神万物，离却我的灵明，便没有天地鬼神万物了。"② 牟宗三先生认为，良知中蕴含一"实现原则"：天地万物之所以为天地万物，必须在良知中获得意义，在良知中得以呈现。所以，良知生天、生地、生人、生万物，大生广生，生生不息。于是，在出世间大豪杰的境界里，良知为己物立法，立己立物，己物一体，个体在此既处于无累无滞的逍遥感，又对外物怀有一种"恻然而悲，戚然而痛"的拯救感，按陈来先生的说法，此境是"无我之境"与"有我之境"的高度统一。

---

① 王畿：《王龙溪全集》，台北：台北华文书局 1970 年版，第 279－280 页。
② 王阳明：《传习录》，张怀承注译，长沙：岳麓书社 2004 年版，第 342 页。

三、反讽之后：王龙溪人生境界学说的评析

正如前文分析的，反讽是对伦理规范相对性的否定，反讽的目标在于至善。经过数次否定和超越，王龙溪已达出世间大豪杰之境界。在这一境界，自家的良知而非其他的标准成为道德价值的判断者，个体摆脱了外在伦理规范的束缚，精神得到极大的解放，个性得到极大的张扬。从世界思想史看，龙溪的反讽与苏格拉底的反讽及克尔凯郭尔的反讽有许多的相似之处：他们都对其时的道德状况进行了大力批判，他们都认为道德的标准源于自己的内心，他们都有趋于至善的道德冲动，他们都是道德高尚但又遭受时人极大误解的人，他们都被贴上了"解放思想者"和"道德虚无主义"的双重标签。从中国思想史看，王龙溪的人生境界学说具有十分重要的启示意义：狂者胸次和豪杰人格，鼓舞了个性解放和人格独立；自信本心为判断是非的标准，刺激了理性的觉醒；人人皆具良知，人人皆可语圣，倡导了一种人性的天赋平等论。我们可以看到，龙溪的上述思想，在李贽那里多有回响。不仅仅是简单回响，李贽还将龙溪的反讽精神往前大大推进了。"当时闽广一带有位强盗头子林道乾，李贽竟称他为'才识过人，胆气压乎群类'的豪杰……把如此强烈的叛逆因素注入于其理想人格中，正体现了李贽自身追求个性解放达到了'非名教所能羁络'的程度了。"① 在某种程度上说，李贽的反讽悲剧和苏格拉底的反讽悲剧是一样的。他们在反讽的过程中，都伤害到了城邦或国家的利益，同时，把自己的身家性命也反讽掉了。这是一个值得我们深思的问题。针对这样的反讽难题，美国哲学家理查德·罗蒂和施特劳斯给了我们如下的方法启示：罗蒂认为，可以考虑"公私分家"，即在私人领域，我们可以尽情地享受反讽给我们带来的精神成长的快感，但一到了公共领域，我们就要注意反讽对他人及共同体的伤害，要注意公共的团结；而在施特劳斯看来，我们可以考虑"显隐之别"，即哲学家的言说既要对自己的理想人格负责，亦要对共同体中没有自己这般境界的普通大众负责，因此，他不能一味地以反讽的语言言说，他要注意针对不同对象的"隐微之教"和"显白之教"。我们看到，无论是罗蒂还是施特劳斯，他们都将哲学与政治分开了。境界需要提升，哲学需要反讽，这是克尔凯郭尔反讽与王龙溪反讽给我们的启

---

① 方祖猷：《王畿评传》，南京：南京大学出版社 2001 年版，第 438 页。

示。政治能不能反讽？这是苏格拉底反讽与李贽反讽给我们的思考。

还有一个问题要深入阐释。黑格尔批评那些一味地享受反讽快感的人患有"精神的饥渴病"，他认为，个体主观的精神成长一定要与客观的伦理实体联系起来，也就是说，否定只是反讽的一个环节而不是全部，否定之后还应该有肯定的东西。那么，王龙溪的反讽又肯定了什么呢？我们看到，龙溪的"无善无恶"与佛教相类，出世间大豪杰的理想人格与庄子的"逍遥游"相类，那么，龙溪的反讽与佛、老的说"空"说"无"有什么区别呢？我们可以从以下两点来看上述问题。第一，在龙溪看来，作为一种人格境界提升的方法或内在动力，"空""无"不是佛、老所独有，儒家也有"空"的传统，孔子称赞颜回"回也屡空"便是一个例证。龙溪说："吾儒未尝不说虚，不说寂，不说微，不说密，此是千圣相传之秘藏，从此悟入，乃是范围三教之宗。自圣学不明，后儒反将千圣精义让与佛氏，才涉空寂，便以为异学，不肯承当。不知佛氏所说，本是吾儒大路，反欲借路而入，亦可哀也。"① 第二，龙溪认为，佛、老的"空""无"究其到底还是与这个世界冷无交涉，但是儒家却不一样，在否定了一切之后，儒家还有一个"良知"挺立在那里，龙溪说：

> 良知者，性之灵，以天地万物为一体，范围三教之枢。不徇典要，不涉思为，虚实相生而非无也，寂感相乘而非灭也。与百姓同其好恶，不离伦物感应而圣功徵焉。学老佛者，苟能以复性为宗，不沦于幻妄，是即道释之儒也。为吾儒者，自私用智，不能普物而明宗，则亦儒之异端而已。②

王龙溪认为，反讽之后还有一个肯定的"良知"，而这一良知与百姓同好恶，不离伦物感应，参赞化育，立己立人，与天地万物为一体。这一点才是儒者与佛、老所根本之不同。正如牟宗三先生讲，德在佛、老那里，还不是真正的德，因其无"创生性"，他说德"在道家只是玄德，在佛家只是清净德。此只是消极意义的德，非正物、润物、生物之积极意义

---

① 王畿：《王龙溪全集》，台北：台北华文书局1970年版，第123－124页。
② 王畿：《王龙溪全集》，台北：台北华文书局1970年版，第1206页。

的道德创造之德"。① 说到这里，我们再来比较下王龙溪的反讽与克尔凯郭尔的反讽。前文引牟宗三的话说，龙溪与克氏有相同的思路但讲法较克氏积极。这句话该如何理解？克氏反讽与龙溪反讽虽然都涉及"无"，但还是有不一样之处。龙溪之"无"虽然也有道德超越性，但不是克氏那样的宗教式的外在超越，而是面对人的生存的基本情态提出的超然自由之境，与这自由之境相随的还有他对外物的价值关怀。克氏反讽之后肯定了一个上帝的存在，他认为至善要靠上帝来保证，而龙溪反讽之后，肯定了一个良知的存在，他认为保任良知即是至善，不仅如此，良知还能参赞化育，使天下万物莫不善。可以说，克氏的反讽之善还只是"个体的人"的"己善"，而龙溪的反讽之善是万物皆善的"圆善"。

要接着分析的第三个问题是，个体反讽与其对共同体的责任、义务问题。克尔凯郭尔享受自己境界攀升之乐，却没有很好地尽到对恋人、对父亲、对家庭、对基督教会、对国家的责任，这是他的境界学说的缺陷。同样，王龙溪的反讽也面临着这样的问题。上文讲到，出世间大豪杰之境是"有无合一之境"，倘若说，在阳明那里，不管逍遥的精神生活对他有多么大的吸引力，"有"对"无"仍具有优先性，那么，在龙溪这里，他却将"无"的分量大大增加了。作为一个士大夫，龙溪不热衷于政治，一生中大部分时间游山玩水、讲学在外，少了些对家事、国事的承担。与宋儒"先天下之忧而忧，后天下之乐而乐"的家国情怀相比，龙溪的大境界又显得有些小家子气。当然，按照余英时先生的讲法，这里面有政治环境的原因，宋儒所处的政治环境较明儒更为开放、宽松，是故宋儒比明儒更热衷于政事。但即便是这样，积极改造社会的热情，龙溪也比不上同门的王艮，王艮改造社会的影响传至颜山农再传至何心隐甚至到梁漱溟那里仍有回响，令人感叹。② 虽都认同"万物一体"，但在龙溪那里，万物一体更多的是一种逍遥境界，而在王艮那里，他以万物一体为哲学基础，走向了社会关怀，他吸收古典儒家视民如伤、博施济众的人道主义，自觉地承担起救苦救难的责任。到了明代后期，读书人多甘做"自了汉"，写"小品文"，"无事袖手谈心性，临难一死报君王"。顾宪成批评当时的士人："官辇毂，念头不在君父上；官封疆，念头不在百姓上；至于水间林下，三三

① 牟宗三：《圆善论》，长春：吉林出版集团2010年版，第251页。
② 梁漱溟：《我生有涯愿无尽》，北京：中国人民大学出版社2004年版，第36页。

两两，相与讲求性命，切磨德义，念头不在世道上。"① 从某种意义上说，明朝的灭亡与读书人空谈心性、党社相争，不能积极主动地承担社会责任有莫大的干系。牟宗山先生对此有极其深刻的认识，他告诫我们说："我们现在对于道德理性即须一面内在地讲，一面外在地讲。为何要外在地讲？因为凡有客观性社会性的事皆为人间所创造，皆在人生活动范围之内。既如此，则代表价值之源的道德理性即必须要照顾到此，不能使之荒凉；道德理性之光明必须照射到此，不能使之黑暗而成为非道德理性的。若道德理性通不出去而自限，即与道德理性之本性相违。因道德本性是无偏私的，是无远弗届的，故说：'一夫不得其所，若己推而内诸沟中。'因此绝不能将道德理性之光限于照射个人人格，只为内在所有，而不足以言道德理性之充分实现。"②

　　以上分析对我们现时代亦有重要的启示意义。在科学、民主及消费水平均空前提高的现时代，人的平均化和庸俗化现象也越发明显，掌握足够多的知识或实用技能，获得足够多的权利，拥有足够高的消费能力成为许多人的追求，他们对做一个"圣洁之人"毫无兴趣。鲍曼说："一个人通过对未实现的痛苦感觉、经由对自己的流行的弊病的不满，认识到道德。道德自我是经常怀疑自己是否还足够道德的一种自我。"③ 对照这句话，我们发现，现时代的很多人已经没有了道德成长的冲动，失去了不断地自我否定的勇气。从反讽概念来解读王龙溪的人生境界学说，可以刺激我们思考：我们对自己道德成长的义务。同时，王龙溪的人生境界学说的局限性也启发我们：个体的解放、自由、创造不能仅仅停留在主观的领域，它需要在客观领域里实现，而其实现又需要共同体提供的经济基础及教育、安全和休闲的机会；因此，个体应为共同体的团结与进步贡献自己的力量，正如罗蒂所说的，要积极地"筑就我们的国家"。

（作者黄泰轲，湖南师范大学道德文化研究院博士研究生。）

---

　　① 《明儒学案》第五十八卷《东林学案一》，见《黄宗羲全集》（第八册），沈善洪主编，杭州：浙江古籍出版社1992年版，第731页。

　　② 牟宗三：《人文讲习录》，桂林：广西师范大学出版社2005年版，第101－102页。

　　③ ［英］齐格蒙特·鲍曼：《后现代伦理学》，张成岗译，南京：江苏人民出版社2003年版，第94页。

康德"至善"理论实现路径探讨

肖 兵

摘要："至善"思想源远流长,是众多哲学家热衷讨论的话题。康德的"至善"思想在亚里士多德幸福观、上帝神学观等思想影响下,通过探讨德性和幸福的统一路径、上帝的"完满性"与自由意志,寻求"至善"何以可能及"至善"路径价值,实现真正的"至善"。

关键词:至善;路径价值;德福关系

康德对"至善"问题的思考,充满着自由和超越的影像,一直是国内外学术界热衷的话题。

施莱尔马赫以康德的继承者自居,他将幸福和德性对立起来,认为康德把德性和幸福联结起来是必然趋势,但施莱尔马赫始终强调把幸福放在至善理念中是行不通的。他说:"为了能够发现错误和保持我们为自己提出的至善概念,我们将通过说明它不能与幸福相联结,即便是以康德所做的方式。"① 他的目的是通过排除幸福,建立道德法则和至善伦理的伦理学理论。阿多诺是研究康德道德哲学另一著名学者,在二十世纪五六十年代讲授康德道德哲学期间,阿多诺以康德道德哲学为先导反思现在社会的道德问题,试图重建社会的道德秩序。阿多诺还指出:"道德哲学是与人们生活实践密不可分的学问,不考虑我们生活世界的政治制度、经济发展、文化建设和其他诸方面情况而孤立地空谈道德伦理,无论在理论上还是在

---

① Schleiermacher: Jugendschriften: 1787—1796, Berlin, New York: Walter de Gruyter, 1984: 96.

实践上都是行不通的。"① 这就把道德伦理与道德实践紧密联结起来，对现实生活具有一定的指导意义。此外，康德的"至善"思想对马克思、恩格斯的理论建构同样有着积极的启示作用，包括后来的海德格尔、维特斯根坦等人都对康德道德哲学存有批判和继承。

国内对康德哲学的正式研究开始于二十世纪初，自 1903 年梁启超在《新民丛报》发表有关康德哲学的论文，中国知识分子开始重视康德哲学思想，以梁启超为首的改革维新派抱着汲取世界优秀文化的思想研究康德哲学，以期用康德的启蒙思考来探讨中国的革新。由于这些学者大多是通过日本而了解康德的著作和思想，未能深入西学之典籍，不免论述过于简陋，但这也是中国最早一批研究康德的知识分子。二十世纪二十年代至四十年代期间，出现了研究康德哲学的小高潮，涌现出一批优秀的研究康德哲学的学者，如瞿菊农、郑昕、周辅成、牟宗三、齐良骥等，他们精通西学之道，能从康德原著出发研究康德，发现康德哲学思想的价值和不足，极大促进了我国对康德哲学的研究。郑昕是我国在德国学习康德哲学的第一人，回国教书期间，用康德的"头上的星空和心中的道德法则"来感染渴望知识的学生，并且在其所著《康德学述》一书中认为，如果要超过康德，可能存在新哲学，略过康德，就只有坏哲学，虽然评论过于绝对，但相当程度上肯定了康德哲学的价值。牟宗三是新儒家中研究康德的大师级人物，著作中与康德道德哲学相关的主要有《认识心之批判》《圆善论》《真善美之分别说与合一说》等，他终身追求康德哲学和儒家哲学的融会贯通。在《圆善论》中，牟先生从"圆善"和"无限智心"出发，对康德"至善"进行了批判。不同于康德用"上帝存在"实现至善，他认为'无限智心''"既保证了道德的纯净性，又保证了万物的存在及其谐和于道德，德福一致便有了可能"。② 他用"道德本心"来确立道德主体，构建了关于德福关系的圆善论体系，有利于促进中西哲学思维的交融，培养国人的思辨精神。

邓晓芒先生是当代中国研究康德哲学的著名学者，在德性和幸福的关

① ［德］T. W. 阿多诺：《道德哲学的问题》，谢地坤、王彤译，北京：人民出版社 2007 年版，译者导言第 7 页。

② 牟宗三：《圆善论》，台湾学生书局 1985 年版，第 186 页。

系上，他认为"康德不是不考虑人的幸福，而是要把幸福隶属于道德律之下，追求一个理想中的'理知世界'即'道德世界'"①，只有把道德律包括进来的至善才是真正的至善，同时他在翻译康德的《实践理性批判》中强调，康德的"头上的星空"和"心中的道德法则"这两大原则时刻在提醒我们不要沉迷于感官而忘了理性。此外，也有文章从目的论的角度分析"至善"。张会永在《通向至善之途——康德的历史目的论探析》指出康德至善不是客观知识，作为一个理想目标，在康德看来至善只能信仰，并且它是历史的最终目的。当然，还有许多研究康德哲学的学者，不能一一阐述。笔者尝试在前辈研究成果的基础上，深入探讨康德道德哲学中有关"至善"思想的论述，把握"至善"问题的内涵。

一、"至善"的缘起

1. 亚里士多德的"幸福观"

亚里士多德把幸福看成是人生价值的终极目的，他认为，"幸福是最终的和自给自足，这是行为的目的"②。外在的物质是获得幸福的基础，而幸福作为最美好最真实的实践目的，是最高的善。"善是一个人的属己的、不易被拿走的东西。"③ 这样，善便成为实践的对象，符合事物内在目的的就是善。当然，事物的目的一层接引一层，无法穷尽，但亚里士多德认为，众多目的中必有一个最后目的作为终结，否则一切的欲求将变得毫无意义，陷入无尽的空虚。即便如此，亚里士多德的幸福观也有不完善之处，在德福关系上，过多强调德性和幸福的一致性，合乎德性之人必定是拥有幸福之人，这点毋庸置疑。但在现实中，德福是否统一不可知，受具体境遇影响，德福未必一致。"培根批评亚里士多德把内心观照看得高于活动的生活的论点，认为这种只强调个人的善的内心观照，因为脱离社会和他人是拥有无法得到的。"④ 亚里士多德真正的困难就在于行动始因和行为本身并不可能有"统一性"的幸福，幸福问题便成了问题。

---

① 邓晓芒：《康德对道德神学的论证》，载《哲学研究》2008 年第 9 期。
② 亚里士多德：《亚里士多德全集（第 8 卷）》，苗力田译注，北京：中国人民大学出版社 1992 年版，第 13 页。
③ 亚里士多德：《尼各马可伦理学》，廖申白译注，北京：商务印书馆 2003 年版，第 12 页。
④ 宋希仁：《西方伦理思想史》，北京：中国人民大学出版社 2004 年版，第 181 页。

2. 中世纪神学的"善"

早期基督徒非常重视"爱"的伦理原则，认为"爱"强调个人的道德修行，人的终极目的在于对上帝神圣的遵从以拯救精神世界。"爱"源于上帝，是至善，区别于世俗之善，以"上帝之国"为精神来源和超越目标。基督教追求神圣、至善的事业，崇尚灵魂不朽，作为教父哲学的集大成者，奥古斯丁在其道德哲学中把上帝比作"至善"之光，事物按照自己的善来排列等级，神作为终极价值的本源，赋予万物以独特的意义，使万物能拥有不同程度的善，也可以说上帝不仅是至善者，也是善的创造者。中世纪另一著名神学家托马斯则在安瑟尔谟论证基础上，利用亚里士多德关于存在的分析，提出著名的上帝"五路"证明，得出上帝本质就是善。托马斯通过人类本性的德性和超越人类本性的伦理层次探讨，实现了神人合一，从而找到彼岸目的性和此在幸福追求的临界点。

二、"至善"何以可能

1. 德性与幸福的统一

康德把至善分为两种，一种是"至上的善"——德性，另一种是"完满的善"——德福统一。为了更好地认清德福关系的实质，康德在严格区分德性与幸福后，重新探讨了德福统一的问题。

幸福论是康德寻求道德律中批判的对象，但他只是在意志规定上完全否认幸福，幸福也是一种善，为达那完整而圆满的善，需要幸福，同时却又不去参与幸福。在西方伦理思想史上，不同学派之间对幸福的理解是不一致的，以伊壁鸠鲁为代表的快乐主义认为一个人的格言引至幸福，就是德性，人因幸福而道德。斯多葛派则认为一个人的德性便是幸福。在古希腊早期哲学时期，各学派就试探出拓展哲学领域的道路，这是值得佩服的，康德在赞美他们的同时，对两派进行了批判：一派用感性欲望驾驭其原则，另一派则置原则于理性一边，得有此幸福与得有此德性在路数方面是无限分离的。而亚里士多德却认为，幸福的本质是理智德性的完满实现。这实际上很大程度影响了康德德福观的建构。

德性的格言和幸福的格言，虽然它们从属于一个整体的最高善，然它们是完全异质的，就此康德把德性与幸福对立起来，批判幸福只是感性的快乐，借以讽刺快乐主义中的享乐主义。随着资本主义文明的发展，进入近代，面临科学技术的负面效应，卢梭更是反思这种物欲幸福的合理性，呼吁给自由解开枷锁。在此基础上，康德提出"一切幸福论者都是实践上的个人主义者"①。在实用人类学意义上，幸福论把物欲看得过重，只看得见对自己有利的东西，却不是置于义务观念，康德对幸福论的批判，虽然否定幸福作为最高的善，但在他看来，幸福仍然是一种善，显然也是注意到了德性与幸福的内在联系。纯粹实践理性背反中的命题有"追求幸福产生有德性的心灵"与"有德性的心灵必然产生幸福"，前者被认为是绝对假的，后者却不是绝对假的，只有德性被看成是因果性形式，才是有条件的假。在实践上，此两者都是不可或缺的，因而德福统一问题也就转化成至善在实践上何以可能的问题。

这一问题我们又可以分成三个方面：德性与幸福的关系何在？用何种理论分析这种关系？如何把握德福关系？在康德至善理论中，德性是无条件的，是人们享受幸福的先决条件，"但是一旦人们拥有了德性，履行了义务，就应该获得与自己的德性相称的幸福，并且在此条件下去尽量享受自己的幸福"②。促进与德性相符的幸福是道德学的义务，为了实现完满的善，就必须把握至上的善和幸福的统一。康德指出，德性是一个先天的概念，而幸福概念是经验的，不同于知识论中的先天综合，这是一种所属关系，幸福从属于德性。这既说明至上的善的支配地位，又充分肯定对于幸福爱好的可取性，当他一直强调不应把幸福作为道德义务或原则时，也承认幸福的爱好不能真正根除。由于侧重点不一样，康德合乎理性地把幸福融入至善体系中加以实现。德性和幸福的结合可算是在道德世界中的结合，这个世界，一边受道德律推动，一边反过来又为其约束自由，个人有理由希望自己获得与德性完全一致的幸福，实现完满而至上的善。康德的道德世界即是以道德律为法则，以德福关系先天综合统一为内容的世界，那么如何把握德福关系？德性与幸福先天综合的统一只处理了秩序关系，这是至善内部协调，在现实或实践上还要依赖灵魂不朽和上帝存在的公设，按照康德的假设，意志与道德律完全融合是一个有限生命的人决然达不到的境界，达到这一终极境界，就必须假设灵魂不朽。当灵魂不朽成为

---

① 康德：《实用人类学》，邓晓芒译，上海：上海人民出版社 2002 年版，第 7 页。
② 王小波：《道德学与至善学》，载《道德与文明》2013 年第 2 期。

完满至善的一个先决要素时，德性和幸福这对异质的善要精准联结就只能存在于上帝世界，只有在纯粹理性世界才能摆脱因果律的制约，这样"道德也就延伸到了人之外的一个有权威的道德立法者的理念"①，在康德那里，上帝似乎就是道德律。

2. 完满的上帝

上帝存在问题一直是基督教神学的核心问题，在康德的至善中，最高本原的善是上帝。而康德作为一位理性批判的哲学家，上帝与宗教问题被其纳入到理性的哲学思考，上帝存在的依据既不是本体论的证明，也不是宇宙论的证明，因为这些方式都错误地把存在概念当成一个谓词运用，试图用概念的分析揭示上帝的存在，这是非理性的。康德指出，存在概念是对一个事物的绝对肯定，根本不是某一事物的谓词，就其本质而言，存在是永恒的，而可能和现实中最充足的就是上帝。那么，道德如何导致了宗教？康德认为，道德不需要以宗教为前提，但道德目的的实现需要上帝保证。如康德哲学的三大问题："我能够知道什么？""我应当做什么？""我可以希望什么？"前一个问题为后两个问题提出任务和使命，第三个问题回到宗教，对第一个和第二个问题作出最终回答，探索德福对立又何以统一之可能。

德性和幸福不能靠自身来实现统一，就必须把上帝作为"最高本原的善"来预设，这即是说至上的善需要信仰上帝来保证。灵魂不朽是完满德性可能的需要，这是道德需要宗教的第一步，而上帝存在的悬设，则是道德走向宗教的关键一步。只有全善的上帝才能运用德性尺度分配幸福，在康德看来，任何道德价值都能通过纯粹实践理性获得客观实在性，从而具有超越性，否则人类就会丧失对终极价值的追求信念。所以，康德最终是想用上帝存在赋予人的超越性价值来保证道德的完善，如果没有上帝存在保证，道德律就会失去"命令"的作用，神圣性大打折扣。

在康德的道德哲学中，宗教问题可以说是一个很重要的问题，他认为任何一个人只要向道德上的信仰敞开自身，就无需其他辅助手段，自动相信道德信仰的正确性和必然性，这表明康德对上帝的确立完全出于道德自

① 康德：《单纯理性限度内的宗教》，李秋零译，北京：中国人民大学出版社2003年版，第4页。

我完善的批判，道德律的实现是理性意志与感性需求的彻底决裂，这时主体才能达到真善美的统一，进入符合人生至善的上帝之城。康德认为必须信仰上帝，它用内在的精神指引我们朝向一个从未有过的生存向度，同时确立理性价值意义，它用无言的方式激励着我们，用崇高的神圣感召着我们。对现实人生的存在而言，人们其实并不需要知道上帝的知识深度及其证明，可以说，人们寻求的是与上帝的对话，上帝将福音传递出来，这样在实践的道德行为中，上帝就不是虚无，信仰成为上帝的真实显现。所以与上帝对话，把我们无法把经验诠释的现象寄托于完满的上帝，可以理解为是对上帝的一种特殊的思，它使我们能够在"黑夜"中找到闪光点，它使我们在经验中直悟上帝之在。当然康德对这一问题的理解比较模糊，但在自己的对话过程中信仰上帝，就一直走在道德自由的旅途之中。

康德的道德神学是要主张信仰上帝而否认上帝存在的可知性，也就是说，为寻求上帝的本身可知性，康德赋予上帝道德意义。虽然上帝作为"完满的善"具有道德信仰的价值，但康德还是强调，上帝的作用在于弥补人本性的不足，实质是解决人类在某一阶段无法解决或诠释的问题，给人以信仰的力量。人自身可以通过德性和幸福的统一来独立做出善行，与利用宗教信仰以超自然的能力达到的善行，本质上还是有所区别，自己的力量凝聚了实践的过程，信仰的力量则体现了神恩，对于神恩，"无论我们如何（除非不断追求善的生活方式）争取它的协助，还是我们如何确定在什么样的场合我们可以期望它都不行"①。所以，康德既给予了上帝的道德价值，也限定上帝的功能，使其在发挥功用的同时，能体现人的自由。

3. 从自由意志到"至善"

在康德《道德形而上学原理》和《实践理性批判》中，意志与善良意志是其探求道德最高原理的重要概念，康德把意志看成一种符合特定规律的行为能力，只有在理性中才能找到并实践这种能力，这是其一。再者，意志是人的专属能力，融合理性行为与道德行为，本性是自由，而道德形而上学确立的重要依据就是自由意志，因为"一切道德都要建立在自由意

① 康德：《单纯理性限度内的宗教》，李秋零译，北京：中国人民大学出版社2003年版，第203页。

志之上，所以自由意志是更深层次的道德的主题，道德的基础"①，意志自由作为道德的前提，一直是西方伦理思想的传统。在亚里士多德的实践智慧中，就渗透着自由意志的思想，而奥古斯丁更是在《论自由意志》和《论恩典与自由意志》中初步论证自由意志问题，他认为自由意志是心灵活动，会被原罪浸染，唯有神恩才能恢复自由意志。到了康德这里，人的自由意志即理性的实践能力，善良意志成为道德价值的真正来源，具有普遍价值的东西，不是来自上帝的意志，而是来自人的本性，人的本性又可分为自然本性与理性本身，善良意志只能来自理性本身，只有这种无关快乐、功利的道德善，才是无条件的、因其自身善而善的道德善。一方面，人的内在品质，因存在善良意志而有善的道德价值，我们常说的诚信、中庸、友善等好品质，如果离开了善良意志，必将酿成恶行。另一方面，自身善而善不指望规范来解释行为的合目的性，根据规范做出的行为的解释在一定程度上是无效的，它并不能实际规范目的，反而由目的性支配。当然，目的性也不能看成是意愿，即使目的有时要通过意愿显现出来，但不等于两者可以相等同。

康德强调善良意志是理性的，善良意志不是本能的意志，原因在于普遍的约束力是从实践理性的善良意志中引申出的道德法则，义务同善良意志相联系，具有普遍必然性。正因如此，康德的善良意志伦理学又可称为义务伦理学，三个道德命题说明了义务的重要性。一是出于义务的行为才有道德价值，出于义务就是出于善良意志，是诚实而道德的，相比出于偏好或追求名利的诚实，这是偶然性的结果，毫无道德价值。二是一个出于义务的行为，其道德价值不取决于它所要实现的目标，而取决于道德法则。自由是有选择的，而非事先进行了选择，任何一种选择在善良意志之外必定存有其他动机，由此，康德提出著名的动机论，主张行为主体的道德性，只需看行为的动机，而善的动机，就本于义务感。三是义务就是尊重法则而产生的行为必然性，基于偏好的行为不具有普遍必然性，不存在尊重规律的问题。善良意志由规律支配，是在规律所支配的善良意志指导下的义务行为。这尊重规律的义务，也就是执行决定命令的义务。

意志是道德的原点，由道德法则构成意志的过程中，其本质是自由意

---

① 张志伟：《康德的道德世界观》，北京：中国人民大学出版社 1995 年版，第 176 页。

志为道德法则所决定，当爱好相悖于道德法则，其结果只能是消极的。一切爱好或感性的冲动基于情感，而情感上产生的消极结果亦是一种情感，"因此，我们能先验地看到：道德法则，作为意志的决定原则，必须通过抑制一切我们的爱好而产生一种情感"①。积极情感所构成的意志，我们可以理解为善的意志，权力、荣誉等引发的骄傲需要善的意志纠正，使其更好地符合善的意志的目的。善的意志，并不是因为所做而为善，而是就本身而言，我们无法判定一个凶恶之人表现出冷静沉稳的这个行为是极端的坏还是反思后的本真回归，因为我们不知道其有没有善的意志原则？善的意志原则对其又是否有用？这就与目的主客观性相关。在康德看来，主观目的只是行为所要达到的具体目标，作为行为之所以可能的条件，这种目的是偶然的，不具普遍必然性，归根结底还是"特殊的手段"。康德哲学所说的目的，是抛开一切主观的、偶然的目的，是构成意志普遍必然性、以理性自身为目的的目的，它自身就有价值，自身就是目的，才具有绝对价值，它是决定命令的依据。事实上，一个有修养的人，其理性愈是关注在欲求的满足上，就愈不足以用确定性指导意志，因而理性的使命必须产生善的意志，使其本身就是善，这样，这个人的理性就会去产生一个自身即善的意志，而非仅仅为欲求满足的工具的意志。所谓以理性自身的目的，即人作为目的，可见，康德想要论证的是这么一个命题："人是目的，而不是供这个或那个意志任意利用的工具。"② 人的行为总要把人当作目的，就其本性来说，人是理性和绝对目的意义的存在，在道德实践中，"人是目的"。

三、"至善"的思考

康德"至善"理论是其道德哲学重要组成部分，目的是追求"至高的善"。关于康德"至善"学说，一方面，在实现"至善"的路径上往往难以实践，德福关系在现世是否能实现真正统一也不可知；但另一方面，"至善"理论蕴含的道德自由思想以及对宗教的思考，富有伦理学上价值启蒙的现实意义。

---

① 康德：《道德与人性》，高适译，武汉：华中科技大学出版社 2012 年版，第 71 页。
② 宋希仁：《西方伦理思想史》，北京：中国人民大学出版社 2010 年版，第 335 页。

1. 康德"至善"不足之处

牟宗三先生在《圆善论》中充分论述了康德的至善思想，他认同实现德福一致是达到至善的重要一步。但是，在一定程度上，康德只是提出问题，在实践上很难真正解决问题。康德把人看作有限的理性存在者，认为人在实践活动中绝对不可能完全摆脱感性的驱使，人只有把握朝向神圣意志而奋斗，这就间接说明灵魂不朽之设定是绝对需要的。依牟先生看，在实践理性的动力问题上，康德推出灵魂不朽之悬设是消极的，并非究竟了义。牟先生把康德实践动力上的不足同唯识宗相比较，指出唯识宗把无漏种子看成成佛的依据，而无漏种子能否在实践上发生作用，在唯识宗体系内是没有保证的，实质上在成佛的路径上也缺乏动力。由于实践理性动力的不足，康德至善理论的一个必然结果是：世间无法实现无条件的道德法则。如此，"康德虽讲了一大套的道德理论，可是真正的道德实践却完全落空了"①。牟先生进而指出，康德未注重"心"理论，这是康德哲学实践理性动力不足的主要原因，中国儒释道三派都重视"心"，儒家的良知本心、道家的真心、佛家的自性清净心，这些"心"都是当下可以给予且可以呈现的，因而才能成佛成圣，所以至善境界在实践的道德主体上可以实现。

施莱尔马赫的《论至善》受康德《实践理性批判》的影响很大，他认为至善概念在整个伦理学特别重要，至善是"实践的理性伦理学的拱顶石"②。与康德寻求德福关系统一不同，施莱尔马赫把德性与幸福对立起来，认为至善理论不能包含幸福因素，幸福论者通过扩大感性快乐的范围，把感觉的最大范围看成幸福，由于快乐种类繁多，不可避免存在相互冲突。这就面临一个困境：如何才能将这些相互冲突的快乐整合起来获得幸福？在经验论者那里，快乐的整体与部分之间冲突无法消除，那么作为全体的幸福也就无法实现。施莱尔马赫认为，要解决这个困境，需要求助于理性，让理性去解决争论。理性本身反对对幸福的需要，因而，康德把幸福纳入至善之中是行不通的。

---

① 牟宗三：《中国哲学十九讲》，上海：上海古籍出版社，第286页。
② Schleiermacher: Jugendschriften: 1787—1796, Berlin, New York: Walter de Gruyter, 1984: 92.

2. 康德的自由"希望"

伦理学问题与人的自由有着不可分割的联系，康德在他的批判哲学中强调道德律的理性符合自然，才可以有希望。希望中蕴含着人类自由，从而让希望变成人类自由的希望，假如人没有自由，人的所有活动只是趋于自然规律的活动，这是很可怕的，以机械行为的方式替代意识活动的思维并不属于伦理学范畴。如何在道德中实现自由，才是康德谈论希望问题的根本。当存在着某个道德人被假定为自由人，那么，他的存在就是自由的存在。肉体的有无与灵魂的有无即是以自由为限度，有人把生命存在看成价值前提，有人把灵魂自由看成高于生命存在的价值，剥夺了生命，人是活不成的，失去了灵魂，活着也只是一具自带电源的机器。人们为自由而奋斗，自由本身并不是价值，却因是价值实现的前提，康德德性法则中意志的自律所体现的便是积极的自由。

卢梭对康德的自由理论得影响是巨大的，在社会物质文明的不断发展中，显现出许多伦理难题，人逐渐失去了自由平等，卢梭正是看到人的尊严和自由的失去，对启蒙理性展开了深度的批评。康德在卢梭自由权利的基础上，探讨了意志自由和道德自由，在《实践理性批判》中，康德把自由当作道德律的存在理由，而道德律又是自由的限度，意志自由是自由的自律，是自由的实践法则，本质上是人为自己立法，因而也是道德的最高原则。人是一个自在的存在人，本身就是自己的目的，理性思维把自己的意志当作立足点，评价自身及其行为，构建了一个目的王国的理念。把人与人之间的私有性目的除去，这样一个目的王国是可以被设想的，因为目的王国的实质是由道德律所约束的理性联合体。康德的思考逻辑是由自由而有道德律而有"人是目的"，人类崇高的尊严在德性的自由意志中所获取。基于对自由的关切，康德指责了功利主义"为了多数人的利益而放弃少数无辜者的自由"这一观点，他认为这些所谓的"善良意志"无法洗刷此类手段所造成的恶，再多的快乐和自身利益如果不符合自由和公正的要求，就不具备真正的道德价值。一个人通过占有他人的自由来实现自身的自由，那么本身就拥有相对强大意义上的自由，但他的自由是非常危险的，因为故意剥夺了他人的自由，用某种手段使各种力量倾向于自己，缺乏合乎理性的依据。这并非否认人拥有否决权，只是拒绝不正当的否决权。某些人拥有否定他人部分的自由是社会发展的必然要求，这个合乎理性的否决权最终是要保障个人自由，使人有机会做一个合目的的人。康德希望我们成为一个有自由的道德人，这不仅是一种状态，更意味着自由是一种实在的活动。实在的活动时常面临选择问题，表现为可以拒绝此事或选择其他事情，如果在相当多的可能选择中，没有一个是最好选择，无论何种选择，都是很差的事，自由实现就成问题。因而，我们有理由相信人有拥有好东西的自由，大致相当于积极自由。在康德人性论中，人是感性和理性的复合体，理性的人遵从道德律，是自由的。自由必须投入可供创造性的生活才能成为现实，否则自由只是抽象的可能性，不能充当良好生活的基础。自由作为人生价值和目的的前提，在追求有价值的活动时，即使自由本身并无矛盾，但自由的活动又是相互矛盾的。为了保证有意义的生活，就必须克服相关矛盾而设立规范最大限度维护自由；这样，只有合乎意志最大好处的活动才能有利于行动原则，才是合乎目的性的活动。这样，规范的外延影响到自由概念，试图用伦理规范来"管理自由"，甚至想取消一切自由，把伦理规范"内化"为自由意志。

3. 宗教价值的呈现

宗教生活是精神性世界的一部分，与这个高尚的精神世界产生和谐的关系，亦是康德道德宗教的至善，前面具体分析了完满的上帝在"至善"的地位。这里，我们要讨论宗教经验的价值。

宗教思想以人格的方式进行，信教之人可以告诉你神是至上的善，教义可作为知识的真理性价值。在与科学的关系上，一个科学家也许信奉一种宗教，在其"不负责任的时间里"主张有神论，这是近代许多哲学家在理论无法实现证明的情况下的一致做法，我们甚至可以认为那时的哲学，都渗透着上帝的荣耀。科学所承认的上帝，是通晓普遍律的上帝，正如康德虽然在《纯粹理性批判》中把传统的宗教证明方式否定，但其目的是要树立新的信仰方式，宗教的存在弥补了道德自身无法实现的"至善"。信仰状态可能只含有很少的理智内容，大多源于追寻极乐的神秘心态，从而产生一种让人感觉伟大和神奇的事物即将来临的情感。假如我们把教条和信仰合成"宗教"并且认为宗教是纯主观的现象，那么上帝存在的"真实性"何以解决？人们只需利用上帝为自己服务，至于上帝是谁，上帝存在与否便极少关心了。最后才发现，这些都不是问题，因为不是上帝，只是生活，宗教的目的依然是更好地生活。宗教的意义与追求完满紧密联系，虽然我们在理性意识中设想着绝对完满性，但在实际过程中追求绝对完满性却不是以理性为动力，正如绝对完美的人只存在于理想之中，而情感的存有使自身与世界和生活的完满性更亲和。

对于超验性的神，很难从理性上评判，而人的意义就在于人不是神，只有一种有限的存在。超越性的神看问题，解决问题似乎早已有了答案，这样生活的意义何以体现？用人的眼光理解人，虽然不尽完美，至少就生活本身而言是有意义的，人应当敢于承担自身责任，而不是寄托于神，设想价值或生活意义之外的神秘性追求从实践上讲是无意义的。生活中解决不了的价值难题转向超验性宗教解释，其实是行不通的，因为我们无法判定宗教性解释的合法性，因而只能归于信仰，我们不可能用一种无法证明的事物价值去印证另一种有价值的存在，也不可能忽略生活的意义。

四、结语

康德"至善"思想围绕着德性与幸福、人的自由意志、人与上帝之间的关系展开论述，尝试建构一种综合的"至善论"，纳入到其道德哲学里。他把德性看成是高于幸福的善，却又肯定幸福的实践作用，寻求德性与幸福的统一。实践生活中幸福如何与德性相配？康德只能依赖"至上的善"或"完满的善"——上帝，使得德性与幸福可以被希望。但康德伦理学的内在目的依然是服务于"人是什么""人可以希望什么"。人是自由意志的存在者，自然与自由是康德伦理学的重要命题，学习康德批判哲学的反思精神，对人类思考幸福本质具有深刻的启示意义。一个社会愈是发达，愈是需要批判精神引领时代之潮流，走向"至善"。

（作者肖兵，中南大学伦理学专业硕士研究生。）

《中庸》对朱熹理学的建构

梁 璐

摘要：朱熹是宋明时期理学之集大成者，他继承和吸收了不同派别、不同思想中的优异成分，并加以创新，从而建构出严谨的理学结构体系。本文重点阐述朱熹的理学思想和《中庸》之间的关系，《中庸》本是《礼记》中的一篇，朱熹看到其重要的研究价值，因此为其作注，同时在其思想中也对《中庸》进行了合理的借鉴。朱熹的理学思想主要可大致包括理气论、心性论以及居敬穷理论三个部分，本文旨在通过对这三个方面的研究，同时结合《中庸》一文来进行探讨，以发现朱熹思想和《中庸》中的最终道德目标。

关键词：朱熹；《中庸》；理学

朱熹①的哲学体系把二程的理本论作为其理论基础，也对周敦颐的太极图说进行了吸收，同时还借鉴了张载的气本论以及佛教、道教的思想从而形成，完成了理学的集大成，实现了"致广大，尽精微"的理学体系的建构。朱熹所创立的庞大而精深的理学体系，内容极其丰富，其中既有通过理气、道器、太极阴阳以及"理一分殊"这些经过广大思考而建立的天理论，又有通过"天命之性"与"气质之性"，"道心"与"人心"以及

---

① 朱熹（1130—1200 年），字元晦，号晦庵，谥文，世称朱文公，徽州婺源人，生于福建尤溪。南宋著名的理学家、哲学家、思想家、教育家以及诗人，是闽家学派的代表人物，儒学的集大成者。朱熹出身于"以儒名家"的"著姓"，因此，他自小就开始苦读"四书""五经"，后来师事武夷三先生（胡原仲、刘致中、刘彦中）。朱熹的思想经历过很大的转变，他曾出佛人老，泛滥于百家，后来拜了杨时的再传子李侗为师，跟从他学习体验已发未发之道，才最终回归儒学，立定脚跟。

心、性、情等精微辨析而构造的心性论，还包括格物致知、居敬穷理、操有持养、致知力行等修身方法的功夫论。朱熹思想中尤其值得让人注意的是，朱熹将"四书"学的确立与理学体系的完成统一起来，建立了一个以理学为思想内涵的"四书"学经学形态，或者说建立了一个以"四书"学为学术形态的理学思想体系。朱熹为"四书"作注而成《四书章句集注》，并不断地重新解释和反复研读"四书"，同时将"四书"中的思想与其理学相融合和吸收，逐步完善理学体系。所以为了更好地掌握朱熹的思想，我们可以从"四书"学入手，而在"四书"之中，本文主要选择以《中庸》为主要研究对象。

《中庸》本是《礼记》中的一篇，二程将其单独提出，朱熹则真正将其发扬光大。朱熹真正开始读《中庸》是在其十五六岁时，等到了三十岁左右便有了《中庸集说》。朱熹在三十五岁前后，批判了杨时门人张九成的《中庸解》。从此以后，他就对《中庸》所谓"喜怒哀乐之发谓之中，发而皆中节谓之和"这一思想产生了极大的兴趣，即"已发""未发"的问题。朱熹四十八岁时将《中庸章句》写成，同时撰写了《中庸或问》和《中庸辑略》。正式序定《中庸章句》是在朱熹六十岁的时候，在这之后，建构了精到的《中庸》学体系。关于朱熹的理学思想与《中庸》学之间的关系，可以从五个方面进行论证。

一、朱熹释"中庸"

何谓"中庸"？一般认为这一词最早出自于孔子，《论语·雍也》中有"中庸之为德也，其至矣乎"[①]。简单来说，"中庸"的意思为"中之用"，也就是强调何以用"中"，如何使自己的行为能够"合中""合道"。关于"中庸"，有许多不同的看法，唐代的郑玄和孔颖达解读其为"中和之为用"，而对于"庸"则被诠释为"用"或"常"；二程则认为"不偏之谓中，不易之谓庸；中者，天下之正道，庸者，天下之定理"。[②]《二程集》云："中之理至矣，独阴不生，独阳不生，偏则为禽兽、为夷狄，中则为

---

① 刘胜利：《论语》，北京：中华书局2007年版，第50页。
② 朱熹：《四书章句集注》，北京：中华书局2006年版，第17页。

人。中则不偏，常则不易，惟中不足以尽之，故曰中庸。"① 朱熹的解释继承了二程的思想，但又加以创新。朱熹认为："中者，不偏不倚，无过不及之名；庸，平常也。"② 朱熹十分强调"中庸"平常之意，认为应当将"高明"与"中庸"结合起来，而不是片面地讲"高明"。《中庸》中有"君子之道，辟如行远，必自弥；辟如登高，必自卑"③，老子也曾说过"九层之台起于累土，千里之行始于足下"④。"致广大而尽精微，极高明而道中庸。"⑤ 朱熹强调"中庸"意在重视实践，反对急功近利、一步登天的行为方式。"中庸"实际上是对中观思想方法的实践运用；中观是认识方法，而中庸是实践方法。"中庸"的实践意义也就是要求人们在日常伦理的生活中，要以中道为其行为方式，既不能过，也不能不及，要像舜一样"执其两端，用其中于民"。他认为凡是做事都应该踏踏实实，一点一滴积累，凡是做人都应该由凡入圣，通过教化，而得以获得最高的德性。所谓"道不远人，人之为道而远人，人不可以为道"⑥，真正的"道"就存在于人们的日常生活之中，是大家都能知能行的，如果为道的人以为切近易行的事过于普通而不去做，转而故意去做些高远难行的举动出来，就已经不是道了。"中庸之道"作为最高妙的一种"道"，也应是切近易行的。但是，"道"中的高妙之处，即使是圣人也是很难全部知晓的。孔子说："中庸其至矣乎，民鲜能久矣。"⑦ 从这里可以看出，孔子认为中庸之道是最高的境界，普通人很少能够持久地实行下去，因此要想实现中庸是很难的。孔子说过："天下国家可均也，爵禄可辞也，白刃可蹈也，中庸不可能也。"⑧ 从这里的论述，我们就可以看到中庸的难为。只有像尧、舜、禹、文王、周公等这些至诚、至善的圣人，才能够真正实行中道，实现中庸；而真正能够使其行为符合美好德性的人毕竟是少数。因此，朱熹提出了他的思想主张来论证成德、成圣的过程。

---

① 肖永明：《宋代〈四书学〉与理学》，北京：中华书局2009年版，第157页。
② 朱熹：《四书章句集注》，北京：中华书局2006年版，第17页。
③ 王国轩译注：《大学中庸》，北京：中华书局2006年版，第70页。
④ 老子：《道德经》，北京：中华书局2006年版，第93页。
⑤ 王国轩译注：《大学中庸》，北京：中华书局2006年版，第119页。
⑥ 王国轩译注：《大学中庸》，北京：中华书局2006年版，第73页。
⑦ 刘胜利：《论语》，北京：中华书局2007年版，第50页。
⑧ 王国轩译注：《大学中庸》，北京：中华书局2006年版，第63页。

二、《中庸》与朱熹的人性论

《中庸》一书重点阐述了"诚"与"中"之全体大用，也是儒家思想的内容，程朱一派认为"此篇乃孔门传授心法"。《中庸》开篇即指出："天命之谓性，率性之谓道，修道之谓教。"①

对于"天命之谓性"，朱熹解释说："天以阴阳五行化生万物，全以成形，而理亦赋焉，犹命令也。"②他提出："宇宙之间，一理而已，天得之而为天，地得之而为地，而凡生于天地之间者，又各得之以为性，其张之为三纲，其纪之为五常，盖皆此理之流行，无所适而不在。"③关于"天命之谓性"，这里的"性"乃是世间人、物均有，且是其作为"自我"成立之依据。"天命之性"生于天地万物之中，朱熹将其称之为"天理"，他认为宇宙间万事万物，不仅各有其"理"，且各自分有同一个"理"，而这一理"总天地万物之理，便是太极"。④太极实际上是"理"的总名，朱熹为了说明这个道理，还借用了佛教华严宗和禅宗"月印万川"的比喻。因此，朱熹认为"性即理"也，这里的"性"或"理"具有一定的先验性和普遍性。"性"或"理"普遍地存在于万事万物之中，而其又是来自于"天命"，因此，当"天命之性"或者是"天理"由人得之，那么人便具有了"人性"，由物得之便具有了"物性"，无论是"人性"还是"物性"，在朱熹看来都是至善的，因此只需"直道而行"，顺乎本性，就可以实现"中庸之道"。

"率性之谓道"，"率"循也，"道"本义是指道路。《易经》曰："一阴一阳之谓道，继之者善也，成之者性也。"⑤"是故易有太极，是生两仪。"⑥"两仪"即指"阴阳"。朱熹把"太极"看作"理"的总称，那么这里的"道"也就相当于朱熹的"理"。《中庸章句》中说："人物各循其

① 王国轩译注：《大学中庸》，北京：中华书局 2006 年版，第 46 页。
② 朱熹：《四书章句集注》，北京：中华书局 2006 年版，第 17 页。
③ 朱熹：《朱子文集（第 17 卷）》，北京：中华书局 2001 年版。
④ 黎靖德：《朱子语类（第 94 卷）》，北京：中华书局 1986 年版。
⑤ 王辉编著：《易经》，昆明：云南人民出版社 2011 年版，第 87 页。
⑥ 王辉编著：《易经》，昆明：云南人民出版社 2011 年版，第 53 页。

性之自然，则其日用事物之间，莫不各有当行之路，是则所谓道也。"①
"道"在这里就是"天命"所赋予的方向、路线，只有遵循和顺从人性、
物性之本然，便能自然而然地走上正确的道路上，不会做违背"天命"的
事，因而就能合于"道"。然而想要做到"率性而为"是很难得的，真正
能做到合于"道"之人也是少有的，"人性"本身是善的，而世间之人却
有善有恶，有贤有愚，这其中的缘由在何处呢？朱熹认为事物真正地存
在，除了"理"以外，还离不开"气"。"天下未有无理之气，亦未有无
气之理。"②"天地之间有理有气。理也者，形而上之道也，生物之本也。
气也者，形而下之器也，生物之具也。是以人物之生，必禀此理然后有
性，必禀此气然后有形。"③理与气不离不杂，有理必有气，有气必有理，
这样才能生成出真切实际的天地和万事万物。正如前面所提到的，"理"
是人与生俱来的，"理"来自于"天命"，来自于至高之理的"太极"，因
而无所不善，这就是朱熹所说的"天地之性"，他说"论天地之性，则专
指理言"④。但是每个人又都是不同的，朱熹认为此是由于所受气禀不同。
朱熹说："论性不论气，则无以见生质之异；论气不论性，则无以见义理
之同。"同时他还认为关于圣贤与小人之别，"都是天所命，禀得精英之气
便为圣为贤；便是得礼之全，得理之正。禀得清明者便英爽，禀得敦厚者
便温和，禀得清高者便贵，禀得丰厚者便富，禀得长久者便寿，禀得衰颓
薄浊者，便为愚不肖，为贫、为贱、为夭。天有那气生一人出来，便有许
多物随他来"⑤。这里便是朱熹所论及的"气质之性"，由于"气质之性"
的影响，人们之间便有了差异，就生出了善恶、贤愚、寿夭来，但是此
"气质之性"是可以改变的，对此朱熹提出了通过教化使人能够重新合
于道。

　　"修道之谓教"就是强调通过后天的教育使那些受"气质之性"所影
响的人能够成为"蔽锢少者"，从而能率其本性，成为至诚之人。朱熹说：
"性只是理，然无那天地气质，则此理无安置处。但得气之清明，则不蔽

---

① 朱熹：《四书章句集注》，北京：中华书局 2006 年版，第 17 页。
② 黎靖德：《朱子语类（第 1 卷）》，北京：中华书局 1986 年版。
③ 朱熹：《朱文公文集（第 58 卷）》，北京：商务印书馆 1976 年版。
④ 黎靖德：《朱子语类（第 4 卷）》，北京：中华书局 1986 年版。
⑤ 黎靖德：《朱子语类（第 4 卷）》，北京：中华书局 1986 年版。

锢此理，顺发出来。蔽锢少者，发出来的天理胜；蔽锢多者，则私欲胜，便见得本原之性，无有不善。"① 因为人受"气质之性"的影响，就会产生差异，就会有好有坏，有清有浊。朱熹认为气质自身本没有什么善恶之分，但是一旦与"天命之性"浑成一体则有了透明或障蔽的作用，因此对于"天命之性"来说就有了善恶的区别。朱熹经常用如珠在水和如灯在笼作譬喻，珠与灯，随水的清浊、纸的厚薄不同而具有显著的差异，性之发见亦复如是。圣人由于所受气禀影响少，只需反身而诚，就能够彰显出美好的德性，做出符合本性之善的行为。而那些普通的民众，就需要通过教育，了解更多的知识，从而也能做出与道相合的行为，成为一个有着美好德性的人。朱熹进一步认为仁、义、礼、智之性体，因为受到恻隐、羞恶、辞让、是非之情用的影响而发见于外。由未发之性体到已发之情用，朱熹在此特别重视"心主性情"之道。

三、《中庸》与朱熹的心性论

关于"心"，孟子就提到过"尽其心者，知其性也，知其性则可以知天也"。《中庸》虽尚未明言"心"这一字眼，但是它提出了"中和"来说明这种关系："喜怒哀乐之未发，谓之中；发而皆中节，谓之和。中也者，天下之大本也；和也者，天下之达道也。致中和，天地位焉，万物育焉。"② 这里的"喜怒哀乐"便是"情"，"情"的"已发""未发"是由人所控制的，是内在于人里面的，即是"心"的作用。未发之"情"，就是所谓的"中"，而通过"心"对外物之反应得当，使情感的发出能够有度有节，就能与外物之关系处理得和谐、圆满。朱熹对《中庸》中"未发已发"问题，也就是所谓的"中和"问题进行了探究，在思想上有一定阶段的发展转变：朱熹主要经历了两次重要的演变，分别是乾道二年（1166年）的丙戌之悟以及乾道五年（1169年）的己丑之悟。对于"丙戌之悟"，一般称为"中和旧说"，朱熹认为"人自婴儿以至老死，虽语默动静之不同，然其大体莫非已发，特其未发者为未尝发耳"。这一思想他后来概括为"心为已发，性为未发"。到己丑之悟时，朱熹推翻了自己的"中

---

① 黎靖德：《朱子语类（第4卷）》，北京：中华书局1986年版。

② 王国轩译注：《大学中庸》，北京：中华书局2006年版，第46页。

和旧说"，提出了新的中和说。他认为心体流行可以分为已发和未发两种
状态，思虑没有萌发时的状态为未发，思虑萌发时的状态为已发；同时，
未发为性，已发为情。朱熹考虑到无论是心的已发、未发，还是性情的已
发、未发，"心"都是贯通其间的。朱熹因此认为，人的身体以及感官都
流之于心，"心是神明之舍，为一身之主宰"。① "心"之所以能够成为一
身之主宰，是因为"心"具有"虚灵知觉之性"。② "心"于此便不仅仅只
是人身体中的一个器官，同时也是从精神上，从思中而起作用。朱熹常常
用镜鉴的比喻来说明本心的体认，他说"人心如一个镜，先未有一个影
象，有事物来方使照见妍丑。若先有一个影象在里，如何照得！人心本是
湛然虚明，事物之来，随感而应，自然见得高下轻重，事过便当依前恁地
虚方得。"③ 朱熹通过未发之中的体验，认识到人心之本然是"湛然虚明"
的，但是由于受到了"人欲"的蒙蔽，所以才有了善恶之分。所以朱熹主
张"涤除玄鉴"，从而实现"心与理一"。在这里并不是说心即是理，
"心"和"性"两者相似之处是都含有一"理"，但是心有善有恶，而性
却只是善，只是理。朱熹把性看作是体，把情看作是用，认为"心统性
情"而主其体用，因此，朱熹更赞成"心主性情"一说。

朱熹提出通过"存天理，灭人欲"的手段，从而实现"心与理一"的
主张，就有了"天理"和"人欲"这对范畴。"天理"也就是所谓的至善
之性，仁、义、礼、智之性，或者可以把它笼统称之为道心。因此，"人
欲"也就可以视为与道心相对的人心。《尚书·大禹谟》云："人心惟危，
道心惟微，惟精惟一，允执厥中。"人心由于容易受到私欲之蒙蔽，因此
是危险的；道心是至善之性，但是想要发明本心，祛除人欲对天理的障蔽
却是很难以实现的，所以对于道心的获得是不可捉摸的，是微妙的。"惟
精惟一，允执厥中"是人获取道心，从而实现"止于至善"的途径与手
段。因此，与此相联系，朱熹在修养方法上提出了未发的持敬功夫和已发
的致知功夫两种方法。

---

① 黎靖德：《朱子语类（第38卷）》，北京：中华书局1986年版。
② 朱熹：《朱文公文集（第73卷）》，北京：商务印书馆1976年版。
③ 黎靖德：《朱子语类（第16卷）》，北京：中华书局1986年版。

四、《中庸》与朱熹的功夫论

朱熹的修养功夫论主要包括于内的居敬立己和于外的格物穷理两个方面。《中庸》说："自诚明，谓之性；自明诚，谓之教。诚则明矣，明则诚矣。"[1] 这里的"诚"就相当于朱熹所指的每个人天生所具有的"理"，是一种至高的善，是"天命之性"。"自诚明"中"诚"即仁，即德性；"明"即知，即知识，通过反省自身的美好德性而能通晓事物之理，这是圣人所能做到的。除了圣人之外，人们也可以通过不断的学习，积累知识，当达到一定程度和阶段时，便也能成就美好的德性，这便是教化的作用。这里就体现了一种由形而上的德性到形而下的知识的贯通，就如程颐所言，"自其外者学之，而得于内者，谓之明。自其内者得之，而兼于外者，谓之诚。诚与明一也"。"诚"强调的是于内的居敬立己，而"明"主要言说的是于外的格物穷理。"诚"和"明"之间的贯通，体现了下学和上达之间的关系，朱熹也十分强调"尊德性和道问学"两者的重要意义。

（一）居敬立己

《中庸》中说："君子戒慎乎其所不睹，恐惧乎其所不闻。莫见乎隐，莫显乎微，故君子慎其独也。"[2]《中庸》在这里提及了慎独的思想，强调君子应该谨慎对待自己的一言一行，为人做事要战战兢兢，如履薄冰。朱熹主张要唤醒本心，使其不受人欲的障蔽，因此，他继承伊川的传统，十分重视居敬涵养的一面。"敬"是修身的捷径，是明澈本心、涵养本性的为己之学。那么何谓"敬"呢？程颐云，"主一之谓敬"，就如前面所谈到的"惟精惟一"，谢氏有常惺惺之说，朱熹对这两种主张有不同的看法，他认为过分执着于一，就会妨碍大道，而惺惺之说，是强调心之不昏昧，只此便是敬。朱熹云："今人说敬，却只以整齐严肃言之，此固是敬。然心若昏昧，烛理不明，虽强把捉，岂得为敬！"[3]"敬"如"畏"如"恭"，可以从两个方面来看，就外面来说"敬"就是要求人的言行举止都要端正

---

① 王国轩译注：《大学中庸》，北京：中华书局 2006 年版，第 104 页。
② 王国轩译注：《大学中庸》，北京：中华书局 2006 年版，第 17 页。
③ 黎靖德：《朱子语类（第 15 卷）》，北京：中华书局 1986 年版。

肃重，这可以说是"心"之已发或者说是将发未发时的要求，我们也可以把这看作是孔子所说的"礼"，或是《中庸》中的慎独。就内心来说，就是"只收敛身心，整齐纯一，不恁地放纵，便是敬"①。这也就是强调"心"之未发之时，以敬畏之心保持本心。居敬也就是所谓的克己，或者像荀子所说的"伪"。人们通过从内而外地严格要求自己，使自身不受外欲的蒙蔽，这实际上是强调"敬"需要贯穿已发、未发的整个过程，使"道心"能够常居于自身，这里就体现了"道不可须臾离"之意。因而立己之要，一是要自作主宰，二是要坚守诚道。除此之外，朱熹认为，敬在明心的基础上，还要有格物穷理的要求。

（二）格物穷理

关于格物，朱熹继承了二程的观点，在《大学章句》中云："格，至也。物，犹事也。穷至事物之理，欲其极处无不到也。"② "格物"的终极目的在于透过物之活动与生命而认识到规限此物之理。他说："只说格物，则只就那形而下之器上便寻那形而上之道。"《大学》中也重点论及"格物"，提出"致知在格物，物格而后知致"③，还说"所谓致知在格物者，言欲致吾之知，在即物而穷其理也。盖人心之灵，莫不有知，而天下之物，莫不有理。惟于理有未穷，以求至乎其极。至于用力之久，而一旦豁然贯通焉，则众物之表里精粗无不到，而吾心之全体大用无不明矣"。《大学》主要说明了两点，一是强调对经验世界的认识，今日格一物，明日格一物，从而能够通晓事物之理，而达到"自明诚"的境界。在这里，朱熹并没有要求要穷尽事物之理，因为"理"是无穷的，只是通过持之以恒的格物，用力之久，自然便可豁然开朗，从而贯通于事事物物之中。第二点是认为人心中本来就具有天理，与经验世界打交道，不外是唤醒心中的这种"本然之理"。朱熹强调格物的真正目的是对善的实践，他在《大学》"格物补传"中就表述得十分明白：格物乃是致我之（良）知。《中庸》中说道："道也者，不可须臾离也；可离，非道也。"④ 因此，道或者说是理，存在于万物之中，不可相离，正是由于天道就在日常生活中，因而良

---

① 黎靖德：《朱子语类（第12卷）》，北京：中华书局1986年版。
② 朱熹：《四书章句集注》，北京：中华书局2006年版，第4页。
③ 王谦、颜培金译注：《大学·中庸·孝经》，济南：山东画报出版社2013年版，第46页。
④ 王国轩译注：《大学中庸》，北京：中华书局2006年版，第17页。

知也应当存在于生活中。朱熹强调格物致知，就是通过在生活中，在实践的体验中，来获取良知的。

格物穷理反映在知行观上，就是在内圣外王之道中识理践理，以理作为知行的根据，作为二者合一的所以然。关于知行何者为先、何者为后的问题，朱熹强调先知后行，同时他认为若是要论其轻重，当以力行为重。朱熹还强调要真知真行，他说道："知之愈明则行之愈笃，行之愈笃则知之益明。"① 在这里从认识论的角度可以看到，朱熹不仅强调正确的理论对实践行为的指导作用，同时也看到实践对认识具有一定的影响，实践是认识的来源和基础，实践是认识的动力，实践是检验认识的唯一手段，实践是认识的目的和归宿。

不论是居敬立己，还是格物穷理，都只是朱熹为了"存天理，灭人欲"，发明本心，获得良知，实现最高道德追求的手段与途径。

五、《中庸》和朱熹的终极关怀

通过上文中对朱熹理学思想的论述以及和《中庸》之间的关系的分析，我们可以发现，它们都有一个最终的道德目标。关于《中庸》我们可以知道，其核心思想在于"中"和"诚"，在我看来，"至诚"便是其最终实现的道德目标，而"中"则是实现"诚"所需要努力的方向。朱熹不仅通过"诚"，把《中庸》的上、下两篇合并了起来，而且认为"诚"是贯穿《中庸》的主线，是此篇之枢纽。关于"至诚"，《中庸》云："惟天下至诚，为能尽其性；能尽其性，则能尽人之性；能尽人之性，则能尽物之性；能尽物之性，则可以赞天地之化育；可以赞天地之化育，则可以与天地参矣。"② 这里《中庸》强调要获得"天下至诚"，才能够率性而为，从而能够知人性、物性之同，实现最终的"天人合一"的和谐状态。

在朱熹的理学中的所有观点，所要实现的不过是对"至善"的追求。朱熹通过天理的提出，确立了一个善的本体，然后又提出"天命之性"和"气质之性"以及"心""性""情"的思想，为善的存在提供了一个合理

---

① 王谦、颜培金译注：《大学·中庸·孝经》，济南：山东画报出版社 2013 年版，第 162 页。

② 王国轩译注：《大学中庸》，北京：中华书局 2006 年版，第 106 页。

的依据，并表明天理会受到气禀的影响，从而通过修养功夫论中的居敬穷理的观念，实现最终对"至善"的获得。因此，朱熹思想的发展过程，实际上就是一个成德之教。

无论是《中庸》中的"至诚"，还是朱熹思想中的"至善"或者说是"天理"，其意义大致相同，都是在道德层面上对人的要求，其目的都是要求人们祛恶行善，成为有着高尚道德操守的圣人，不论是君主、官员还是百姓，都需要拥有良好的品行，通过格物、致知、诚心、正意，从而达到修身、齐家、治国、平天下的内圣外王之道。

六、结语

通过简单的分析，我们可以了解到《中庸》对朱熹理学思想的影响。朱熹的思想其实是纷繁复杂的，他出入过佛老，所以我们可以发现其理学中有佛教和道家思想的影子，同时他对宋明时期周敦颐、张载、二程等人思想的继承以及对"四书"学的研究，使其思想具有广泛性和包容性。朱熹在对这些思想的借鉴中也不断加以发展和创新，并且对每一部分都进行细心雕琢，因此他的理学思想又具有逻辑的严密性和层次性。朱熹花费了大量的时间进行"四书"学的研究并深有体悟，通过阅读《中庸》一书，我们可以看到朱熹思想中与其有很多相似之处。我们在研究和了解朱熹的思想时，需要了解其思想产生的逻辑前提，朱熹思想的逻辑前提有很多，《中庸》只是其中之一。朱熹作为宋明时期新儒学的杰出代表之一，深入探讨其理学思想，可以更好地把握和了解其所在的时代的文化和思想特点，也可以方便我们更好地学习这一时期的其他思想家。

（作者梁璐，中南大学公共管理学院哲学系硕士研究生。）

逍遥游世

——庄子思想微探

王小元

摘要： 庄子在人生哲学方面有着精妙而独特的见解，其对人生问题的解决主要表现为在精神上的"逍遥游"以及与之相对应的在现实社会的"游世"思想，因此庄子追求的"逍遥"包括"游心"与"游世"。"游世"思想是一种既顺应社会又不失自我追求的处世态度，即"顺人而不失己"，"外化而内不化"，"在世"而非"入世"，"远世"而非"避世"。庄子"逍遥游"思想张扬着独立的个体意识，深蕴着个体良知和道德操守。在现代社会中，庄子的人生哲学对我们实现个人独立、实现超越自我、实现摆脱追名逐利、实现精神升华、实现和谐发展都有一定的启发作用，"逍遥游"作为一种人生精神传统仍有其存在的理由。

关键词： 庄子；道论；气论；逍遥游世

一、"道"论

"道"是道家思想的核心概念，也是庄子哲学中最为基础的概念。老子在《道德经》开篇即说："道可道，非常道；名可名，非常名。"万物皆是源于"道"，"道"存在于一切事物中，但是人类感官的力量却不能直接感知到它。老子提出道生一，一生二，二生三，三生万物的说法，具有一定形而上学本体论和宇宙论的色彩。

庄子继承了老子关于"道"的含义，他对人生问题与生命价值的探讨是从"道"与"自然"的角度出发的，"道"是庄子思想的基础亦是庄子哲学的最高境界。庄子认为"有生于无"，"道"是一切生命的根源和依

据，他对宇宙进行解释，"有实而无乎处者，宇也；有长而无本剽者，宙
也"。(《庚桑楚》)庄子认为，"宇宙"是无始无终无边无垠的，将宇宙的
根源归结于"道"。《大宗师》中说："夫道，有情有信，无为无形；可传
而不可受，可得而不可见；自本自根，未有天地，自古以固存；神鬼神
帝，生天生地；在太极之先而不为高，在六极之下而不为深，先天地生而
不为久，长于太古而不为老。"①"道"无形而有实，是超乎感知的，只能
用精神来进行感悟。"道"的存在是以自己为根据，"自本自根"，不需要
外因，也不需要其他根据；"道"生成天地万物，是万物产生的本原；
"道"超脱了时间和空间的限制，是绝对的、终极的；"道"存在于天地万
物之先，并且在天地万物生成之后，又普遍存在于天地万物之中的。

庄子所追求的"道"，是使人们能够达到至高的精神自由之境的一条
路，即追求的是精神的自由。庄子所谓的"闻道""知道""体道""得
道"等，则是想要追求自由逍遥的"道"，解放束缚的精神，寻求人生问
题的解决，最终达到至高逍遥。庄子对"道"的探索与追求，显现出了
"道"的真意，庄子是希望借助于"道"来引导人们走向自由与逍遥。

《秋水》中有："以道观之，物无贵贱；以物观之，自贵而相贱；以俗
观之，贵贱不在己。以差观之，因其所大而大之，则万物莫不大；因其所
小而小之，则万物莫不小。知天地之为稊米也，知毫末之为丘山也，则差
数睹矣。"②《齐物论》中说："天下莫大于秋毫之末，而太山为小；莫寿
于殇子，而彭祖为夭。天地与我并生，而万物与我为一。"③庄子认为事物
之间普遍地存在着差异，但是这种差异不是绝对的，而是相对的，因此不
能用某个特定存在的标准来衡量世间万物。庄子通过"道"来消除人们的
成见，认为从"道"的观点出发，所有事物的矛盾差别都会消失不见。

在庄子看来，天地万物按照其基本性质来说，有是和不是、可和不可
两个方面，任何事物从"道"的高度来看都是一样的。庄子认为，认识者
的认识能力各有不同，是相对的，对不同的认识者的认识能力，没有可以
当作客观标准的东西。如果把人为的标准当成了唯一的绝对的标准，那么

---

① 方勇译注：《庄子》，北京：中华书局2010年版，第102页。

② 方勇译注：《庄子》，北京：中华书局2010年版，第260页。

③ 方勇译注：《庄子》，北京：中华书局2010年版，第31页。

相对的东西就会变成绝对的了，这样就会与"道"渐行渐远。庄子对人们的认识能力质疑过，他曾经以"庄周梦蝶"为喻："昔者庄周梦为胡蝶，栩栩然胡蝶也。自喻适志与，不知周也。俄然觉，则蘧蘧然周也。不知周之梦为胡蝶与，胡蝶之梦为周与？周与胡蝶，则必有分矣。此之谓物化。"① 这是庄子借自身的感觉来论证"齐物"之极。庄子在"齐物"后也指出，人与人之间的标准不同，根本就没有一个确定一致的标准来评判是非，因此是非也是相对的。

在庄子看来，"道"是一种自然的存在，"自然"是"道"的一种显现，也是人之性的体现。庄子的"道"是把"自然"当作宗旨，庄子不仅把"自然"作为整个宇宙的本质和普遍规律，还当作是生活在社会中的人所应该遵循的最高法则和基本的依据，人类只有在遵循了"自然"的原则下才能建设出一个相对和谐相对稳定的适宜生存的社会。"自然"贯穿在庄子的人生哲学之中，是庄子试图超脱人生困境的一个总的原则。庄子指出，"道"固然是超越人心的客观存在，但是也需要一个充分显露自己的平台才可以成为人的本质的存在方式，所以需要在人们的精神阶段上充分显露自己，才能成为可思可说的存在。"道"需要持道者自觉的把握与体验，从而达到一种"逍遥无待"的精神境界，这种"逍遥无待"的精神境界指的是人要摆脱一切世俗欲望和追求，摆脱追求功名、追求现实利益的心，跟随自己的内心去寻求自己的自然天性，从现实世界的束缚之中解脱出来，从而同天地宇宙之大"道"达到一种浑然一体的境界，进而达到人生的最高追求即自由自在的"至乐"境界。

二、"气"论

庄子将"气"作为构成世间万物的基础，"气也者，虚而待物者"②。"气"虽"虚无"但"气"能显现在事物之中。在《庄子》中，天地之间的自然现象和人的身心状态等都是"气"的存在及其运动变化的过程。庄子把道当作世界的本原，道生天生地，但是天地万物又都是由气构成的，所以人也是"气"的一种存在形式。《秋水》篇说："比形于天地而受气

---

① 方勇译注：《庄子》，北京：中华书局 2010 年版，第 42 页。
② 方勇译注：《庄子》，北京：中华书局 2010 年版，第 53 页。

于阴阳。"① 人是自然万物中的一分子，人的生死本之于道而成之于气。《大宗师》篇中说："彼方且与造物者为人，而游乎天地之一气。"② 弥漫于天地之间的"气"，并不是静止不动的，而是不断地运动变化着的，阴阳二气相互对立又相互作用，由此产生天地万物。

人和自然都是由"气"形成的，是阴阳二气相互作用的结果。"气"存在于人体之中，是人生命的本原，它主宰着人体。在庄子看来，"气"近似于"道"，同时"气"又具备一定的实在性，是一种居于"道"之下、万物之上的概念，是由"道"至万物必不可少的中间环节，庄子在《天地》篇中言："天地虽大，其化均也。"③ 《至乐》篇中言："万物皆化。"④ 庄子用"气化"来解释这一环节。

庄子将生命万物运动变化的原因归结在其自身，称其为"自化。"《老子·三十七章》讲："道常无为而无不为，侯王若能守，万物将自化。"庄子的"自化"观念来源于老子，老子的"自化"结果，主要表现在人事方面。相比于老子，庄子"自化"思想的内涵更加细致，表现在自然万物和生命的运动生成变化。《秋水》篇讲："物之生也，若骤若驰，无动而不变，无时而不移，何为乎？何不为乎？夫固将自化。"⑤ 庄子认为万物的生长时时刻刻都在发生着变化，不必在乎该做什么不该做什么，因为万事万物本来就是在不断地自行变化着。庄子在《知北游》篇中言："天不得不高，地不得不广，日月不得不行，万物不得不昌，此其道与!"⑥ 即天不得大道则不能成其高，地不得大道就不能成其广，日月不得大道就不能运行，万物不得大道就不能昌盛，这就是道的体现；因此庄子的"自化"是与"道"相统一的，将天地万物运动发展变化归结于道。

庄子的气论是以其道论作为基础，道与气是天地万物形成的根源及方式。道"自本自根""自古以固存"，气却是"杂乎芒芴之间变而有气"。

---

① 方勇译注：《庄子》，北京：中华书局2010年版，第259页。
② 方勇译注：《庄子》，北京：中华书局2010年版，第112页。
③ 方勇译注：《庄子》，北京：中华书局2010年版，第177页。
④ 方勇译注：《庄子》，北京：中华书局2010年版，第282页。
⑤ 方勇译注：《庄子》，北京：中华书局2010年版，第262页。
⑥ 方勇译注：《庄子》，北京：中华书局2010年版，第366页。

《大宗师》篇有"伏戏氏得之，以袭气母"①的说法，"气母"的概念表明了在"气"需要一个产生者，在"气"之上还应有一个更加根本的存在。按照庄子的思想意图，应该是"气由道生，道为气本"。庄子还用气化的观点解释了人的生死，认为人的生命过程是不停以各种形态相互转化着体现的。庄子用"气化"的概念，消除了万物的不同，去除了死生的差异，使人们用众生平等的心态来看待万物，达到"万物一府，死生同状"的境界。

三、"逍遥游"境界

庄子站在"道"的高度，想要从"有所待"的境界通达"无所待"的境界，从而使精神方面获得解脱达到逍遥之境。在《逍遥游》中，庄子通过一系列寓言故事，论述了凡是天地之间，大至鲲、鹏，小至学鸠、斥鴳，水汽，尘埃皆是"有所待"而后行，不能够做到怡然自得，只有泯灭物我之见，做到无己、无功、无名，与自然合而为一，才能乘天地之正、御六气之辩达到"无所待"以游无穷，在精神之上获得彻底的解脱。"逍遥游"是一种超然物外、不受拘束的境界，讲究的是"游心"。《人间世》里说："且夫乘物以游心，托不得已养中，至矣。"②"游心"既可以游于形骸之内，也可以游于形骸之外，从而使人的精神自由地往来于逍遥境界之中。"至人无己，神人无功，圣人无名"③是庄子逍遥境界的三个层面。

"至人无己"是逍遥境界的第一个层面。人只有达到"无己"，忘掉自己，与万物合而为一，不被外物所累，才能逍遥于世。而世人大多被自我的形体和外物所束，难以逍遥。庄子对"至人无己"思想的表达与他所说的"小大之辩"之间有着关联。庄子在《逍遥游》中通过对鲲鹏与蜩、鸠的对比，表达了庄子对更高层次的逍遥境界的追求。"鲲之大，不知其几千里"，其能"水击三千里，抟扶摇而上九万里"，比蜩、学鸠"决起而飞，抢榆枋而止"，"时则不至，而控于地而已矣"的实现条件更为复杂，在庄子看来，鲲鹏达到的是一种更高层次的逍遥境界。"小知不及大知，

---

① 方勇译注：《庄子》，北京：中华书局2010年版，第102页。
② 方勇译注：《庄子》，北京：中华书局2010年版，第61页。
③ 方勇译注：《庄子》，北京：中华书局2010年版，第3页。

小年不及大年。奚以知其然也?"① "众人匹之，不亦悲乎?"② 亦是表达出了逍遥是有层次的，庄子所向往的逍遥是那种"乘天地之正，而御六气之辩，以游无穷者"的最高层次的逍遥。"无己"的"逍遥"是一种不受形体、自我限制的自由，可以与世界万物相通，属于逍遥的第一个层面。

"神人无功"是逍遥境界的第二个层面。庄子在《逍遥游》篇中言："藐姑射之山，有神人居焉。肌肤若冰雪，淖约若处子，不食五谷，吸风饮露，乘云气，御飞龙，而游乎四海之外；其神凝，使物不疵疠而年谷熟。……之人也，之德也，将旁礴万物以为一，世蕲乎乱，孰弊弊焉以天下为事！之人也，物莫之伤；大浸稽天而不溺，大旱金石流、土山焦而不热。是其尘垢秕穅，将犹陶铸尧舜者也，孰肯以物为事!"③ "神人"的这一任其自然的行为即是"无功"。这里的"无功"并非舍弃事功排斥其"有用"效果，而是不以物为事。"神人"并非是完全置外物于不顾，而只是让万物自化，不留"神人"痕迹。在庄子看来，"神人"无意求功于世间，不拘泥于现实的规章制度，不会被世俗功名利禄所累，因此能够乘着云气，驾着飞龙，遨游于四海之外。

"圣人无名"是"逍遥游"的第三个层面。"无名"指的是无心汲汲于名位。名在道家哲学中有不同的含义，如名望、声誉与概念等。庄子在《天道》篇中言："世之所贵道者书也，书不过语，语有贵也。语之所贵者意也，意有所随。意之所随者，不可言传也，而世因贵言传书。世虽贵之，我犹不足贵也，为其贵非其贵也。故视而可见者，形与色也；听而可闻者，名与声也。悲夫，世人以形色名声为足以得彼之情！夫形色名声果不足以得彼之情，则知者不言，言者不知，而世岂识之哉?"④ 庄子对"名"重新进行了思考，试图颠覆以往的权力制度与道德伦理的框架，从而来引导世人进入"无名"逍遥之境。

"至人无己，神人无功，圣人无名"⑤ 是庄子的逍遥境界，其中，"无名"是最高的境界。在庄子看来只有达到"无名"之境界，才能达到至高

---

① 方勇译注：《庄子》，北京：中华书局 2010 年版，第 3 页。
② 方勇译注：《庄子》，北京：中华书局 2010 年版，第 3 页。
③ 方勇译注：《庄子》，北京：中华书局 2010 年版，第 10 页。
④ 方勇译注：《庄子》，北京：中华书局 2010 年版，第 221 页。
⑤ 方勇译注：《庄子》，北京：中华书局 2010 年版，第 3 页。

之"逍遥"。然而需要注意的是,"逍遥游"所指的并不是形体上的自由,而是指心灵上的自由;"逍遥游"也不是指可以肆意妄为,而是要通过心灵的不断升华才能达到。所以说庄子的"逍遥"是一种心灵上的自由,同时也是一种修养到至德的境界,即身处现实的物质世界之中,精神却超脱出去,不被外物所左右。庄子所谓的"逍遥"之境,是存在于通达之人之中,而非存在于世外。人只要达到"无己""无功""无名"的境地,心境就会变得通透澄明,精神就可以实现"逍遥"。

庄子在《逍遥游》中提出"至人无己,神人无功,圣人无名",他的思想中最为理想的人格是"圣人"。"圣人"是知晓万事万物自然本性的,能够顺应自然变化的"得道"的至德之人,但绝不是不食人间烟火的神仙。"圣人"最明显的最本质的特征是"无名"。"圣人"精神可以逍遥于世俗之外,逍遥于至德之境,但是本身却生活在世俗之中,并没有脱离现实的世界。"圣人"固其"得道",内心虚静,恬淡无为,不但在世俗之中游刃有余,精神世界也是自由的,不被外物所支配,故其能心如明镜,物来不迎,物去不送,物来则自照,物去纤芥不藏,所以能够超脱物外而不为外物伤神伤身。"物物而不物于物"的"圣人"正是庄子所追求的最高的理想人格。

四、反思"逍遥游世"

"游世"就是"游世俗之间"①(《天地》),"虚己以游世"②(《山木》)。庄子人生哲学的最终目的是想要人们达到一种"无所待"、不为外物所累的"逍遥"之境,就是让作为主体的自我能够存在于绝对自由的"逍遥""至乐"境地。"逍遥"是一种自由自在的、不依赖于任何外物的活动,这种活动即可称之为"游"。"游"是要摆脱所谓的仁义道德而"游";是要摆脱利禄功名而"游";是要舍弃智谋事业而"游";是要远离世俗社会而"游";是要摆脱自我而"游"。

庄子不同于同时期的其他思想家,他没有将目光放在解决短暂而有限的现实社会的困境上,他所要寻求的不仅是能够解决现实困境的更是要解

---

① 方勇译注:《庄子》,北京:中华书局2010年版,第193页。
② 方勇译注:《庄子》,北京:中华书局2010年版,第321页。

决人生最终生命困境的方法。在庄子看来既要摒弃现实社会中的所谓的道德情操、功名利禄，从而达到远祸全身、逍遥自得的境界；又要不悦生，不恶死，从而超越死生，实现真正自由。庄子认为想要实现精神自由，首先要认识到人和自然界其他事物并没有什么不同，都是由生至死的，"死生，命也。其有夜旦之常，天也"①，即人的生死是不可避免的生命活动，就像是昼夜不停地运转一样，是天地自然的规律。既然是自然的规律，那么面对死生最好的态度就是顺应自然，将生死看成一件正常的事。

庄子人生哲学的最高境界体现在那些具有理想人格的圣人身上，这些理想人格能超然世外，无往而不逍遥，达到庄子处世思想中的最高境界。在面对现实的问题上，想要达到"自救"的目的，庄子提出了"避世"和"游世"的办法，但事实上庄子认为在天地之间没有可以逃避的地方，命是不可抗拒的，是无法逃避的。隐者之所以要"隐"，大多是想远离世俗的喧嚣纷扰，维护内心的宁静与人格的高尚，而江河湖泊、山野丛林正为隐者提供了这样的有利条件。庄子也同样主张远离世俗纷扰，从而保持内心的澄明淡泊。但在庄子看来，那些避世的隐者是有违天命的，有舍本逐末嫌疑，更有甚者是想要以名渔利。庄子心目中真正的隐者，并非那些隐遁山林的避世之人，而是那些虽寄居于世俗之中，却仍然能够在心灵上远离喧嚣尘世、不为世俗欲求所羁绊的人。

庄子认为"无用"是自我保全的途径之一。身处于乱世之中，首要的任务就是要寻求自身的保全，要保全自身就得泯灭矜才用己、求取功名之心，做到虚己顺物，以不材为大材，以无用为大用不可。只有超然三者之外，浮游于道德之乡，与时俱化，物我两忘，才能够真正做到虚己免患。所以庄子并不是要人脱离现实世界，而是要在现实的社会中实现精神的超越。真正的得道之人，应该有一份"不择地而安""无江海而闲"的自然和闲淡，并不需要借助身隐来实现心隐，也不需要借助隐于山野之中来表明其心志，应该与普通人一样，劳作生活，不与世俗相违背，只在心灵深处践行着对本真、独立与自由的追求，体会着天地大道之美。

庄子对人生问题的探讨凸显了人的存在价值与意义的困境上。庄子想要在"道"的客观必然性的前提下追求精神自由的根本原因是对客观必然

---

① 方勇译注：《庄子》，北京：中华书局2010年版，第100页。

性的无能为力，想要逃避命定的现实，只有通过追求超现实的玄想的自由来实现。"逍遥游"是想要使行为更加贴近自然心性，是一种对精神的洗礼，它可以解开人们的心结，使人们的心灵保持纯净，具有息心敛欲的功能。这正是庄子所提倡的逍遥自由的精神境界的意义所在。"逍遥游"的目的是想要全生保身，而全生保身的最好方法则是"逍遥无为"。

庄子对世俗的价值观予以批判，他倡导超然物外的精神。他告诉世人，虽然是生命是有尽头的，终有一天会到达终点，但是人的思想、人的精神却是无限的，人们要突破世俗的枷锁，在有限的生命里发出无限的"光芒"。人们需要的不是只注意到眼前的利益，所以要避免狭隘的功利观。这就需要人们守得住本心，在精神世界之中构筑一道强大的防线，不会被利益、得失所撼动，遵循一种自然无为的准则，保持本心，从而达到人与万物和谐统一的相处。庄子逍遥游世的思想告诫着人们，不可过分争强好胜，保持一颗平常之心，过一种"无欲无求"的自然生活。这种人生价值观对当今社会的精神文明的建设有着很好的启示作用。

庄子倡导游世思想，游世是一种既顺应社会，又不失自我追求的处世态度。所以要在现实的社会之中，把握住自己的本心，不为外在的事物所累，不断地升华自己，拉近自己与至高的道德之间的距离，使自身的价值得到充分的显现。同时，庄子的"游世"是一种悠悠自在的积极生存方式，"逍遥游"思想想要体现的是个体的独立意识、是个体对道德良知的追求。庄子的人生哲学对我们现代人实现个人独立和自身价值，摆脱名利的精神升华和营造万物在对立中和谐发展的社会价值都有一定的积极作用。

（作者王小元，中南大学公共管理学院哲学系硕士研究生。）

论宋明理学"民胞物与"的生态伦理情怀

马 兰

摘要："民胞物与"是宋明理学的普遍价值取向和追寻的人生境界，它是"天人一体"信仰体系的典型范式，是儒家"仁爱"思想合乎逻辑的必然发展，包孕着超越一切荣辱贵贱的宇宙情怀和深刻的人与人、人与社会、人与自然、人与自身和谐的生态伦理意蕴。通过天人一气的宇宙本体论、爱必兼爱的伦理诉求，统一了其"民胞物与"的社会理想、生态理想，实现"民胞物与"之理想境界，根本上还是在于人本身，人要承担起物我兼照、大心体物的伦理使命。

关键词：民胞物与；爱必兼爱；理一分殊；大心体物

"民胞物与"是宋代大儒张载在其《西铭》一文中提出的一个著名命题。吕思勉说："宋儒中，规模阔大，制行坚卓，实无如张子者。张子之学，合天地万物为一体，而归结于仁。……是真能以民胞物与为怀者。"[①] 程颢说："《西铭》某得此意。只是须得他子厚有此笔力。他人无缘做得。孟子以后，未有人及此。得此文字，省多少言语。"[②] 自从张载提出这一命题之后，自此以降，"民胞物与"成为了宋明理学的普遍价值取向和追求，成为了宋明以来理学家们共同追求的人生境界，从诸宋明理学家那里我们也可以深刻地感受到这份深切的伦理情怀和恢宏博大的圣贤气象。张世英曾将"民胞物与"阐释为"天下之人皆如我的兄弟，天下之物亦皆我的同

---

① 吕思勉：《理学纲要》，北京：东方出版社1996年版，第65页。
② 程颢、程颐：《二程集·河南程氏遗书卷第二（上）》，王孝鱼点校，北京：中华书局1981年版，第39页。

类",因而"民胞物与"表达的正是一种以天下为己任,视天下无一物非我的天人合一之理想境界,它是"天人合一"的现实层面和诉求,透过这种博大胸怀和宏大气象,可以看出其中包孕着超越一切荣辱贵贱的宇宙情怀和深刻的人与人、人与社会、人与自然、人与自身和谐的生态伦理意蕴。

一、天学:天人一气的宇宙本体论

张载以"气"为本体论证宇宙万物的生成变化,动静聚散,生死存亡,"气"是宇宙间最实在的东西。人与万物在本质上皆是相同的,在性质上是相通的,都是一气之聚散,天地万物皆由气生成,人的身体也是由充塞天地之间的气构成。"乾称父,坤称母,予兹藐焉,乃混然中处。故天地之塞,吾其体;天地之帅,吾其性。民吾同胞,物吾与也。"即是说,人与万物浑然共处于天地之间,万民皆是我的同胞兄弟,万物皆是我的朋友伙伴。"大君者,吾父母宗子;其大臣,宗子之家相也。尊高年,所以长其长;慈孤弱,所以幼吾幼。"整个社会是一个扩大的家庭,君臣之间的关系就好比家庭之内的兄弟关系,天子和大臣作为同胞中的贤者,百姓如对待兄长般敬重他们,他们也视天下病苦、残疾、鲜寡孤独之辈为需要帮助的同胞兄弟。"圣其合德,贤其秀也。凡天下疲癃残疾、惸独鳏寡,皆吾兄弟之颠连而无告者也。于时保之,子之翼也;乐且不忧,纯乎孝者也。违曰悖德,害仁曰贼;济恶者不才,其践行,唯肖者也。知化则善述其事,穷神则善继其志。不愧屋漏为无忝,存心养性为匪懈。恶旨酒,崇伯子之顾养;育英才,颍封人之锡类。不驰劳而底豫,舜其功也;无所逃而待烹,申生其恭也。体其受而归全者,参乎!勇于从而顺令者,伯奇也。富贵福泽,将厚吾之生也;贫贱忧戚,庸玉汝于成也。存,吾顺事;没,吾宁也。"[1] 也就是说,圣人,是与天地合其德的人。贤人,是天地之间优秀的人。作为个体的我以圣贤为学习的对象,乐天地之命,无论富贵贫贱,泰然处之,要做天地的纯孝之子。死亡并不可怕,只会使人安宁;贫贱没有什么困扰,只会使人奋进。

可以看出,此种圣贤气象是奠定在以"气"为终极依据的哲学本体论

① 张载:《张载集》,章锡琛点校,北京:中华书局1978年版,第62-63页。

基础之上的，通过太虚为本、天人一气的宇宙本体论基础，统一了其"民胞物与"的社会理想、生态理想，从而建立了"天人一气，万物同体"的博大深厚的哲学体系，即"天人合一"的儒家新伦理体系。这也是中国传统哲学一个最基本的特征，那就是本体论与价值论的融合贯通。宋明理学"民胞物与"的思想，将广大民众视为我的同胞兄弟，将万物视为我的朋友伴侣，这是一种价值层面的理念。但并不仅限于此，此一价值的实现又可以升华为天人合一的本体高度，我们可以称之为一体归仁的人道观。这种本体与价值的结合使得民胞物与的思想在现实层面得以深刻体现，在理想层面得以提高升华。

因此，张载是从人与天地万物本原的宇宙论高度来论证人的来源，从中可以看到人与人、人与社会、人与自然、人与自身的关系。张载正是从宇宙本体论上，将仁爱作为一种对人类社会和自然界的博爱，从仁民扩展到爱物，这是其"天学"部分。

二、人学：爱必兼爱的伦理诉求

对于"民胞物与"之意蕴，朱熹将其解释为"视万物如己之侪辈"[1]，通过"事亲之道"才可以"事天地"。因而，"民胞物与"之道，其内涵首先是归于"人道"的，其思想的超越维度最终还是要落脚到人世之间，落实于人们日常生活的各个层面。在社会交往中，人与人的关系就是平等仁爱的兄弟关系，即"民吾同胞"，圣人、贤人乃至社会中不幸的人都是自己的兄弟，"大君者，吾父母宗子，其大臣，宗子之家相也"。因而"尊高年，所以长其长，慈孤弱，所以幼吾幼"，要平等对待、友爱相处，不仅要爱家人，又要将这种爱遍及社会，由近及远、推己及人。人类是天地的产物，而社会是扩大化的家庭，国政犹如家政，君臣如同兄弟，只有"以责人之心责己则尽道，以爱己之心爱人则尽仁"[2]，"惟大人为能尽其道，是故，立必俱立，知必周知，爱必兼爱，成不独成"[3]，才能使人类社会达到一个友爱和谐的状态，通过这种"爱必兼爱"，将家庭的伦理关系扩展到了人类社会，从而使得这种家庭之爱升华为人人互爱的道德诉求。

---

① 朱熹：《朱子全书（第13卷）》，上海：上海古籍出版社，合肥：安徽教育出版社2002年版，第142页。

② 张载：《张载集》，章锡琛点校，北京：中华书局1978年版，第32页。

③ 张载：《张载集》，章锡琛点校，北京：中华书局1978年版，第21页。

显然，这是一种社会论，表达的是在宇宙大家庭中人们骨肉相连、休戚与共。同时，这是对传统社会君臣、父子、夫妇、长幼、朋友等重大关系的一种突破和超越，蕴含着对社会中颠沛流离的人们以仁爱关怀的追寻，体现了对社会不平等现象和传统尊卑等级观念进行改变的博爱思想。此外，以乐天知命、尽伦尽职作为安身立命之本和人生理想也是宋儒的价值追求，"富贵福泽，将厚吾之生也；贫贱忧戚，庸玉女于成也。存吾顺事，没吾宁也"，体现的就是生顺死安、两无所憾，这是一种"人生论"。

可以看出，《西铭》是从天道来讲人道，由"天学"而及"人学"的结构。这种思路，是从本体到具体，从宇宙论到社会论再到人生论，最后达致天人合一。显然，"天人合一"是其内在理络和基本精神，也就是宋儒追寻的天人一体、自然与社会同构、天下无一物非我的理想境界和博大深远的圣贤气象。这样的生命气象，展现出的是人立于天地之间的伦理承担，从容大气。这种境界追求不是要通过逃避死亡和躲避人生的磨难来实现，而是要积极面对现实人生，将有限的生命投入到"为天地立心，为生民立命，为往圣继绝学，为万世开太平"的经世大业中。

三、博爱与"理一分殊"之辩

关于"民胞物与"思想的性质，自宋以来有两种看法。一种看法认为，"民胞物与"思想是一种"博爱"思想。二程弟子杨时就指出这种"兼爱"近乎墨家的"兼爱"，展现了儒家仁爱原则与墨家兼爱思想的某种融合，是人道主义的博爱精神和具有民族文化特色的博爱思想。墨家认为，要把别人的国、家、身当作自己的国、家、身，要同等对待，彼此友好爱护，这是一种没有等级差别、不分亲疏的爱。"民胞物与"之爱，是同情和关爱普天下的弱势群体，那些饱受疾病贫穷之苦，鳏寡孤独、颠沛流离之人皆是我的同胞兄弟，要给予帮助和关爱。可以看出，"民胞物与"之爱确实是和墨家的"兼爱"思想有许多相通之处。另一种看法认为，"民胞物与"的"爱必兼爱"同墨家的"兼爱"是有区别的。这种看法以二程和朱熹为代表，在他们看来，"民胞物与"是一种基于亲情之爱却又高于亲情之爱的广博之爱，是一种具有宗法特色的爱有等差的思想。"民胞物与"最有价值的部分，莫过于对于宋明理学发展产生深远影响的"理一分殊"。而墨家的兼爱思想认为"天下之人皆相爱""爱无差等"，这种爱因为缺乏了真实自然的情感体验，违背人之常情故并不易实现。比起墨家的"兼爱","民胞物与"之爱更真实可信，更符合人们的思想观念，更为可行。

程颐认为，"民胞物与"之爱是"明理一而分殊，墨氏则二本而无分"。① 朱熹认为："一统而万殊，则虽天下一家，中国一人而不流于兼爱之蔽。万殊一贯，则虽亲疏异情，贵贱异等，而不梏于为我之私。"② 张载认为物不相齐，自然界的生命形态具有多样性，无论对于人还是物均如此，也就是"人与动植之类已是大分不齐，于其类中又极有不齐。某尝谓天下之物无两个有相似者"。③ 这种"不齐"乃是自然万物的生长发展规律，人作为万物之灵，最为天下贵，因此要尽其本分，爱护万物。对此，朱熹曾有过精辟的论证，他认为："人、物并生于天地之间，其所资以为体者，皆天地之塞；其所得以为性者，皆天地之帅也。然体有偏正之殊，故其于性也，不无明暗之异。惟人也，得其形气之正，是以其心最灵，而有以通乎性命之全，体于并生之中，又为同类而最贵焉，故曰'同胞'。则其视之也，皆如己之兄弟矣。物则得夫形气之偏，而不能通乎性命之全，故与我不同类，而不若人之贵。然原其体性之所自，是亦本之天地而未尝不同也，故曰'吾与'。则其视之也，亦如己之侪辈矣。惟同胞也，故以天下为一家，中国为一人。惟吾与也，故凡有形于天地之间者，若动若植，有情无情，莫不有以若其性、遂其宜焉。此儒者之道，所以必至于参天地、赞化育，然后为功用之全，而非有所强于外也。"④ 也就是说，人与物共生于天地之间，人与物的体和性都来自于天地，人与物皆为同辈，人"得其形气之正""通乎性命之全"，因而都是同胞；所以人们不仅要爱人，还要爱物。当然，朱熹认为"民胞物与"既讲人与物皆为同辈，也讲人与物的差别；因此对于自然万物，要根据其不同的特性，予以保护，使其各遂其性，各得其所。为此，朱熹在保护自然方面给出了不少独到的见解。

① 程颢、程颐：《二程集·河南程氏遗书卷第九（上）》，王孝鱼点校，北京：中华书局1981年版，第609页。

② 朱熹：《朱子全书（第13卷）》，上海：上海古籍出版社，合肥：安徽教育出版社2002年版，第145页。

③ 张载：《张载集》，章锡琛点校，北京：中华书局1978年版，第322页。

④ 朱熹：《朱子全书（第13卷）》，上海：上海古籍出版社，合肥：安徽教育出版社2002年版，第141－142页。

四、大心体物的伦理实践

张岱年曾说："人生论之开端的问题是天人关系的问题。天人关系论之开端的问题，是人在宇宙之位置的问题。"① 因此，中国哲学非常强调要厘清人的位置及天人关系问题。关于"人"，张载认为"理不在人皆在物，人但物中之一物耳，如此观之方均"。② 也就是说，人要将自己视为天地间的一分子，人与天地万物不可分割，人类与非人类都是一个整体的有机系统，人既是社会共同体的一员，也是自然共同体中的一部分，天道与人道是统一的。所以人的行为不仅仅要符合天道的要求，而且还要以实现天道为自己的人生目标，因而人既要履行社会义务，又要承担生态责任。但人作为物中之一物，却没有主宰者的地位和权利，人最为天下贵，却又是一个有限性的个体，也就是"道何尝有尽？圣人人也，人则有限，是诚不能尽道也"③。人的心和生命是有限的，即使是圣贤也如此，因此，"以有限之心，止可求有限之事；欲以致博大之事，则当以博大求之，知周乎万物而道济天下也"④。即是说，人要将渺小的自我置身于生生不息的生命长河中，要在有限的生命中以博大的心胸来实现"知周乎万物而道济天下"的伦理承担，也就是说，"作为有自我意识的人应该首先以民胞物与的态度对待他人和他物。这不是施舍，而是一种责任感，是一种被要求的自我意识"⑤。

圣人中和于天，其万物一体之仁，与天之生生之道同一，又因为"圣人无私无我，故功高天下而无一介累于其心，盖有一介存焉，未免乎私己也"⑥。因而，圣人能够把他人及万物都看作是同胞朋友，能够打破天人相隔，物我界限，以其博大的胸襟关照泛爱万物，从而在"人"与"物"的关系上实现超越。而世人成心，邪思欲念较多，总是追逐于世俗的名利，缺乏对天道的体认。可以说，圣贤这种物我兼照的伦理责任是一种宽广博大的仁爱思想，使得人与物之间产生了更为广泛的伦理关系，具有伟大的

① 张岱年：《中国哲学大纲》，北京：中国社会科学出版社 1982 年版，第 167 页。
② 张载：《张载集》，章锡琛点校，北京：中华书局 1978 年版，第 313 页。
③ 张载：《张载集》，章锡琛点校，北京：中华书局 1978 年版，第 317 页。
④ 张载：《张载集》，章锡琛点校，北京：中华书局 1978 年版，第 272 页。
⑤ 张世英：《人类中心论与民胞物与说》，载《江海学刊》2001 年第 4 期。
⑥ 张载：《张载集》，章锡琛点校，北京：中华书局 1978 年版，第 375 页。

感召力，也使人与万物达到了和谐共生、一体同在的"天下无一物非我"之圣贤境界。

而若要达到这一圣贤境界，在张载看来，则要"大心体物"，即从万物一体的观念出发，摒弃世人之心，抛却"小我"之私，不计得失，不忧生死，将个体的生命完全融入到天地万物之中，担负起物我兼照的伦理责任。圣人"大其心"以"合天心"，则天下之物无物非我也。如他所说："大其心，则能体天下之物；物有未体，则心为有外。世人之心，止于闻见之狭。圣人尽性，不以见闻梏其心，其视天下无一物非我，孟子谓尽心则知性知天以此。天大无外，故有外之心不足以合天心。见闻之知，乃物交而知，非德性所知；德性所知，不萌于见闻。"① 人要见自己的本性，就要"大其心"，即不以闻见梏其心，要开阔其心，培养广博的心胸，超越自身的狭隘局限，打破认识主体与客体之间的界限距离，使人们体会到，人与万物是一体同在的，人与万物的关系不是认识与被认识的关系，从而使个体对天下万物的认知由"闻见之知"向"德性所知"转化，形成包容爱护万物之心，以成全天地之性，实现人之为人的道德价值。实际上这是从"以道体物我"的维度来审视这一问题的，提供了一种道德直觉的方法，使得心能够与性道合一，不为见闻所碍，不执着于内外物我之别，从而能够"合天下"，达到"其视天下无一物非我"的圣贤境界。而外心不足以合天心，不能体天下之物，而德性之知是无论圣贤愚凡，人人皆有，因而德性之知超越闻见之知。

而"体物"也是一种情感体验活动和认识方式，通过将个体的情感充分融入到天地万物，又将万物纳入自己的本怀，就能够体悟到天人合一、物我相忘的境界。不仅显示出了"心"的突出作用，也彰显了人作为万物之一分子的伦理承担与责任使命，而且也只有人才能够体悟到这种生命的价值和意义。而要真正实现以心体物的理想，就须以仁体物，以德体物，就是要仁爱万物，只有通过仁爱的方式才能够将这种向外的爱护万物转化为内心的道德律令，实现天人相通、一体同在的理想境界。而真正实现以仁体物，以德体物，则在于和天德之人，也就是圣贤。

仁学是打通天人、内外的实践之学。在程颢看来，要实现天人一体之圣贤境界，根本还是在于人本身。人首先要承认自然界的内在价值，要与

---

① 张载：《张载集》，章锡琛点校，北京：中华书局1978年版，第24页。

万物的生命相通相贯，"惟其与万物同流，便能与天地同流"。① 作为万物之灵的人和物的区别是"人则能推，物则气昏"②。也就是说，万物之生意因为与仁心相通，故人能实现仁性，并推之于万物。圣人立教，方春不折，此乃是推己及物之意蕴。如程颢所说："仁者以天地万物为一体，莫非己也。认得为己，何所不至？若不有诸己，自不与己相干。如手足不仁，气已不贯，皆不属己，故博施济众乃圣之功用。"③ 在这里，通过"仁者以天地万物为一体，莫非己也"，将天地万物看作是与自己紧密相连的一部分。因此，人要以实现仁德为己之价值所在，要满怀恻隐之心，不能高居于物之上，要把仁爱之情恩泽于天地万物，担负起博施济众之圣之功用。圣人以深厚的生命关怀之心及平等仁爱之心去对待天地万物，但是这并不是要抹杀万物的差异性，又因为物之不齐，因而要"以物待物，不以己待物，则无我矣"。④ 要使物不失其性，不能以自己的自私自利之心去对待万物，要站在万物的立场去感受万物。

（作者马兰，中南林业科技大学马克思主义学院教师。）

---

① 程颢、程颐：《二程集·河南程氏遗书卷第六》，王孝鱼点校，北京：中华书局 1981 年版，第 86 页。

② 程颢、程颐：《二程集·河南程氏遗书卷第二（上）》，王孝鱼点校，北京：中华书局 1981 年版，第 33 页。

③ 程颢、程颐：《二程集·河南程氏遗书卷第二（上）》，王孝鱼点校，北京：中华书局 1981 年版，第 15 页。

④ 程颢、程颐：《二程集·河南程氏遗书卷第二（上）》，王孝鱼点校，北京：中华书局 1981 年版，第 125 页。

中国传统伦理思想的自然主义特征

周　琳

摘要：在中国传统伦理思想里，自然主义不只是道家思想的典型特征，而是中国传统伦理思想普遍都具有的特征，中华文明的哲学基础就是《周易》的哲学，《易经》的阴阳观念在西周初年就已经出现。中国传统伦理思想，秉承的都是周之文化，汉代以后，阴阳的观念成为中国哲学根深蒂固的基本特征，天道、地道、人道皆是阴阳对立与互补的自然之道，是具有自然主义特点的。

关键词：自然主义；道；天道；人道；天人和谐

现今学术界有种普遍的现象，在论及自然主义的问题时，总将之与道家思想联系起来。无论在论及社会理想，或者是生命观、教育观、价值观，一与自然主义结合时，必然是言及老庄，言及道家。我们今天为什么总将自然主义的思想与道家、老庄思想结合起来，总结其原因，在中国传统文化里，最早提及"自然"一概念的，应该是老子的《道德经》。《道德经》第二十三章："希言自然，故飘风不终朝，骤雨不终日。"第二十五章："道大、天大、地大，人亦大。……域中有四大，而人居其一焉。人法地，地法天，天法道，道法自然。"自然的概念最早是出于老学思想，除此之外，道家思想崇尚一种与自然合一的生活方式，这应该就是很多学者在论及自然主义时简单地将其归于道家思想的原因。

冯友兰在《中国哲学史》里说，今所传孔子以前之私人著述皆伪书。中国之文化，至周而具规模。孔子曰："周监于二代，郁郁乎文哉！吾从周。"周之文化，虽为可观，然自孔子以前，尚无有私人著述，《老子》一书系晚出。这样说来，老子的思想和孔子的思想一样，秉承的都是周之文化，而在周之前，中国古代文化思想里，自然主义特征就非常明显。

一、中国传统伦理思想的自然主义特征是由中华文明的哲学宇宙观决定的

中华文明的哲学宇宙观是从有机整体主义出发的，强调宇宙中的事物是相互依存、相互联系，每一事物都是在与他者的关系中显现自身的存在和价值。[①] 中华文明的哲学基础就是《周易》的哲学，《易经》的阴阳观念在西周初年就已经出现，它认为世界万物是发展变化的，其变化的基本要素是阴和阳。《周易·系辞》里说："一阴一阳之谓道。"世界上的万物和万物的变化都是阴阳相互作用的结果。阴阳可解释宇宙现象，人亦为宇宙之一。《说卦》里记载："立天之道曰阴与阳，立地之道曰柔和刚，立人之道曰仁与义。"阴阳的对立和互补正是天道、地道与人道的支配原理。中国古人在原始社会时代，皆以为宇宙万物，都由神统治的。但这个神不同于西方的造物主，不是一个外在于自然之上的神，就内在于自然之中，就是自然本身的内在规定性。这种内在的规定性就是阴阳的对立与交互作用，成为宇宙存在变化的普遍法则。《庄子》论："至阴肃肃，至阳赫赫。肃肃出乎天，赫赫发乎地，二者交通成和，而万物生焉。"《国语》中，范蠡言："天道盈而不溢，盛而不骄，劳而不矜其功……。因阴阳之恒，顺天地之常。柔而不屈，强而不刚。"范蠡所说的天就是自然之天，有阴阳之象。

继而发展到，以为宇宙间事物，多与人事互相影响，所以古人有了术数之法，以种种法术，观察宇宙间之现象，以预测人之祸福。《汉书·艺文志》曰："序数术为六种。"六种者：一天文、二历谱、三五行、四蓍草、五杂占、六形法。汉代以后，阴阳的观念成为中国哲学根深蒂固的基本特征。

这个神到了夏商以后，逐渐演变为"天""帝"的观念。中国古代哲学诞生于五帝与夏、商、周时代。在那个时候，中国先民们在日常生活中"仰则观象于天，俯则观法于地……近取诸身，远取诸物"，力图通过把握天、地、人、物、我，及其之间的因果联系来认识自然、社会、人身与人

---

① 李侠：《有关自然主义的几个问题的辨析》，载《自然辩证法研究》2005 年第 1 期。

生之间的各种关系。强调上天所赋予的"民彝",就人们所遵循的内在原则,不过这种原则仍然体现为一种主体的感受性,是人们在参与自然与社会生活中,基于自我的感受性从自然中领悟到的自然之则。虽然在不同的学派里,对这种自然之则或者说"道"的理解是不同的。但"道"或者"天道"就是那种自然之则,是在自然中普遍存在的,并且成为人类社会的道德价值的根源。司马谈将子学时代思想分为阴阳、儒、墨、名、法、道德等六家,然"天下一致而百虑,同归而殊途"。在中国传统伦理思想,自然是人类一切经验、思想、兴趣和活动的根源是很普遍的,不只是道家思想。然在中国传统伦理思想里,又以儒、道、佛三家思想为主流思想。

佛家思想系外来思想,南北朝时,由印度传入。佛学有六家七宗,然各宗思想在对外界的理解上,皆系一吾人心之所现,虚妄不实,即所谓的"空"。本无宗、本无异宗、色宗,此三宗我将其理解为"本空"。心无宗、识含宗、幻化宗、缘会宗,此四宗我将其理解为"心空"。无论"本空"或"心空",都不是实在论,更不是自然主义了。故此,本文只论及道家与儒家伦理思想。

二、儒家、道家伦理思想里都有自然主义特征的表现

所谓自然主义的表现,即是承认价值是与自然事实相关的,但在西方绝大多数的自然主义伦理思想,仅是将价值问题与自然事实相关,或者是把人、人的思想、经验当作一种自然,言下之意仍然是把价值当作一种主体性的感受,我们对于有关事物形成的"理念"仍然是物质事物在我们内心世界激发的"本质",不以为自然是具有主体性质的存在。既然自然主义的哲学世界里,包含了物质和非物质的世界,那么自然事实里包含价值或观念又有何不可呢?正如菲而曼认为的那样,价值不是因为被"判断""偏好"或"选择"才产生或存在,价值是通过各种各样的物质主体之间的矛盾形成的。那么在自然世界里,所有的事物都可以成为主体,它们之间包含着一种相互的关系,甚至存在着一种在所有相互关系之上的总的关系。① 在中国的传统伦理思想里,似乎就具有了这样的特征。那种总的关系被称为"道"或"天道"。

---

① 牟宗三:《心体与性体》,长春:吉林出版集团有限责任公司2013年版,第167页。

（一）道家思想的自然主义特征表现

说到"道"的概念，在中国传统文化里应该最先想到道家。说到道家思想可以遵循到老庄之学，老庄之学常被说成是道学，实际上早在先秦时期并无"道家"这样一个概念。由于热衷于从天地自然之道的角度来讨论人间世俗之道的论道者们层出不穷，后世西汉司马谈在他的论著《论六家要旨》中，将先秦时期以"无为""阴阳""无名""因循"等概念阐释道的学说的学术流派统称作"道家"或者"道德家"。老庄之学又可以遵循到杨朱之学。杨朱之学，"阳（通'杨'）生贵己""轻物重生"。早在孔子时期，有一种"避世"之人，见时乱无以挽救，采取消极避世态度，不干预世事，只寻求独善其身，如庄子所说"全性葆真，不以物累形"。此种思想为老庄继承，并超然之。

"道家"的自然之则就是"道"。"道"之所出就是"自然"。学术界普遍有种观点，指老庄的"自然"一词的意思不是指自然界，其本意就是"自己如此"。我以为"自然"应该包含以上两个意思。这种"自然如此"就蕴含在自然界之中。宇宙界中的每一事物都是独立而成，无故而自尔，然宇宙间的任何事物，皆与其间之其他任何事物有关系。人作为天地之物，理应也如此如此。"人之生也，形虽七尺，而五常必具。故虽区区之身，乃举天地以奉之。故天地万物，凡所有者，不可一日而相无也"，即"不可一日而相无"，万物应遵循各自之特性，任其自然生长，其特征就是自然无为，大道就是顺应事物的必然法则——自然而然之则去做。"道可道，非常道。"大道虽能包容万物，却不能分析，"道无所不在，而所在皆无也"。自然是一种自然之应然状态，没有紧张、压迫、冲突，是一种值得追求、向往的状态，也就是一种价值。万物各自独化而又不可一日而相无，万物间"无为而为"，以一种不妨碍，彼此尊重，彼此又相依的方式存在是最合适的。"道者，万物之所然也，万理之所稽也。""道"是产生万物的过程，是一个事物自身内在矛盾运动的自然而然的过程。人生于这一过程，应将自然之则——"道"作为自己的行为准则。"无为"是道家思想的核心，也是自然的根本特征。"无为"而顺应，"因其所有而有之，则万物莫不有；因其所无而无之，则万物莫不无"，是最好的万物存在之道。物即自尔，至道者乃至无也。

道家伦理思想，"轻物重生"。道家伦理思想将人视为自然界的一部分，人的生命是最重要的，这是看重人的生命内在价值而忽视人的外在物质价值的自然主义生命价值伦理思想，认为人的生命的自然本性是"见素抱朴""少私寡欲"，主张涵养人本性中的自然品质，宇宙间万事万物都是自然质朴的，人作为自然界的存在物，其本性也理当如此。以一种原始天然的素朴本性，应对接物、为人处世。正常生活只获取人生活的必需品，反对破坏自然的矫饰和人为，恬淡清静。人只需以天地之本为精微，以外物为粗略，以有储为不足，心灵恬淡清静而无为。恍惚寂静，没有形体，没有生死，与天地同体，与万物合一，恍惚间返回太虚，达道之极体。

道家思想可谓是典型的自然主义，但正如我们前面所说，道家源于老庄，老庄源于杨朱之学，而杨朱之学为隐士避世之学，主张民族与个人的一种天然浪漫主义思想，遁世绝俗、幽隐山林、陶性养生。老学从自然中悟到重先后、雌雄、荣辱、虚实的分别，求不毁不挫之术，以巧应世。庄学"外死生，无终始""独与天地精神往来"，超然应世。

（二）儒家思想的自然主义特征表现

儒家的思想里，没有很明显的"自然"的概念。但不能说儒家思想就不具有自然主义特征。综上所述，我们知道，道家的"自然"是自然世界里的一种"自然而然"，强调无为而自然的价值观念是道家所遵循的行为方式或准则，这种价值观念是充斥在整个自然世界的。人区区之身，乃举天地以奉之，必也循此一则。因为儒家思想不直接论及自然之概念，就以为其思想根源不具备自然主义特征，这实在是对自然主义思想错误的解读，也是对儒家思想的错误解读。

在中国古人眼里，天的地位极高，是一切价值的根源。儒家的思想可以以孔子为开端，孔子继承了三代天命观念。"君子有三畏，畏天命，畏大人，畏圣人之言。"（《季氏》）孔子言："三十而立，四十而不惑，五十而知天命，六十而耳顺，七十而从心所欲，不逾矩。"孔子的"从心所欲，不逾矩"可以说是一种人心对自然之则的最好体悟，内心对天道的最好领悟并践行之，与自然之道的最好契合。汉初董仲舒以为："为生不能为人，为人者，天也。"人本是天生天长的，人的道德秉性都不是人自有的，是天所具有的特性，是人类在模仿天产生自我的过程中产生的，"莫精于气，莫富于地，莫神于天。天地之精，所以生物者，莫于人。人受命乎天也，故超然有以倚"。所以人和天之间是"人副天数""天人感应"的。明道先生语："言天之自然者谓之天道，言天之赋于万物者谓之天命。"儒家的自然主义伦理之则更多是言"天""天道""天命"。儒家说的"道"，"道之大源出于天，天不变，道亦不变"，所以儒家的"道"是"天道"。韩愈作《原道》，开启了儒家道统之说。其言："夫所谓先王之教者何也？博爱之谓仁，行而宜之之谓义，由是而之焉之谓道，足乎已无待于外之谓德。……斯道也，何道也？曰：斯吾所谓道也，非向所谓老与佛之道也。尧以是传之舜，舜以是传之禹，禹以是传之汤，汤以是传之文武周公，文武周公传之孔子，孔子传之孟轲。"① 这就是儒家所奉行的自然之道，"天道"，其本质内容为"仁义"。

如果说老庄道家思想的自然之则是遵循个体的自然而然、"无"以为，那么儒家的自然之则就是遵循仁义思想、"有"以为。"有以为"是否就不自然，不是遵循自然而然之则，就不是自然主义呢？我们说自然主义只是在自然万物里蕴含着价值的观念，儒家的"仁义"亦是儒家所理解的"天"的性质，天道的变化在于万物各得其生命与本性的正常状态，这就是儒家的自然之则，是"有以为"。儒家是种积极有为的思想，宇宙原本和谐有序，在分化出天、地、人后，人类社会理应保有这种和谐有序的状态，只有不使这种完美的和谐丧失，才为"太和"。"保合太和"是中国传统重视和谐思想的最高理想。在中国的儒家传统思想里"修人道以证天道""明天道以弘人道"，天道和人道是要统一起来的。人的行为一定是要符合天道或自然之道的。这是儒家不同于道家的地方，他们不仅是知天道，关键还在于证天道，践天道，弘天道。

道家更重在论述这个"道"是什么，特性又是什么，如"道可道，非常道"，"道之为物，惟恍惟惚。惚兮恍兮，其中有象；恍兮惚兮，其中有物。窈兮冥兮，其中有精"，"道常无为而无不为"。孔子不论及"天"，只强调了"天"的性质是仁，强调君子应重礼重仁，"践仁知天"，重在落实天道之仁。人之有真性情，人之性情皆真性情之流露最好，以人之真性情合礼至好。真性情即是人的自然本性，是人之性情之真的合礼流露，本同情心以推己及人也。不仁之人，无真性情，虽行礼乐之文，只会徒增虚伪之表现。所以孔言"克己复礼以为仁"，推己及人，忠恕之道以践仁。

---

① 牟宗三：《心体与性体》，长春：吉林出版集团有限责任公司 2013 年版，第 167 页。

至孟子，仁不只是天的性质，人性亦有仁。"人皆有不忍人之心……人之所以异于禽兽者几希，庶民去之，君子存之。"这就为人性有仁提供了根源的基础，天性如此。"仁，人心也；义，人路也。"人皆有人心，为人可以为善提供了途径。"尽其心者，知其性也。知其性则知天矣。存其心，养其性，所以事天也。夭寿不贰，修身以俟之，所以立命也。"心为人之"大体"，故能"尽其心、知其性而知天也"。这是人之为仁的方法。"万物皆备于我矣。反身而诚，乐莫大焉。"圣人"寂而常照，照而常寂"，此种心理状态，名曰诚。能至"诚"之境界者，即"能与天地合其德"，可以"赞天地之化育"，即已与宇宙合一，是一种人性顺自然之性的自然而然的本真流露。

由此可见，在中国传统伦理思想里，在本体上，都没有一个先验于世界而存在的或真或善或美的最高原则，儒家在"天道"，道家在"自然之道"，看似此道非彼道，但都是自然之道，自然而然之道，关键在于人对其的领略与感悟。

到了宋明儒，在如何内化这种自然价值里，相对来说用的工夫比较深。老庄强调"以无为本"，与之不同，宋明儒家强调由无极而太极，太极即"道"。受南北朝玄学思想的影响，无不能生有，儒家强调的是"气"论的宇宙本体论，张载言"太虚即气"，"一物两体，气也；……两不立，则一不可见；一不可见，则两之用息"。"气"自身内部的阴阳对立面形成"气"的统一体，"气"自身内部阴阳相互对立、相互作用，使"气"运动变化，生成宇宙。物之成毁，气之聚散，物之始有，皆为气化，人本来与天地万物为一体，不过人多执个体以为我，故人之修养之目的，即在于破除此界限回复于万物一体之境界。"识得此理"，"诚敬存之"，人若能一任天理之自然，不存任何私意杂念，将心空如明镜，如孟子所说的"反身以诚"一切行事，皆本此心，久而久之，自可达到万物一体之境界，这是后期宋明儒所追求的境界。除"大其心则能体天下之物"，天然之物各有其理，即人之为物亦各有其理，"理是人物同得于天者"天理之所以名之为天理，即在于其是一切价值之标准，是最高的价值。而这种价值的追求就是将仁义礼智信之性及超越的天理内化于人。在中国传统伦理思想，如何体这种天理天道，心学、理学、气学各派学说皆有论述，"尽心知性知天""格物致知""证心诚意""宇宙便是吾心，吾心便是宇宙""心外无

物，心外无事，心外无理"。这些可以说都是儒家对自然价值"天道"的
内化方式和途径。虽方法各异，可体道之宗旨未变。自然之天道价值是最
高价值，人道的尊严是建立在天道尊严的基础之上的。

如此，儒家传统伦理思想的道德价值观正是以自然为宗，复归自然的
自然主义思想。程明道《定性书》言："天地之常，以其心普万物而无心，
圣人之常，以其情顺万物而无情。"此种境界，宋明儒也无不承认。不同
于道家的个人自我境界之追求，在儒家观念里，顺应为的是国泰民安，是
大一统的思想，是宇宙的大和谐。人们日常行为所秉承行为之则，除了考
虑到人的需求性外，往往会寻求一种整体的和谐。《乾·象传》解"元享
利贞"云："乾道变化，各正性命，保合太和，乃利贞。"儒家的价值追求
更是人的实践活动，表现为一种精神生活，那是一种原始的浑伦直觉，是
一种自我超越，无须论及先天认知能力的来源，就是人的内在的道德性、
体悟性。这又是中国传统伦理思想的一大特征，是西方思想世界所不能比
拟的一大特征。

三、彰显中国传统伦理思想的自然主义特点的意义

人与自然的关系，应该从古至今都是人类关注的重心，只是在古代，
人们匍匐在自然的脚下，对其顶礼膜拜，而到了现代，完全走向了反面，
人成了上帝，自然世界就是纯粹的物质世界，人是物质和精神的结合体，
因为人的本质理性、精神，所以人类就是上帝，可以为自身和自然立法。
自然世界是可供认识和改造的物质客体，人是主体，人正是在对客体自然
的认识和改造过程实现自我的主体地位。

这样一种人与自然的关系的彻底改变，在现代社会引起了很多的问
题，最主要的问题是生态危机问题。生态危机说到底还是人与自然的关系
问题，但在人与自然的关系中，表现的是，客体的自然的事实属性怎样满
足主体的人的需要的效用，于是这里出现了一个价值的问题。价值首先表
现为属性或功能范畴，作为属性或功能范畴它反映出客体的特质。其次，
价值是关系范畴，作为关系范畴，它反映了客体对主体的意义。学界把由
价值所表现的主体与客体的关系称之为价值关系。于是人与自然的关系问
题，甚至我们今天所说的生态伦理问题，其核心仍然还是人应该如何有效
地思考自然的价值的问题。

　　纵观现有的生态伦理思想，已经不再把人类只作为价值主体来思考人类与自然之间的价值关系了，人类与所有的生物都即是目的价值又是手段价值，认为自然界对人类的价值馈赠不仅有经济资源价值、艺术审美价值、科学研究价值、医疗价值和生态价值等。然而这样种种的思考，不难看出，仍然是功用主义的角度的思考，虽然有所谓的艺术审美、生态环境，那也是人类某种单方面需求性的满足，思考的主体永远是人类自身，是从人类自身出发的。我不认为，人应该在不考虑自身的前提下无条件地去满足动物、植物的需求，天生长万物，必然养育万物，人自然不例外。但人也不应该对自然随心所欲地剥夺。宗教里的节俭、节欲思想，也是众生平等的观念。这是一种信仰，也表现为一种价值追求。

（一）发现自然的精神价值、人性向精神的回归

　　世界不只是物质的世界，爱丁顿在简述一个世纪以来的研究报告里说："我曾四处探索固体物质，从液体到原子，再从原子到电子，结果在电子里失去了它的踪影……。一种不知名的东西正在进行我们不知道的事。"科学越发展，重理性的科学家就会越接受宗教。爱因斯坦说："深思不朽的生命之秘密，熟虑微观的宇宙之构造，谦卑地接受出现在自然界的极为微小的启示，对我而言，这些就足够了。"对于自然，不能只作科学的探究，远离科学、不完全诉诸理性，除了自然的"真"，运用我们的直觉，我们还可以从自然里发现"善"和"美"。我们在对自然的研究上，应该用一种回归的心态，去发觉宇宙的神智、自然的智慧，体会自然的灵性。西方世界，到了近现代，惠特曼、爱默生已微微察觉宇宙的更伟大的智慧，爱默生说："我们每个人都需具备世界宗教的正确观念，刻意在牧场、池中的船、林中鸟儿的对答声中寻找寄托，那是绝对看不到基督教的。"[①] 这是一种不同于宗教的，与其说是神秘主义，不如说是自然主义，它广泛地存在于中国传统伦理思想里。

　　在中国传统伦理思想里，普遍没有把自然世界当作完全的物质世界，自然都是有精神气质。中国古代道家思想，在老子那里，依据自然之道为人行为之则，到了庄子更是寻"天地"的境界，不以物累形，逍遥自在，达到一种"与天地参"的气象，去物、忘我、去私。儒家思想更是丰富，追求"仁"的境界，与天地同心，普万物而无心，即所谓的"圣人""贤

---

　　① 林语堂：《老子的智慧》，黄嘉德译，长沙：湖南文艺出版社2014年版，第15－18页。

人"。孟子说："万物皆备于我矣。反身而诚，乐莫大焉。""仁者与万物为一体"，万物即我，我即万物。以诚体自然，"唯天下之至诚，为能尽其性；能尽其性，则能尽人之性；能尽人之性，则能尽物之性；则可以赞天地之化育，则可以与天地参矣"。这是儒家的另一种自然主义的境界追求。佛家思想虽没有明显的自然主义特点，但追求"空心""空性"的解脱，即所谓"智者""觉者"，亦是一种对精神境界的追求。虽儒道释追求的境界各不相同，体用的方法不一，但它们的出发点和终极目标是一致的，即对现实状态的一种超越，由现实的物质世界进入理想的精神世界，进入审美的道德境界。冯友兰说，按照中国哲学的传统，它的任务不是增加关于实际的积极知识，而是提高人的精神境界。我以为他说的是正确的。中国哲学的特点正是如此，它不如西方哲学那样可以引导先进的科技文明，但它正是这种文明的补充，去体察生命的价值和意义。世界不只是物质的世界，人也不只是物质的人。长期的东西方文化传统里，几乎都承认人不只是纯粹的物质存在，人还有精神和文化的存在性。人之为人在于人之有"性"，能"尽性""体道"，尽人之性，体自然之道。

（二）人与万物本质同源、人与自然和谐平等相存

工业文明引发的生态危机造成了"天人对立"，生态文明要重建"天人和谐"的思想，"天人和谐"思想是生态文明的核心理念。① "对立""和谐"都是一种关系，人与自然之间本就有价值关系，这是一种内在的价值关系。人是自然的人，自然是人的自然，在中国传统伦理思想里普遍认为人与自然本质同一，人的一种真实生命的表现，是对本真的追求与向往，即是一种向自然的回归，与天地同心同德的表征。道家思想以为万物各自独化而又不可一日而相无，万物间"无为而为"，应该以一种不妨碍，彼此尊重，彼此又相依的方式存在。董仲舒在《春秋繁露》中言："人有三百六十节，偶天之数也；形体骨肉，偶地之厚也；上有耳目聪明，日月之象也；体有空窍理脉，川谷之象也；心有哀乐喜怒，神气之类也。"人在精神气质与形体上都是都是与自然万物同一。《吕氏春秋》言："天无私覆也，地无私载也，日月无私烛也，四时无私行也。"日月天地是万物得以生长成长的基础，是不独偏向人类的。这种对生命的思考需要人，保持顺应自然而生活的价值追求，与天地合德的向往，使人安静于宇宙之间，

---

① 刘湘溶：《生态文明建设：文化自觉与协同推进》，载《哲学研究》2015年第3期。

为天地、神与万物之枢纽，达到与自然宇宙的真正和谐一致。这是一种精神的融合，不只是物质的同一。这种人与自然在心灵上和精神上的主导的统一性，是一种真正的契合。这正是中国传统伦理思想里才有的感召力与魅力。

中国传统伦理思想的天人观念，不是简单将人置于自然之中，与自然万物的平等相待的观念，而是将天道应用于人的自身的内在世界的小宇宙，依自然之则寻求人自身的内在和谐，以及以人为主导的包含自然于一体的大世界，依自然之则寻求社会的内在和谐。马克思要求人们确立这样一种观念："社会是人同自然界的完成了的本质的统一，是自然界的真正复活，是人的实现了的自然主义和自然界的实现了的人道主义。"① 作为具有社会属性的人，仍然是自然界的一员，其本质要实现与自然的统一，是一体共存，和谐共生的关系。和谐的关系，要求人类与自然的真正和解，甚至不只是和解，而是一种融合。

我不认为今天的世界在现实中真能确定自然的主体的地位，尤其在法律上赋予自然万物以法律主体的地位。中国传统伦理人与自然和谐的思想，我也不认为有多少是主动意识的关于保护环境的见解，但这种思想是一种境界的追求，是一种真正的自然的契合，是心灵向宇宙本体的回归。这样的思想，在今天的世界，能为保护环境提供思想基础。因此，人更多地依靠人自己的认识、实践，科学地掌握自然万物本身的规律，依据"道法自然"思想以合理改造、利用自然物，是很有必要的。

（作者周琳，中南林业科技大学马克思主义学院教师。）

---

① 马克思：《1844 年经济学哲学手稿》，中共中央马克思恩格斯列宁斯大林著作编译局（编译），北京：人民出版社 2014 年版，第 83 页。

德体技用："中体西用"与"西体西用"之外的第三条道路

——冯友兰新理学视阈下的"辅新命"道路

张昊雷

摘要： 抗战爆发后，冯友兰在中西对比过程中民族化、个体化的转向，与其追求现代化的努力和合转生为"阐旧邦以辅新命"这个最高追求，这就是其"道术多迁变"背后始终不易的学术宗旨，也是通向其终极关怀的指针。"阐旧邦以辅新命"实质上就是通过德体技用实现国家现代化。"阐旧邦"指的是通过继承中国本有的"组成社会的道德"以"保持旧邦的同一性和个性"，同时实现中国现代化这个"新命"为目的的"阐旧邦"绝不能规约为沿袭旧邦，学习西方先进的知识、技术和工业以实现中国现代化也是阐旧邦的题中之意和必然要求。

关键词： 德体；技用；五常德；西技；合一

目前学术界研究冯友兰关于中西对比方面理论的人有很多，但是很少有人关注其在抗战爆发导致民族危机空前的历史背景下发生的民族化、个体化的转向。学界普遍关注的是，冯友兰提出的"文化类型说"，冯友兰把中西文化的差别归于文化类型的差别，中国的文化属于古代的农业文化类型而西方文化属于近代的工业文化类型，好像中国需要努力做的就是从古代的农业文化类型进化为近代的工业文化类型，这就给冯友兰贴上了偏重文化之同的标签。需要注意的是，冯友兰在提出的"文化类型说"之后，在中日战争日趋激烈、民族危机日趋沉重的历史背景下，为了在思想文化层面上唤醒国人抵抗日寇侵略，冯友兰转而注重文化的个体和文化的民族倾向性。这样一个转向是以冯友兰把民族文化分为民族"的"（所有但非专属的）文化和民族"底"（固有而且是专属底）文化为切入点而展开的。前者属于"程度上底不同"，因而是需要而且亟待现代化的，不这样做的话则"不足以保一民族的生存"。后者是"花样上底不同"，对于后者而言，无所谓现代化与非现代的区别，只需要永恒保持即可。西方先进"的"知识、技术、工业在前者的范围之内，这对中国而言是极其需要学习的"技"，而仁、义、礼、智、信这五德是后者的核心，是中华民族必须永恒坚守的"体"。"体"和"用"这对范畴在中国传统文化中很早就出现了，最初只是中国文化内部的一对范畴，"体"为向内治心之学，"用"为向外治事之术。洋务派为了调和维护封建伦理纲常与学习西方知识、技术、工业之间的矛盾提出了"中体西用"论式，但是这一论式本身又陷入了"体用两橛"的泥潭之中，因而在客观上降低了中国"师夷长技"道路的生命力，民初人对"中体西用"的纠正最终又矫枉过正了，并且没有认清各个社会普遍适用的五常德与具体的封建道德之间的界限，在反对封建道德的同时连五常德也一并摒弃，在探求以西为体的"西体西用"道路之际动摇了中华文明的思想核心，摧残了中华民族的基本道德，其间又逢日寇大举侵华，中华民族到了生死存亡的紧要关头，亟需唤醒民族斗争意志以抗击倭寇。此时的冯友兰正随着西南联大"南渡"，"'南渡'期间，强烈的民族主义立场，使冯友兰期盼中华民族通过伟大的抗日战争，走上复兴之路；同时，也使他十分自觉地将自己的学术工作，纳入民族复兴的伟大事业"。[①] 冯友兰提出了德体技用理论，希冀以此消除"中体西用"导致的"体用两橛"错误和"西体西用"造成的民族个性丧失危机，更好实现"辅新命"这一宏伟目标。这也就开出了"中体西用"和"西体西用"之外的第三条探求中国现代化的道路。其中以德为体是以适用于所有社会的五常德为体，而不是以仅适用于封建社会的封建道德这样的具体道德为体。以德为体与以技为用是相辅相成而不可须臾分离的，而且体用关系本身不是本与末的关系，而是一个事物的两个方面的关系，体与用不是二元对立而是"体用一源"，德体技用理论通过体用这对范畴的涵义再转换实现了对传统文化体用合一的复归。

---

① 田文军：《冯友兰》，北京：群言出版社 2014 年版，第 259 页。

一、问题缘起：“第三条道路”的选择

在古巴比伦文明、古印度文明和古埃及文明等古文明都湮没在历史星河之时，中华文明何以能够屹立数千年而不衰？在人们讴歌中华文明源远流长而又不曾断绝的发展轨迹之际，中华民族突然面临着鸦片战争带来的生存危机。对中华文明的自信和现实的民族危机激荡着知识分子的心灵，启迪着他们思考沿袭文明和探求民族救亡图存之道，这个双向展开的探求在洋务派精英那里又汇集在了一起，他们最终解决的途径就是“中体西用”。坚持中学为本以沿袭中华之数千年长盛不衰之文明，以西学为用以解决中华民族之生存危机。“中体西用”这个论式本身是由洋务派精英正式提出的，但是“中体西用”的精神意旨却在西学东渐发启后“西学”和“中学”的相互激荡和互争长短中逐渐确立下来，纪晓岚所主持编纂的《四库全书》在冥合封建文化专制主义需求的前提下以官方学术权威的身份裁判“西学”和“中学”的优劣长短，认为“西学”与“中学”相比虽“天文推算之密，工匠制作之巧，实逾千古”①，然而“所格之物皆器数之末，而所穷之理又支离神怪而不可诘”②，因此定下了“节取”西学“技能”以利中华，“禁传”西学“学术”以正教义的官方基调。在官方文化高压的学术体制下，此观点不是依违两可的某家之言，而是为维护“中学”学理而颁行的万世千秋都必须要尊奉的圭臬，任何与之相违背的理论都要被挞伐。所以后来无论是林则徐、魏源提出的“师夷长技”主张还是冯桂芬为“采西学”之路而提出的“本辅”论都是在抑遏“西学”学理的框架内探求节取“西学”技能的路径，其实质都是通过高举保教卫道的旗帜为学习西方先进技能开路，清除顽固派以护卫中华伦理纲常为由而设置的各种路障。发源于林则徐、魏源，途经冯桂芬的转承过度，中华大地正式掀起了轰轰烈烈的洋务运动。随着洋务运动的深入开展，向西方学习范围的扩大也不断外扩着西学的外延。从林则徐、魏源主张的学习西方制造坚船利炮之长技到冯桂芬提出学习西学就是要学习西方的算学、化

① 《四库全书总目提要（第125卷）》，《子部·杂家类·存目二》，北京：中华书局1964年影印刷本，第1081页。

② 《四库全书总目提要（第125卷）》，《子部·杂家类·存目二》，北京：中华书局1964年影印刷本，第1080 - 1081页。

学、视学、光学、重学等学科，再到洋务精英把西学的内容扩展到西方的教育制度、赋税管理和律例条文等并开展洋务新政以推行之。及至维新变法时期，康、梁等维新派大胆突破洋务精英预设藩篱，借孔子"托古改制"的旗号和日本明治维新的成功案例宣扬西方的政治理论，号召学习西方政治制度。冯友兰对于学习西方的内容有自己独到的见解，而不是沿袭前人的定论，这也启迪着冯友兰对中西和体用进行着新的逆向性辩证思考。洋务运动和维新变法的先后失败激发了人们对"中体西用"的普遍质疑，"中体西用"在民国时期的人看来根本就是"体用两橛"。"民初人于是大谈其所谓西洋的'精神文明'"①，加之新文化运动的倡导者对孔学的激烈批判终于导致中华传统文化开始走向没落，辛亥革命时期陈序经、胡适等人提出主张全盘西化的"西体西用"论又加速了中华传统文化没落的进程。陈序经通过《中国文化的出路》等著作论述中国人在各个方面都普遍不如西方人，因此只有"全盘西化"才能拯救国家和民族。而胡适更是在陈序经"全盘西化"思想上进一步提出了崇洋卑华论，他认为"我们必须承认我们自己百事不如人，不但物质机械上不如人，不但政治制度不如人，并且道德不如人，知识不如人，文学不如人，音乐不如人，艺术不如人，身体不如人"②。在胡适眼中，中华民族是一个"不长进民族"，这个民族除了一分像人以外，剩下的九分都像鬼了，因此除了全盘抛弃传统文化，照搬性学习西方之外再无他路可走了。这些用西方文化全盘取代中华传统文化的理论必然会引发传统文化的大危机。

无论是"中体西用"还是"西体西用"都没有解决中华民族的生存危机，尤其是"西体西用"更直接导致了中华传统文化的危机。这种惨痛结果引发了冯友兰的痛苦，更激发了其深刻的思考。作为中华传统文化的坚定拥护者，冯友兰是绝不会认可"全盘西化"理论的，"中体西用"理论的瑕疵也无法得到冯友兰的认同。冯友兰出生在一个书香门第，在其热爱传统的家风熏陶之下，冯友兰自幼就在自家的家塾中开始系统学习"四书"等传统经典，对中华传统的热爱就发轫于其寒窗苦读的童龀岁月。及其长又为借西方文化重新诠释和改造中华传统文化而毅然远赴异域求学，

---

① 冯友兰：《贞元六书（上）》，北京：中华书局2014年版，第274页。
② 胡适：《胡适哲学思想资料选》，上海：华东师范大学出版社1981年版，第345页。

在哥伦比亚大学读书期间冯友兰先是从柏格森生命哲学中挖掘中华传统文化不应该被否定的论据，力证中西文化只有思想进路之异而无高低上下之分，从而为中华文化重植信心和生命力。冯友兰后又围绕中西文化的矛盾和冲突这一问题求教于泰戈尔，在合理吸收泰戈尔提出的中西文化之异在于"种类"而非"等级"理论之后冯友兰援引道家哲学中"益""损"两个概念和"动""静""体""用"等概念入其中西文化比较研究之中，创造性地提出东方文化为"静""损"的文化，因而为"体"；西方文化为"益""动"的文化，因而为"用"。需要注意的是，冯友兰的这种表述并不能直接等同或者规约为"中学为体，西学为用"，冯友兰只是为了替中国传统文化辩护以改变"全盘西化"思想导致的中华传统文化没落的倾向，同时为号召人们把西方先进的科技作为"他山之石"来改造和完善中国传统文化提供理论铺垫。冯友兰把"西体西用"主张者称为"贵远贱今者"，其"贵远贱今"的原因就在于根植于其内心深处的"贵所闻而贱所见"心理和"殖民地"心理，所以在他们看来无论处理任何事情，外国人做得总是要比中国人做得好，甚至外国的月亮都要比中国的月亮更圆更亮。

对此冯友兰深恶痛绝，专门写了《赞中华》等文章与"西体西用"论抗争；同时冯友兰也精辟地指出了"中体西用"论本身存在的错误。冯友兰认为"清末人所谓'中学为体，西学为用'者，就一方面说是很说不通底……"[1] 冯友兰举四书五经和枪炮的例子来说明这一点，因为读四书五经是读不出枪炮来的，而"中体西用"里面也包括以四书五经为体，以枪炮为用这样的命题。洋务派和维新派用"中体西用"的方针来指导向西方学习的实践活动，但是必须保证这个方针本身不存在错误和疑问，所以冯友兰认为应该把"中体西用"改为德体技用，即"组织社会的道德是中国人所本有底，现在所须添加者是西洋的知识、技术、工业而已"。[2] 而中国所本有底组织中国社会底道德就是中华民族之体，西洋的知识、技术、工业是中华民族之用，中国所本有底组织中国社会底道德就是中华延续之德，西洋的知识、技术、工业是民族复兴之技。"照中国传统底说法，有

---

[1]　冯友兰：《贞元六书（上）》，北京：中华书局 2014 年版，第 399 页。
[2]　冯友兰：《贞元六书（上）》，北京：中华书局 2014 年版，第 399 页。

五常，即仁、义、礼、智、信。此五常是无论什么种底社会都需要底。这是不变底道德，无所谓新旧，无所谓古今……"① 仁德、义德、礼德、智德、信德是中华民族的五常德，这五常德就是中华民族的基本道德，也是中华文明的思想核心，所谓德体就是要此五常德为体。以中华民族五常德为体，以西洋的知识、技术、工业为用，从表面上看与"中体西用"很相似，而实质上两者有很大的不同。"中体西用"是"中学为体，西学为用"的简称，而"中学"为体就是要以维护封建统治秩序的封建道德和封建政治制度为体，以"西学"为用就是要以西方近代自然科学、工艺技术以及资产阶级的社会政治学说为用。仁、义、礼、智、信五常德是各种形态的社会都具备的恒常的道德，而封建道德是只适用于封建社会且只能存活于封建社会的具体道德，封建政治制度同样也只适用于封建社会且只能存活于封建社会。随着封建经济基础的消失，维护封建统治秩序的封建道德和封建政治制度都必然要走下历史舞台，由此注定不能以封建道德和封建政治制度为体，而要以适用于各个社会的五常德为体。"西学"包括西洋的知识、技术、工业等"西技"和西方资产阶级的社会政治学说两个部分，西洋的知识、技术、工业等"西技"具有普世性，虽产生于西方而能够适用于别的国家和社会，但是西方资产阶级的社会政治学说是建立在西方资本主义经济基础之上且仅适用于西方资本主义社会的理论，它会随着西方资本主义经济基础的消亡而消亡，它在中国的大地上找不到适宜其生长的土壤，所以能够以"西学"中的"西技"为用，而不能"西学"为用。知此则知"中学为体，西学为用"失败的根本原因，民国人不知此，反而既要以"西学"为体又要以"西学"为用，完全拒斥"中学"，没有认清五常德和"中学"的界限及五常德和封建道德的区别，以打倒封建吃人礼教的口号拒斥中华优秀传统道德，最终走向与"中体西用"相反方向的全盘西化的道路。冯友兰先生鉴于此而提出德体技用思想以除时弊救国家，在"中体西用"和"西体西用"两条道路之外另辟出德体技用这样的第三条道路。

---

① 冯友兰：《贞元六书（上）》，北京：中华书局2014年版，第394页。

二、不易之体：五常德乃中华民族本质属性与精神基因的不变之体

"体"这个字早在先秦的诸典籍中就频繁出现，在《周易》中就有"正位居体""神无方而《易》无体"等记载，《诗经》中也提到"方苞方体，维叶泥泥"，《论语》中也有"四体不勤，五谷不分"的论述。在这些论述中"体"主要指身体、枝干、本象等含义，后来又据此引申出本体的含义。但这些论述只举"体"而未言及"用"，荀子则首次把体和用作为一组对比而提出，荀子说"万物同宇而异体，无宜而有用为人，数也"。但荀子虽提到"体""用"，却没有赋予其哲学本体论的意义，方克立先生认为这一工作是由魏晋时期的王弼完成的，并且方克立先生把"体""用"的关系归结为本体和作用、功能、属性的关系或者本质和现象的关系，绝非本和末的关系。冯友兰对于"体""用"关系的认识也与此相同，冯友兰的德体技用思想就是建基于"体""用"关系而非本、末关系的基础之上，因此说五常德为中华民族之体指的就是它是中华民族的本质属性。日本著名学者筱原令先生认为："中华民族的本质是王道主义，应该有受世界人民欢迎的包容力，也就是同化力。"① 而筱原令先生所说的王道主义就是对中国仁、义、礼、智、信五常德的概括总结，至于能否把仁、义、礼、智、信五常德概括为王道主义或有待商榷之处，但是仁、义、礼、智、信五常德是中华民族的本质属性确实确定无疑的。从一方面说，五常德是中华民族得以形成和发展的根基；另一方面，五常德是中华民族区别于西方的根本标识。

纵观中华民族形成和发展的历史，费孝通先生认为："距今三千年前，在黄河中游出现了一个由若干民族集团汇集和逐步融合的核心，被称为华夏，像滚雪球一般地越滚越大，把周围的异族吸收进入了这个核心。它在拥有黄河和长江中下游的东亚平原之后，被其他民族成为汉族。汉族继续不断吸收其他民族的成分而日益壮大，而且渗入其他民族的聚居区，构成起着凝聚和联系作用的网络，奠定了以这个疆域内许多民族联合成的不可分割的统一体的基础，成为一个自由自在的民族实体，经过民族自决而称

① ［日］筱原令：《筱原令看中国》，杨锡坤译，上海：学林出版社 2013 年版，第87页。

为中华民族。"① 黄河中游出现的华夏族群能够不断融合周边其他族群以壮大自身，并最终发展成为汉族，在冯友兰看来其所依靠的就是以仁、义、礼、智、信这五常德为思想核心的中华文明，并凭借以仁、义、礼、智、信这五常德为核心的中华文明进一步融合其他民族而最终发展成为囊括汉、满、壮、蒙、藏等五十六个民族的中华民族。组成中华民族的五十六个民族联合的枢纽就是仁、义、礼、智、信这五常德。

近代，日本帝国主义为了把东北从中国分裂出去就散播"满洲是一个独立国家"，"日满不可分"，"民族协和"等谬论，还有中国边疆的一些军阀也蠢蠢欲动，妄图把边疆地区从中国分离出去。为了维护国家领土主权的完整和中华民族的统一，顾颉刚先生提出中华民族是一个民族，虽然这个结论的出发点是好的，但是却没有找到中华民族为什么是一个民族理论依据，所以不能让人信服，同时也在客观上忽视了中华民族的多元性。实际上中华民族是由五十六个民族以仁、义、礼、智、信这五常德为枢纽联合起来而形成的有多元性的民族，日本军国主义可以用武力占领满洲，却无法用武力消灭这个联系中华民族的枢纽，这也就注定了把满洲从中国分割出去的图谋只能是一场痴人说梦般的闹剧。"道德是所以维持社会存在的规律。在一个社会内，人愈遵守道德底规律，则其社会之组织必愈坚固，其存在必愈永久。由此我们可以看出，中国尊重道德的传统底国风，与中国社会的组织的坚固，与中华民族的存在的永久，是有密切底关系底。"② 中华文明的存续是建立在其思想核心即五常德的基础之上。在中国数千年之历史中有很多次北方民族入侵，这些少数民族靠刀剑摧毁了之前的汉族政权，可是他们无法摧毁汉族的传统文化道德，反而为汉族的传统文化道德所吸引，最终这些入主中原的少数民族融入中华文明，成为中华民族的一部分。

随着交通工具及方式的变革和发展，世界上很多国家的人民都开始主动或被动地移居他国，而冯友兰认为这种移居的方式不外乎两种，一种是依靠政府的坚船利炮为本国移民开路或把落后民族迁到某些西方殖民者划定的地区，还有一种方式是依靠本国民间的一些社会组织而非国家机器进

---

① 费孝通等：《中华民族多元一体格局》，北京：中央民族学院出版社1989年版，第1页。
② 冯友兰：《贞元六书（上）》，北京：中华书局2014年版，第391页。

行移民。中国的移民无疑是靠后者，这种移民方式的成功就取决于社会组织自身的强大，而这些社会组织的稳固靠的就是中国社会的道德。中国移民移居到世界其他地方之后，并没有被新国家所同化，而是建立了一个个的海外华人社会，把中华文明传播到了海外。可以说失去了五常德，中华文明就失去了其道德内核，终而必将湮没于历史长河之中。

从中华民族和西方的区别来看，泰戈尔和冯友兰都认为西方民族注重追求个体进步和个人财富，其思维特性就是注重追求个体的利益。西方民族的道德强调在保障个人利益前提下的自由、平等和博爱；而中华民族的道德强调在保障公共利益的前提下行仁以爱人，张义以助人，践礼以尊人，明智以智人，为信以立人。或许西方的自由、平等和博爱会与仁义礼智信在某一个方面有偶合，但是这一点点的交集掩盖不了二者在深层次上的迥异和冲突。西方资本主义为了摧残中华民族传统道德以更好殖民和同化东方人就大肆宣扬所谓的普世价值观，从这点上来说宣扬中国道德不如人的胡适和陈序经被西方强大的外表给"遮望眼"了，虽其出发点是通过全盘学习西方道德以改进国人道德，而从效果上看他们在不自觉的情况下起了助纣为虐的作用，其荼毒至今尚存，不仅西方反华势力借之打击中国的民族自尊心和自信心，就连一些港独和台独势力也用来抑华崇洋。

梁漱溟在《东西文化及其哲学》中主张西方人应该信仰孔子虽从侧面彰显了中华民族的五常德的意义和价值，却显得有些盲目自信了，毕竟在中西冲突中西方是处于攻势的。同时以梁漱溟为代表的东方文化派站在肯定和维护中华传统道德的角度不满五四运动中对传统道德的批评，冯友兰对此也有异议，虽然其立场和冯友兰有契合之处。冯友兰把传统道德分为五常德和具体的道德，前者是不变道德而后者是可变道德，前者虽不可批评而后者却有很多值得批评之处因而需要"自我觉悟和检讨"，五四运动是具体道德"自我觉悟和检讨"的催化剂和执行者，只是没有分清五常德和具体道德才是值得深刻反省的。冯友兰认为中国的国风就是坚持"道德低价值高于一切"，而只有在这种伟大的国风中我们中华民族才能"得救"。从此我们可知坚持五常德为"体"的应然性，而要论证坚持五常德为"体"的可能性和必要性就只能从五常德和具体道德的异同中寻找答案了。

（一）由五常德与具体道德之异知能以五常德为体

大体而言，清朝人和民初人对待仁、义、礼、智、信这五常德的看法截然不同，分别走向了两个极端。从社会属性来看，清朝中国社会基本上还属于农业社会，而在农业社会里贵古贱近是思想上的一个常态，而到了民初中国社会发生了显著的变化。"近数十年来，中国自农业社会，渐变为工业社会，所以贵古贱今底人，在现在是很少底了。但有一部分人另外又犯一种毛病，即贵远贱近。"① 清朝人贵古贱近思想导致洋务派提出"中体西用"时遇到了以清朝大学士倭仁为代表的顽固派的极力阻挠和诋毁，他们因循守旧，盲目排外，提出根本之途在正人心而不在于学技艺的理论，所以极力主张闭关锁国以正人心。就连洋务派自身虽在学习西方技艺方面是开明的，但是在对待仁、义、礼、智、信五常德方面又泥古而不前，不仅仁、义、礼、智、信五常德千年不可改一字，万世不可变一毫，而且由五常德衍生出来的整个道德体系也是千年不可改一字，万世不可变一毫，从这方面看和顽固派在实质上又是一致的。就是因为洋务派的这点纰漏被民国人抓住不放，以此大做文章。五常德变成了所谓的吃人的礼教，孔圣人成为吃人礼教之罪魁祸首。于是民国人把五常德定义为封建道德而加以摒弃，妄图连根除掉。

民国人在"贱近"的同时又开始了"贵远"，既然要摒弃中国的五常德，那就要用西方的所谓的文明的道德来填充根除五常德之后所留下来的道德上的空白。清朝人和民国人所犯的这两个错误在实质上是同一个原因，即无论是清朝人还是顽固派都没有认清楚仁、义、礼、智、信这五常德与某一个社会具体的道德之间的界限，"有些道德是因某种社会之有，如一民族或国家，自一种社会转入另一种社会，则因原一种社会之有而有底道德，对于此民族或国家，即使旧道德；因另一种社会之有而有底道德，对于此民族或国家，即是新道德"②。这种因某种具体的社会而有的道德就是具体的道德，这种具体的道德只适用于这种具体的社会，对此种具体的社会而言它是新道德，对于下一个社会而言，它就不适用了，因此也就成为了旧道德。所以具体的道德可有新道德和旧道德之分，而仁、义、

① 冯友兰：《贞元六书（上）》，北京：中华书局2014年版，第388页。
② 冯友兰：《贞元六书（上）》，北京：中华书局2014年版，第394页。

礼、智、信这五常德不是具体的道德，也就没有新旧之分。五常德是因社会而有，而非因某种具体的社会而有，所以适用于所有的社会，而不仅适用于某种具体的社会。对于具体的道德而言，不能是千年不可改一字，万世不可变一毫，如果其不适合新的社会了，就应该舍弃。清朝人不知道这一点，而是把具体的道德也视为常德，宁死也要维护已经不再适用于新社会的旧道德，所以被民国人称为维护杀人的礼教。民国人如果要舍弃不适应民国社会的旧道德，这本身是不错的。但是民国人不应该用民国社会的观点来批判之前社会的具体道德，因为这些具体道德是在之前的社会产生的，并且也是适合之前的社会的，在之前的社会里发挥了正面和积极作用。民国人更加不能不加区分地摒弃中国传统道德，因为中国传统道德之中的五常德是因所有的社会而有的，也是适用于所有的社会的，不仅适用于民国之前的社会，还适用于民国社会以及民国以后的社会。正因为五常德适用于所有的社会，因此在所有的社会里都可以说以五常德为体。"不过肯定'此诸德'的永恒性，并不意味着肯定他们在某一社会历史时期所包含的具体内容的永恒性，对其具体规定和内容，'哲学不必予以肯定'。因为此具体规定和内容可随着社会的前进而有变化。"① 所以对以五常德为体要建立在抽象继承的前提之上。

（二）五常德与具体道德之同知必以五常德为体

由上述可知五常德与具体的道德二者是不同的，五常德是恒常的而具体的道德不是恒常的。但从五常德与具体的道德二者都具有道德之理而言，二者又有相同之处。某类事物必须依照某理才能成为某类事物，五常德和具体的道德都必须依照道德之理才能成为道德，依照共同道德之理的结果就是五常德与具体的道德都可以促使社会成员产生有利于社会之存在的行为，阻碍社会成员产生不利于社会之存在的行为；并且当一个社会转变成一个新的社会之后，具体的道德也会随之发生变化，与新社会相适应的新道德也会随之产生。可是新道德怎么产生以及新道德会具有哪些具体的内容都离不开仁、义、礼、智、信这五常德，新道德是基于这五常德的基本精神和新社会的具体情况而产生的，而不是天马行空般地凭空产生。

① 郑家栋：《本体与方法——从熊十力到牟宗三》，沈阳：辽宁大学出版社1992年版，第191－192页。

可以明确的是，具体的道德要符合五常德的基本精神和社会的具体情况才有生命力，否则就失去了其存在的资本。旧道德就是因为不能适应新社会的具体情况才退出了新社会的历史舞台，并且遵守五常德的人自然能够遵守具体的新道德，"我们可以说，对于君尽忠，对于父尽孝，是旧道德；对于国家尽忠，对于民族尽孝，是新道德……。一个能行仁义礼智信底人，在以家为本位底社会里，自然能事君以忠，事父以孝，在以社会为本位底社会里，自然能为国家尽忠，为民族尽孝"①。在以家庭为本位的社会里，为君主尽忠与为父亲尽孝就是这个社会的忠孝道德。及至工业经济发展后破坏了自给自足的小农经济，促使社会由以家庭为本位的社会过渡到以社会为本位底社会，对以社会为本位底社会来说原来的为君主尽忠与为父亲尽孝的忠孝道德已经成为了旧道德。在以社会为本位底社会中完成了家天下到国天下的转变和人在家庭中生产生活到人在社会中生产生活的转变，于是自然导致忠的对象由君主转变为国家，孝的对象由父亲转变为民族。但是无论是之前的忠君孝父还是之后的忠国孝族都是仁、义、礼、智、信五常德题中之意和必然要求，具体社会的变化只是促使仁、义、礼、智、信五德的内涵所支撑的具体道德标准和道德要求发生了变化，但是维持社会存在的道德实质是不会发生变化的，即道德之理是不会发生变化的。因为五常德与具体的道德的异不是单纯和绝对的异，而是在同的前提之上的异，是同中之异，五常德与具体的道德既有区别，又有不可分割的联系。五常德之常就是通过具体道德之变来实现的，而具体道德之变是依据五常德之常来完成的，所以说能够具有仁、义、礼、智、信五常德的人在任何社会中都能具有适合该社会的具体的道德，这是自然而然的。从这个角度来说，在所有的社会里都必须要以五常德为体。

三、技之为用：作为民族腾飞的双翼之技不可废用

"自清末至今，中国所缺底，是某种文化底知识、技术、工业；所有底，是组织社会的道德。若把中国近五十年底活动，作一整个看，则在道德方面是继往；在知识、技术、工业方面是开来。"② "一般人已渐觉得以

① 冯友兰：《贞元六书（上）》，北京：中华书局2014年版，第394页。
② 冯友兰：《贞元六书（上）》，北京：中华书局2014年版，第398页。

前所谓西洋文化之所以是优越底，并不是因为它是西洋底，而是因为它是近代底或现代底。"① 从类或共相的观点看，"各类文化本是公共底。任何国家或民族俱可有之，而仍不失其为某国家或某民族"②，因为此观点并不排斥个体或殊相，此观点在坚持一类事物因为这些事物有某些共同点才能组成一类事物的同时并不是要抹杀这些事物之间的不同点。比如黄马、黑马、白马和红马等因为都具有一些共同的特点才组成马这一类事物，牛、猪、狗、豹等动物因为不具有这些共同点，不能归于马这一类之中。认可世界上各种马都必须有这些共同点并不意味着要求所有的马必须在颜色、身高、体型、体重等方面完全一致；也就是说，一类事物是由具有一些共同点和各自独特特点的个体组成的，由共同点而成一类，由自身特点而在一类中保持个体特色和独立性，并由此区别于本类中的其他个体，共相和殊相、类和个体的辩证统一由此可见一斑。中华民族和德意志民族、法兰西民族、俄罗斯民族、意大利民族、美利坚民族等共同屹立于世界民族之林，就是因为中华民族和德意志等民族之间既有共同点又有不同点，共同点决定中华民族可以学习和借鉴其他优秀民族的东西，但是在这种学习和借鉴的过程中又要坚持本民族之根，否则在学习的过程中会逐渐丧失中华民族的特色和独立性，中华民族就被同化为德意志民族或者其他民族的一部分了。而中华民族之根就是中华民族之常德，此为中国民族之体，不可改亦不能改。但是知识、技术、工业等是中华民族和其他民族可共有的，并不是中华民族学习了德意志民族的技术后就被同化成为了德意志民族的一部分，也不是说中华民族学习了美利坚民族的知识后就被同化成为了美利坚民族的一部分，更不是说中华民族学习了俄罗斯民族的工业后就被同化为俄罗斯的一部分了。相反，学习了这些民族的知识、技术、工业后中华民族更加茁壮了，在世界上的独立性反而更强了。清朝的统治者没有认识到此点，采用一种消极的闭关锁国的政策来抵御西方发达资本主义国家的经济和文化侵略，这种消极的自卫政策同时也关闭了学习西方先进知识、技术、工业的大门，导致中国慢慢和世界脱轨，与西方发达资本主义国家的差距也越来越大。据统计，在1840年美国人均粮食产量是中国的5

---

① 冯友兰:《贞元六书（上）》，北京：中华书局2014年版，第250页。
② 冯友兰:《贞元六书（上）》，北京：中华书局2014年版，第252页。

倍多，法国年产铁量是中国的 10 倍多，英国的年产铁量更是达到了中国的 40 多倍。曾经雄踞亚洲，傲视全球的大清帝国没落之后终于没有摆脱挨打的命运，为了解除亡国灭种之危机，一些有识之士企图通过"中体西用"的手段来实现师夷长技以制夷的目标。于是在中华大地上兴起了了一场以"中体西用"为标志的洋务运动，因为建基于维护腐朽落后的封建制度这样一个错误的目标，洋务运动最终失败了。但是失败的原因不在于学习西方先进知识、技术、工业本身，而在于"中体西用"这种错误的方式和维护腐朽落后的封建统治这样一个错误的目标，既然要从根本上维护封建统治，就必然无法避免在学习西方技术过程中出现的封建官僚主义作风，也无法根除封建制度的弊端带来的毁灭性的不利影响。民初人在反省洋务运动失败原因时，认为清末人过于注重西洋的知识、技术、工业本身，而没有注重其"精神文明"，可以说民初人的反思所得是不对的，西洋的知识、技术、工业本身必须要被重视，这是历史规律所规定的，清末人的错不是过于注重西洋的知识、技术、工业，而是不够重视西洋的知识、技术、工业，只把学习西洋的知识、技术、工业作为一个维护封建统治的手段，不是为了学习西洋的知识、技术、工业本身而学习。所以学习得并不彻底，也并不能真正发挥西洋的知识、技术、工业的作用。民初人对此不了解，反而把学习的重点从西洋的知识、技术、工业转到学习"西体"上来了。"民初人于是大谈其所谓西洋的'精神文明'，对于实用科学、机器、工业等，不知不觉地起了一种鄙视，至少亦可以说是一种轻视。清末人所要推行底产业革命，不知不觉地迟延下来。……而民初人不知只要有了机器、实业等，其余方面自然会跟着来，跟着变。这亦是他们的无知。"①

四、圆融和合：德体与技用相即不离

不仅以五常德为体与以西方知识、技术、工业为用是相得益彰的，而且以五常德为体与以西方知识、技术、工业为用的结合是不分本末的合一，因此在德体技用思想的推行过程中既无本末源流之分，亦无捐本逐末之虞。这就消弭了过去人们错误认知造成的德体和技用之间的裂痕，实现了二者的圆融。

———————————

① 冯友兰：《贞元六书（上）》北京：中华书局 2014 年版，第 274 - 275 页。

（一）体用相得：德体与技用相即不离

坚持以五常德为体与学习西方先进的知识、技术、工业二者是有机统一的，都是为了解决民族面临的生存危机，复兴中华民族往日的辉煌。坚持以五常德为体，厘清了社会上人们对道德问题的纷争，也就为学习西方先进的知识、技术、工业奠定了良好的思想基础。因为知识、技术、工业本身不具有价值判断的能动性，没有良好道德的指引可能就会坠入罪恶的深渊。比如洋务派用西方先进的知识、技术、工业维护腐朽和黑暗的封建统治，日本军国主义者用西方先进的知识、技术、工业发展化学武器和病毒武器进行对外侵略，所以说学习西方先进的知识、技术、工业离不开正确的道德指导。五常德的核心就是要爱人，这就为学习西方先进的知识、技术、工业规定了清晰的出发点和明确的落脚点，那就是为爱广大人民而学习，所以不能用来维护某种压榨人民的封建专制统治或资产阶级剥削统治。坚持以五常德为体，就坚持了正确的方向，避免了"中体西用"的错误。道德本身就是为了更好地促进社会存在，而学习西方先进的知识技术、工业是更好地促进社会存在，推动社会发展的必由之路，所以说以西技为用既要坚持德体的原则，又可以巩固德体。冯友兰体用相得的理想反映在文化追求上，就是傅乐诗所说的，"像冯友兰这样的文化保守主义者心目中的'现代化文化'就是中国的道德乌托邦思想与西方的科技乌托邦思想缔结良缘"①。

（二）体用相即：德体与技用圆融合一

在中国传统文化中，体与用的合一建立在内体外用和上体下用的思维方式基础上，内体外用即以内学为体以治心，以外学为用以治事。治心以求内圣，治事以求外王，治心是原则，治事是治心原则的实践展开过程。可以把治心看成致知，把治事看成为践行，致知就是为了践行，践行也自然离不开知的指导。在这种语境中，体与用的涵义不是本与末的关系，而是本体与作用的关系。上体下用即以形而上为体，以形而下为用。在形而上求高明之极以治心，在形而下中求中庸之道以治事。在这种语境中，体与用的涵义同样不是本与末的关系，而是本质与现象的关系。因此无论是内体外用还是上体下用，体与用的关系是合二为一的，而不是相互分离

---

① 施忠连：《现代新儒学在美国》，沈阳：辽宁大学出版社 1994 年版，第 90－91 页。

的。及至洋务运动时期，洋务派提出了"中体西用"的口号，在体用关系上引入了对西方知识、技术、工业的探讨，因此原来把体用关系限定在中国文化内部的情况至此消失了。与之相应，体与用这对范畴的涵义也发生了转换，不再是原来的本体与作用的关系或本质与现象的关系，而是转换成为本与末的关系，体为本，用为末。本末之别就标志了体用之分。而冯友兰在扬弃"中体西用"的同时，也否定了体用的本与末的关系。冯友兰认为体与用只是指导原则和具体实践之间的关系，并在《新原道》中论证了极高明和道中庸的统一，这就把体用这对范畴的涵义发生了再转换，又从"中体西用"中的本与末的关系转换成原来的本体与功用的关系和本质与现象的关系。而且冯友兰认为从不同的观点来看，体和用的位置也不同。从"中体西用"的观点看西方先进的机器和实业等是用，但是从社会改革的观点来看，西方先进的机器和实业又成了体而非用。冯友兰不是要抹杀体和用的区别，而是把体用关系再转换，复归之前的体用合一。

（作者张昊雷，湖南师范大学公共管理学院中国哲学专业博士研究生。）

第三部分

应用伦理学及其他

爱国价值观的缘起、基础、内涵与伦理意义①

周谨平

摘要： 自从人类进入产生国家形式的阶段，爱国就成为被普遍认同的道德价值观念。爱国价值观源自人们社会化的生活方式，是公民与国家关系的集中表达。爱国价值观的内涵在于对于国家的忠诚，对政治体制、民族文化的高度自信，对公民道德的持守和对社会责任的担当。确立社会主义爱国价值观的伦理意义在于：爱国价值观是国家凝心聚力的重要纽带，是实现社会协调发展的坚实基础，是培育公民美德的精神动力。

关键词： 爱国价值观；缘起；基础；内涵；伦理意义

自从人类进入产生国家形式的阶段，爱国就成为被普遍认同的道德价值观念。我国作为历史悠久的文明古国，有着深厚的爱国传统。商代的比干为了国家利益不惜死谏，最终杀身成仁，成为千古爱国典范。春秋战国时期的屈原怀着对国家的无限眷念、对国家悲惨命运的悲愤毅然投江，表达了强烈的爱国情怀。之后，爱国精神在我国历史长河中薪火相传、连绵不绝，一代又一代仁人志士为了国家和民族的兴旺抛头颅、洒热血，描绘出壮丽的爱国诗篇。对于我们而言，爱国不仅是为人们所颂扬的高尚情操，更是公民必须承担的道德责任与道德义务。

一、爱国价值观的缘起

爱国价值观源自人们社会化的生活方式，是公民与国家关系的集中表达。在古希腊城邦时期，人的公民身份与城邦生活紧密相连。首先，城邦

---

① 本文已发表于《伦理学研究》2016 年第 5 期（总第 85 期）。

为人们提供基本的生存与生活保障。城邦赋予并维护公民的权利，公民身份依赖于城邦得以存续。一旦城邦受到入侵、被征服，公民资格随之不复存在，曾经拥有公民身份的自由人则将面临着被奴役的命运。就此而言，公民个人的命运与城邦命运息息相关、相辅相成。因此守卫城邦、促进城邦的整体利益成为公民不可推卸的责任。其次，城邦定义公民身份。公民既是抽象的概念，又是具体的描述。作为抽象概念，公民指那些被城邦所接受，享有自由、平等以及法定权利的社会成员，以区分在专制制度下的"臣民"。恰如 S. 布雷特在研究欧洲公民权利思想时所指出的，"'公民权利'或多或少地与其他完好界定的概念如'民主''参与''法治'和（并不确定但却愈来愈重要的）'市民社会'相互关联，它标志着欧洲政治机构脱离了'警察国家''一党统治''军人体制'和其他的政治贬称，而欧洲则将这些推到了他们世界的边缘"。① 作为具体的描述，公民的权利范畴、内容与表达方式又受到所属城邦的规定与限制，这也是所属不同城邦公民的本质区别。成为一个城邦的成员，就必须尊重并服从其中的制度与规范。所以遵守法律是一个正义的人必须持有的美德。苏格拉底之所以宁愿接受死亡的审判结果也不逃亡，很大程度上在于他认为城邦的法律具有至高无上的地位——法律代表了城邦的善。从柏拉图到亚里士多德，也都把守法作为最主要的德性。再次，城邦是公民实现自我价值的场域。亚里士多德曾指出人是政治动物，这是人区别于其他生物的本质特征。因为人生而在城邦之中，自出生之日便与他人、与社会、与城邦缔结了不可割裂的联系。这也决定了人必然要参与政治生活——这种生活只能在城邦中实现。在亚里士多德的视域中，参与城邦生活，促进城邦善的达成是公民最大的价值所在，也是公民美德的展现方式。在他关于德性的论述中，各种德性背后都呈现出城邦的身影。个人行为是否有利于城邦，也成为区别善恶的重要标准。正因为城邦之于个人有着如此特殊的意义，所以爱城邦成为公民基本的道德要求。

我国的爱国理念也反映了我们对于国家与个人关系的本质认识与理解。我们社会的起源更多依赖血缘的天然联结，所以我们的社会观念也发

① [英] 安纳贝尔·S. 布雷特：《公民权利思想的演变》，引自昆廷·斯金纳、博·斯特拉思：《国家与公民：历史·理论·展望》，上海：华东师范大学出版社 2005 年版，第 120 页。

端于宗族关系。在商代，从对祖先的祭祀中确立了基本的伦理秩序——只有宗族的长子能获得祭祀祖先的资格。对于祖先的追念表达了对于宗族血脉的认同，也衍生出我国传统社会最为重要的价值——"孝"。毫无疑问，代际血缘联结是家族繁衍生息、产生其他亲缘关系的基础。"孝"规定了宗族核心关系所形成的道德内涵，这一代际伦理要求把自我与家族的历史联系起来，并且使基于血缘所产生的道德关系得以拓展、明确和传递。围绕"孝"价值观念，"悌""友""恭"等处理其他亲缘关系的道德规范也相继产生，从而形成完备的宗法价值体系。"孝"集中表达了生命传承中所蕴含的自然之爱，对于父母以及宗族之爱也成为"孝"的前提和基石。孔子言道"孝弟也者，其为仁之本与"，将"孝"置于社会价值体系的中心地位——"仁"无疑是儒家的核心价值。如果说"孝"这一价值观主要凸显家族内部的道德秩序，那么在国家层面则外化为"忠"。在我国传统思想中，国是家的延伸，因此两者之间有着相似的秩序结构，家国同构也是我国传统政治的特质。正如我国学者罗大文所指出的，我国传统国家的形成始于氏族社会，"随着商品交换的产生和发展，出现了氏族部落混合杂居现象，血缘关系与地域关系联系起来了"，从而开始出现跨越氏族的国家。[1] 因此，国家道德被刻上了深厚的家族伦理印记。人们对于宗族的爱由之扩展为对国家的爱。根据学者的考察，"忠"的本初涵义在于人的内在道德修养，是个人对于社会责任的自觉。魏良弢援引《论语注疏》对"忠"的解析，认为"中心无隐，谓之忠"。[2] 可见，忠并不是外界强加的义务，而是源自本心的道德意识。"忠"最初的对象是国家社稷，建立在"仁"的价值基础之上。[3] 忠的观念无疑是爱国价值观在传统历史阶段的集中体现，也是现代爱国观念的发端。

在对于爱国的历史源流考察中，我们不难发现，爱国价值观缘起于人们国家生活的体验，发自于人们对于政治共同体的认同和对自己共同体身份的确认。爱国价值观的起源既有某种先验性，又有着客观实在性。其先

---

① 罗大文：《爱国主义溯源》，载《西北工业大学学报（社会科学版）》2005年第6期。

② 魏良弢：《忠节的历史考察：先秦时期》，载《南京大学学报（哲学·人文·社会科学）》1994年第1期。

③ 参见魏良弢：《忠节的历史考察：先秦时期》，载《南京大学学报（哲学·人文·社会科学）》1994年第1期。

验性在于，对于公民个体而言，国家通常是生而入其中，死而出其外，公民与国家的联系带有一定程度的先定性。当然，现在可以通过移民等方式改变国家的归属，但无论如何，每个人自生命开始之日便具有了一定的公民身份，这种身份也必然依系于具体的国家。爱国价值的客观实在性在于，爱国的体验是客观的，而且爱国价值受到所在国家生活方式和文化的深刻影响。如同我们的公民身份——公民身份既是抽象的概念，又是具体的表达。任何国家的公民都被冠之以公民的称谓，但不同国家的公民承担着不同的责任、权利与义务。与之相似，任何对于国家的爱都可以被视为爱国，但爱国的内容与方式却存在着差别。这种差别一方面源自在不同语境中对于国家的理解，另一方面则源自在各自国家的生活方式和国家对于公民的确切要求。

二、爱国价值观的基础

既然爱国价值观是人与国家关系的集中表达，那么我们不能不思考一个根本性的问题——我们因何而爱国？或者说，爱国价值观建立在何种基础之上？

首先，爱国价值观基于对于国家的归属感。美国学者吉尔伯特（Margaret Gilbert）在论述爱国的动机时举例言道，当一位法国士兵在战场为国家浴血奋战时，他也许会振臂高呼"为了法国！"当他发出这一呼声时，他表达了简单的代表国家而战的意愿，这一意愿并不需要法国历史的成就、法国社会的美好等其他原因的支撑。在这一时刻，只要认定"法国是我的国家"就够了。吉尔伯特认为这种爱国就是普利莫拉茨（Primoratz）所言的"自我中心的爱国主义"（egocentric patriotism）。后者将"自我中心的爱国主义"定义为"爱作为她国家的国家，而无关乎这个国家的状态"。① 显然，对于国家的归属感成为爱国的首要理由。国家赋予了我们明确的公民身份，成为我们自我认同的重要标识。人有着自然与社会双重属性，随着人类社会的发展，社会属性在人们的身份确认中扮演着根本性的角色。特别在经济全球化的背景下，人们在世界范围内进行着流动与交往，基于生理差别的身份认同逐渐消解，取而代之的是政治身份的归属。

---

① Margaret Gilbert：Pro Patria：An Essay on Patriotism，J Ethics，2009（13）：321－322.

更为重要的是，国家身份的确认成为人们开展社会生活的基础。我们何以在一个社会立足，取得在社会中生活的资格是人们必须考虑的前提性问题。当前，只有首先取得国家公民的身份，才能获得这种资格，否则就将成为社会的流放者。因为无论在哪个社会生活，我们都需要得到相应社会的承认和允许，这一过程通常取决于国家归属。这就是为什么任何国家都不会接受非法移民，离开国家的认同，任何人都将遭到社会的驱逐。获得国家归属意味着个体自身被纳入社会共同体之中，而不是作为共同体的他者出现。国家的归属也成为人们享有各项权利的直接来源。唯有成为国民，个体才能享有相应国家赋予的完整权利。所以即便一部分人获得他国的永久居住权，但在成为其国民之前，他们也不能享受该国的国民待遇。相反，他们依然能享受所属国的完全权利。所以，对于国家的归属是我们社会身份定位的基本坐标，构成了我们爱国的根本理由。

其次，爱国价值观基于对国家历史与文化的承载。历史与文化是国家连接过去、现代和未来的重要纽带，也是国家同胞自我认同、相互认同的重要标志。国家的历史与文化渗透在每一位国民的血液之中，潜移默化地影响着人们的思想观念与行为方式。这就是为什么国家同胞在思维方式和行为习惯之中总是表现出不同程度的共性。国家历史与文化一般通过风俗、礼仪等形式予以表达，对于国家历史与文化的认同通常超越了国家领土的边界，拥有更为广阔的普遍性。我们可以看到，一些移居海外的华人，他们虽然在异乡生活，甚至改变了国籍，但依然保持着对于祖国的热爱，并且视自己为中华民族的一员。他们改变了法律意义上国家的归属，但却无法消褪国家历史与文化的印记。这种印记成为人们在纷繁的世界民族中自我定位的文化坐标。正是在文化定位中，我们辨识自我与他者，展示属于自己的民族特质。因此，我们不难理解为何在经济全球化的进程中，人们对于民族文化予以了更多的关切。经济全球化对于国家文化带来了严峻的挑战：一方面，西方文化借助其经济、科技的优势对非西方地区强势渗入；另一方面，依托于商品交换的消费文化在世界范围内产生着平整化效应。在这两股文化力量作用之下，国家文化之间的边界开始含混，人们的文化身份也随之模糊。但是，多数国家的人们并不情愿在文化的趋同中丧失文化的独立性；相反，在外来文化的压力下，人们更注重对于国家文化的保护和传承。大家对于国家文化的关切很大程度上源自对于自我身份的考量，担心文化身份的迷失。同时，我们既是国家历史和文化的承载者，又身处历史与文化之中。这就决定我们必须承担传承国家历史、创新国家文化的使命。此外，国家的历史与文化是联结国家成员的天然纽带，为大家的"集体行动"提供坚实的基础。人既是具有独立性的个体，又作为社会成员而存在，必然与其他成员发生交集。作为独立个体，每一个人都有着不同的成长背景与经历，生成不同的价值倾向和思想观念。作为社会性的存在，人又必须与他人达成共识。缺乏国家历史与文化的依托，社会将面临道德相对主义的窘境，社会成员之间的共同行动也将失去重要的支撑。在国家历史与文化的熏陶下，人们之间达成共同的价值目标、确立为大家普遍接受的道德原则、形成一定的"集体行动"模式。国家历史与文化所定义的不仅是个体身份，更定义了人们的族群身份，从而为大家提供了价值观念的最大公约数，让社会生活成为可能。

再次，爱国价值观基于国家的共同体生活。我们生而在国家共同体之中，与其他共同体成员建立起必然而内在的联结，并产生对于共同体的依赖。作为国民，我们一方面承担着对于国家的责任与义务，另一方面，我们又享受到国家的福祉。国家的法律规范着我们的社会行为，也保障了我们的社会权利，使我们免于遭受安全的威胁，为我们提供了稳定的实现权利的途径。离开国家共同体，社会必将重归霍布斯所言的自然状态，人们的富宁生活将无所依托。国家为共同体生活提供了基本的场域、原则，规定了共同体交往的方式——这种交往对于任何人都是必不可少的。我们已经告别了自给自足的农耕时代，随着社会化生产和社会分工的细化，社会成员之间的本质关联越来越紧密，没有任何人可以离开共同体而过离群索居的生活。正如亚当·斯密在构建市场机制时所指出的，个体的理性与力量相对于社会整体而言都是微不足道的。人们只能在有限理性的照耀下通过寻求自我利益的最大化，最终自发形成优化配置资源的社会机制。个人理性与能力的不足是在共同体生活中予以弥补的。这种弥补不仅在于通过商品交换互相满足需求，还包括广泛的社会求助和制度支持。时至今日，我们在社会实践中发现，单一的市场也不能实现社会的正义。一是斯密所认为的完全市场条件在现实状态下难以满足，二是市场也需要外在的力量予以规范。完全市场要求信息的绝对对称以及无摩擦的进出市场机制。而我们社会的信息不对称恰恰是常态，进出市场都会产生成本，市场的累积效应更是让原初平等成为理想化的起点。通过财富的转移与累积，社会成员处于绝对意义上的经济不平等之中，最终造成"原生运气"的差别——这种差别直接影响着人们参与社会生活的能力。比如出生在不同经济层次家庭的小孩往往接接受着不同质量的教育，出身富裕家庭的孩子拥有更多的资源挖掘自己的天赋，而出生贫穷家庭的小孩则受到更多的限制。即便在司法领域，法律平等是人们社会平等的集中体现，意味着社会成员都平等地享有法律规范之内的自由权利，也要平等地承担违法后果。但一旦展开法庭博弈，法律的平等就有可能因其他因素而被打破。那些拥有更丰富经济、社会资源的人能够聘请更优秀的律师或者发挥社会影响力使自己处于有利地位。如罗尔斯所言，如果任由市场累积效应扩散，以致某些群体被排斥在社会利益之外，他们就会倾向终止社会合作，社会共同体将面临崩溃的危险。消除市场的累计效应和溢出效应，最终需要国家正义制度的建设。国家通过制度化的财富再分配维系着人们的共同体生活，并且满足人们的基本需求。正是在国家生活之中，我们与其他社会成员构建并维系着互利互惠的关系，实现自我价值。

三、爱国价值观的内涵

其一，爱国价值观意味着对于国家的忠诚。爱国是对于某一特定对象的道德和情感，在某种意义上具有专属性——即我们更爱自己的国家，或者对自己国家的爱是独一无二的。我们不否认，人们可能与多个国家产生联系——比如因为喜爱其他国家的文化艺术作品、体育明星产生的情感偏好，或者通过组建国际家庭而产生的交往联系。但是我们对于自己国家的爱表现出超越性。斯蒂芬·纳赛松（Stephen Nathanson）指出："对于爱国者，必然会出于对国家的认同而对国家倾注特殊的情感，国家对他们而言是独一无二的。""即便他们与其他国家发生了联系，他们对于自己国家的情感和责任也超越了其他国家。"① 需要指出的是，这种优先性的情感是包容性的情感，而不是排他性的情感。爱国内涵着对于其他国家文化的包容，正是在包容之中我们才赋予自己的国家以情感的优先性。换言之，这

---

① Stephen Nathanson: Patriotism, War, and the Limits of Permissible Partiality, J Ethics, 2009 (13): 402.

种情感的优先地位恰恰是以不同国家文化的共存为基础，否则就将滑向民族主义（或者民粹主义）的深渊。我国学者潘亚玲在区分爱国主义与民族主义时指出，后者是前者的变种，更多出于对他者的恐惧而显现出强烈的排他性。① 从某种意义上来说，民族主义是一种极端的非理性爱国方式。而基于理性的爱国才是我们所倡导爱国价值观的真谛。爱国这种独特的情感让公民肩负着忠诚的道德义务。弗莱彻（Flecher）指出，公民忠诚的道德义务源自亲缘、制度和与国家相关的一系列历史性因素。② 如左高山所言，对于国家的忠诚在现代语境中是公民的自主选择，是人们对于国家做出的承诺——"当忠诚是一种选择的结果时，它就是一种承诺，这种承诺具有情感特征，它更多的是由我们的人格而不是精打细算或道德推理而引起的。所有的人都倾向于忠诚"。③ 源于爱国价值观的国家忠诚要求公民以国民的视野考量社会生活，在进入公共领域、参与公共事务过程中以公民理性、而不是个人理性为指导进行行为选择，在任何时候都不伤害国家利益。相反，在社会生活中，人们必须实现个人利益与国家利益的融合统一，以维护国家利益作为最高的道德原则。

其二，爱国价值观意味着树立基于政治体制、民族文化的高度自信。认同国家的政治道路、政治制度和独有文化既是爱国价值观确立的前提，也是爱国价值观的主要表达方式。国家的意识形态、政治体制和文化都是在历史发展中积淀形成的，通常代表了国家主权诉求和公民集体意志。尊重、认同国家的政治与文化成为公民爱国的必然要求。对于我国而言，建设有中国特色的社会主义道路是我国人民实现民族复兴的正确抉择。我国的政治道路和体制是马克思主义与中国国情高度融合的结晶，代表了人民的根本利益、凝练了华夏同胞的共同理想，是民族团结、国家昌盛的坚实基础。正是在我们政治道路的指引下，在政治体制的建设过程中，我国完成了从百废待兴的农业国家向现代化强国的转变，一跃成为世界第二大经济体。面对我国取得的举世瞩目的成就，任何心系国家前途、民族命运的中国人都必定会对我们现行政治制度怀有坚定的信念。在文化方面，中华

---

① 潘亚玲：《爱国主义与民族主义辨析》，载《欧洲研究》2006 年第 4 期。

② Pablo de Greiff：The Role of Loyalty in the Moral Life，The Journal of Value Inquiry，1998，32（1）：105 – 110.

③ 左高山：《政治忠诚与国家认同》，载《马克思主义与现实》2010 年第 2 期。

文明是世界文化的宝贵财富，为推动人类文明进程做出了巨大贡献。在为世界所公认的四大古老文明中，中华文明是唯一未曾消亡和断裂的文化源流，并在今天依然展现出旺盛的生命力。鸦片战争以来，随着外来文明，特别是西方文明渗入我国，我们一度对自己的文化产生了怀疑，甚至在一段时间内抱有否定的态度。近几十年来，西方文化元素以商品为载体大规模地进入日常生活领域，潜移默化地影响着人们的思想观念和文化态度。在商品经济初期，我国在国际交往中曾处于学习者、追赶者的地位，对于西方文化的盲目崇拜开始在社会中滋生蔓延。但随着我国综合国力的壮大，特别是自主经济的成长，人们对于文化的态度开始成熟，并逐渐意识到只有弘扬民族文化，我们才能拥有与其他民族同等的话语权。西方文明中心主义曾提出"历史终结"的命题，认为西方的政治模式和价值观念将在世界范围内发挥统合性作用，"历史终结"的背后是西方文化的主导与其他文化的失语。事实证明，全球化背景下人类历史不但没有终结，反而表现出明显的多元趋势。恰如汤姆林森（Tomlinson）所言，民族文化不是全球化浪潮中脆弱的花朵，相反，它是对抗资本全球化的强大力量。① 民族文化是我们在多元时代参与文明对话的立身之本，也唯有如此，我们才能对其他文化进行甄别和判断，才能充分吸收人类共有的优秀文化要素，实现相互增益的文化互动。这也是习近平总书记所指出的"道路自信、制度自信、文化自信"要义所在。只有确立高度的国家自信，才能保证自己与其他国家公民处于平等的交往地位。在商业文明与网络技术高度发达的今天，思想意识形态和文化早已突破了地域的限制，在各个角落交汇、碰撞。如果说传统的国际思想与文化交往更多由政府组织推动，人际文化交流则成为当下文化交往的主要形式。人们利用网络交互着大量信息，既是文化的接受者，又是文化的输出者。② 以积极的姿态传播国家文化，提升民族文化的国际认同，是爱国公民必须承担的使命。

　　其三，爱国价值观意味着对于公民道德的持守和对社会责任的担当。如上文所述，公民是国家赋予个体的身份。因此，培育公民道德、成为一

---

　　① Tomlinson：Globalization and Cultural Identity，Global Transformations：Politics，Economics and Culture，John Wiley & Sons，270.

　　② Robert Hauser：Culture Identityina Globalised World？Atheoretical approach towards the concept of culture identity，2 - 3.

名好公民是爱国价值观最重要的内涵。爱国的公民首先要遵守国家的法律，承担和履行作为公民的法定责任与义务。上文已提及，自古希腊城邦时代，守法就是公民的主要道德职责。如亚里士多德所言，"公正是一切德性的总括"，而守法是公正的必要前提。亚里士多德指出，法律代表了城邦的整体利益，从城邦善的角度为人们的道德行为提供原则与标准——"因为法律要求我们实行所有德行，禁止我们实行任何恶行。为使人们养成对公共事务的关切而建立的法规也就是使人们养成总体的德性的规则"。① 法律保障了人们在国家生活中享有的各项权利，也划分了私人领域之间以及私人与社会领域之间的界限，规定了作为公民必须担负的责任。只有当大家都自觉服从法律的制约与规范，安定有序的社会生活才能得以实现。党的十八大四中全会审议通过了《中共中央关于全面推进依法治国若干重大问题的决定》，建设法治国家业已成为社会主义建设的重要战略目标。依法治国一方面强调进一步确立法律权威，维护法律平等；另一方面则着力于培养法治精神、树立法律意识。后者要求公民要以法治思维处理人与社会、人与人之间的关系，恪守公共道德。任何对于法律的违反都是对于国家秩序的破坏，必将造成对社会、对同胞的伤害，与爱国价值观的理念背道而驰。其次，爱国的公民必须热爱自己的同胞。关爱同胞是爱国价值观的又一要义。公民不是离群索居的个体，而是国家共同体的成员。公民之间依系国家的历史、政治、文化而建立内在的情感关联，并通过互利互惠的社会分工合作产生了深层的彼此依赖。随着社会分工的深化和文明的进步，我们对于社会的依赖程度非但没有削弱，反而大幅加深。因此，在社会生活中，我们不仅要关注自我，更要关爱他人。近年来，由于我国社会从"熟人社会"向"陌生人社会"的转型，出现了道德冷漠的现象。人们由于缺乏先天的血缘联结而产生了对于他人的不信任和疏远。其根本原因在于我们尚未建立完备的公民意识，没有充分认识公民之间的必然联系以及这种联系所衍生的相互责任。以尊重、宽容、友善的道德姿态面对同胞，关切每一位共同体成员的生活状态，是爱国价值观的具体表现。再次，公民爱国的另一重要表达形式在于忠于职守、扮演好自己的社

---

① ［古希腊］亚里士多德：《尼各马可伦理学》，廖申白译，北京：商务印书馆2014年版，第130 – 133页。

会角色。每一位社会成员都基于其人际关系和工作岗位而占据特定的社会位置、扮演相应的社会角色。国家是由每一位具体的公民所组成的，公民对于国家最主要的贡献在于各司其职，满足所处社会位置的道德与能力诉求。在家庭中，公民爱国表现在维护家庭成员的和谐、孝敬父母、为下一代成长创造良好的环境。在社会中，职业成为公民参与公共生活、参与社会发展的最主要形式。只有以职业规范的规约为引导，努力工作、积极进取，才能实现个人利益与社会利益的共同实现。在自己的工作中创造优秀的业绩也成为公民爱国最直接的行动。

四、爱国作为社会主义核心价值观的伦理意义

爱国已经成为我国社会主义核心价值观的主要内容，成为指引人们道德生活的主导价值观念。社会主义爱国价值观的确立，对于我国社会生活有着举足轻重的伦理意义。

首先，爱国价值观是国家凝心聚力的重要纽带。国家认同是最高层次的集体认同，爱国则是国家认同的集中表达。价值观既反映社会普遍的价值取向，又在社会生活中扮演着引导性的角色。从社会价值的反映功能看，爱国价值观客观体现了我国公民和广大同胞热爱祖国、心系国家、希望国家繁荣富强的文化心理和政治期待。国家既是政治概念，体现为国家的政权；又是地理概念，代表着主权下的领土；还是文化概念，传递着在历史发展中形成的独特价值和思想意识。在这三个层面，对于国家的热爱都深深扎根于炎黄子孙的心中。在政治层面，社会主义道路的历史必然性和优越性已经得到了人民的深刻认识，社会主义制度是我国人民的自主选择，得到了广大人民群众的支持与拥护。随着我国综合国力的增强，人们更加坚定了建设社会主义的政治信念。在地理层面，维护国家主权和领土完整不但是每一位国家公民的责任和使命，也成为全体华人的政治立场。对于那些侨居海外的华裔而言，对故土的思念和情感依然是他们难以割舍的情结。这就是为什么每年都有大量旅居异乡的华人返回故乡、寻根寻祖的深层原因。在文化层面，我国以儒家思想为主导的文化传统源远流长，早已浸入华夏儿女的血液之中，成为他们身份识别的重要标志。很多持有他国国籍的华人依然保持着与我国文化相适的风俗习惯和行为方式。如罗

国杰先生引用英国作家迪福所著《鲁滨孙漂流记》时所指出的,即便在荒岛生活的人也不可更改其社会属性,因为"在远离文明的孤岛,社会仍逻辑地决定着他,他仍然是社会的人"。① 那些保留着我国文化所赋予的思维模式和行为方式的同胞也没有改变他们作为中国人的文化归属。在引导层面,正因为国家有着如此广泛的涵义,爱国可以在不同领域激发人们对于国家的情感,增进大家对于国家的认同。因此,爱国被纳入社会主义核心价值观,准确描述了我国的价值生活现实,具有重大的政治伦理意义。

其次,爱国价值观是实现社会协调发展的坚实基础。随着我国改革开放的不断深化,社会处于持续转型之中,社会生活日益多元、利益关系日趋复杂。由于个体在经济水平、文化背景、受教育程度、从事职业等方面的差异,社会成员的利益诉求之间,以及个人利益与社会整体利益之间难免出现分歧、矛盾。如果人们都只关注自我利益,缺乏社会视野,势必造成利益的冲突,破坏社会的协调统一。我国调解社会利益的基本原则是集体主义,集体主义既尊重和肯定个人利益,又"主张集体利益高于个人利益,提倡在集体利益和个人利益发生矛盾时,个人要顾全大局,要以集体利益为重"②。国家无疑是最大的集体,爱国价值观能够促使人们最大限度地理解个人与集体之间的关系,从社会整体利益出发在必要的时候作出合理的退让和牺牲。爱国意味着为国家利益或福利做出贡献③,本质含有集体主义原则的要求。爱国价值观无疑为社会协调发展提供了坚实基础。

再次,爱国价值观是培育公民美德的精神动力。我国社会已经完成了从陌生人社会向熟人社会的转变。在熟人社会中,私人道德发挥着主要的协调作用。而在陌生人社会,公民身份成为人们建立相互联系的基石,做一名好公民成为社会对个人的道德期待。如果说私人道德建立在以个人为中心的亲缘人伦之上,那么公民美德则以公共意识为前提。培育公民美德意味着人们要关心其他社会成员,自觉遵守社会规范,具有服务社会的奉献精神。爱国价值观激发人们产生对于其他公民的特殊情感,关切他人的生存状态。如美国学者卡法罗(Cafaro)所言,人们也许会出自对穷困劳

① 罗国杰:《道德建设论》,长沙:湖南人民出版社 1997 年版,第 69 页。
② 罗国杰:《道德建设论》,长沙:湖南人民出版社 1997 年版,第 89 页。
③ Philip Cafaro: Patriotism as an Environmental Virtue, J Agric Environ Ethics, 2010: 186.

动者的同情抗议那些建立在第三世界的血汗工厂，但会对同一社会中的贫穷同胞予以更多的关注，并为改善他们的生活做出努力。① 他指出，爱国能够让人们感受到与其他社会成员的内在联系，并从中得到快乐。② 同时，爱国价值观引导人们积极参与社会生活与公共服务。社会的稳定与发展离不开公民个人的努力。没有任何社会主体能够凭借单一的力量统筹社会生活的各方各面。党的十八大提出"实现国家治理体系和治理能力现代化"的战略任务，其中的重要方面就是适当收缩国家权力，通过社会权力的增长提升社会自治水平。这意味着公民在社会生活中要以积极的姿态承担更多的责任和义务。爱国价值观要求人们必须形成"为国家而生活"的意识。公民对于社会生活的参与程度越高，社会越可能迎来繁荣的局面。③当人们树立爱国价值观，也能从对社会的奉献中获得成就感，建立自我认同。显然，爱国价值观是公民完善公共理性、提升道德修养的内驱动力。

（作者周谨平，中南大学公共管理学院副院长、哲学博士、副教授，主要从事伦理学、政治哲学、生命伦理学研究。）

---

① Philip Cafaro: Patriotism as an Environmental Virtue, J Agric Environ Ethics, 2010: 186.
② Philip Cafaro: Patriotism as an Environmental Virtue, J Agric Environ Ethics, 2010: 188.
③ Philip Cafaro: Patriotism as an Environmental Virtue, J Agric Environ Ethics, 2010: 186.

觉知他人重要性：道德认同的理性基础

刘仁贵

摘要：道德认同是道德深入人心并得以践行的必经过程。但人为何会（要）认同道德？这是因为人们在理性中觉知到了他人对于自我的重要，从而尊重他人，重视对他人的责任，这是人们看重道德、认同道德的逻辑起点。这一机理启示我们，道德建设的基本出发点应该是从各个层面确保人与人之间的平等，道德应该为个人合理的自我实现进行辩护。

关键词：理性；他人；道德认同；道德建设

道德认同实质上是人从内心接受和认可道德的过程或状态，是人主动向外在的道德靠近，并将道德纳入认知、心理和精神结构的一种主体性活动。人为何会（要）主动认同道德？这涉及道德认同的基础和根本出发点。实质上，人类道德的出现意味着人在社会关系中意识到他人的存在以及自我与他人的关系，并在处理人与人之间的关系过程中意识到尊重他人的重要。正如查尔斯·泰勒所检视的，最初的道德"能够并且经常纯粹定义为对他人的尊重。道德的范畴被认为只包含我们对其他人的责任"。① 因此，对他人重要性的意识以及对他人的责任意识是道德的核心内涵，而人类在理性基础上觉知到道德的重要性是从觉知到他人的重要性开始的，因而对他人的认同和尊重是人们认同道德的开始。

---

① 查尔斯·泰勒：《自我的根源：现代认同的形成》，韩震译，南京：译林出版社 2001 年版，第 19 页。

一、何种重要性

从上述意义而言，对道德重要性的意识即是一种对他人重要性的意识，对他人的认同和尊重是人们认同道德的开始。但他人对我而言到底有何种重要性，我又为何一定要认同和尊重他人？

首先，他人确证自我存在。据拉康（Jacques Lacan）的"他者"理论，自我首先是表现为一个他人。当婴儿对着镜子，他并不知镜像就是其自身之像，对他来说，那不过是一种外物、一种对象，或者说，只是一个他人。只有在经验的基础上意识到镜像与自我具有同一性，他才与之认同，认同的结果便是把镜像这一他人视为了自我。因此，在他人中，我们第一次看到了我们的自我。也就是说，主体通过将自我转化为他人，转化为认识和认同对象，才能感知到自我。① 自我一旦形成，便会以自我为中心来看待周遭的世界。② 根据精神分析学的投射理论，他人是自我人格投射的对象，主体通过他人对自我的反应或通过对他人的替代性模仿而获得关于自我存在的确证。因此，他人是自我形成和存在的前提，他人对于自我来说具有"本体"上的存在意义。正如拉康所论述的，自我无法独立存在，自我一开始就是一个他人，自我借助于他人而诞生。自我对他人存在根本上的依赖性，他人永远是想象关系不可或缺的一方。③ 抑或说，没有他人便没有自我。因此，在这一意义上来说，自我即他人，他人即自我。他人是自我的镜像，认同他人即是认同自我。我必须认同他人才能生成和发展自我，自我也必须得到他人的认可或承认才能获得其存在。在"他人世界"中，我必须通过认同他人才能确定在"道德空间"中自我的位置，才能确定自我的身份，才能知道"我是谁"，正如萨特所说，"我需要他人，以便完全把握我的存在的一切结构"④。

其次，他人是自我实现的条件。他人对于自我而言，是一种先在的条

---

① 在这一点上，加拿大的查尔斯·库利与拉康有着类似的观点，他的"镜中我"理论，也阐明了自我的形成也是从将自我作为自身认识的对象开始的。

② 皮亚杰在其《儿童的语言与思维》（1923）一书中，通过实证研究，认为儿童在6岁以前存在"自我中心化"倾向，自我中心化是儿童看问题的自发的立场。

③ 黄作：《从他人到"他者"——拉康与他人问题》，载《哲学研究》2004年第9期。

④ 萨特：《存在与虚无》，陈宣良等译，北京：三联书店1997年第二版，第299页。

件，如何处理自我与他人的关系，对于个体的自我实现来说至关重要。他
人对自我实现的条件性体现在：一是他人是自我实现的场域，人只有在人
类社会中才能真正实现自己，而人类社会对具体的个体而言，是一个"他
人"世界，自我的出场和实现活动都是在他人的注视和观照下进行的，
"他人正是在桌子上、在墙上向我展现为被考察的对象永远参照的东西"①。
"他人"世界的状况决定了自我实现的状况；二是自我实现是在他人的直
接参与和影响下完成的，任何个体都是与他人关系中的存在，他人不仅是
一种先在的经验存在，而且作为自我世界的一部分，直接参与和影响着自
我的实现与发展，离开了他人，个体的自我将是残缺的，也难以达到圆满
实现。辩证地看，作为先天条件的他人对自我实现的影响是双重的，一是
对自我实现的促进，他人的存在经验通过学习可以转化为自我的存在经
验，他人认识和改造世界的成果是自我实现的重要基础，在主体间关系中
他人的出场与直接参与是自我实现的重要途径，正如亚里士多德所向往
的，人的真正的幸福是在朋友的参与下完成自身生命实现活动；② 二是作
为自我实现的限制，萨特将人我关系从哲学本体论的高度归结为"他人即
地狱"③，以表明他人限制自我自由的三种人我关系：一是都企图把他人当
作自己的客体（通过注视降低他人的人格），二是都要求否定他人给自己
规定的本质，三是都不能不接纳他人对自己的评价。④

　　再次，自我意义通过他者生成。人都是社会中的人，这是人存在的首
要前提。人的意义也必然在社会中生成，个体的一切活动，除非它同时还
是他人的活动、社会的活动，否则就没有任何意义。当然，脱离了每个个
体活动的社会活动也是抽象而不可理解的。因此，个体的存在与他人的存
在具有一致性，他人存在是自我意义生成的重要来源。人的存在包括自己

① 萨特：《存在与虚无》，陈宣良等译，北京：三联书店1997年第二版，第305页。
② 亚里士多德：《尼各马科伦理学》，廖申白译注，北京：商务印书馆2003年版，第228 - 230页。
③ 这是萨特的戏剧《禁闭》中男主人公的一句话。萨特在剧中用寓言的手法描写了三个鬼魂共处一室的状况，一个逃兵，一个同性恋者，一个杀婴者。他们三者都需要靠一方的认可来确立自己的存在价值，而又互相妨碍对方做到这一点，因此三者在一起互相折磨。所以剧中人感叹地说，他人就是地狱。
④ 张国珍：《"他人就是地狱"伦理意义释析》，载《湖南师范大学社会科学学报》1993年第2期。

存在和他人存在，自我存在的生成与展开对于自我意义的生成是毫无疑问的，他人的存在对自我实现的意义也不言而喻，这主要表现在个体的自我实现可以通过他人而体现，如一个人通过做有利于他人的事而体现自我存在的价值和意义，他人的利益与幸福，有的时候也会成为自己的人格、德性和意志圆满的一个部分。①

综上可见，人类通过理性反思，逐渐认识到他人对于自我具有生存本体意义上的重要意义，他人确证着自我的生成与存在，成为自我实现的先在条件，并在某种程度上生成和体现着自我的意义。作为社会交往关系中的理性的个体必然会觉知到他人对于自我实现的重要性，从而自觉地认同和尊重他人。对他人的尊重和责任正是道德的核心内涵，人觉知到他人的重要性正是他认同道德的开始；觉知到他人重要性从而认同和尊重他人进而认同道德，是人类道德理性充分发展的结果。但人又为什么会有一种去主动认同他人或道德的理性呢？

二、觉知他人重要之理性溯源

从某种程度上讲，他人对自我的重要性是客观存在的，它的显现与澄明要依靠人的理性来完成。理性地觉知到他人对自我的重要性，是自觉地尊重他人的认识（或观念）前提，我们可以把这种理性称之为道德理性。道德理性强调对道德普遍性（即对所有人有效）的觉知，正如康德的"绝对命令"所示，"不论做什么，总应该做到使你的意志所遵循的准则永远同时能够成为一条普遍的立法原理"②。这里蕴含着一个非常重要的人学前提，即人与人之间的同一性，只要是人，就可以在理性上和情感上相通，并维持同等的水平，即所谓"人同此心、心同此理"。据此，道德认同便建基于一种认同人与人之间平等关系的道德理性，正因为人能从认知上和情感上觉知人与人之间具有同一性；那么，意味着道德原则得到所有人普遍一致地认可和接受的道德普遍性便成为可能。从观念上而言，这种能认同道德普遍性的道德理性有三个主要的思想来源。

一是自然法观念。在人类意识和理性的发展下，在西方的古希腊时期

① 沈顺福：《存在的意义：我们如何对待他人》，载《社会科学辑刊》2012 年第 5 期。
② 康德：《实践理性批判》，北京：商务印书馆 1960 年版，第 30 页。

和中国的先秦时期分别形成了自然法的观念，如古希腊悲剧《安提戈涅》
提出的"永恒不变的上天的法则"观念，① 先秦时期《老子》提出的"道
法自然"观念。② 尽管不同的思想家提出了对自然法的不同解释，但自然
法观念有一个基本的核心内涵，那就是认为宇宙自然的天然秩序是最高的
法则，人为的一切法则都不应与这最高的自然法则相违背，人应当理性地
按照自然生活。有了自然法观念之后，人们便把评判人类对错和善恶的标
准推向了自然本身，人成了自然法则评判的对象，在自然法观念里，人与
人之间并无本质差别，人与人之间拥有同样的自然赋予的权利。早在 17 世
纪，荷兰法学家格劳秀斯便认为自然人由人的基本性质必然产生的准则所
构成，相信宇宙受理性自然法统治。社会契约假说的提出者霍布斯则认为
社会契约是人们为走出自私和残酷的自然状态，而赋予统治者以管理权的
契约，但社会契约是以自然法为根本依据的，统治者必须遵守自然法。洛
克更是提出"天赋人权"，在自然面前人人平等的观念。自然法观念在西
方成了一种普遍接受的基本信念，历经几千年而不衰，成为西方道德、
法律、制度的基本思想来源，对人类社会的发展产生了十分重要的影响。
正如梅因所说："如果自然法没有成为古代世界中一种普遍的信念，这就
很难说思想的历史，因此也就是人类的历史，究竟会朝哪一个方向发展
了。"③ 自然法观念作为道德理性的重要来源，主要是指人在理性的指导之
下，产生了"天赋人权""人生而平等""在上帝面前人人平等"等平等
观念，人与人之间天生平等的观念进入人的理性之后，便会使人意识到人
与人之间存在的同一性，我是人，你是人，他也是人，我想要得到他人的
尊重，他人也同样想要得到我的尊重，而且只有人人都尊重他人，自己才
会真正得到尊重。在自然法观念之下，认同和尊重他人便成为一种普遍的
道德要求。因此，自然法观念是人的道德认同活动的重要思想来源和原初

①　这种观念典型反映在悲剧诗人索福克勒斯的作品《安提戈涅》中，女主人公安提戈涅因
埋葬了被国王所杀的兄长而违反了国王的法令，她勇敢地面对国王作出如下的答复："我不相信您
的命令具有如此强大的力量，以至于能够超越虽不成文但永恒不变的上天的法则。因为您不过是
一个凡人。"

②　《老子》第二十五章提出："人法地，地法天，天法道，道法自然。"道法自然即道效法
或遵循自然，也就是说万事万物的运行法则都是遵守自然规律的，自然法则是最高法则，老子在
这里明确地提出了与西方相似的自然法观念。

③　［英］梅因：《古代法》，沈景一译，北京：商务印书馆 1996 年版，第 43 页。

动力。

二是主体权利观念。自然法观念提供了人的自然权利的确定信念，这也成为了尊重他人的原初动力。但是，在现代法治社会中，主体权利的观念对尊重的影响更为直接。查尔斯·泰勒在谈到现代尊重的特征时指出："现代西方文明独特的地方在于，它倾心于根据权利的概念系统阐明这种尊重原则……某种类似的东西也成为我们道德思维的核心。"① 主体权利观念是一种基于法治框架下的对人应该享有的权利的确信，法律确定主体权利时当然有自然法观念的根基，如"法律面前人人平等"的观念，法律一旦形成，它便成为人的权利的直接来源，这是现代法治社会的重要特征。在法律面前，每一个人都是权利的主体，而且每一个人作为人的权利是平等的，主体的基本权利主要地表现为生存权和发展权。现代文明认为，主体的基本权利是一定的法律和社会必须无条件予以保障的。这种人的基本权利同一性是基于人的同一性之上的，在人类社会中带有普遍性。主体权利观念认为，每一个人都享有基本的生存权和发展权，任何人都不能去削弱甚至剥夺他人的基本权利，不影响和损害他人权利的实现是每一个人应遵循的义务。因为只有每一个人都尊重他人的权利，自己的权利才会成为他人尊重的对象从而真正得到应有的尊重，自己的权利才会有切实的保障。因此，在现代理性之下，认同和尊重他人权利便成为一种普遍的道德要求。主体权利观念及其理性博弈的结果是人人应当认同和尊重他人权利，这种道德要求也是人们道德认同活动的重要观念来源和动力。

三是"人是目的"观念。康德基于普遍理性原则，从道德哲学高度提出"人是目的"，他提醒人们："你的行动，要把你自己人身中的人性，和其他人身中的人性，在任何时候都同样看作是目的，永远不能只看作是手段。"② 在康德那里，理性人是自律而自决的，人是"自己为自己立法"的自为存在，因而是自由的，人有至尊的地位，正因如此，人应当成为人的目的，而不仅仅是作为手段而存在。康德从根本上揭示了人的内在价值：每个人都是独一无二的、有尊严的、有理性的、有自由意志的；同时又指

① 查尔斯·泰勒：《自我的根源：现代认同的形成》，韩震译，南京：译林出版社2001年版，第15页。

② ［德］康德：《道德形而上学原理》，苗力田译，上海：上海人民出版社2002年版，第47页。

出，人与人之间人格是平等的，彼此应该互相尊重。① 在康德看来，每一个人都是目的，"人，以及与他一起，每一个理性的创造物，才是目的本身"。② 人不仅要把自己当作目的，同时也要把他人当作目的，也只有人人都把他人当作目的，自己才有可能真正被他人当作目的，"不论是谁在任何时候都不应把自己和他人仅仅当作工具，而应该永远看作自身就是目的"。③ 因此人与人之间应该彼此尊重，这是人的普遍理性发展的必然结果。他又从普遍理性出发，推导出三个"绝对命令"公式，来阐明"人是目的"的内涵。第一，根据一种你认为可以同时成为普遍法则的准则去行动；第二，不管是对自己还是对别人，永远都不能把人仅仅当作手段，而应该当作目的；第三，将理性存在者的意志当作是给予普遍法则的意志。④ 康德的"人是目的"思想和"绝对命令"原则，是基于人是理性的基础之上的，正是人是理性的人，人的尊严便是一种至高的价值，"一个有价值的东西能被其他东西所代替，这是等价；与此相反，超越于一切价值之上，没有等价物可代替，才是尊严"。⑤ 由此可见，"人是目的"的观念蕴含着认同、尊重和善待他人的存在，认同和尊重他人的意愿和本性、利益和幸福等深刻的人道主义蕴涵。因此，"人是目的"观念从人自身的终极价值和尊严的角度提出了"为道德而道德"的目的论原则，这也成为人们为何要认同道德的重要思想来源。

人类关于自然法、主体权利、人是目的等原初观念的形成，促成了人类理性从直观自然世界到反观自我世界进而重视他人世界的发展进路，成为人类道德理性产生和发展的重要观念基础。

---

① 徐宗良：《现代价值理念的影响与作用——兼论康德"人是目的"等思想》，载《道德与文明》2011 年第 2 期。

② ［德］康德：《实践理性批判》，韩水法译，北京：商务印书馆 1999 年版，第 95 页。

③ ［德］康德：《道德形而上学原理》，苗力田译，上海：上海人民出版社 1986 年版，第 86 页。

④ 观点参考沈顺福：《存在的意义：我们如何对待他人》，载《社会科学辑刊》2012 年第 4 期。

⑤ ［德］康德：《道德形而上学原理》，苗力田译，上海：上海人民出版社 1986 年版，第 87 页。

三、觉知他人重要：道德认同的逻辑起点

总体上而言，道德是人类社会的产物，是人自身发展的结果，道德起着调节人的行为、建构与维系人的关系、维持人的存在和发展等重要作用，道德本来内含于人类社会之中，与人是一种同生同构的关系。但相对于单个的个人而言，个体生命时间有限而人类社会绵延不断，人类社会总是现实地先于个体而存在，蕴涵于人类社会的道德也总是现实地先在于个体，成为一种对象性的外部存在。因此，从个体层面而言，就存在人与道德分离与重新结合的问题，个体要融入社会，就必须完成人与道德的结合，即道德认同。

道德是从意识到他人存在并尊重他人开始的，他人对自我的形成、确证、实现和意义生成都具有本体意义上的重要性，他人对自我的重要性是道德对人的重要性的核心内涵。人通过理性来觉知他人对自我的重要性，从而觉知道德的重要性，这种理性主要是人对自己与他人具有同一性的意识观照，其主要来源和表现形式主要有自然法观念、主体权利观念、人是目的观念。人们从这些观念出发，意识到他人和自我的同一性，从而觉知到人与人之间生而平等、具有平等的基本权利、具有同等的尊严，因此从观念和内心认同和尊重他人，并觉知到以尊重他人和对他人的责任为核心内涵的道德的重要性，从而从内心认同道德。因此，对他人重要性的觉知，是人认同道德的逻辑起点。

说对他人重要性的觉知是道德认同的逻辑起点，是要说明道德认同的根本出发点和最初开始是从意识到他人对自我的意义或重要性开始的。尽管自我与他人的区分或分离状态是构成人与道德分离的先天前提，但如果这种分离状态没有进入人的自我意识，没有得到自我意识的观照和反思，也就不会促发自我对他人的关心和尊重，更不会有人与道德的自觉结合，道德认同也就无从谈起。只有当这种客观存在的关系被"我"的意识观照，纳入"我"的存在结构与存在意义的反思当中，它才会从纯粹客观的外部世界进入主观世界，才有可能真正敞开"我他关系"的存在论境域，才有"我"和"他"的真正关系发生，他人才会真正显现在"我"的世界图景中并被"我"的意识所照亮，并通过镜像原理被"我"像对待自己一样地对待和关怀。因此，他人进入我的世界，成为我的世界的构成并在

我的世界中鲜活地存在着、活动着，在我的世界中占据一席之地，是"我"像看重自我一样看重他人的真正开始，从而也是"我"真正看重道德的开始。这种经过理性反思的看重他人从而看重道德，是人们认同道德、笃守道德，进而维护道德、创新发展道德的源源不竭的内在动力。这说明道德认同活动的触发点在于人对"我他关系"的意识与反思，这种涉他性的自我反思也是道德认同的一个根本特征。

对道德认同发生机理的揭示，将为我们当前社会的道德建设提供深层启示：一是道德建设的基本出发点应该是从各个层面确保人与人之间的平等。建基于人的同一性之上的人与人之间的平等是人意识到他人重要，从而意识到道德的重要的前提条件。只有社会中的绝大多数人看重道德，社会道德的建设和发展才能真正得以进行。但是，如果存在人与人之间在人格、尊严、权利、贵贱等方面的不平等，就会存在人对人的奴役，就会存在人不把人当人的现象，就会导致自我的狂妄和对他人的蔑视，随之而来的是对道德的践踏。二是道德必须为个人合理的自我实现辩护。虽说道德是指他性的，觉知他人重要性是人们看重道德的前提，但对他人的看重乃是建基于自我重要性意识基础上通过人的理性"推己及人"的结果，自我意识的觉醒和自我实现的需要是人觉知他人重要性的前提，自我实现始终是人思考和行动的第一出发点。因此，道德建设始终应该关照主体的利益、权利，为个体的合理自我实现留下空间，甚至要为合理的为己行为积极辩护，这也是道德本身的应有之义。如果抽离掉道德中的为己合理性，只留下纯粹为他的道德性，那么道德将会失掉滋养它的坚实土壤（即人心）而成为无根浮萍、空中楼阁，无法得到绝大多数人的认同，最终落不了地。

（作者刘仁贵，哲学博士，吉首大学哲学研究所副研究员，硕士生导师。）

信息时代的身份认同问题

文贤庆

摘要：网络社交媒体的发展带来了网络身份认同的问题，网络身份因为网络和信息技术所具有的虚拟空间和延时效应而呈现出一种扭曲和虚假，这在根本上区别于传统哲学有关个人身份认同是自主意识在社会生活计划中实现的个人人格。然而，从万物源自比特的信息理论来看，个人身份认同无非是具有自我意识的信息智慧体如何在一个人机交互的信息界面共享万物互联的智慧环境创造生活、呈现其意义和价值的过程。

关键词：身份认同；人格；生活计划；信息

伴随着网络社交媒体的发展，互联网越来越成为人们实时互动和交流的平台与载体，无论是活跃在社交媒体上的人数，还是人们活跃在社交媒体上的时间，都呈爆炸式增长。① 这种爆炸式增长表明，人们的行为和思想越来越多地通过网络展示出来，这在根本上改变和影响着人们的生活方式和评价体系，首当其冲的，就是有关人们在网络世界的身份认同问题。然而，对于很多人而言，网络身份认同问题并不是什么新问题，它只是古老的有关"我们是谁？"这个问题的一种表现方式，我们有关个人身份认同的问题无非是通过"自我意识"和"社会认同"两个层面进行的确证，它并不具有什么特别的价值和意义。诚然，人们在前社交媒体时代就对个人身份认同问题有着深入的哲学思考；然而，对于那些整个成年时期都沉

---

① 以 Facebook 和微信为例：Facebook 于 2004 年正式上线，截止到 2012 年，短短八年的时间，注册用户已经突破 10 亿人的关口；微信于 2011 年正式上线，截止到 2013 年底，短短两年时间，注册用户就突破了 6 亿。

浸在社交媒体和从小伴随着社交媒体长大的人而言，在网络上建立一个不同于传统哲学思考的网络身份认同却是一件再自然不过的事情。究其原因在于，有关个人身份认同的传统哲学思考与网络式思考有着完全不同的模式，进而，人们对于个人身份认同的思考也会在根本上导致人们看待自己和世界之方式的差异化，表现出不同的世界观和人生观。因此，直面网络身份认同问题是我们需要严肃对待的事情，它对我们重新认识个人身份认同问题具有重要意义。

为了全方位地分析个人身份认同问题和直面网络身份认同问题给个人身份认同问题带来的冲击，本文将对比性地探讨有关个人身份认同问题的传统哲学思考和网络式思考，并最终借助信息理论揭示个人身份认同所具有的信息本质。在第一部分，文章将首先考察传统哲学有关个人身份认同问题的思考；紧接着，在第二部分，文章进而考察网络身份认同的本质及其可能具有的问题；最后，文章将表明，借助着网络身份认同揭示出的信息理论，把握身份认同所具有的信息本质可以统合有关个人身份认同的传统哲学思考和网络式分析。

一、有关个人身份认同的传统哲学思考

自从笛卡儿通过"我思故我在"发现有关"我"的概念表达了不同内涵以来，有关"我"的思考就成为了哲学中的一个主要话题，我们可以称之为有关"自我学"的思考。笛卡儿相信，思想具有这样一种特性，它作为一种纯粹的意识活动可以没有具体的对象和内容，而仅仅以意识活动自身为其对象和内容；也就是说，思想的核心和本质就是对意识活动的反思，一个思想活动也就是一种反思活动。既然思想活动的核心在于对自身的反思，这就意味着思想是对自己的思想，我们可以把这样一个思想称之为"我思"，"我思"清楚地意识到我在自我思考，那么我们因此就找到了一个确定无疑的"自我"，这个"自我"在思的过程中发现它必然是存在的，因此，笛卡儿说"我思故我在"。然而，需要注意的是，笛卡儿的命题并没有主张"我思"是"我在"的原因，而是意图表明，"我思"明确地表明了"我在"，"我思"是"我在"得以确立的本质。因此，对于笛卡儿而言，"自我"概念得以成立是因为思想的核心就是意识对于自身的意识。在这个意义上讲，"自我"的本质就在于存在着一个有思想或意识

的主体，这样的主体通过"我在"的概念表现为一个实体。一个既是主体又是实体的概念就是"自我"，"自我"是纯粹的思想或意识。然而，当我们把笛卡儿的"自我"概念运用到人身上时，有关"自我"身份认同的问题就呈现出了和我们今天所接受的观点不一致的地方。

按照笛卡儿的思路，人的"自我"概念得以可能是因为我们作为实体是"一个不依赖其他任何东西而自身存在的东西"①，除了上帝，"思想"和"广延"作为无处不在的属性就是两个根本的实体。但问题在于，人既是一个有广延的实体，又是一个有思想的实体，那么，到底是何者决定了人的"自我"呢？如果按照"我思故我在"的解释，显然是思想或意识决定了"自我"，可问题在于，笛卡儿认为身体作为一种物理实体是独立于以思想为本质的心灵概念的，进而，身体也可以是人的"自我"概念得以可能的一种解读。当然，对于笛卡儿本人而言，通过思想或意识确立自我并不存在疑义，有疑义的地方在于，伴随着时代科技的发展，我们越来越难以接受包含思想的心灵作为一个独立的实体概念完全地决定自我；与之相反，我们越来越多地倾向于认为"自我"的身份认同是基于我们的物理身体的。那么，基于物理身体来确认我们的个人自我身份认同是如何可能的呢？洛克最先给出了哲学上比较完备的分析。

在洛克看来，个人的自我身份认同不是因为心灵，而是因为物理身体才得以可能的。他说："人的身份认同之所以成立，乃是由于不断生灭的诸多物质分子，连续地和同一的有组织的身体具有生命的联系，因而参加着同一的继续的生命。"② 洛克相信，人的身份认同在于一个组织适当的身体，这个身体的本质在于其提供给了人一种生命组织，至于身体中物质分子的生灭变化只要不影响到人作为生命组织的功能就无关乎人的身份认同。至于心灵或灵魂，如果它是完全独立于身体的特殊实体，那么它就可以脱离开一个有机身体而进入另外一个有机身体，从而导致我们可以认为不同的有机身体是对同一个个体的身份认同，这将导致我们日常生活中的

---

① The Meditation and Selections from the Principles of Rene Descartes, trans. by J. Veitch, Open Court, La Salle, 1948：156.

② 洛克：《人类理解论》，关文运译，北京：商务印书馆1983年版，第306页。因为行文需要，我在这里把关先生译作"同一性"的"identity"统一译作"身份认同"，同时符合现代汉语的习惯，把结构助词"底"替换成了"的"。其他引用如无特殊说明都做同样的处理。

极大荒谬。在这里，我们按照洛克的思想说明了身体是使得一个人自我身份认同得以可能的前提，但一个很明显的质疑在于，我们似乎从不把一个只有生命组织的身体当作是某个人的根本属性和身份认同的根本？事情何以如此？我们需要跟随洛克前行。

洛克明确地表明，仅有一个生命组织的形式，我们并不能鉴别出一个人的自我身份认同。对一个人自我身份认同的甄别需要我们厘清这个词可能具有的三种不同观念：实体的身份认同，人的身份认同，人格的身份认同。实体的身份认同就是前面提到的人作为有一个适当组织的有机身体，在这个意义上，我们对人的身份认同的强调在于强调人作为有感觉的动物。

但是，如果要进一步区分人和动物，我们就需要勾勒出人和动物差异性的一面，这在洛克看来就是一般意义上的个人身份认同概念。他说："就一般人所意味到的人的观念说来，其中的构成分子不只限于有理性的（或能思想的）实体观念，此外还有某种形相的身体观念与之连合在一块……人的身份认同一定是由同一的连续的身体（不至于骤然变了），和同一的非物质的精神，共同合成的。"① 然而，人如何和他人相互区别开来，而真正地表现出自己的个性呢？这就需要我们进一步探讨人格的身份认同观念。

洛克说道："在我看来，所谓人格就是有思想、有智慧的一种东西，它有理性、能反省，并且能在异时异地认自己是自己，是同一的能思维的东西。"② 在这里，洛克和笛卡儿一样，认为意识是自我得以可能的前提。洛克认为，当人格在思考自己时，必须借助意识，意识和思维是无法分离的，不仅如此，意识和感觉、知觉也是分不开的，"只有凭借意识，人人才对自己是他所谓自我"。③ 在这个意义上，人格的身份认同在本质上就只在于意识。

然而，问题在于，人格的身份认同是纯粹形式的，而我们对于人的认识又总是基于可以感知的身体，那么，在我们拒斥了心身二元论之后，人们就会追问，一个基于人格的身份认同与我们的有机身体是什么关系？为了回答这个问题，我们现在需要综合考虑洛克提到的有关一个人的自我身

① 洛克：《人类理解论》，关文运译，北京：商务印书馆 1983 年版，第 309 页。
② 洛克：《人类理解论》，关文运译，北京：商务印书馆 1983 年版，第 309 页。
③ 洛克：《人类理解论》，关文运译，北京：商务印书馆 1983 年版，第 310 页。

份认同的三种观念的关系。在洛克看来，作为组织形式的身体保持着个人作为有机生命体的延续，这是谈论个人自我身份认同的前提；个人作为人类这个族群而言具有连续的身体和基于这个身体而具有的非物质精神；个人区别于其他人和事而甄别出一个"自我"的观念则只在于纯粹的意识。从逻辑上来看，实体的身份认同是人的身份认同和人格的身份认同的前提，而人格的身份认同也必须依赖人的身份认同所具有的非物质的精神才是可能的；但是，从实体的身份认同到人的身份认同，再到人格的身份认同，却是一个不可逆的过程。这也就是说，我们不能反过来追问，人格的身份认同是不是人的身份认同和实体的身份认同，也不可能去追问人的身份认同是不是实体的身份认同。但问题在于，人们往往因为三种身份认同中所具有的身体共性而对不同观念的身份认同提出是否等同的问题。这在洛克看来，其实是一个伪问题。

　　除了笛卡儿和洛克提出的意识统一方法之外，另一种有关个人身份认同的方法被称之为"自我叙事理论"。这种理论把个人身份认同看作是有关一个主体的"故事"叙述，它或者被看作是个人在社会中的加工品，或者被看作是个人传记式的加工品。按照这种观点，一个人的自我身份认同来源于一个人在社会中的表现。不过，自我叙事理论在根本上给出了存在张力的两个前提：第一，任何一个自我叙事理论首先要求叙事理论的主体，这样的主体必须是一个自由的主体，只有一个自由的主体才使得自我成为可能，才能使人获得生命的尊严和道德生活的意义，借用密尔的思想，自由使得个性（individual）或人格得以可能；第二，个性是生命的尊严和生活的意义的承载者，而生命的尊严和生活的意义来源于一个人的整个生活计划①，因此，一个具有社会性的生活计划就是自我叙事理论的第二个前提。一个自由的主体使得我们能够运用自己的能动性，不断地发展

---

　　① 关于"生活计划"的概念，现代西方实践哲学存在很多的争论，一派认为，生活计划是一个人对自己人生的整全思考。参见 John Rawls：A Theory of Justice，Cambridge：Harvard University Press，1971：408。另一派认为，人不可能在社会生活中作出总体的生活计划。参见 J. L. Mackie：Can There Be a Right—Based Moral Theory? in Ethical Theory：Theories about How We Should Live，ed. James Raches，Oxford：Oxford University Press，1998：136；Daniel A. Bell，Communitarianism and Its Critics，New York：Oxford University Press，1993：6. 在这里，我并不想就这种争论作出个人的评价，我在这里使用"生活计划"只是强调它具有的社会性的一面，单就这一点而言，两派确实共享的。

和实现自我；而一个主体运用能动性和实现自我的条件则是个人的生活计划，自由的个体总是指向某种目的，而这种目的就是指向自由主体生活于其中的社会性生活计划。在这里我们可以看到，自由的主体通过指向社会性的生活计划而把自己甄别为特殊的个性，而生活计划通过社会的方方面面而成为自主个性实现自我不可或缺的叙事背景。

我们通过上面的分析看到，何以自我叙事理论所要求的两个前提存在张力。一方面，自由的主体作为一种个性在本质上倾向于把自我展现为一个确定的性格，其重心在于通过展示我作为主体而具有的能力而表现出生命的尊严和生活的意义；但是，另一方面，生活计划所具有的社会性表明并不存在一个完全确定的自我，自我总是依赖于社会才被不断创造出来的。[1] 当然，我们也可以看到，自主的个性和社会性的生活计划自我叙事的共同前提表明，虽然个性是我们凸显自我之为自我的关键，但并不存在一个脱离了社会性的生活计划而孤零零存在的自我；同样，虽然生活计划是我们凸显自我实现的具体表现，但绝不存在脱离了作为自由主体的个性而呈现为虚幻的外化自我。毋宁说，个性通过生活计划不断地把自我叙述出来，或者通过他人之口，或者通过自己之口。因此，有关自我叙事理论的核心在于，无论是通过谁之口叙述了关于某个自主个性的故事，这个故事在客观上总是会内化为这个自主个性所具有的个人身份认同，而它又总是会表现为某种外化的社会性生活计划。

前已备述，对于自我叙事理论而言，作为自由主体的个性和带有社会性的生活计划把自我的身份认同表现为有关自我的故事叙说。个人通过社会所展示的生活计划这样一种叙事方式把自我表现为具有个性的自由主体，获得自我意识和身份认同。每个人都可以通过各自在社会中所展示的独特生活计划而甄别出自己的个人身份认同。在这个意义上，虽然个人身份认同源于我们对自主个性的强调，但个人身份认同更源于个性依赖实现的社会传统，源于个性作为故事主体在历史中不断被描述和记录的"故事"。这也就是说，自我是在与其他自我互动的社会关系中不断呈现出的个人身份认同，它在本质上是一种基于不同背景而表现出来的关系身份认同。

---

① 关于自我和社会之间的张力的解释，参见［美］夸梅·安东尼·阿皮亚：《认同伦理学》，张容南译，南京：译林出版社2013年版，第28-45页。

总结一下从笛卡儿，到洛克，再到自我叙事理论有关个人身份认同的观点，它们都认为，自我是源于意识而形成的，而这个形成的过程在本质上源于自我作为一个物理的有机身体生活在具体经验时空中，自我正是在经验时空的社会关系中不断地表现为具体的社会性关系，表现为个性和人格。因此，自我总是具有主观意识的自由主体通过社会而展示出来的某种人格特性。

二、网络身份认同问题

传统哲学有关个人身份认同的思考事实上是在寻求"我们是谁？"这样一种有关人的本质属性。在这种对于"我们是谁？"的寻求过程中，个人自我身份认同和他人对我们进行评价的社会认同通过动态的相互影响不断地影响着我们的个人身份认同，个人身份认同在与他人的社会关系中表现为作为个性的自由主体。然而，与此不同，信息技术的发展为我们提供了一个可能的数字身份认同和一个独特的虚拟空间，这使得网络式的个人身份认同在本质上追求通过技术手段按自我意识塑造一个虚拟却又现实的数字自我。如是，我们可以看到，传统哲学的个人身份认同最终希望展现的是通过自我视角展示的"我之为我"的本性，而网络身份认同最终希望展现的是通过社会视角展示的"我之为我"的本性。前者具有的是社会到自我意识的适应指向，而后者具有的是自我意识到社会的适应指向。事情何以如此？这在根本上源于两种身份认同方式的旨趣差异，传统哲学的方式旨在通过社会的经验实践认识自我的本性，养成一种人格特征；而网络身份认同的方式旨在通过自我形象的构建展示自己可以具有一种什么样的关系特征。我们在前面已经谈及了有关个人身份认同的传统哲学思考，现在让我们来审视一下有关个人身份认同的网络式思考。

对于网络身份认同而言，它最本质的特点在于表达个人身份认同的个性和社会性生活计划都依赖于一个网络平台，我们可以称之为以计算机为媒介的交流（computer-mediated communication，简写为 CMC）[①]，CMC 通过

① Dean Cocking, Plural Selves and Relational Identity: Intimacy and Privacy Online, in Information Technology and Moral Philosophy, ed. By J. V. D. Hoven, and John Weckert, Cambridge: Cambridge University Press, 2008: 123 – 141.

计算机提供的信息技术和虚拟空间把人的个性和社会关系表现为去掉了实际具体化事实而呈现出来的数字关系。① 这也就意味着，网络式的身份认同可以抽离具体的社会背景和传统而仅仅借助网络和信息技术进行虚构。虽然，从根本上来说，网络的东西最初来源于生活，但网络上的东西一旦形成，它就脱离了社会和传统，而可以独立成为一个新的世界，这个世界借助信息技术既可以跟随和反映经验的社会和传统，也可以成为一个仅仅相关于技术的独立虚构世界（如利用各种软件和工具虚构人的资料），这就使得网络式身份认同成为了一件真假掺杂的事情。当然，无需否认，信息技术和虚拟空间的发展确实可以让我们自主的个性表现和社会关系出现一个新的维度；但是，CMC 也使得人脱离传统面对面的社会交流变成现实，这导致我们按照传统哲学思考理解个人身份认同的背景被抽离出去，进而使得网络式身份认同成为一个以行动者主观意志为绝对导向的虚假个人身份认同。当然，网络技术通过各种门槛的限制可以在一定程度上保证网上个人信息的真实性，但是技术可能的漏洞和上网行动主体混杂的情况使得网络式身份认同难以完全保证个人身份信息传递的真实和个人身份认同的真实。更为本质的是，网络和信息技术重新塑造了自我与其依存的社会空间和时间。

首先，从空间上来看，信息技术的发展制造了一个虚拟空间，这个空间虽然起源于占据一定物理空间的计算机及其技术，但它一旦产生却成为了一个不依赖于物理空间而可以单独存在的无垠空间。② 在这个空间中，个人的身份认同展现为通过技术可以进行处理的编码信息，凡是可以通过计算机进行技术处理的有关个人的文字、图像和视频都可以按照某种关系

---

① 有人在这里会反对认为以计算机为媒介的交流就是去掉了实际交流中所拥有的具体化事实。在这里我只想强调一点，以计算机为媒介的交流不可能展示面对面交流中具体而微的场景全貌以及人与环境的深刻互动。而且，在事实上，网络身份认同更多的是通过文本和图片等静态数据进行展示，即使有动态的视频可以作为网络身份认同的构成要素，它一般也是人们有选择而为之的结果。

② 自从计算机产生以来，计算机的处理能力和存储能力就依赖于可以把信息转化为"0"和"1"的晶体管技术，而该技术的发展符合"摩尔定律"。摩尔定律由英特尔的创始人之一戈登·摩尔（GordonMoore）在 1965 年提出，摩尔在 1965 年最初提出该定律时认为这个周期是一年；1975 年，他修订为两年。当然，也有人认为，这个周期应该是十八个月。按照该定律，同一面积芯片上可容纳的晶体管数量一到两年将增加一倍，这也就意味着，计算机的处理速度和存储能力等主要性能每隔一到两年将提升一倍。

被塑造成某个人的身份认同。但是这种关系并不是经验社会中的生活计划，而是抽离了生活的技术可操作关联。在这个意义上，源于社会关系和自主个性的相关文字、图像和视频貌似依然按照传统的方式呈现个人身份认同所具有的意识和故事，其实质却是不同"空间"的杂乱交错。且不说技术处理的文字、图像和视频根本不是活生生的意识流和记忆，即使承认它们可以作为代表意识和记忆的符号反映人的个性和社会叙事，我们也会看到，虚拟空间的特性使得网络身份认同根本不具有传统身份认同所具有的那些丰富的直接主体体验。

其次，从时间上来看，信息技术的发展使得依存于虚拟空间而成为个人身份认同的相关文字、图像和视频具有某种延时效应。通过技术，储存于虚拟空间的文字、图像和视频具有超越时间性，又因为它们本身作为可以处理的编码信息具有可拆解和重组的特性，这就使得网络个人身份认同作为一个认知对象可以不断地被识别和塑造。虽然通过技术和社会管制的方法可以让网络身份认同大致保真，但虚拟环境的开放特征还是使得网络个人身份认同因为终端操作的不同而呈现出千差万别的面向，对不同文字、图像和视频的选择与重组会形成网络个人身份认同彼此之间的差异，也会形成网络个人身份认同和现实个人身份认同之间的差异，我们可以称之为"数字鸿沟"。

当然，无论虚拟空间和延时效应如何发展，网络身份认同最终还是要回归到作为自由主体的个性在社会化的生活计划中展开的社会交往关系当中，而我们在实际生活中总是认为，一个活着的有机生命体，它能够进行感觉、认知、思想，形成自我反思和社会交往，这才可以称之为一个自我身份认同的主体和实体。然而，我们会看到，网络所具有的虚拟性和延时性使得我们表现自我的能力和社会交往的能力都极大地受到 CMC 去具体化背景的影响，这种影响主要地表现在两个方面。

其一，网络和信息技术带来的虚拟空间和延时效应使得自主的个体可以以一种第三人称的立场观察和处理能够代表个人身份认同的文字、图像和视频，仔细地思考如何自我表现。这为我们构造一个虚假身份提供了便利，使得它在根本上区别于现实生活中的个人身份认同。在现实生活的个人身份认同过程中，我们虽然是自主的个体，但是面对同样自主的个体，许多我们自身并不愿意或非自愿表现的特征会全面地进入别人的视野，而这在网络身份认同的过程中除非有意提及，否则是不会主动变成个人身份认同的构成部分的。比如，我的身高，年龄，或者我脸上细微表情的变化等，这些都会对现实生活的个人身份认同产生重要的影响，但却不会或很少对网络身份认同产生重要影响。因此，网络身份认同受限于网络和信息技术，对现实生活的个人身份认同其实是一种扭曲。

其二，因为网络和信息技术构造的网络身份认同在本质上基于可以技术化的文字、图像和视频等代表性符号，这就使得个人身份认同变成对于各种信息真假的甄别，但事情因为个人和他人对个人身份认同的各种私有目的指向而变得复杂化。在这个过程中，不但会呈现出个人有意对自我相关信息或扭曲或真实的身份认同，而且也会呈现出他人对个人相关信息或扭曲或真实的身份认同。然而，这其中的问题在于，虽然存在着有关个人身份认同的真实表现，但因为更多可能的虚假表现而导致"假作真时真亦假"的怀疑。换而言之，网络和信息技术导致网络身份认同的自我表现超出了个人能够自主控制的范围。

我们可以看到，网络和信息技术带来的虚拟空间和延时效应使得个人身份认同产生了扭曲，导致了网络个人身份认同对现实生活的个人身份认同的偏离。虽然网络身份认同借助虚拟空间和延时效应可以让个人自主地塑造自己想要成为的那种身份认同，但这种网络身份认同因为其虚拟性和延时性而导致其与现实生活身份认同对应关系的失真，这种失真最大的特征就在于它取消了现实生活中具体化的背景信息。

三、个人身份认同的信息本质

通过上述有关传统身份认同和网络身份认同的探讨，我们发现，理解个人身份认同的本质在于理解自主的个体如何在社会背景中展开生活计划，这就意味着，关于身份认同的理解至少包含两个不可或缺的要素：其一，存在着一个自由的主体；其二，存在着主体得以展开的社会背景。主体和社会背景具有某种统一性，这种统一性在于，主体虽然在现实中表现为一个物理的有机身体，但这个有机身体是一个能够产生意识和记忆的复杂信息系统，而社会背景也表现为一副波澜壮阔的信息界面。这就意味着，无论是主体还是社会背景，它们在本质上都是一种信息，因此，我们对于个人身份认同的最终认识就可以通过一种信息理论的视角进行分析。

按照 20 世纪著名物理学家约翰·惠勒（John Archibald Wheeler）的信息理论，物质世界中的任何事物在最基本的层面都存在一种非物质的来源和解释，他称之为"万物源自比特"。在这个意义上，所有的物质存在在来源上都具有信息理论性，这也就意味着，这个世界是一个参与型的世界。按照这种信息理论，无论我们的身体，抑或我们的思想，它们在本质上都只是一些信息，只是表现为不同的信息形态而已。基于此，对于个人身份认同而言，问题在于如何通过信息本源的方式来看待。个人身份认同要求我们意识到，我们作为信息体，既不是传统意义上的物理身份认同，也不是基于灵魂而具有的身份认同，而是把我们看作严谨和现实地依赖社会环境和技术环境的不断变化发展的信息智能体。这意味着，有关个人身份认同的问题在根本上取决于信息智能体在不同信息环境背景下如何运作。这一点深刻地表明，我们并不是通过一个确定无疑的个人身份认同而获得某种独特性，而是在考虑人作为信息体如何和周围的信息体以及周边信息交往。如果说传统的有关个人身份认同的探讨是为了确定一个人的独特性，那么把人信息化后有关个人身份认同的思考就是考虑人类因为信息技术的发展而可能带来的生活方式的转变问题。

这种转变要求我们去掉人类具有唯一独特性的观点，接受弗洛里迪的考查，人类发展的历程就是不断破除自我中心的过程：哥白尼革命让我们意识到人类并不是亘古不变地处于宇宙的中心，达尔文革命让我们意识到人类并不是万物之灵，神经科学革命让我们意识到人类从来不曾做到对意识的绝对控制，图灵革命则让我们意识到，人类并不是信息圈中智慧智能体的唯一中心地位。① 如果我们接受"万物源自比特"的思想，那么我们现在的物质世界在本质上就是一种非物质的信息本源。虽然，人类自我认知的前三次革命不断地威胁着人类作为宇宙独一无二特性的位置，但终究让人类保持着思想的独特性，而第四次革命——图灵革命——则在根本上让人类失去了思想性的独一无二的特征，我们再也不能说人类是思想和智慧的唯一主导者。

这意味着，在个人身份认同的过程中，无论是基于自主个体的意识，

---

① ［意］弗洛里迪：《第四次革命》，王文革译，杭州：浙江人民出版社 2016 年版，第 101－104 页。

还是基于社会关系的生活计划的叙事，它们都不再是属人的唯一特性。人虽然还有物理的身体，虽然还有基于身体而具有的意识和记忆，但它们却不再是标记人之为人最本质的东西，或者说，奢谈一个人的身份认同已经不再那么重要。对于人而言，重要的不在于我们依然把自己看作是一个基于物理有机身体而具有的自主个性和社会生活计划，而在于我们作为智慧信息体如何构建自己的自主个性和社会生活计划。作为信息体，我们并不是把网络和信息技术作为工具用于延展我们的大脑和增强我们的自主性，而是在根本上破除了人类独一无二的特性，真正平等地看待和接受诸如人工智能等智慧体享有和我们共同创造一个不断开放世界的定位，发展一种人机交互的双向关系。在这个意义上，人因为具有基于自主个性和社会生活计划依然追求自我的个人身份认同，但人自主个性的实现和社会生活计划的展开已经"与其他可以逻辑化和自动化进行信息处理的信息智能体共享自然和人工领域内的成就"，① 人虽然因为一种独特的自我意识而不断追寻着个人身份认同的问题，但解决或回答这个问题的关键除了空洞的自我意识之外，更主要的事情在于如何在人机交互的双向关系中表现人的自主和社会性的生活计划。在这个意义上，人机交互所具有的信息界面就成为我们认识个人身份认同的关键。

人机交互界面表明，网络和信息技术打开了填充个人身份认同的一扇门，这扇门使得人机之间的关系不再是机器通过完善技术或增强技术② 对人类独一无二地位的强化论证，"它们还创造和重建着我们所居住的整个现实生活，因此是改变世界本质的重要力量"。③ 在这个意义上，我们对于个人身份认同的追问就取决于我们所在的交互界面，一个交互界面意味着，从不存在着独立于信息背景和特定目的的个人身份认同，任何个人身份认同都是一个自主的个体依赖于具体的信息背景和具体的生活计划指向

---

① ［意］弗洛里迪：《第四次革命》，王文革译，杭州：浙江人民出版社 2016 年版，第107页。

② 所谓完善技术就是将应用设备嵌入使用主体的交互界面，比如各种机器人的使用。所谓增强技术就是通过计算机系统提供的信息增加用户对现实世界感知的技术，比如虚拟现实成像。参见［意］弗洛里迪：《第四次革命》，王文革译，杭州：浙江人民出版社 2016 年版，第111页。

③ ［意］弗洛里迪：《第四次革命》，王文革译，杭州：浙江人民出版社 2016 年版，第111页。

才呈现出来的。对于个人身份认同的确立只是不断地以一种审慎的方式去认识基于物理的有机身体在不同的交互界面做出的社会性生活计划，以期能够寻找到一个整全信息的持续智慧信息体。很显然，人机互动的双向发展使得我们对一种持续性智慧体的寻找只能在一个开放共享的环境中才能找到，这意味着，不仅我们人自身在不断地发挥着自己的自主性，而且我们自主性的发挥也依赖着越来越万物互联的智慧环境，人的自我身份认同就是在这种大环境与人不断互动创造世界的交互界面中呈现出来。在这个意义上，个人身份认同不再是为了凸显一个基于物理有机身体而呈现出来的个性，而是为了强调一个在不同人机互动界面中呈现整全生活计划的叙事；重要的不再是存在一个自主的物理有机身体，它能够表现出一种社会式的生活计划，而是一个复杂的信息有机体在越来越万物互联的世界中不断地创造着现实生活的世界，呈现出意义和价值。

四、结语

在最初思考个人身份认同问题之时，笛卡儿告诉我们思考和意识是个人身份认同得以可能的关键。然而，洛克表明，如果没有一个物理的有机生命体作为基础，意识和记忆根本就是不可能的，而意识和记忆的对象无非就是自主的个体在社会中不断实现的生活计划，个人身份认同就是在这个过程中呈现出来的人格。颇有意味的是，网络和信息技术的发展带来的虚拟空间和延时效应使得人格可能变成一个扭曲和虚假的数字身份认同，这导致了有关个人身份认同的瓦解。不过，幸运的是，无论是有关个人身份认同的传统哲学思考，还是真假掺杂的网络方式，我们都可以被看作是复杂的信息有机体。在这个意义上，我们的身份认同具有信息本质。接受了这种信息理论，个人身份认同问题就无非是具有自我意识的信息智慧体如何在一个人机交互的信息界面共享万物互联的智慧环境创造生活、呈现其意义和价值的过程。

（作者文贤庆，哲学博士，湖南师范大学道德文化研究中心暨哲学系副教授，中国特色社会主义道德文化协同创新中心成员。）

信服：司法权威之根，司法伦理之终

——兼论现代司法的柔美

陈文曲

摘要： 现代司法权威不是依靠强权立威，而是缘于司法的可信可服，这种可信可服是基于司法活动的主体间性、司法活动的商谈性、司法结果的共识性与可理解性。共识性和可理解性源于司法所遵循的交往（商谈）理性即通过言语将客观世界的真实性、规范世界的恰当性和主观世界的真诚性整合，凸显三界的理性全面融合，它防止了理性的片面化，并通过正当程序将司法权力柔化成为理性交往语境之一，使司法的暴力性得到柔化并隐身，司法主体的主体间性得以凸显，同时彰显了司法的基本人伦关系即商谈，司法伦理的最高追求——信服即全面理性的理解与心灵的感通，案结事了的完美结果。因此，信服是司法权威的根本，是司法伦理的终极目标，柔美是现代司法的特质，但柔美不是软弱，而是以柔克刚，柔中有刚，刚柔相济，代表现代法治文明至高追求。

关键词： 信服；司法权威；司法伦理；法律商谈

当下司法改革正在如火如荼进行，司法改革目标就是增强司法公信力，"让人民群众在每一个案件中感受到公平与正义"，有效解决司法合法性问题，这需要从理论上解决司法权威的根本依据和司法伦理终极追求等基础性问题。司法权威是社会对司法制度的整体评价与认同状况，或者说是司法制度的有效性问题，人们对凭什么相信和需要司法的基本问题的追问。人们对于权威有不同的界定，但无不涉及权力和服从这两个基本话题。权力背后是强制或者赤裸裸的暴力，服从会表现为臣服和信服，臣服不是认同，只有信服才是内心的认同。现代司法怎能让人们从内心深处认同？本文尝试运用商谈理论进行阐释。

一、以强权立威，司法权威的惯性解读，现代司法的有效性危机

回顾司法的历史，人类长期以强权为司法立威。在人类初始社会的神判时期，依靠神的精神强制之力，审判具有权威。初始社会，人类面对神秘的世界，缺乏认识，神的精神统治是一种必然与必需，具有一定正当性；因此，在人类初始社会里，审判的权威自然来自无所不能、强大无比的神。在人治的封建专制社会时期，对权力的崇尚，严格的等级特权制度，必然导致以强权统治，司法是强权统治工具，司法的权威自然离不开暴力强制。司法中采用法定证据制度，口供成为证据之王，刑讯逼供成为常态，司法的强制和暴力处处可见。在中国古装电视剧中，时常会看到古代衙门升堂审案时威武一幕，主审官员一声"升堂"，列于大堂两边威严肃杀的衙役们将粗壮的杖棍敲得阵阵发响，口呼"威武"，彰显一阵阵杀气，凸显其暴力，形象地再现了封建专制下的司法暴力与强制。

在人类近代社会，欧洲历史上，为适应民族国家建构之需，产生了国家主义法律观念，这种"传统国家主义法律观对法的定义，有两个基本要素：一是法出自国家，无论是国家制定还是国家认可；二是法由国家强制力保证实施。此观念或明确或暗示'国家'这个词得享至高无上主权者的意义"。后来这种观念被超时空推广适用，被视为放之四海而皆准的法律本质观，这种观念深深影响着近代世界。"受国家法观浸染日久，不自觉地容易形成三个相互关联的认知或立场上的倾向：第一，法律具有强制性，通过建立'强加—接受''命令—服从'等的权力关系，促使秩序的形成和维护；第二，凡社会秩序发生问题，即追问国家法律是否健全，是否贯彻落到实处；第三，法律实效必须建立在制裁性法律后果的设定和实施上。"① 这种思想反映到司法中，司法是国家统治的暴力工具，体现法律强制力的具体表现。

解放后，我国受前苏联社会主义法律观的长期影响，几乎照搬了苏联社会主义法制体系中关于法律的强制性思想，法院和检察院等司法机关被

---

① 沈岿：《软法与法律沟通之维》，载《法制日报》2013 年 4 月 3 日第 12 版。

视为人民民主专政的工具，法院和检察院军事化管理，法官和检察官曾长期配枪开庭，在特殊时期将司法的强制性提到了极致。这些都是为了彰显司法权的强权、强制性，直接表明它的暴力工具性，这在新政权初建阶段有一定的必要，也是一种政治需要。若以此为常态，必将导致司法的异化和合法性危机。例如，司法机关的独立性虚化，司法管理行政化①，法院裁判白条化，判决执行难等症状凸显。这些现象是受到国家主义法律观的长期影响而产生，认为司法的正当性在于司法的合法律性，法律的合法性在于法律是国家统治阶级意识体现。

由此可知，以往的司法以强权立威，凸显一种工具（目的）理性，即司法是统治者维护统治的有力工具，国家中心主义的传统思维固化司法强制性。而在当今全球化的时代，一个祛魅的时代，民主与法治已是当今世界的主流，权力的合法性不断受到追问，政治的合法性不得不依靠法律加以论证，法律的合法性不断受到拷问的时候，过于依靠暴力强制来维护一种威信已经很难取信于民，只能远离人民，"司法为民"成为一场政治秀。因此，依靠强权维持的司法权威面临合法性危机。

二、以信服立威，司法权威的全面理性解读，现代司法的有效性基础

（一）司法的有效性路径：商谈

司法为何有效？人们凭什么相信司法？这是司法合法性的元命题。合法性的论证路径通常有三条：规范路径、实证路径和程序主义的商谈路径。

但随着人类的祛魅、上帝的死亡、自然法的无法证实、规范主义路径示弱。而实证主义又无法解决"恶法非法"的困惑。由此，程序主义的商谈路径优势就凸显出来。

对于司法合法性的论证，规范主义和实证主义同样乏力，因为规范主义路径无法解释司法制度的多样性，实证主义无法解释司法制度的趋同性，而程序主义提供了有力解释。哈贝马斯认为，合法性基础或根据在于论证，所谓论证，在法律合法性论域，"规则的合法性的程度取决于对它

---

① 现在进行得如火如荼的司法改革，其中一项重大改革任务就是去行政化。

们的规范有效性主张的商谈的可兑现性，归根结底，取决于它们是否是通过一个合理的立法程序而形成——或至少，是否曾经是有可能在实用的、伦理的和道德的角度加以辩护的。一条规则的合法性是随独立性的信念而发生变化的，而这种信念又是以对合法性，也就是该规范的可辩护性的预设为基础的"。① 哈贝马斯认为法律与道德是一种相互补充、相互渗透的关系，所以法律的合法性应该从基于商谈伦理学的程序主义角度进行论证，从而实现对传统论证方法的超越。②

因此，司法是一个适用性商谈过程，是一个事实与规范的言语整合过程，情理法的沟通过程。在沟通过程中，司法的合法性不断得到论证。在司法过程中，内部规则的挑战和外部事件的介入，使得司法模式呈现多元化；同时由于内部的证伪和外部的证伪，促进司法在商谈的背景下自我合法化，充分展现商谈路径的魅力。

（二）信服的涵义：理性理解与心灵的感通

1. 信是有据可信，理性理解

现代社会是一个祛魅的时代，抽象的理性、绝对的命令不会令人信服，只可能迫使人们委曲求全，充其量臣服罢了，唯有在交往理性基础上，获得利益相关主体的理解共识，才会真正地信服即理性理解或相互理解。因此，对司法的信服不是迷信，也不是强迫，而是有据可信，值得相信，体现为一种理性的理解与共识。

有学者认为："'理解'或'相互理解'，应当把它作为一个伦理学的范畴来看待。从伦理学已有的范畴来看，如果把良心看成是一个个体道德的最高范畴，那理解在良心形成和良心的支持性上，就有着其他范畴所不可替代的作用。理解既是道德认知条件，也是道德因素。在伦理思想史上，一般只强调同情与良心的关系；但是，仅就'同情'而言，如果没有理解，就缺乏内在条件。同情作为一种道德感情，还应有理解这种理性因素的支持。理解本身作为一种道德因素，又与同情起着相互补充的作用。同时，正如哈贝马斯所意识到的，有相互理解才有相互的责任和义务感。

---

① 哈贝马斯：《在事实与规范之间：关于法律与民主法治国的商谈理论》，童世骏译，北京：生活·读书·新知三联书店 2003 年版，第 36 页。

② 艾四林、王贵贤：《法律与道德——法律合法性的三种论证路向》，载《清华大学学报（哲学社会科学版）》，2007 年第 3 期。

这种相互理解，不仅有个人与个人之间的理解，也应有个人对社会和社会对个人的理解，或者说，正是这种理解，是政府对人民高度责任感的源泉，同时也是个人对社会高度责任感的源泉。"①

"哈贝马斯的'理解'或'相互理解'概念，又体现了交互主体的相互承认这一伦理内涵。理解是交互主体间的理解。哈贝马斯明确地把权力话语排除在交往活动之外，这是因为，权力话语的说者与听者之间并没有一种可以共享的平等交互主体性的条件。因此，哈贝马斯不认为在不平等的前提下话语具有理解性。不平等导致压制，并且威势的影响代替了理解。因此，哈贝马斯的交互主体性理解是现代公民社会背景下的理解，而不是传统臣民社会背景下的理解。平等主体的普遍性，是公民社会的基础。主体的相互承认和相互尊重，是理解或相互理解的前提。以权力施加影响，就破坏了这种对称性的交互主体性条件，由此产生的所谓责任与义务，都具有不对称性。因而只有对于交互主体双方都共同接受的有效性要求，才具有伦理的束缚性，才有相互的责任与义务。"②

那么，在司法中理解是如何形成并具有有效性的？

（1）主体间的认识与理解。在诉讼中控辩审或两造当事人与法官是诉讼的基本主体，诉讼不是法官的独白而是三方的互动，互主体性认识理解取代单主体向度的认识理解，完全符合了商谈伦理的关于交往主体的复数主体性。三方通过言语沟通和讨论，不仅对自己和他人的行为动机、所提出的行为要求进行批判性审议，而且更重要的是要对行为规范的合理性与有效性进行反复的论证，以最佳理由彼此说服，坦诚地摆事实，讲道理，集聚共识，化解分歧，裁判建立在共识基础之上，抗辩双方或两造当事人对裁判结果可以预测。

（2）程序主义范式的认识与理解，一种看得见的理解：各主体平等参与，充分表达、辩解。涉及纠纷的主体均已参与诉讼中来并享受了充分的诉讼权利，平等参与了整个诉讼过程，充分发表了观点意见。这符合了交往伦理的相关者均已参与的要求。

---

① 龚群：《道德乌托邦的重构——哈贝马斯交往伦理思想研究》，北京：商务印书馆2005年版，第144－145页。

② 龚群：《道德乌托邦的重构——哈贝马斯交往伦理思想研究》，北京：商务印书馆2005年版，第145页。

（3）非强制化的认识与理解。司法权的强制性柔化为的中立性、独立性与终局性，表现为防止外部强制干涉的话语规则，司法过程的公开与强制柔化，符合了商谈伦理的参与者无强制化自由表达要求。"普遍化原则实现了理性的统一性，使商谈伦理得以可能。哈贝马斯认为确立这种商谈的普遍性有两条路线，一条是非理性的路线，就是通过刺激和威胁，另一种就是理性的路线，即通过论证取得一致，在哈贝马斯看来，前者只能使人们在道德行为中的统一奠定在'被扭曲了的交往的基础上'，而后者才能达成商谈伦理学的普遍性原则。"①

（4）全面理性的认识与理解。以交往理性为指导的司法活动，借助言语行为，同时涉及三个世界（客观世界、社会世界、主观世界），融合三个世界，整合了工具理性、规范理性和戏剧理性，追求全面理性，而非涉及某单一世界的片面理性，以理解与共识为终极目标。

因此，通过交往理性达成理解共识是司法权威的理性基石，信源于交往过程的广泛参与，交往条件和结果的可靠性。

2. 服是心服口服，心灵感通

心服是主体间的心灵感通，人性化的关怀。"人与人、人与社会、国家与国家之间的矛盾与冲突，根源就在于人类用主客二元的思维方式将对方视为工具与手段。种种矛盾与冲突的化解仰仗主体—主体相融的交往方式，通过交流与对话到达沟通与理解。"② 人是情感的动物，除了理性的需求，还要情感的感通。

在纷繁的生活世界里，人不仅为活着而活着，而应该有尊严、有价值、有意义地活着。当有尊严地活着时，他（她）与他（她）之间才会心灵感通。"感通是情感类推、类比的结果，是同情、移情在发挥作用，这是理性不能完全把握的。"③ 因此，在理性的基础上，实现情理交融，人伦之间的心意感通，这是人类文明更高层次的需求。

诉讼中的心服口服是诉讼参加者，尤其是纠纷当事人心灵感通的具体要求。心服是诉讼参加者主观上感觉到在诉讼这个交往平台上交往主体的

① 参见刘峰：《道德共识何以达成——哈贝马斯的商谈伦理及其现实道路》，载《武汉科技大学学报（社会科学版）》2011年第6期。
② 汪怀君：《人伦传统与交往伦理》，济南：山东大学出版社2007年版，第282页。
③ 汪怀君：《人伦传统与交往伦理》，济南：山东大学出版社2007年版，第283页。

平等性有充分保障，主体性得到充分尊重，公平对待，诉讼结果的可预期与可接受。口服是指作为诉讼交往的参与者，在诉讼中给予了充分的表达、辩论的机会，事实认定到达最佳辨别，法律适用（价值评判）达到了充分论证的状态。而这些是诉讼交往主体通过诉讼交往平台理性交往达到认知性的理解后的情感感通（情感认同）的表现。或者说诉讼交往中，交往主体在涉及三个世界时达到了客观世界的真实性宣称，社会世界的恰当性要求，主观世界的真诚性呼唤，形成了全面的理性认识与理解之后的情感认同。这是司法权威的情感基石。

三、现代司法的完美：理性的全面，司法的柔美

（一）理性司法的历史

回顾人类的司法历史，司法是一个由片面理性向全面理性发展的过程，这是人类由低级向高级，由野蛮到文明发展的必然。

1. 神判——以神为本的司法，简单的程序主义，混沌的理性

神判巫术又称神裁、神断、天罚等。他是祈求神灵裁判人间是非真伪和财产纠纷的一种巫术。在人类初始朦胧时期，人们无法认识生存的自然现象，神秘笼罩了一切，神灵成为初民的依托，借助神灵解释一切无法理解的现象，神判就是具体体现之一。

神判是世界各民族在一定历史条件下普遍实行的古老裁判方法，是民间习惯法的重要发展阶段。在上古传说中，皋陶氏就曾用神判方法审案，方法是用羊，神羊角触及的嫌疑犯，被认为有罪。后来，神羊演变成为刚正的法官的象征，后来的法官皆以獬豸为冠服。

在我国少数民族地区，仍然可以看到这种神判的踪影。例如，景颇族有"斗田螺"，失物者先把一个田螺放在碗中，被嫌疑者也捉一个田螺放入碗内，让两个田螺相斗，最后以田螺的胜败裁判偷窃事件。阿昌族则是双方各点一支蜡烛，以燃烧时间的长短来决定双方的是非。景颇族还有一种"蛋卜"，暗至众嫌疑者家房顶上各取一段茅草，均放在碗中，然后请巫师念经，把一个鸡蛋倒在碗中，稍加搅拌，被怀疑的人们也赶到现场，看鸡蛋清先粘在谁家的茅草棍上，谁家就偷了东西。西藏有火中拾物神判，方法是在火塘或临时烧的一堆炭火中烧一块石头，或者一块铁，令嫌疑者用手捡出，若手未烧破，就无罪，否则就有罪。壮族也应用踏火堆

（事先作防火准备）的办法，脚未伤则有理，否则无理。

此外还有捞油锅（里面放醋或蜡）、水锅（放小米）、潜水、打头神判、刺头神判，等等。

在人类认识能力极弱，神灵成为人们普遍信仰的情形下，当人们发生纠纷，没有办法通过自身的认识能力查清案件事实时，求助万能的神，这是当时一种共识，一种最为有效的定纷止争的手段，富有工具理性。但在当人们认识能力不断提高，可以依靠证据证明案件事实时，其存在就不具正当性了。

2. 法定证据——以物为本的司法，形似客观，简单的工具理性

法定证据制度是一种机械司法，出现在人类专制时期，诉讼史将其归类为纠问式诉讼。

纠问式诉讼是相对"控诉式诉讼"而言，又称"审问式诉讼"，发端于罗马帝国时期，盛行于中世纪后期欧洲大陆国家的君主专制时期，亦曾是欧洲宗教裁判的一种形式。其主要特点是：（1）审判官集侦查、控诉、审判职能于一身。不论是否有被害人或其他控告，根据职权主动追究犯罪。（2）司法机关负责调查事实，侦查和审判秘密进行。（3）被害人只是告发人。被告人只是诉讼客体，没有任何诉讼权利，只是被审问、受追诉的对象。（4）被告人口供为最佳证据。刑讯逼供合法化、制度化。最典型的纠问式程序见于德国1532年的《加洛林纳法典》。

在欧洲大陆中世纪封建国家实行纠问式诉讼时，在证据方面采用法定证据制度，又称形式证据制度。代表性的法典如1532年德国的《加洛林纳法典》。直到19世纪中叶，欧洲有些国家的诉讼法仍保留有法定证据制度的重要影响，如1853年的《奥地利刑事诉讼法》和1857年的《俄罗斯帝国法规全书》。

法定证据制度的主要特征是，不同种类的证据的证明力大小以及它们的取舍和运用，由法律预先加以规定。法律对证据证明力和运用规则的规定，主要是根据证据的形式，而不是证据的内容。法官无权按照自己的判断来分析评价证据，运用证据认定案情需要符合法律规定的各种形式性的规则。此外，法定证据制度带有明显的封建等级特权的印记，公然因证人身份的高低贵贱而区分其证言的证明力。

中世纪后期，法定证据制度在欧洲大陆国家的出现，是与当时中央集

权的君主专制国家为打破地方封建割据、限制地方司法权力而创设全国统
一的司法体系相呼应的,对消除各地在诉讼中运用证据的混乱状况具有积
极意义。同时法定证据制度中的一些规则,在一定程度上总结和反映了当
时运用证据的某些经验,与神示证据制度相比,是证据制度发展史上的一
大进步。但是,法定证据制度将证据的内容与形式割裂,把审理个案中运
用证据的局部经验当作适用于一切案件的普遍规律,把某些证据形式上的
一些特征作为评价这类证明力的绝对标准。操作中要求法官根据法律预先
规定的每一种证据证明力大小的死板规则,机械地计算和评价各证据,束
缚了法官的手脚,使他们无法主动从实际情况出发,具体地运用证据查明
案件事实真相。法定证据制度比奴隶社会盛行的神示证据制度具有明显的
进步性;但是,因其无视法官和陪审员主观上的逻辑思维能力和活动,而
企图像运用数学公式一样,用法律规定的简单公式去刻板地和绝对地解决
复杂的证据判断问题,因而是不科学的。这种完全机械地依靠简单物化的
证据的司法裁判,其结果至多只能达到符合法律规定的“形式真实”。

纠问式司法过于机械地依靠物化的证据,将当事人与法官均课题化,
忽视了人的主观能动性,虽然有利于维护司法的统一性,但遏制了司法的
人性与基本尊严。

3. 自由心证,片面的戏剧理性,貌似强调法官主观真诚,实为法官的
独白,形式上的以人为本

自由心证制度也称为内心确信制度,是一种将主张与证据之间相联系
的认定,证据本身证据力的判断,证据和事实之间关联性的认识,证据充
足程度的分析等都完全委任于法官的理性和良知的证据制度。它是近代资
本主义司法制度的核心。

十七、十八世纪,启蒙思想家的自然法理论和人权理论是自由心证法
律制度的思想基础。启蒙思想家们提出“法律面前人人平等”“法无明文
不为罪”“三权分立”“主权在民”以及“建立法治国家”等思想。资产
阶级以这些思想为指导,夺取政权后,在法治建设中,同样以这些思想为
指导,确立了一系列法治原则和制度。自由心证制度就是在上述反对封建
专制、反对人权歧视的进步思想指导下产生和发展起来的,旨在维护新兴
资本主义生产关系的法律制度。

欧美资产阶级在取得革命胜利后,以启蒙思想家的人权及民主理论为

指导，进行了一系列以人权与民主为核心内容的法律制度建设。1689 年 10 月 23 日，英国颁布了《权利法案》；1776 年 7 月 4 日，美国通过并公布《独立宣言》；1789 年 8 月 26 日，法国通过并公布《人权宣言》。随着资产阶级政权的不断建设，法律制度也不断完善。逐步确立了人权保护、主权在民、法律面前人人平等、无罪推定、私有财产不得侵犯等法律制度。最具代表性的是法国的立法，拿破仑统治时期，完成了宪法、民法、民诉法、商法、刑法、刑诉法的制定与编纂。1792 年，法国率先在《法兰西刑事诉讼法典》中以法条的形式将自由心证制度明确规定下来。伴随资本主义法制的不断进步，自由心证制度逐步被运用到民事诉讼中来，并在一系列完整配套的法律体系中发挥着积极的作用。

自由心证制度是资本主义生产力的发展要求在法治建设上的产物，是启蒙思想家"人权、民主"思想反对封建等级专制思想并取得胜利后在法治建设上的产物，是在资本主义法制体系不断完善，并用新型的民主的法律制度取代封建等级专制观念的产物。总之，是人类法制文明由落后走向进步的产物。

自由心证制度有两种类型，一种是以积极的实体真实主义和职权主义为背景的大陆型自由心证制度，即内心确信制度；另一种是以消极的实体真实主义和当事人主义为背景的英美型自由心证制度，即排除合理性怀疑制度。

4. 心证公开，全面理性的开启

不管内心确信，还是自由心证，由于强调法官的在认定事实的主观良知和法官解释法律的独享性，都暗含了法官的独白、擅断，为了弥补自由心证的不足，才发展完善了一系列的证据规则和要求法官法律释明，心证公开。而且现代两大法系的融合趋势，反映了一种全面理性的追求，呼唤以人为本的司法理念，追求一种柔美的司法。

（二）司法柔美内涵：沟通与约束的融合

1. 柔美司法之根本：以人为本，追求全面理性

何为"以人为本"？"人"在哲学上，常常和两个东西相对，一个是神，一个是物，人是相对于神和物而言的。提出以人为本，不是要回答什么是世界的本原，人、神、物之间，谁产生谁，谁是第一性、谁是第二性的问题，而是要回答在我们生活的世界中，什么最重要、什么最根本、什

么最值得我们关注。以人为本，就是说，与神、与物相比，人更重要、更根本，不能本末倒置，不能舍本求末。①

那么，在司法中如何体现以人为本？司法中的以人为本就是在司法中始终把人放在第一位，对人充分尊重，保障人权，具体可以概括为：（1）注重主体间性，落实人人平等，保障基本人权。从主体性到主体间性，就是把抽象的人人平等落实到具体、可操作实施的现实的人人平等，把抽象的人权变为现实的具体人权。（2）话语沟通，实施全面理性，三个世界的融通，真善美的融合，保证司法相关者通过话语实施表现、表达和调节的话语权。换言之，在司法中反对独白和话语暴力（霸权）。（3）追求司法结果的理解与共识。理解与共识是司法以人为本的结果和目标。司法中体现了对人的尊重，三个世界的交融按照真、善、美的要求融合；换言之，司法要针对纠纷的成因，在司法理性交往的平台上，有针对地消解纠纷的成因，纠正异化的交往行为，按照理性交往的三个有效条件进行交往，即客观上真实、主观上真诚、规范上恰当，追求理解与共识。由此可知，以人为本的自然结果就是理解和共识。

2. 柔美司法的有效性保障：正当程序

在哈贝马斯看来，真正的共识绝不是否定差异，拒斥多元性，而是要在多元价值、多重声音的话语交往中，对话论证的形式规则和程序达成主体间认知合理的一致性。因此，柔美的司法首先表现为司法程序的完善，话语规则的合理，程序符合交往理性。

正当程序表现为：其一，程序的完整性与程序的多样性。不仅按照理性交往有效条件设置完整的程序，而且按照繁简分流，提供简易程序的选择。其二，程序的稳定与开放，程序的自我合法化。其三，协商性诉讼模式的出现，外在程序与内在程序的整合。

3. 司法柔美的交往语境：柔化的司法权

在民主法治国度，从整个社会治理来看，权力的柔化是一个趋势，像法学领域的软法治理的兴起等。而这种趋势背后一个共同点就是对合法性危机的反思，理性的重整，商谈作用的凸显。

司法权的柔化不等于否定司法的强制性，而是使这种强制性不再表现

_____

① 参见百度百科，http：//baike. baidu. cn/view/93347. htm.

为赤裸裸的暴力，成为司法交往中一种语境或者以一种隐藏的"势"，成为一种实力和影响力，成为自由的保障。

因此，司法柔化不等于弱化，不等于没有刚性，柔化的核心思想是以柔克刚，柔中有刚，刚柔相济。

这种状态可以借用中国的太极拳来描述，可能会比较直观形象，或许会更容易感悟一些柔美司法的内涵与特征。① 通过对太极拳的描述，或许我们可以领悟现代司法权柔美的某些具体体现。

（1）以柔克刚，司法权的弹性与张力

有人说司法（法院）柔弱得只剩下一支书写判决书的笔。这只看到了表面，其实司法之柔，并非弱，而是像太极拳的柔是一种最高技击技巧一样，司法的柔是化解社会纠纷的最高技巧。现代民主国家有一个基本原则叫司法最终解决原则，但这个原则不是说所有的纠纷都必须要通过纠纷解决，而是说所有纠纷可以通过司法解决；换言之，纠纷倘若通过其他途径不能解决，最后都可以通过司法途径解决。这就是司法柔性之以柔克刚的具体表现之一。

纠纷一旦进入司法程序，司法权像一张网一样，对纠纷进行有效调控，引导纠纷的当事人进入了一种理性的话语沟通状态，纠纷处于可控和有序、理性化解决中，不再激化，就像太极拳的缠丝劲，牢牢牵制管控对方。

司法权的柔性表现为怀柔、仁爱之心。例如刑事司法中的疑罪从无、司法宽容政策、严格死刑程序和严格慎重适用死刑、针对青少年犯罪的特别程序等。司法权的来源亦体现其权力的柔性。通观世界各国，司法权限

---

① 中国的太极拳以柔美的外形为世人称道，不了解其精髓的人会认为这种柔缓运动只适合中老年锻炼身体，因为这很符合中老年人那种成熟稳重、不温不火的身心状态，其实不然，太极拳在中国武术界被视为中国武术的技击最高境界，因为他柔美的外表下隐含着武术家们孜孜以求的最高境界：浑圆之力，其力具有神奇的四两拨千斤之功、以柔克刚之效以及刚柔相济之美。因为，太极拳深知刚性的弱点（刚必直），柔性的擅长（浑圆善切），谙熟动静的辩证关系，善于抓住出击的时机，以己之柔化解他者之刚，以己之刚（寸劲——短距离爆发力）克他者之弱。盲打（即蒙住眼睛与他人搏击）是太极拳的最高境界，具有明显优势的他人却无法取胜，其奥秘是盲打者利用前后、左右、上下形成一个浑圆，形成一股膨胀的张力，使一切均在可控之中，仅凭听力判断攻击者的方向，以静动制，就能及时化解对方的攻击并有效出击，应验了按照武术界一句专业术语评价讲就是"太极得到了武术家梦寐以求的'浑圆之力'"，这种"浑圆之力"就是中国阴阳太极哲学思想在最高武术技击技巧的具体体现。

定裁判权，一般不包括执行权，因此有"司法已柔弱得只剩下一支笔"之说。

因此，现代权力具有柔性的特质，司法权作为国家权力的一种同样如此。

（2）柔中有刚，司法权的约束与边界

司法权的柔性并不否定司法的强制性（刚性），而且这种刚性是司法权所必需的，司法交往中这种刚性成为司法商谈话语语境规则。

司法的柔中刚性具体表现为司法权的受约束性与边界性：一方面，司法权必须装在笼子里，司法权是一种裁判权，不能超越权力的边界，遵循规则者感受不到权力的强制的存在，违反、滥用者将受到强制制裁。"法院或法官的在场是共同语境的需要，法院或法官不应该被理解为裁判的强权，而应该理解为语境，理解为对话（言语行为）的语法规则和语用学背景。至于司法独立，它一开始提出便是暗含了语用学理念的，那是说社会中存在着多种'叙述性语言元素的云团'，我们不能用一种语用学标准去评价甚至去干涉另一种语用学标准的存在和价值。司法独立就是外力无涉，就是司法语用学规则的自我合法化。"① 另一方面，司法权限制约束其他权力的干涉。"话语伦理学原则遵循的是自由个体的独立自由性，就像哈贝马斯提到的话语伦理学的任务那样，话语伦理学的共识是具有言语和行为能力的主体在自觉放弃使用暴力和权力的前提下，自由平等地参与话语论证的结果。"②

主体自觉放弃暴力和权力，这是来自参与论证者内部的要求，那么暴力和权力来自主体之外时，如何保障参与商谈者不受强制压迫，这就需要司法权的张力和刚性的约束力阻挡外部的强制力入侵，维护司法交往平台的自由平等的商谈气氛。

（3）刚柔相济，司法权的独立与中立性，权利保障性

法治需要强制，强制不能取代沟通。"那么，沟通又何以能够形塑和调整人们的行为呢？诚然，如果极端化对待法律沟通论，将原本从沟通视

① 韩德明：《合法化、合理性与正义程序——诉讼程序的哲学之维》，南京师范大学硕士学位论文 2003 年。
② 参见刘峰：《道德共识何以达成——哈贝马斯的商谈伦理及其现实道路》，载《武汉科技大学学报（社会科学版）》2011 年第 6 期。

角呈现出的法律景观，扩大想象为全景图，从而否认法律强制论的意义，那是对该理论的扭曲。毫无疑问，在法律世界中，与非强制性法律规范并存的，是大量若违背将遭受制裁的强制性规范，而且，它们往往构成基本社会秩序的基石。因此，法律体系同样需要强制、制裁，否则，社会必将混乱不堪。""法律的沟通主义进路并不是要硬生生地'用沟通替换强制'，完全否认法律的强制特征。相反，它是把法律世界中早已存在的沟通现象和逻辑，予以了突显和强调并加以全面理性化。而法律之所以需要沟通，归根结底是对法律的合法性追问。"① 司法亦然。

沟通使强制隐退，但不是消失。借助沟通，可以尽可能多地争取法律受众的认同。"沟通可以在规范发送者和规范接收者之间缔造开放意识、信任和理解，可以说服规范接收者承认规范发送者及其制颁的规范的合法性。就强制性规范而言，如此可以减少违法及治理违法的成本；就非强制性规范而言，如此无疑有助于多数接收者与发送者在规范所期待的行为模式上达成共识与合作。"② 通过沟通，规范的尊重更多的是一种自觉，不需其强制性显现。

因此，在一个真正民主法制的国家，沟通是一种社会常态，法律的实施主要是通过沟通完成，强制是沟通的背景或者沟通的语境规则。

司法权的权力性主要表现为防止金钱和其他权力的外在强制和干涉，这是司法权要求独立、中立的内在要求，也就是说从司法权的本质来说，或者从现代司法制度基于权力制衡思想的基础设计来说，司法权的独立性和中立性就是要远离金钱和权力，监督制约金钱和权力的滥用，它不仅有直接的强制性，而且体现为论证评价性，例如司法审查、违宪审查，因此可以说，司法权的柔性是由司法权本质属性决定的。

4. 司法权运行的柔美特征

司法权运行的柔美特征总体上可概括为：动静结合、绵延不断③、不温不火，表现为一个老百姓能坦诚地摆事实、讲道理的神圣过程。具体表现为：其一，程序性（仪式完美性）。精细与完整，一环扣一环。其二，

---

① 沈岿：《软法与法律沟通之维》，载《法制日报》2013 年 4 月 3 日第 12 版。
② 沈岿：《软法与法律沟通之维》，载《法制日报》2013 年 4 月 3 日第 12 版。
③ 体现为程序精细完整，步骤严密。

言语论证性。理性调控，析事明理，疏导顺气，内心感通。其三，无为被动。法院一般不强制执行自己的判决，对违反程序规范行为的强制性也是比较谦抑恰当的。司法的动态表现为：程序的动态，言语的动态。司法的静态表现为：司法的被动性，不主动启动。

由此可见，从伦理的角度看，理性理解是现代司法的基本要求，心灵的感通是司法的更高要求，理性理解与心灵感通的结合是司法的至善至美，真善美的有机融合。

四、小结

信服是现代司法权威的灵魂，强制是司法的影子。现代文明社会需要柔化的司法，柔化司法表现得像太极一样具有柔美的外表，同时又有一种浑圆的化解力。柔美是一种制度自信之美，理性之光普照大地之景。司法最终的解决不是司法至上，而是通过司法权极好的柔韧性有效地管控、化解社会纠纷，使得社会回归理性，树立人们对理性司法之敬仰。

（陈文曲，哲学博士后，中南大学法学院副教授，硕士生导师。）

从非正义走向正义

——一种思考正义的方法

杨盛军

摘要：寻求一种正义的制度与一个正义的公民在方法上体现为一种建构主义的思路，在建立最终的正义制度之前，现实的社会充满了复杂的非正义现象，这些现象恰是我们需要面对并努力消解的对象，对于现实社会来说，尽可能地减少非正义并不必然依赖一个尚在建构的正义制度，习惯、共识、理性与道德可以为减少非正义现象提供依据。如此，我们有必要在努力寻求一种正义制度的同时，花同样多的精力关注非正义现象，从方法上完善当前主要探求正义制度与正义公民的建构主义思路。

关键词：非正义；正义；方法

我们在致力于寻求一种正义的制度，以及与正义制度相匹配的公民德性，无须赘言，这样的工作富有意义并且迫在眉睫。但我们不得不意识到，任何关于正义制度与良善公民的追求都是一种建构主义的思路，依靠我们的理性与良知找到一种确定的理想方案，然后执行并获得遵守。然而现实的社会并不因我们正在进行的工作而停止不公正，也不因我们内心秉持的正义理想而减弱非正义，不平等与非正义仍在持续，这就要求我们在探寻一种完善的正义制度的同时，努力关注正在发生的非正义现象，想办法减少并消除它们。事实上，寻求理想的正义制度并不妨碍对非正义现象的思考，分析非正义现象及其原因，在具体的境遇下结合道德、习惯以及文化寻求解决非正义的措施，以减少人类社会的非正义行为。这种思考不是建构主义的方法，是一种分析与描述的方法，它不追求建构一套完善的正义制度，而是为正义制度的建立提供方法。

一、关注非正义是实现社会正义的一种方法

诺贝尔经济学奖得主阿玛蒂亚·森坦言：当每一个人在日常生活中遭遇到不平等对待时，他们都能深切地感受到不公正以致有理由去愤恨并奋起反抗，他们反抗时并不依据一个普遍存在的正义制度，而仅仅是意识到他们遭遇的行为是不公正的必须予以消除，"这些人并不是在追求实现一个绝对公正的社会（即使他们对那样的社会有普遍的共识），但他们的确更希望尽其所能地消除那些显而易见的不公正"。① 他认为在现实生活中，社会成员对非正义的感受直接而强烈，他们更迫切地希望减少不公正的行为，而非花费更多的精力去寻求一种绝对公正的制度，正义制度的建构固然重要，当下的生活与境况更不可忽略。在此意义上，阿玛蒂亚·森坚持关注现实与设计制度同样重要，"一套能作为实践理性基础的公正理论，必须包括对如何减少不公正和促进公正进行评价的方法，而并非仅仅致力于刻画一个绝对公正的社会"。② 他甚至认为前者更加重要，因为对不公正现象的考察与评价是制定政策与执行行为的关键。尽管更多的学者在追寻一种抽象而公正的制度，并把对制度的考察当作政治哲学研究的主题，但在正义问题的研究方法上存在缺陷，即缺少对非正义现象足够的关注。

事实上，我们在遭遇各种不公正对待时都会自然地感受到其中的非正义，这种感受不需要建立在一种普遍认同的正义观念基础之上，即使没有具备正义的相关知识，生活中的成员也能依据自己的理智以及与他人生活境况的比较获得正义与否的认知。在一个财富分布不均的共同体内，并不需要建立一种绝对公正的分配制度，其中的成员就能根据自己的处境产生是否遭遇不公正对待的感受，即使这种非正义感不能全部得到道德上的辩护，也仍然反映出非正义感的产生远比抽象的正义论证来得直接而容易。在特定的共同体内，社会成员凭借习惯与文化认知以及道德感，就能够对一种行为作出公正与否的评价。在篮球赛场上，对于所有篮球运动员来说，并不需要达成一种完美投篮姿势的共识，也能轻易地分辨出一位得分

---

① 阿玛蒂亚·森：《正义的理念》，王磊、李航译，中国人民大学出版社 2013 年版，序言第 1 页。

② 阿玛蒂亚·森：《正义的理念》，王磊、李航译，中国人民大学出版社 2013 年版，序言第 3 页。

困难的运动员很可能只拥有极其蹩脚的投篮姿势。即便每一个运动员更努力地优化自己的投篮姿势，以获得更高的比分，也并不表示已经设计出一套绝对完美的投篮姿势让所有运动员效仿，而只是提醒运动员应当关注自己的投篮姿势是否存在显而易见的缺陷，引起大家的注意，提醒大家应当对自己的姿势加以矫正。生活中的非正义现象之所以能迅速激发社会成员的不公正感受，并不是受到一种绝对正义的观念的指导，也许只是这些不平等的遭遇具有显而易见的错误。

一种非正义的感受并不必然依赖抽象的正义观念，也不必然依赖一种完善的正义制度。正义制度通常建立在相应的正义观念基础之上，罗尔斯在契约论基础上建立起来的正义制度正是满足了他所提出的两个正义原则，他的论证方法是建构主义的，通过假设一种原初状态，然后社会成员在无知之幕背景下依据基本的理性选择出一套绝对公正的制度。从理论预设，到对种种干扰性因素的剔除，再经过正当程序的论证，最后总结出具有普遍性认同的正义制度，罗尔斯在正义问题上体现出了严谨的建构主义思路。虽然罗尔斯的正义制度能有效指导真实的社会生活，但我们却发现不平等与非正义在罗尔斯的正义制度之前就充斥在人类生活的各个角落，个体与群体均感受至深。一个社会即使没有形成良好的制度，也丝毫不影响社会成员对非正义现象的判断，甚至不同的主体会在同样的行为中产生相异的不公正感受，生活的处境与理性认知导致的差异，每一个成员完全可以出于不同的缘由而产生强烈的不公正感，也不必就其中的一条是否为主要原因达成共识。生活方式与交往方式可以成为非正义的原因，具有缺陷的制度也可以成为非正义的原因，当人们遭遇到不平等对待时，会轻易地产生愤恨，希望社会与他人能给予帮助，期望不公正的遭遇能得到消除，此时他们期待改正不公正的待遇的心理远胜于去努力建构一套正义制度的心理。

二、考察非正义需要理智的思考与中立的立场

关注并减少非正义不依赖绝对公正的制度，但依赖社会成员的理性与客观中立的立场。理智而中立的思考在考察非正义的时候更多地关注社会成员的实际行为，而非关注一种绝对公正的制度。契约论者运用理智的思考关注正义的本质与完美的正义制度，他们通过某种虚拟的契约协作，建

构一套理想的制度模式来结束社会的无序状态。霍布斯开创了这一传统，假设一幅自然状态图景来象征人类无序的情形，为了自我利益与权利的保存，社会成员通过契约建立了公共权力机关，理想的制度就在理性的思考中建立起来。洛克与康德以及罗尔斯继承了这一传统，罗尔斯在其正义思想中，同样借助于原初状态，让具有理性的社会成员在无知之幕中最终选择可以普遍化的正义原则，从而建立理想的正义制度。契约论主义者主要关注制度的正义与正确，而不是直接关注现实存在的社会，为了建构理想的制度虽然需要观察人们的实际行为与社会关系，但主要是作为建构理想制度的手段，同时表现出为了理论需要对人们行为作出特定的假设。他们也会在正义制度建立之后考察社会成员的行为与道德责任，提出令人深刻的分析，但都要求社会成员遵守业已建立的制度，表现出社会生活的同质化与单一性。与关注理想制度的契约论者不同，关注非正义的立场不是依靠理智去建立一种绝对公正的制度，而是对现实的或可能出现的社会非正义现象进行分析，比较与判断，采用比较主义的视角，而非先验主义的方法。它着重于关注现实而不仅仅是制度与规则，这种视角不是先验地去追求绝对公正的社会，而是致力于消除社会中显而易见的不公正。

理智的思考并不在于我们一定能作出正确的判断，而在于我们能尽可能地保持客观。亚当·斯密为我们提供了富有意义的启示，他提出"中立的旁观者"在观察社会现象中的重要性，他认为任何一个人在审视与自己相关的事件时都可能受制于自己的情感与欲望以及偏狭的视野，然后作出错误的判断。"中立的旁观者"则在一定的距离之外审视自己的感受，对自己所处的境遇进行细致而全面的思考，并站在他人的立场上照顾不同主体的利益与观点，从而摆脱情感与欲望的约束，避免了草率与自负。客观中立的方法将非正义的思考纳入到社会共同体的视阈之中，接受来自不同立场、不同文化与不同环境以及不同经历的人的观点，而不仅仅限于同种文化与同种立场，以包容的心态审视差异，同时审视根深蒂固的传统与习俗。理性的审视与社会生活实际相关，着力于对各种可行方案的公正性作出比较，并不是去发现一个也许不存在的与不可能被超越的完美状态。理智而开放的思考通过比较与公开辩论，使不公正的行为不会受制于某种单一的道德原则，个体的理智也在相互沟通中上升到社会公共理性。

公共理性在对非正义的关注中是一种更加重要的品质，它是个体理智在公共生活中的升华，它校正了个体理性难以摆脱的主观立场，以一种更加包容、更加恰当的方式承认多元与差异，对不同文化与不同经历的人关于非正义的体验予以尊重，这种立场建立在多元文化与个体差异的基础之上。在关注非正义的方法上，公共理性不预设理想的公正制度，而是根据现实的行为与人们期望的价值排序对社会方式进行安排。即便是着力于正义制度建构的罗尔斯，也承认关于政治正义的观点具有多样性，难以真正获得一种最合理的政治正义的共识。他在晚年研究中表达了对多元观念的注意："所谓公共理性，是由众多关于正义的政治观念共同构成的，而非一条。由于存在多种自由主义或相关观点，因此与合理的政治观念相对应的公共理性的形式也是多种多样的。作为公平的正义，无论其价值如何，都只是其中一种而已。"① 罗尔斯仍坚持正义制度的首要性，但在更加广泛的社会生活里，他不再坚持正义观念具有唯一性。公共理性与中立的态度超越了狭隘的主观判断，公共理性的审慎与沟通消除了人们在非正义判断中的盲目与自负，中立的态度则突破了人们在非正义评价中的自我中心主义与偏见。虽然建构理想的制度也需要公共理性的运用与立场的客观，但与对非正义现象的现实关注相比，二者的目的完全不同。

三、减少非正义就是增加社会的正义

既然对非正义现象的关注如此重要，而理想的正义制度尚在建构之中，那么努力减少非正义的行为就是应当并且必需的。一方面，减少社会生活中显而易见的非正义就是增加社会的整体正义。我们在努力追寻更多的正义与更多的幸福，这一过程离不开对非正义的消除，一些显而易见的非正义总是更强烈地刺激着我们的心理，并影响着我们的幸福感。贫富差距过大、进入市场的机会被剥夺、处于弱势地位的群体缺乏医疗保障，这些不公正现象减损着社会正义的培育。减少这些非正义不需要绝对公正的社会制度，只要有步骤地改善遭遇不公正对待的群体的境况，就能减少社会的整体不公，增强对应群体的幸福感，这一过程同时促进了社会正义的提升。另一方面，减少非正义与正义制度的建构相互促进。关注非正义的目的是减少社会的不公正，促进社会的整体正义；建构理想的正义制度的

---

① John Rowls: The law of Peoples Cambridge, M A: Harvard University Press, 1999: 1137.

目的是为了消除不公正最终实现正义，二者的论证方法不同，目的却具有一致性。前者通过公共理性与中立的审视观察社会生活中的非正义行为，依据公共选择与商谈减少非正义；后者通过公共理性与契约思维寻求一套可以普遍化的理想制度，要求公权力的执行与社会成员的遵守。两种方法并不是不可通约，反而可以相互促进，罗尔斯在其正义的第二个原则就如此设计："社会的和经济的不平等应这样安排；使它们：①适合于最少受惠者的最大利益；②依系于在机会公平平等的条件下职务和地位向所有人开放。"① 无论是抽象的理论还是现实的生活，平等与正义都只具有相对性的价值，可以逐步减少，却永远不能根除。对非正义的关注为正义制度的建构提供素材，正义制度确立之后有助于非正义现象的消除。对非正义的关注并不否定为了建立正义制度做出的努力；同样，对正义制度的建构应当肯定前者所做的工作。

减少非正义促进社会整体正义的增加，但这一过程如同追求公正制度一样面临许多困难。这些困难中，减少非正义首先来自于情绪上的影响。处于非正义境遇的社会成员会在心理上发生变化，失望、沮丧、消极以及愤恨，情绪的变化随着境况的变化而改变，那些显而易见的不公正往往使遭遇者产生更大的愤恨情绪，愤恨是一种自然流露的情绪，表现为愤怒与仇恨。这些情绪在一定程度上能激发主体对不公正行为的抵制，但容易失去理智的控制，对于非正义我们需要中立的立场与理智的审视，情绪上的反应如果摆脱了理性的约束，将无助于关注非正义与减少非正义。其次，减少非正义受到资源相对匮乏的影响。资源的相对匮乏在一定程度上构成社会非正义的原因，也构成了减少社会非正义的障碍，人们在追求各种需要的满足的时候，资源的有限往往导致资源占有的不平等状态。罗尔斯认为人们在要求各种各样的资源中，有几种资源是最基本的，这些基础的资源如果不能获得公正的分配，就会导致非正义。他说："这些基本的社会善在广泛的意义上说就是权利和自由、机会和权力、收入和财富（另一种很重要的主要善是一个人的自我价值感）。"② 这些资源尽管有的很丰富，

---

① 罗尔斯：《正义论》，何怀宏、何包钢等译，北京：中国社会科学出版社 1988 年版，第 83－84 页。

② 罗尔斯：《正义论》，何怀宏、何包钢等译，北京：中国社会科学出版社 1988 年版，第 93 页。

如自由与权利，有的很匮乏，如机会和权力、收入与财富，但都难以绝对平等地分配，这是减少社会非正义的重要阻碍。再次，减少非正义受到社会成员正义能力的影响。社会生活中的非正义现象很多，背后的原因也各不相同，如何在各种因素的干扰下保持理智与中立，需要个人与群体足够的正义能力。斯图尔特与戴纽凌充分肯定了个人能力在解决社会困境中的作用："所有社会现象必须通过个人思考、选择和行为的内容获得解释。"①减少非正义要求遭遇者与所在的群体拥有争取权利的能力，如黑人在争取与白人同等权利的过程中，黑人领袖与整个群体的觉悟促进了非正义现象的消除；同时，减少非正义也要求遭遇者之外的个人与群体具备同情的能力以及正义感，帮助社会不利者改变处境。

减少非正义与建构绝对公正的制度一样，将是一个没有终点的旅程，要持续实现非正义的不断减少需要两种重要力量的介入。一是在公共理性的推动下减少非正义。公共理性是各种政治主体（包括公民、各类社团和政府组织等）以公正的理念、自由而平等的身份，在政治社会这样一个持久存在的合作体系之中，对公共事务进行充分合作，以产生公共的、可以预期的共治效果的能力。②公共理性以沟通为手段，以求得共识为目的。处于非正义境遇中的社会成员在公共理性的指导下与他人进行对话、协商，达成减少非正义的契约，在公权力的介入下通过资源的重新分配改进社会不利者的处境。二是采取民主的方式减少非正义。一个致力于减少非正义的社会中，遭遇不公正对待的主体应该允许表达自己的声音，引起他人的注意，也应该拥有提出建议的权利，以民主的方式改善自己的处境。现代社会主张协商式治理，协商式治理必须以民主与公共理性为基础，罗伯特·A. 达尔主张民主必须具备五个标准，即有效的参与、选票的平等、充分的知情权、对议程的最终控制以及成年人的公民权。③作为民主力量的重要补充，当今社会的新闻与媒体应当扮演越来越重要的角色。在公共

---

① Frances Stewart and Severine Deneulin: Amartya Sen's Contribution to Development Thinking, Studiesin Comparative International Development, 2002: 37.

② John Rawls: The Idea of Public Reason Revisited, The University of Chicago Law Review, Vol. 64, No. 3. Summer, 1997: 765–867.

③ 罗伯特·A. 达尔:《论民主》, 李风华译, 北京: 中国人民大学出版社 2012 年版, 第 33 页。

理性与民主两种减少非正义的力量中，公共理性保证了社会成员参与民主的正当性，公共理性内在的理智与理解双重品质有助于民主过程正确而有效；民主参与的真实性则保证了公共理性达成共识的程序正义，二者的结合可以真正帮助社会不利者境遇的改善，减少非正义进而促进社会的正义。

（作者杨盛军，湖南科技大学人文学院讲师，哲学博士。）

论政府公共决策的伦理诉求

刘　霞

摘要：长期以来，伦理问题在决策中的地位和作用备受争议，然而在公共决策现实中，政府公共决策与伦理关系具有紧密的联系，存在着众多的道德危机和伦理困境。伦理是政府公共决策的重要基础和价值诉求，在政府公共决策中必须关注伦理问题。

关键词：政府公共决策；伦理诉求；价值诉求

一、研究缘起

伦理问题在决策中的地位和作用备受争议。有些学者主张决策的"价值中立性"，认为决策与伦理问题无关。有些学者则相反。实在说来，决策与伦理问题具有相关性。赫伯特·A. 西蒙认为，每个决策都包括两种要素，分别称为"事实"要素和"价值"要素。事实命题是对可观察的世界及其运作方式的陈述。事实命题原则上可以经过检验来确定真伪，也就是确定它们的论述是不是确实会发生。但是，决策不只是事实命题而已。它固然描述的是未来的事态，这种描述从实际角度严格来说可能正确也可能错误，但是决策还具有支配性，因为它们优先选择某一种未来状态，并且让行为直接向选定方案的方向努力。简而言之，决策既包含事实成分，又包含道德成分。① 而且，不同的决策者所要追求的目标与价值观是不同的，对问题的看法与目标的选择也是不同的。所以，决策总要与一些"值不值得"这样的问题联结在一起，对这些问题的回答不仅仅依据事实因素，还

---

① ［美］赫伯特·A. 西蒙：《管理行为（修订版）》，詹正茂译，北京：机械工业出版社2007年版，第49页。注：本文在引用时，对于外国作者的姓名一般以其中文译著的译名为准。

涉及个人所持的价值观念与伦理道德等价值因素的影响，决策就是这样在决策主体本身业已形成的价值观这一背景之下产生出来了，伦理价值的烙印自然同时被打了上去。① 由于决策与伦理问题具有相关性，作为决策一部分的政府公共决策与伦理问题自然具有相关性。政府公共决策与伦理问题具有相关性，这是政府公共决策的伦理问题研究的重要起因。

研究政府公共决策的伦理问题还有其他起因。在西方发达国家，政治伦理、公共行政伦理和政府公共决策伦理已经成为重要的论题，而且在这些论域从理论论证到实证分析的一系列研究成果相继问世。政府公共决策的伦理问题也引起了我国伦理学和公共政策学专家学者的注意。尽管如此，但比较而言，我国的政府公共决策伦理研究有待重视和加强。而且，我国的现实情况迫切需要加强政府公共决策的伦理问题研究。随着我国市场经济的发展和改革的进一步深化，政府公共决策面临的利益冲突、价值冲突以及由此引发的伦理问题必然会变得更为突出、更为复杂。为了解决现实中的伦理问题，有必要对政府公共决策的伦理问题进行专门的系统的研究。

二、公共决策的伦理诉求

（一）公共政策、公共决策的界定

1. 公共政策

在现代这个复杂的社会里，公共政策可以说无处不在。公共政策已经成为现代政府管理社会公共事务、调节社会利益关系与分配社会公共资源的有效工具。考虑到张国庆在对现代公共政策进行界定时着眼于对公共政策进行界定，本文拟基本如此，所不同的是本文拟在综合他人成果的基础上给公共政策下了定义后再对现代公共政策进行界定。至于何谓公共政策，国内外学者见仁见智。

国外学者对公共政策的界定没有形成一致的看法。罗伯特·艾斯顿的定义最为宽泛。他指出，从广义上说，公共政策指的是政府机构与周围环

---

① 张欣：《公共政策与伦理问题相关性分析》，载《理论与当代》2011 年第 3 期。

境之间的关系。① 艾斯顿所下定义的缺点是其定义的外延太宽，在这样的语境下难以确定公共政策的内涵。哈罗德·拉斯韦尔、亚拉伯罕·卡普兰给出如下定义：公共政策是"一种含有目标、价值和策略的大型计划"。② 这种理解强调作为政府行为的公共政策的设计功能及其目标性，具有一定道理，但忽略了公共政策的其他一些本质特征。托马斯·R. 戴伊认为，公共政策是一个政府决定要做的任何事，或者它选择不去做的任何事。③ 这个定义强调了政府不作为所具有的政策意义和作用，但忽略了政策的实施过程，忽视了政府决定与政府行动之间的差距。按照詹姆斯·E. 安德森的看法，公共政策是在政府机关和政府官员中产生的。④ 这种理解强调公共政策的动态性，其不足之处是忽视了公共政策执行的特殊重要性。拉雷·N. 格斯顿认为，公共政策是由那些掌握或者影响政府正式职能的人们所作的基本决策、承担的义务与他们行为的结合。在多数情况之下，这些结合是由那些要求变化者、决策者与受到该政策影响的人们之间的互动而产生的。⑤ 格斯顿所下的定义注意到了公共政策的过程是多个政策行为者互动的过程，其不足之处是忽略了公共政策的公共性。⑥ 根据劳伦斯·林恩的解释，公共政策可以被描述成不同个体所构成的扩散过程的产出，这些不同个体在一定的正式组织占主导地位的小群体中相互作用。⑦ 这个定义有其合理性，但也忽略了公共政策的公共性。戴维·伊斯顿将"公共政策"界定为"对一个社会进行的权威性价值分配"。他解释说："一项政策包含

① Robert Eyestone: The Threads of Public Policy: A Study in Policy Leadership. Indianapolis: Bobbs-Merril, 1971: 18.

② Harold D. Lasswell and A. Kaplan: Power and Society, New Haven: Yale University Press, 1970: 71.

③ ［美］托马斯·R. 戴伊:《自上而下的政策制定》，鞠方安、吴忧译，北京：中国人民大学出版社2002年版，第3页。

④ ［美］詹姆斯·E. 安德森:《公共政策制定（第五版）》，谢明等译，北京：中国人民大学出版社2009年版，第3页。

⑤ ［美］拉雷·N. 格斯顿:《公共政策的制定》，朱子文译，重庆：重庆出版社2001年版，第5页。

⑥ 罗依平:《政府决策机制优化研究》，苏州大学2006年博士学位论文。

⑦ Laurence Lynn: Managing Public Policy, Boston: Little Brown, 1987: 239.

着一系列分配价值的决定和行动。"① 伊斯顿所作的界定强调了公共政策的价值分配功能，但忽视了价值分配的标准和方式等问题。

国外学者关于公共政策的界定为国内学者提供了借鉴。张世贤、伍启元、张金马、宁骚等国内学者分别给出了关于公共政策的定义。按照张世贤的解释，公共政策是政府为了解决公共问题，达到公共目标，经由政治过程所产出的策略。② 他指出，可以从如下三个不同的角度来对公共政策进行界定：一是从目标取向的角度来进行界定：公共政策是达成公共目标所采取的策略；二是从问题取向的角度来进行界定：公共政策是政府解决公共问题的决策；三是从过程取向的角度来进行界定：公共政策是政治过程的产出。在伍启元看来，公共政策是一个政府对公私行动所采取的指引。③ 张金马指出，公共政策是党与政府用以规范、引导有关机构团体与个人行动的准则或者指南。其表达形式有法律规章、行政命令、政府首脑的书面或者口头声明和指示以及行动计划与策略等。④ 宁骚认为，公共政策是公共权力机关经由政治过程所选择与制定的为了解决公共问题、达到公共目标、以实现公共利益的方案。⑤ 这些定义尽管存在差异，但它们都具有一定的合理性。

国内外学者对公共政策的界定难定一宗，但他们的定义都有合理的地方。综合各种定义，笔者认为，公共政策是公共权力机关为了解决公共问题、实现公共利益而选择和制定的计划、方案或策略。相应地，现代公共政策是现代社会中公共权力机关为了解决公共问题、实现公共利益而选择和制定的计划、方案或策略。

2. 公共决策

决策一词既可以作为动词来使用，又可以作为名词来使用。决策作为动词来使用，泛指人们在行动以前对行动目标和手段的探索、判断和抉择的过程。决策作为名词来使用，泛指所有各类的决定。从决策与政策的关

① ［美］戴维·伊斯顿：《政治体系——政治学状况研究》，马清槐译，北京：商务印书馆1993年版，第123页。
② 张世贤：《公共政策析论》，台北：五南图书出版公司1986年版，第181–182页。
③ 伍启元：《公共政策》，香港：商务印书馆1989年版，第1页。
④ 张金马：《政策科学导论》，北京：中国人民大学出版社1993年版，第17页。
⑤ 宁骚：《公共政策学》，北京：高等教育出版社2003年版，第185页。

系来看，政策是公共组织在特定的时间为实现或服务于一定社会政治、经济、文化目标而选择和制定的方案、策略或行为准则，它是一系列谋略、法令、措施、方案、办法、方法和条例的总称。在一般意义上，作为名词来使用的决策与政策的涵义是一致的。①

作为决策的一部分，公共决策同样可以作为动词和名词来使用。作为动词来使用的公共决策是指公共权力机关针对有关公共问题，为了实现与维护公共利益而选择和制定计划、方案或策略的行为与过程。它相当于公共政策的选择和制定。从本质上看，它是社会公共权威对社会资源、社会利益的权威分配过程。② 作为名词来使用的公共决策与公共政策的涵义是一致的。笔者在前文对公共政策所下的定义可以成为作为名词来使用的公共决策的定义。

与决策和公共决策相应，政府公共决策也可以作为动词和名词来使用。作为动词来使用的政府公共决策是指政府机关针对有关公共问题，为了实现与维护公共利益而选择和制定计划、方案或策略的行为与过程。作为名词来使用的政府公共决策，即政府公共政策是指政府机关为了解决公共问题、实现公共利益而选择和制定的计划、方案或策略。本文在研究中兼顾使用作为动词和名词的政府公共决策。需要说明的是，政府概念有广义和狭义之分。新版的《布莱克维尔政治学百科全书》从广义上对政府作了解释、说明："就其作为秩序化统治的一种条件而言，政府是国家的权威性表现形式。其正式功能包括制定法律，执行和贯彻法律，以及解释和应用法律。这些功能在广义上相当于立法、行政和司法功能。"③ 从狭义上说，政府一般是指国家行政机关。④ 本文使用的政府概念是狭义上的政府概念。

（二）伦理是政府公共决策的重要基础和价值诉求

凯瑟琳·登哈特曾说："行政官员应该做好把决策标准调适到已经反映我们社会核心价值观的义务和认识到组织目标的这些变化上来的准备。

---

① 石路：《政府公共决策与公民参与》，北京：社会科学文献出版社 2009 年版，第 6 页。
② 石路：《当代中国政府公共决策中的公民参与问题研究》，华东师范大学 2007 年版。
③ ［英］戴维·米勒、韦农·波格丹诺：《布莱克维尔政治学百科全书（修订版）》，邓正来译，北京：中国政法大学出版社 2002 年版，第 312 页。
④ 谢庆奎：《当代中国政府与行政》，北京：当代世界出版社 2003 年版，第 1 页。

行政官员对组织内制定的决策和决策依据的道德标准负有个人和专业的责任。"① 登哈特的这段话阐明了伦理或曰道德之于政府公共决策的重要性。的确如此，"政府伦理是制定良好公共政策的前提。就此意义而言，政府伦理比任何单个的政策都更加重要，原因在于所有的政策都依于伦理"②。可见，作为同属于社会上层建筑重要组成部分的伦理道德和政府公共决策有着深刻的内在联系。政府公共决策要遵守某种道德要求，合乎某种伦理准则。从某种意义上说，政府公共决策是国家机关和行政工作人员以某种道德判断为前提的选择过程。在政府公共决策过程中的每一环节都面临着选择，必须从各个角度对各种方案进行比较，权衡得失，作出评估，决定取舍，这一过程中道德判断起至关重要的作用。"最可怕的不是谨慎而不道德的政府条例，而是轻率而又不道德的公共政策。"③ 伦理构成政府公共决策的重要基础，它影响着政府公共决策主体和客体（目标团体）的活动，渗透到政府公共决策过程的各个环节。④ 伦理是政府公共决策的重要基础，这主要表现在道德是政府公共决策权力的一种制约机制和道德是政府公共决策过程的一种调整机制。

1. 道德是政府公共决策权力的一种制约机制

权力就其本性而言，有扩张的倾向，也有被滥用的可能。德国历史学家弗里德里希·迈内克指出："一个被授予权力的人，总是面临着滥用权力的诱惑，面临着逾越正义和道德界线的诱惑。"⑤ 法国启蒙思想家孟德斯鸠也指出："一切有权力的人都容易滥用权力，这是万古不易的一条经

① Terry L. Cooper：Handbook of Administrative Ethics，New York：Marcel Dekker Inc，1994：64.
② ［美］R. M. 克朗：《系统分析和政策科学》，陈东威译，北京：商务印书馆1985年版，第34页。
③ ［美］史蒂文·科恩、威廉·埃米克：《新有效公共管理者》，王巧玲译，北京：中国人民大学出版社2001年版，第178页。
④ 刘霞：《论政府公共决策的道德基础》，载《道德与文明》2009年第5期。
⑤ ［美］E. 博登海默：《法理学：法律哲学与法律方法》，邓正来译，北京：中国政法大学出版社1999年版，第362页。

验。"① 而"滥用权力是和权力过大、不加任何限制、听任便宜行事分不开的"②。缘此，有必要构建有效的权力制约机制，加强对政府权力，包括政府公共决策权力的监督。

一般来讲，对于政府公共决策权力的制约有两个方面：一方面是他律机制，即其他权力或权力主体以及制度对行政权力行使者的制约，主要包括立法权力和司法权力对它的监控；另一方面就是道德自律机制，即道德通过"道德命令"的方式，通过个人习惯、社会舆论和职业道德传统，对政府官员的行为产生深刻的影响，起到防患于未然的作用。道德对于约束政府公共决策权力的滥用具有软约束的作用，这是因为道德作为政府公共决策的一种外在的环境，要求政府的公共决策必须合乎社会道德规范，当在政府公共决策过程中出现不道德的决策时，社会舆论的压力也会促使决策者对不道德的决策进行修正，使其最终合乎社会公认的道德标准。在缺乏强有力的外在规范对公共决策者的监控情况下，"内化在行政人员心中的价值观总是能在决策过程中起作用。……甚至当某行为缺乏相应的法律规定指导时，行政人员仍可以求助于内心的伦理指导准则"。③

2. 道德是政府公共决策过程的一种调整机制

政府公共决策过程一般划分为决策问题的界定、决策目标的确定、决策方案的抉择、决策的执行和决策的评估等。在政府公共决策过程中，道德实现了从观念形态到物质实践的转变过程，通过这一过程的运作不断地调整政府公共决策过程本身。

（1）道德影响决策问题的界定。决策问题源于社会问题，但不是所有社会问题都能进入公共决策议程而成为决策问题，决策问题的选择既取决于决策者的经验知识，还取决于决策者的道德想象力。在政府公共决策过程中，人们的价值观不同，所追求的利益不同，以及所掌握的知识背景不同，对决策问题的认识必然会不同，因而所提出的看法也会不同。不同的

① ［法］孟德斯鸠：《论法的精神（上册）》，张雁深译，北京：商务印书馆1961年版，第154页。
② ［法］霍尔巴赫：《自然政治论》，陈太先、眭茂译，北京：商务印书馆1994年版，第77页。
③ ［美］特里·L.库珀：《行政伦理学：实现行政责任的途径》，张秀琴译，北京：中国人民大学出版社2001年版，第148页。

价值标准会有不同结论，因此也就归结为不同的决策问题，在这一过程中决策主体的道德观对决策问题的界定起主要作用。

（2）道德影响决策目标的确定。在政府公共决策过程中，决策主体总是要以一定的道德观和道德规范去认识和衡量决策问题，认识要解决的决策问题所面临的各种利害关系，从而形成解决问题的决策目标。处在不同地位的主体，会用各自不同的决策道德观、实际利益追求标准来衡量决策目标的重要程度。

（3）道德影响决策方案的抉择。道德观是人们观察世界的工具，不同决策道德观下的人们具有不同的衡量尺度。价值尺度不同，对决策方案利弊得失的评价也不同。决策主体依据自己认同的道德取向对决策行为进行选择，决策主体在对某种方案的决策价值持肯定态度，就会选择这一方案，否则，就会放弃该方案。一句话，决策方案的选择是决策主体在对决策作道德判断的基础上进行的。

（4）道德影响决策的执行。政府公共决策的执行涉及执行机构和决策作用者。政府公共决策能否得到有效的执行首要取决于政府公共决策本身能否得到决策作用者的认可，而这种认可是以决策作用者本身的道德来进行判断的。如果决策作用者的认可程度较高，就会有利于政府公共决策的执行。

（5）道德影响决策的评估。道德规范对决策的评估具有重要的意义，因为在评估过程中，人们运用道德标准对决策现象进行鉴定和批评，用以影响决策主体的政策定向、行为决断和价值追求的活动；同时，道德规范也影响着决策评估过程中对决策信息的选择和处理，对于合乎自己道德选择的信息予以接受，而对不符合自己道德选择的信息则予以排斥。①

三、研究意义

政策公共决策与伦理关系紧密，政策公共决策必须关注伦理问题。忽略伦理问题的公共官员必定会造成许多问题，因而必须对政府公共决策的伦理问题进行研究。该项研究有着重要意义。从理论角度看，我们通过研

① 黄国琴：《公共决策中道德的重要性和复杂性》，载《中共福建省委党校学报》，2003年第2期。

究各种公共决策伦理问题的实质和特点，寻求解决各类伦理问题的价值指针和价值方法，对于建构公共政策伦理的理论有着重要的理论意义，这既有助于增强公共政策学这门综合性和应用性都很强的学科的解释力，同时又推动伦理学为现实服务。

从现实角度看，我们认为，分析公共决策现实当中所存在的道德危机和伦理困境，包括政策决策道德虚位、决策执行道德扭曲、决策评估道德异化等，有助于为政府更好地科学决策提供道德嵌入的理论基础和实践的伦理对策；同时，本文的研究对于形成公共政策的伦理理念、提升公共政策主体的价值判断能力和伦理抉择能力，从而保障公共政策的道德性和合法性以及公共政策的生命力等，也有着至关重要的意义。

（作者刘霞，湖南师范大学公共管理学院副教授。）

论女性道德的社会支持系统①

李桂梅　李润芝

摘要：女性道德素质关系到国民素质的提高与社会文明的发展。女性道德良好发展的保障是建立健全女性道德社会支持系统，从正式社会支持系统与非正式社会支持系统两个方面来提供女性道德建设的支持。具体而言，从政府、社会组织、学校与家庭教育以及男性的支持与认同这几个方面来促进女性道德的建设。

关键词：女性道德；社会支持系统；构建与完善

女性的素质，尤其是女性道德素质，与国民素质的提高、社会文明发展息息相关。二十一世纪以来女性参与社会生活的广度、深度与频率都得到前所未有的提高。同时，现代社会对女性道德的影响也是前所未有地错综复杂，女性价值取向呈现出多元化趋势，一部分女性出现了道德迷失，产生了令人忧虑的道德问题。因此，建立多维、立体的社会支持系统以加强当代中国女性美德建设是时代的要求。

社会支持系统主要是指对个体的生存与发展提供物质保障、精神扶助的社会资源的总和，根据支持主体的不同，可以划分为正式的社会支持（源于政府与非正式组织）与非正式的社会支持（源于个人、家庭、社区）。女性道德的社会支持系统是指对女性道德建设与发展起重要保障的

---

① 基金项目：国家社会科学基金项目"当代中国家庭政策建构的伦理维度研究"（16BZX104）；2015 年湖南省教育厅科研重点项目"中国家庭伦理新论"（15A128）；2014 年湖南省哲学社会科学基金项目"当代中国家庭政策的伦理研究"（14JD37）。

各项社会资源，它为女性道德的建立与完善提供有效的物质保证与精神助力，其中也包括正式的社会支持（政府与非正式组织的帮扶）与非正式的社会支持（个人社会关系的支持），具有鲜明的导向性、针对性、系统性。

一、增强政府组织支持女性生存发展的综合效益

国家的职责，不仅仅在于向全体社会成员提供公平、公正的外在环境，还在于对其成员进行道德上的引导和精神上的塑造。以国家的力量匡扶正义，以法制的威力惩恶扬善，激发亿万民众焕发道德热情。所以说，道德的培育离不开国家政府的积极作为。女性道德的建设，同样需要国家政府强有力的保驾护航。只有政府通过促进经济发展，完善社会保障体系，提供充分的物质保障和制度保护，来消除女性在经济上的"不安全感"，以及在工作上恐被忽视、被歧视，在婚姻中恐被遗弃甚至被奴役，在公共生活参与时恐被排斥的种种焦虑，女性道德才能得到活水之源。

1. 政策支持

任何一种意识形态的形成与发展，都离不开现实的社会制度与历史条件，也离不开国家的政策扶持与规划。维护和推广作为国家利益重要组成部分的意识形态，是各个国家的基本内外政策。因此，女性道德作为意识形态的重要组成部分，其发展也离不开国家政策体系的支持与制度保障。

建国以来，我国一直实行积极的性别保护政策，保障女性自由、平等地参与经济、政治、社会生活。但是，现行的退休政策、社保政策、计划生育政策、就业政策、婚姻政策对女性发展均有一定程度的制约作用。在退休政策方面，国家出于对女性身心特点的考虑及保护，将男女退休年龄分别规定为男工人 55 岁、男干部 60 岁、女工人 50 岁、女干部 55 岁；但随着经济发展、社会文明程度的提高，以及医疗水平的上升，当前这一规定相对降低了高知妇女进一步提升的机会，造成优秀女性人力资源的浪费。在计划生育政策方面，1988 年制定的相关法律已显陈旧，对女职工生育保险的内容因不够具体，难以应对当前市场经济条件下复杂的现实情况，甚至出现"真空"地带，如私企以及外来务工女性的生育保险难以得到政策保障等。在就业政策方面，我国政府一向高度重视并采取有效措施，加大资金投入用于扶助女性创业、就业，帮助女性能够有效参与经济、社会生活，并通过法律将保护女性平等就业的权利明确规定下来，大

大增加了中国女性的就业机会，使中国女性从 20 世纪 50 年代开始就保持了很高的就业率；然而，随着改革开放的到来，产业结构、经济体制发生了重大调整，女性与男性的就业人数比例、层次与结构、工作酬劳等方面差距不断拉大，并且出现了女大学生就业难问题、下岗女性增多等社会问题。在婚姻政策方面，2011 年最高人民法院审判委员会第 1525 次会议通过了《关于适用〈中华人民共和国婚姻法〉若干问题的解释（三）》（以下简称新婚姻法），对于个人财产进行了有效的保护，避免了动机不纯者对有产者的伤害，并纠正了一部分人不当的婚恋观；但新婚姻法在改变适婚女性对男性房产条件的要求上并没有产生预期的作用，且由于过分强调财务付出，在保护有产者的同时，从某种意义上弱化了在家庭生活当中承担更多家务劳动的女性权利，以致有不少人质疑"新婚姻法到底保护了谁?"并提出女性"三做三不做"，其中包括"儿媳不应该赡养公婆，房子没你的份，养他们不如把钱留着养自己"，认为新婚姻法没有起到维护、敦化女性道德风尚的作用。这些女性相关政策的不足，都有待国家逐步进行积极的修补。例如，在生育政策与就业政策方面，我国可以借鉴瑞典，为解决企业对育龄女性用工"自然成本"的顾虑，设立相关的生育基金或发放父母津贴。

2. 法律保护

女性道德建设不仅需要政府政策的保驾护航，也需要法律支持和制度保障。提高女性的法律地位，是增强女性道德建设实效性的重要保证，这是因为法律具有制度性的优势。它以国家强制力为后盾，弥补了道德强调自律的不足。因此，在女性道德建设过程中，必须积极寻求法律的有力支持，保证女性在家庭、职场、公共生活各领域的权益，促进女性道德建设的良性发展。

新中国成立以来，国家就将男女平等作为一项基本国策，并在《宪法》《婚姻法》《妇女权益保障法》等法律当中重视和保护女性的合法权益。如，《宪法》规定："妇女在政治的、经济的、文化的、社会的和家庭生活各方面享有同男子平等的权利。"《婚姻法》指出，"实行婚姻自由、一夫一妻、男女平等的婚姻制度。保护妇女、儿童和老人的合法权益"，"夫妻在家庭中地位平等"等。尽管如此，其中的内容还存在比较模糊、不够具体等问题，如，在家庭生活领域，缺乏英、美发达国家独立、单行的家庭暴力法，缺乏婚前同居的法律，无法有效保障单身女性的合法权益；在就业方面，我国既没有成立像英国的公平就业委员会、美国劳工部分设的平等就业委会员这样专门的保护平等就业权的机构，也没有单项的《男女平等就业法》，而且关于两性平等就业的法律规定也比较模糊，仅在《妇女权益保障法》第四章当中，笼统地规定了男女同工同酬，在就业、晋升方面处于平等地位，任何单位不能歧视妇女，男女拥有同等的劳动权利和社会保障权利，但是，对于侵犯女性平等就业权的法律责任以及对受害人的救济途径并没有做出详细规定；在女性参政议政方面，尚且缺乏规范的运行机制、完善的法律保障，导致"男女平等"在参政议政方面难以从法律上的平等向事实上的平等转化。因此，国家有必要通过完善家庭暴力、非婚同居、女性就业公平、参政议政、防止性骚扰等方面的相关法律，保障女性在家庭、学习、工作、政治等领域的合法权益。

3. 经济扶助

马克思、恩格斯曾经指出："那些发展着自己的物质生产和物质交往的人们，在改变自己的这个现实的同时也改变着自己的思维和思维的产物。不是意识决定生活，而是生活决定意识。"[1] "生产者也改变着，炼出新的品质，通过生产而发展和改变着自己，造成新的力量和新的观念，造成新的交往方式、新的需要和新的语言。"[2] 日渐成为社会生产力的组成部分并开始不断发挥重要作用的女性，在长期从事社会劳动生产和科学技术文化活动的过程中，因劳动生产促使其交往领域不断扩大，原有的道德心理与道德行为也会随之发生变化，加快了新的道德观念的不断生成。2008—2009 年中国社会科学院妇女/性别研究中心所做出的关于"返乡打工妹的生存现状与政策需求"的研究报告表明，农村女性通过到沿海发达地区打工，大大地提升了她们的文明程度和文化素质，从某种角度来看，实现了"人的现代性"。由此可见，只有让女性广泛参与社会政治、经济、文化生活，尤其是参与生产劳动这一人类最基本的实践活动，才能增长才干，增强"自尊、自信、自立、自强"的能力，提高其科学文化素质与思想道德素质。这就需要政府提供经济保障与支持，如扩大就业，为女性创

---

[1] 《马克思恩格斯全集（第 3 卷）》，北京：人民出版社 1960 年版，第 30 页。
[2] 《马克思恩格斯文集（第 8 卷）》，北京：人民出版社 2009 年版，第 145 页。

造良好的就业环境，积极开发符合女性特点的就业领域与就业方式，发展针对女性的职业培训、介绍、咨询等服务事业，解决女性生育保障问题，等等。

二、提高社会组织的支持能力

如前所述，女性美德建设，需要国家、社会、个人形成三维立体的社会支持网络。社会组织在女性道德建设当中，固然不能替代国家法律、政策的有力支持，但能从不同角度了解当前女性的生存状况、心理状况并辅以调适，对于国家法律、政策具有"查漏补缺"的作用。通过社会组织，加大对女性美德的倡导与示范，是女性美德建设的有力补充。

1. 妇联工作的进一步深化

中华全国妇女联合会，简称中华妇联，是自 1949 年为争取妇女解放和妇女权利而成立的、由政府主导的、全国最大的非政府组织，发挥着联系党、政府与妇女群众的桥梁和纽带作用，是国家政权的重要组成部分。自成立伊始，中华妇联就围绕着党的中心任务，开展独立自主的工作。经过60 多年的建设，中华妇联在农村通过推动村妇代会主任进"两委"、保留乡镇妇联主席的行政编制、积极培养农村妇女骨干等方式，加强了农村基层妇女组织的建设；同时，在城市通过利用街道、社区妇女联谊会、事业单位的高知女性以及为非公经济领域女性提供维权与素质教育等方式，巩固了城市妇联组织建设，从而形成了一个开放性、综合性的妇女组织网络体系，逐步发展成为具有广泛性、代表性和号召力的社会组织。"目前，全国已有 83.3 万多个妇联基层组织，7.6 万多名妇联干部和近万名兼职妇女工作者。"① 在社会功能上，妇联充分发挥其女性权益守护者的角色，关注女性身心健康，时刻准备为维护和争取女性的权益挺身而出，如对用工单位歧视女性的行为进行界定，团结、帮助、教育女性，为女性尤其是低收入阶层提供积极的就业和创业指导，帮助其掌握各种社会技能尤其是社会急需的求职、生产技能等，受到了广大妇女的支持与信任。因此，可以充分利用妇联独特的工作优势，大力推动女性美德的建设与完善。如，在实际工作中，利用其广泛的组织网络体系，通过"三八红旗竞赛"、"五好

---

① 顾秀莲：《中国妇女特色发展之路》，北京：人民出版社 2010 年版，第 159 页。

家庭"评选活动、"两型示范家庭"评比、表彰先进个人、开办"魅力女性"课堂、"女性家庭美德"大讲堂等，积极开展当代女性美德宣传与推广活动；同时，继续发挥其特有的维权职能，在女性权益受到侵犯时，主动出击保护女性的权益，为女性伸张正义，消除女性谋求发展的种种障碍，监督和审查社会媒体当中女性话语权缺失的情状，维护女性话语权在社会、政治生活中的位置，维护女性的尊严。在理论研究方面，妇联踏实做好女性道德理论工作的建设，通过对妇女运动发展史的经验教训总结，探寻中国女性解放的心理支撑系统，为女性道德建设工作提供丰富的心理辅助性资源；同时，通过加强和开展东西方妇女发展理论以及性别文化的相关研究，为女性道德建设提供理论支持和思想指导；等等。

2. 其他非正式组织的重要作用

中国自近代民国时期开始，民间组织便为女性的解放与发展做出了不可磨灭的贡献：通过创办妇女报刊、女子学堂，深入民间演讲以启蒙女性意识，为女子的受教育权摇旗呐喊；通过建立各种类型的女子学校等方式，将女性从封建社会的禁锢当中解放出来。新时期，随着改革开放的进一步深化和社会主义市场经济的繁荣发展，社会的经济结构、组织形式、利益层级和分配方式日渐多样化，利益群体也在不断分化，各种非政府自治组织大量涌现，代表不同阶层妇女利益诉求的妇女组织也随之大量涌现，如中国女企业家协会、中国女法官协会等，以及跨行业、跨地区的协会也不断出现，如中国妇女人才工作委员会。到2004年，民政部门登记注册的女性社团达到1762个，登记注册的民办非企业妇女组织达7253个。① 因此，发挥其他非正式组织的作用，与妇联做好协调配合工作，有助于女性美德建设网络化，形成多位一体的女性美德教育、宣传和监督体系。

3. 大众传媒的引导与示范

随着信息化时代和知识时代的到来，大众传媒日渐成为人们日常生活中不可缺少的组成部分，影响着人们的思想态度、价值取向和行为方式，加速了人的社会化进程。从性别视角来看，长期以来，大众媒体一直以男性中心的表达方式为主，在广告、影视传播、新闻、娱乐等传播方式上往

① 谭林：《1995—2005年：中国性别平等与妇女发展报告》，北京：社会科学文献出版社2006年版，第116页。

往带有浓厚的男权意识特征，有意无意地迎合男性审美标准与价值判断，固守传统的性别观念，折射出男女两性关系不平等的错误观点。如《中国母亲》《渴望》等一些家庭剧，习惯性把女性母亲形象塑造成一个隐忍、善良、家庭至上、委曲求全的女性，对男性的出轨与不忠表现出极大的宽容度，表面上在宣传女性的传统美德，事实上是对某些男性心理的屈从；在一些报纸、杂志、网站上，衣着暴露或紧束身形的女性照片大量传播，其视觉消费受众以男性为目标，用以刺激和满足男性的玩狎心理来赚取点击率，即使是对社会问题相关的事件、案件进行报道时，也存在弱化女性的问题。中国非政府组织撰写的《妇女与传媒紫皮书》曾指出："性别歧视语言和陈规定型的妇女形象，甚至在妇女节目和报刊中也有存在。"①

当然，美国著名传播学、社会学学者拉扎斯菲尔德和罗伯特·默顿在《大众传媒的社会作用》中说过，大众媒介具有"正负"两种功能，可以为善服务，也可以为恶服务。因此，可以充分利用大众传媒传播速度快、覆盖面广、渗透力强、影响力广等特点，发挥大众传媒对女性道德建设与发展的正面功能，为女性的生存发展提供良好的社会舆论支持。首先，利用大众传媒平台承载的教育信息，增加女性受教育的机会与途径。对于女性而言，大众传媒不仅仅是信息的传播者，更多的意义在于实现了信息获取方面的男女身份平等的地位，消除了人种、性别上的教育藩篱。女性可以利用大众传媒获得与男性同等的获取信息、接受教育的机会。其次，传播先进的性别文化，树立健康、自信的女性形象。一方面，要通过新闻传播，加强宣传和报道成功女性的典型事迹，加大对在经济、政治、文化领域取得优异成绩、做出巨大贡献的成功女性的采访、报道与宣传，鼓励广大女性以此为榜样，促进广大女性"四自"精神的培育与自身素质的提高。另一方面，要逐步调整广告及影视文化中的女性形象，减少并逐步消除消费女性的商业化行为，营造公平竞争、男女平等的社会氛围，充分发挥大众传媒的文化导向作用。最后，要加强对当前女性道德问题及其建设的监督。要加大对社会上不利于女性美德建设的行为的纠偏报道，如，对于歧视女性或侵犯女性权益的不良现象、不正言行进行报道并加以谴责，为女性成长成才创造良好的舆论环境。不仅如此，还要深切关注女性弱势

---

① 罗红：《透视女性传媒中几种不良倾向》，载《新闻记者》2007 年第 12 期。

群体的生存状况，如贫困地区女童为兄弟放弃受教育机会的社会现象、单亲母亲的生存质量等，争取社会、国家的女性政策支持。

三、完善学校家庭教育支持的运作机制

要实现两性真正的平等，获得女性的解放，不能仅靠国家、社会、他人的帮扶，还必须通过教育来提高女性的文化修养与道德、心理素质，增强其人格力量和为自身的解放与平等而努力奋斗的自觉性，从而帮助女性克服传统观念束缚下形成的依赖、自卑等心理，逐渐认识到自身对家庭乃至社会的历史使命以及所具备的潜能，帮助女性树立独立人格。

1. 加强女性道德的教育

道德教育必须以理论知识为依托，女性美德建设同样离不开对女性进行相关道德理论教育，女性美德的相关知识教育是女性道德教育的核心内容。从内容上来看，女性美德教育主要包括"四自"教育、家庭婚姻美德教育、职业道德教育、审美教育。第一，要对广大女性广泛开展"四自"教育。即教育女性树立"自尊、自爱、自立、自强"的精神，增强女性的主体意识与独立精神，鼓励女性保持独立的人格，摈弃传统的依附思想和依赖心理，摆脱传统女性角色的束缚，积极参与社会、经济、文化生活，在工作中发挥创新精神，体现社会价值，从而实现个体的自我价值。第二，要加强家庭美德教育。家庭美德作为人们在家庭生活领域必须遵循的道德行为准则，涵盖了夫妻、长幼、邻里之间的关系。个人的幸福感来源于多方面，其中一个重要的方面就是家庭关系的和谐融洽。加强家庭美德教育，有利于促使女性形成正确的恋爱观、婚姻观、家庭观，讲求奉献与担当，增强其对婚姻家庭的责任感，从而夫妻和睦、勤俭持家、敦亲睦邻、尊老爱幼。第三，加强女性职业道德教育，倡导女性爱岗敬业，忠于职守，遵纪守法，培养女性的诚信意识、规则意识、合作意识，帮助女性树立大局观。第四，加强对女性的审美教育，教导女性"什么是真正的女性美"以及如何追求美，帮助广大女性树立正确的审美观念，培养其感受美、鉴赏美、创造美的能力，激发女性对美好事物的热情，陶冶情操，拓展女性的精神世界，进而培养起女性高尚的道德品质。

2. 消除性别刻板印象

《第二性》作者西蒙·德·波伏娃基于对男女生理上的差异及其后天

成长发展的考察，得出结论，"女人并不是生就的，而宁可说是逐渐形成的"，"决定这种介于男性与阉人之间的、所谓具有女性气质的人的，是整个文明"。① 这一论断从某种角度揭示出女性是性别社会化的产物。学校和家庭作为人的性别社会化的重要场所，对于女性的自我身份认知、主体意识培养具有至关重要的作用。

近代以来，尽管中国在教育上有意识地注意贯彻性别平等理念，但当前的教育仍具有传统男权文化的痕迹。在教育内容上，传统性别角色意识仍占有比较大的比重。在历史教材上，几乎所有涉及国家政治、经济、文化的历史大事件，女性要么集体缺席，要么以"和亲"等方式自我牺牲成就民族利益。在文学读物上，对男性的叙述与女性的叙述上存在着明显的差异——男性强调其智勇双全、志向高远的一面，女性则强调善良、温柔、勤劳、充满爱心的一面。如对宋庆龄的描述，淡化了她作为杰出女性在中国政治舞台上的优异表现，侧重于她和蔼可亲的传统美德。在教育目的、方法与评价标准上，也有待改变以男性为评价标准的教育方式。当前，家长、老师往往将自己传统的性别经验、性别角色认同情感投射到孩子身上。表现在教学活动过程中，就是在男女教育态度上、价值取向上存在着明显的不同。男孩的淘气被认为是创造力、勇敢的象征，女孩则被教育为乖巧、听话。在教育态度上，教师往往会更重视男生，认为男生拥有较女孩更多的发展前途。在教学方法上，教师也会对男、女生的学习进行不同的安排。国内外课堂社会学学者经过研究发现，在课堂教学当中教师与男女生进行的师生互动模式不同，与男生的交流亲切、自然、随意，是一种"自然焦点互动"；而老师与女生的交流则小心翼翼，亲切当中透着礼貌，被称为"礼貌规避型互动"。因此，如何在教育中消除性别刻板印象，是当前研究的关键。这就要求在老师、家长重视性别教育，树立科学的性别观念，同时增设相关课程，改变以男性为中心的教学评价体系，尊重并承认女性道德发生发展中与男性存在的差异，从而增强女性的主体意识。

---

① ［法］西蒙娜·德·波伏娃：《第二性》，陶铁柱译，北京：中国书籍出版社 2004 年版，第 309 页。

四、获取男性的支持

女性道德意识的产生，离不开所生活的社会环境、家庭环境、学校环境。它是对一系列社会关系的意识反映，尤其是对家庭关系的反映。男性，作为女性工作生活的对应面，其对女性的认同与尊重，为女性道德的完善提供有力的心理支撑。

1. 男性要树立性别平等意识

促进性别平等，不仅仅是女性的事，也是男性的事。女性主义并不是将女性凌驾于男性之上，而是倡导男性发展与女性发展并行。贝尔·胡克斯就曾经阐述过，男人同女人一起平等地参与到消灭性别歧视的革命当中，男性可以成为女性主义的同盟军。[①] 马克思、恩格斯也指出，女性和男性相联合，不仅能带来女性的发展，也会促进男性乃至整个人类的发展。马克思在《1844 年经济学哲学手稿》中也就两性关系指出："人对人的直接的、自然的、必然的关系是男人对妇女的关系。……因此，从这种关系就可以判断人的整个文化教养程度。"[②] 女性主义者西蒙娜·德·波伏娃就此指出，这是有关于人类夫妇关系的真正形式的表达。她在其著作《第二性》的结尾部分由衷地希望："要在既定世界当中建立一个自由领域。要取得最大的胜利，男人和女人首先就必须依据并通过他们的自然差异，去毫不含糊地肯定他们的手足关系。"[③]

因此，男性要树立性别平等意识，转变以男性为本位的传统观念，充分尊重女性的社会价值与家庭价值。一方面，男性可以通过参加性别培训，学习并获得女性主义的一些知识，以女性视角进行换位思考，来重新理解和定位自己的生活，重塑自我以及行为。另一方面，在实际生活中，男性要主动承担一定的家务劳动和养育子女的责任，为女性从家务劳动当中解放出来、增加参加社会生活的机会提供支持，积极促进两性和谐、共同发展。此外，在父母与子女的关系方面，男性应尊重妻子，摒弃"男尊

---

① 贝尔·胡克斯：《女性主义理论：从边缘到中心》，晓征、平林译，南京：江苏人民出版社 2001 年版，第 97 页。
② 马克思：《1844 年经济学哲学手稿》，北京：人民出版社 2000 年版，第 80 页。
③ ［法］西蒙娜·德·波伏娃：《第二性》，陶铁柱译，北京：中国书籍出版社 2004 年版，第 827 页。

女卑"等封建思想，为子女性别平等意识的培育营造良好的家庭氛围。

2. 女性自立自强

个体道德的产生与发展是一个复杂的过程，既有源于社会的一面，也有个体因素的作用。要获取男性的支持与尊重，不仅需要通过宣传教育来争取男性的理解与认同，女性也必须通过不断加强自身的独立性与主体性来改变依附与屈从的旧有关系，冲破传统男权文化的禁锢，建立自身崭新的道德形象。

首先，女性应积极主动创造机会接受教育，提升自己的文化素养。当今社会是一个学习型社会，只有保持学习能力，才能掌握竞争优势。因此，女性要树立危机意识，形成终身学习的观念，培养自立、自尊、自强、自信精神，努力提高自身的文化素质，增强自己的职业技能与职业道德，以自己的能力赢得社会的尊重和认可。其次，要关注自身心理健康，提高心理素质。女性在追求文化素质提高的同时，也要关注心理健康。要不断加强自我心理调适的能力，通过正确认识社会、悦纳自己、培养广泛的兴趣、营造良好的人际关系等来增进心理健康。面对不良情绪，要积极寻找适当的发泄方式，进行有效的心理疏导。同时，加强对自己意志力的锻炼，增强对外在干扰的对抗能力，帮助自己成就良好的心理素质。再次，要自觉加强自身的道德修养，在实践中树立道德主体地位。女性要在工作、学习、家庭生活中，树立男女平等意识，学会以道德主体的身份审视一切伦理文化，以清醒的态度看待人与道德之间的关系，不断批判旧道德，创造新道德，培养自己的道德主体意识，将社会的道德要求与自身的道德追求统一起来，从而塑造符合自身发展与社会需求的健康道德人格。

（作者李桂梅，湖南省中国特色社会主义道德文化协同创新中心首席专家，湖南师范大学道德文化研究中心教授；李润芝，湖南师范大学公共管理学院讲师。）

人际对待中的道德视差①

张达玮

摘要：道德视差包括道德行为的差异主体、道德自由与视差客体，人际对待中的道德视差主要体现为理性原则与情感原则的冲突，道德视差在知识论上的困惑表现为"具体性误置的谬误"，即人的个体属性无法用类属性来理解。道德视差的知识论困惑反映了存在论上的分裂：本质主义与反本质主义的分裂。本质主义哲学观可以被归纳为：还原性、规律性及抽象性，由之而来的是人的同一性本质；反本质主义的哲学观可以被归纳为：整体性、生成性与具体性，其对应的是人的差异性存在。在道德视差中，知识论视角与存在论视角之间并无逻辑先后之分，道德视差构成了道德客体（视差客体）的"最小差异"与"绝对差异"。

关键词：人际对待；人的本质；道德视差；本质主义；存在论

一、视差之见：知识论的转移反映存在论的分裂

"视差"（parallax）本是一个天体物理学的术语，意即"观测者在两个不同位置上所看到的同一天体的方向差"。② 按照齐泽克的说法，"视差"的标准定义就是："观察者的位置发生了变化，这种变化为观察者提供了

① 基金项目：2016 年湖南省研究生科研创新项目（项目号：CX2016B621）；2016 年吉首大学人文社会科学研究项目青年科研人才培育基金（项目号：16SKY003）；2016 年湖南省差异与和谐社会研究中心项目（项目号：16JDZB010）。
② 中国百科大辞典编委会编：《中国百科大辞典》，北京：华夏出版社 1990 年版，第 887 页。

新的视线，并因此导致了客体显而易见的位移。"① 这只是"视差"或
"视差之见"（parallax view）的字面意思，然而其哲学的意蕴不止于此，
"视差之见"触及了客体的存在论领域，"发生在主体视角的认识论转移
（epistemological shift）总是反映了客体自身的存在论转移（ontological
shift）"。② 经由"视差之见"所观察到的客体便是"视差客体"（parallax
object），"它不仅随着主体的视角转移而发生变化，而且只有从某一特定
视角去看，它才存在"。③ 在这个意义上，"视差客体"就是拉康的"小客
体"，即欲望的客体 – 成因（object-cause of desire），小客体是无法通过
"直视"而接触的，只能通过"斜目而视"（looking awry）来看到它"本
来的面目"。"斜目而视"即"被我们的欲望和焦虑所缠绕的凝视"。"如
果我们直视一个事物，即实事求是地、无偏见地（disinterestedly）、客观地
观看，我们将只能看到无定形的斑点；只有'从某个角度'（at an angle）
观看——'某个角度'便意味着有成见的（interested）视角，被欲望支
撑、渗透和'扭曲'的视角——事物才会呈现清晰明了、与众不同的特征
……从某种意义上讲，小客体就是由欲望设定出来的客体。"④

　　为什么要提出"视差之见"？乃是为了在同一层面把握两个互不相容
的现象，或者是为了发现客体自身的真正面目。"视差之见"的奇特之处
就在于"可以用同样的语言描述两种无法相互转译的现象。……这两个不
同层次的现象之间无法和谐一致，没有共享的空间——即使它们紧密相
连，甚至在某种意义上具有同一性，但它们毕竟处于一个莫比乌斯带
（Moebius strip）的相反两侧"。⑤ 在康德那里，"视差之见"就是基本的二
律背反，康德处理二律背反的方法是"既不从自己的视角，也不从别人的
视角来审视事物，而是直面经由差异（视差）暴露出来的现实本身"。⑥ 康
德的"自由"既不是纯粹来自于现象界（the phenomenal），亦非纯粹来自

---

① Slavoj Zizek：Parallax View, Cambridge MA：MIT Press，2009：17.
② Slavoj Zizek：Parallax View, Cambridge MA：MIT Press，2009：17.
③ Slavoj Zizek：Parallax View, Cambridge MA：MIT Press，2009：18.
④ Slavoj Zizek：Looking Awry：An Introductionto Jacques Lacan Through Popular Culture, Cambridge MA：MIT Press，1992：11 – 12.
⑤ Slavoj Zizek：Parallax View, Cambridge MA：MIT Press，2009：4.
⑥ Slavoj Zizek：Parallax View, Cambridge MA：MIT Press，2009：20.

本体界（the noumenal），而是来自于两者之间的"视差"或"分裂"之中。"我们的自由只能存在于现象界与本体界之间的空间里。……我们只有划定并坚守现象界的界限（horizon），且明确本体界是不可逾越的，才是真正自由的。"① 也就是说，只有划定现象界的界限，澄清知识的确定前提，悬置不可知的本体界，只有将现象界与本体界置于一种"视差之见"中时，自由才是可能的。从而，人的生存之现实才是可能的。人是有限的存在，无法进入无限的本体领域，人在有限生存中仅有的自由只能通过对本体的"设定"来获得；只能通过现象与本体之间的"差异"来获得；总之，只能通过"视差之见"或"斜目而视"来获得。

　　齐泽克在《视差之见》一书中主要探讨了视差的三种主要模式：哲学模式、科学模式与政治模式。② 视差的哲学模式即"存在论差异"③（ontological difference），是我们把握现实本真面目的基本视差；视差的科学模式即"科学的视差"（scientific parallax），是对现实的体验与科学理论之间的分裂（gap），"对现实的体验"是"第一人称的"，而科学理论则试图为第一人称的体验提供一种"第三人称的"理论解释；视差的政治模式即"政治视差"（political parallax），也就是社会对抗（social antagonism），或者说阶级斗争，在政治视差中，相互冲突的两个群体之间并没有共同的基础，只能通过"视差"来把握。也许我们还应该为视差补充一种伦理的模式，即伦理视差（ethical parallax）或道德视差（moral parallax）。

---

① Slavoj Zizek：Parallax View，Cambridge MA：MIT Press，2009：23.

② Slavoj Zizek：Parallax View，Cambridge MA：MIT Press，2009：10.

③ 此处的"存在论差异"不同于通常所理解的海德格尔的"存在论差异"。在齐泽克看来，通常情况下我们将海德格尔的存在论差异理解为"存在"与"存在者"，或者"事物是什么"（what things are）与"事物存在的事实"（the fact that the yare）之间的差异，是一种误读。"存在"（或者"此在"）并非"存在者"的根本原因或最高的"种"（genus），"存在（Being）意味着一种界限，以防我们将事物当作'绝对'或'大全'（All）"。齐泽克所谓的（包括海德格尔意义上的）"存在论差异"其实就是"视差之见"，"存在者"与它自身的"存在"之间的差异变成了"存在者"自身内部的差异，变成了主体的"视差之见"，"存在者"成了"视差客体"，"存在者与它的本源（Opening）之间的差异，与它的意义界限之间的差异，总是侵入到存在者自身内部，使存在者成为不完整的和有限的"。参见 Slavoj Zizek：Parallax View，Cambridge MA：MIT Press，2009：24.

二、道德视差：道德行为的差异主体、道德自由与视差客体

或许我们可以这样初步地阐述道德视差的基本内容：

第一，道德视差体现在对待"同一"道德事件时不同道德主体之间的差异。这种差异或许是立场之间的差异，或许是各自所秉承的道德原则之间的差异。例如对待"同一"道德事件，有人利用"义务论"来解决，有人用"功利主义"来解决，如此一来，"同一"道德事件就在差异的道德主体这里变成了"不同的"道德事件。麦金太尔在《德性之后》一书中所列举的三种"道德分歧"①就是这种道德视差的明显例证。如此道德分歧的显著特征就在于：其一，三个道德争论中的每一个论点在概念上都具有不可通约性（incommensurability）。"每个论证在逻辑上都是有效的，或者很容易推理得出结论；每一结论的确基于自己的前提，但是对于两个对立的前提，我们没有理性的方式去衡量不同的标准。因为每个前提都使用了有别于其他的标准和评价性概念，所以各自的主张也迥然不同……从对立的结论中可以回溯到对立的前提，但是一旦到达这些前提，关于前提的论战就要停息了，引用一个前提来反对另一个前提就演变成纯粹的断言和反断言。这可能就是人们在这些道德争论中言辞犀利、针锋相对的原因吧。"②其二，在这些道德分歧中的争论各方无不致力于提供一种非私人的合理辩解，试图将各自的道德理由包装成与己无关的客观模式，然而实际上各自的客观理由皆陷于一种主观情境的"视差"之中，"在这种情况下，我是否为你提供了一个理由取决于对话双方特定的话语情境和你对我的命令的领会。命令所具有的说服力即以此方式取决于个人的语境"。③从第二个特征看来，似乎道德争论只是一种基于主观意愿和具体情境的假象，然

① 麦金太尔列举了三个当今时代道德争论的典型例子，分别是：战争中的正义诉求、和平诉求与解放诉求之间的分歧，堕胎中的人权诉求与可普遍化法则诉求之间的分歧，废除私立学校和私人医疗机构中的平等诉求与自由诉求之间的分歧，参见 Alasdair MacIntyre：After Virtue：A Study in Moral Theory，Third Edition，Notre Dame，Indiana：University of Notre Dame Press，2007：6-7.

② Alasdair Mac Intyre：After Virtue：A Study in Moral Theory，Third Edition，Notre Dame，Indiana：University of Notre Dame Press，2007：8.

③ Alasdair Mac Intyre：After Virtue：A Studyin Moral Theory，Third Edition，Notre Dame，Indiana：University of Notre Dame Press，2007：9.

而即使这些争论是假象，我们依旧要追问"为什么这是一个假象？""理性的论辩何其重要，以至于卷入道德争论的人们认为它是近乎普遍的事物，这是一种怎样的理性论辩？这不就意味着我们文化中的道德论辩实践至少渴望在道德生活领域内表现为或趋向于合理化吗？"① 道德争论中的"视差之见"恰恰表明了我们对道德理由之合理性的诉求。其三，每一组争论中对立的观点，我们都可以将概念上不可通约的前提追溯到各自不同的历史源头那里去。② 然而即使我们追溯到了每个道德原则的历史源头，依旧无助于解决当今时代的道德分歧，因为诸如"美德""正义""义务"等道德概念的内涵在几百年的历史演变中已今非昔比。在这里，"道德视差"呈现出了纵向的（历史的）样态，同样的"正义"原则，可能在古希腊与当今时代之间有着很大的不同。

第二，道德视差体现在"主体间的相互关系中"，"自我"与"他人"之间的差异，并且只有在区分这种差异的情况下，道德自由才是可能的。无论"自我"如何通过理性能力或普遍能力将"他人"想象为另一个同等意义上的"自我"，"自我"与"他人"之间依旧存在着不可化约的差异，"自我"的自由、理性能力或普遍能力既不能完全用来谋取"自我"的利益，也不能完全用来谋取"他人"的利益，道德自由就在这种"利己"与"利他"的分裂与对峙中呈现出来。或者说，完全"利己"的道德行为不是自由的，完全"利他"的道德行为也不是自由的，甚至这两种极端的"视角"根本不能算是道德行为，只有处于"利己"与"利他"之间的道德行为才是自由的。"利己"与"利他"形成了道德事件中的视差分裂，并为道德自由提供了存在的可能性。

第三，道德客体之作为"视差客体"，乃是由于道德主体对待行为的

---

① Alasdair Mac Intyre：After Virtue：A Study in Moral Theory，Third Edition，Notre Dame，Indiana：University of Notre Dame Press，2007：9 - 10.

② "在第一组争论中，第一个论辩中的正义概念来源于亚里士多德关于美德的论述中；第二个论辩的谱系可以从俾麦斯（Bismarck）和克劳斯维茨（Clausewitz）一直追溯到马基雅维利；第三个论辩中解放的概念直接来源于马克思，更早可以追溯到费希特。在第二组争论中，起源于洛克的权利概念，对立于明显的康德主义的可普遍化和托马斯主义对道德金律的诉求。在第三组争论中，一个肇始于格林（T. H. Green）和卢梭的论辩跟一个以亚当·斯密为鼻祖的论辩互较高下。"参见 Alasdair MacIntyre：After Virtue：A Study in Moral Theory，Third Edition，Notre Dame，Indiana：University of Notre Dame Press，2007：10.

"视角转换"，并且道德主体只有从某一特定视角、以某种特定的方式来对待道德客体，客体才对它呈现出真实的面目。这种"视角转换"或者发生在同一道德主体身上，例如同一道德主体用不同的方式对待道德客体，父母能够分别将子女当作具体的、可感的亲近者和抽象的理性存在者就是一个明显的例证，或者发生在不同道德主体身上，例如不同道德主体分别以不同的方式对待道德客体，子女被父母视为爱的对象与被普通人视为"公民"就是明显的例证。子女仅仅作为"子女"而非"一般的理性存在者"如何在父母那里呈现出其作为道德客体的本真面目？当且仅当父母从某一特定视角、以特定的方式（例如关怀与慈爱）来对待子女时，或者以齐泽克的话说：父母只有对子女"斜目而视"——被欲望和焦虑纠缠的凝视，他们之间本真的道德关系（亲情）才能呈现出来，子女才能作为本真的道德客体而呈现。相反，如果父母在面对子女时试图以一种客观的方式（纯粹理性存在者之间的方式）来对待，即父母试图"直视"子女，则根本不存在一种"父母与子女之间的关系"了。子女对父母亦复如是。

三、人际对待中的道德视差：理性原则与情感原则的冲突

无理性能力者就是那个"视差客体"，我们永远无法对其"直目而视"，因为一旦将其纳入"道德"的考虑范围，便意味着我们就已经站在某种立场、持有某种"偏见"、被某种欲望和焦虑纠缠着。如果我们试图"客观地"看待无理性能力者，则容易无视他的显著特征，也就永远无法接近无理性能力者的真实面目。"无理性能力者"这一称谓本身就意味着我们持有某种视角，即理性能力。"人是有理性的动物"也如此，我们将"有理性"当作人的内在规定性，并以此来看待"无理性能力者"，便构成了理性原则这一特殊视角。就人际对待的"视角"来看，理性原则和情感原则显然是两个不同层次的道德原则，两者没有共享的空间，没有相同的话语，无法相互转译，两者形成鲜明的分裂。从理性原则这一视角出发所看到的被对待者，与从情感原则出发看到的被对待者是两个完全不同的存在者。当然，我们站在不同的视角，发现了无理性能力者的不同本质，无理性能力者也随着这种视角的转换而转换着他的"存在"及意义，这就是"认识论的转移反映存在论的分裂"。并且，理性存在者，即对待者只有在这两个视角之间不断变换，才能施展它的道德自由。

当对待者站在理性原则这一视角时，被对待者的本质呈现为"无理性能力"。理性原则在自己的立场上完全拒绝情感原则，并遮蔽对待者的情感考量，对待者因此失去了他的对象，虽然面对着无理性能力者，但是对待者寸步难行，所有基于理性原则的道德行为都无从施展。理性原则这一视角让理性对待者看到了无理性能力者的有限性，但是这种对象的有限性不也同时反映了理性对待者自身的有限性，并令对待者发现理性原则一开始就是不可能实现的吗？理性原则的视角是冷冰冰的，它违背了对待者要将无理性能力者纳入道德考量范围的初衷。

当对待者站在情感原则这一视角时，被对待者的本质呈现为纯粹的"身体"、质料和自然生命。当对待者抛弃掉人的抽象本质时，才发现了无理性能力者的真实面目，并且情感原则是使得无理性能力者呈现出本真面目的唯一视角；除此之外，很难想象到其他视角可以接近或更加接近无理性能力者。情感原则使对待者发现了自己的对象，毕竟较之于理性，情感的适用范围可以跨越"理性存在者"这一界限，伸向纯粹的"身体"、质料和自然生命。众所周知，理性原则的对象只能是人的理性能力，或者说人的理智与心灵（mind），而无法将纯粹的"身体"、质料和自然生命作为对象。

正是对无理性能力者的发现，使得这两个视角——理性原则和情感原则——之间的界限得以明晰，并且只有明晰这一界限，才能为对待者的道德自由找到正确的位置，即两个视角所形成的"视差分裂"之中。撇开无理性能力者的特殊案例（当特殊案例帮助我们发现了普遍的问题之后，我们可以暂时将其悬置起来），在理性存在者的"交往共同体"中，也存在着这种道德视差，任何人作为被对待者都是"视差客体"，① 兼具双重身

---

① 蒯因举了一个著名的"数学家骑单车"的例子，其中骑单车的数学家就是"视差客体"。"数学家很可能被认为是必然有理性的，而不一定都有两条腿；骑自行车的人必然有两条腿，而不一定是有理性的……就我们只是有所指地谈论对象而言，将一些特性当作必然的，而将另一些特性当作偶然的，是无意义的。"参见 ［美］W. V. O. 蒯因：《词语与对象》，陈启伟，等译，北京：中国人民大学出版社 2005 年版，第 230 页。当我们仅仅把对象视为数学家时，有理性便是他的本质，有双腿是他的偶性；当仅仅把对象视为骑单车者时，有理性成了他的偶性，而有双腿则成了他的本质。"有理性"和"有双腿"在这里并不是"本质属性"与"偶性"之间的关系，而是并列存在的两个种，相互交叉后形成了一个新的种：骑单车的数学家，他的本质是既有理性又有双腿。也就是说，他的本质只有在"有理性"与"有双腿"这两个视角所形成的视差中才能真正存在。参见张家龙：《论本质主义》，载《哲学研究》1999 年第 11 期。

份，既作为他人的理性对象，又作为他人的情感对象，因为被对待者既是"有理性"的，又是"有情感"的。对待者也就因"视差客体"而在理性原则与情感原则之间不断变换视角，当对待者的视角从理性原则转向情感原则时，发生了知识论上的转移，即"具体性误置的谬误"，其所反映的存在论分裂即本质主义与反本质主义之间的差异——对人的本质的两种不同把握方式，这就是人际对待中的道德视差，及其知识论与存在论上的原因。

四、具体性误置的谬误：道德视差的知识论困惑

当理性原则定义"人"的时候，意在言说人的"本质"，但能够言说的"本质"只是人的"类本质"。我们对人的本质或人的存在有两种不同的发问方式，如亚里士多德指出的，"存在的意义或者就偶性而言，或者就自身而言"①，这是第一种方式。第二种方式是，"存在表示真实，不存在表示不真实"②。托马斯·阿奎那在《论存在者与本质》中重申了亚里士多德的这一区分。第一种方式是把"人"当作认识对象区分为多个范畴，这些范畴有的表达肤色、身高、质料等异质属性（即偶性），但是这些属性都不足以用来"定义"人，只有本质属性才能用来"定义"人。③ 例如"人是理性的动物"，就是以"理性"作为人的本质属性来给人下定义，因此我们的理智才能"理解"人，并将人与其他动物区分开，"因为没有什么事物能够不借定义和本质而成为可理解的"。④ 另一种方式是指"命题的真实性"，这种情况下是直接问"人是什么""人的存在意味着什么"或"人之为人、人存在的根据是什么"，如果回答"人是理性的动物"或"人的本质是理性"，那么提问者将反驳道，"我不是问人的属相（质料）和种差（形式），也不是问人的其中一个范畴或偶性，而是问人是什么"。

---

① ［古希腊］亚里士多德：《亚里士多德全集（第七卷）》，苗力田主编，北京：中国人民大学出版社 1993 年版，第 121 页。

② ［古希腊］亚里士多德：《亚里士多德全集（第七卷）》，苗力田主编，北京：中国人民大学出版社 1993 年版，第 122 页。

③ ［意］托马斯·阿奎那：《论存在者与本质》，段德智译，北京：商务印书馆 2013 年版，第 14 页。

④ ［意］托马斯·阿奎那：《论存在者与本质》，段德智译，北京：商务印书馆 2013 年版，第 7 页。

以这种方式对人的提问，任何回答都只能涉及"完整的人"的一部分，而无法言说人的全部存在，因为这种提问方式已经预设了一个"完整的人"。在这种发问中，提问者所寻求的"本质"并不是"本质属性"，而是"事物借以被说成存在的东西。因此，本质这种一件事物借以被称作存在者的东西，便既不应当单单是形式，也不应当单单是质料，而应当是它们两者，尽管只有形式才适合构成这样一类存在的原因"。① 逻辑无法把握这种"存在者之为存在者"的本质，因而这种本质无法被"言说"。这种对人的本质或存在的发问与其说是寻求关于人的"事实真相"，不如说是在寻求关于人的"价值真相"，是在寻求人的存在的意义。因为在这里我们所寻求的答案恰恰就是人这种存在者本身，如海德格尔所言，"只要我们所追问的是存在（Being），并且存在意味着存在者的存在（Being of entities），那么，存在者本身就变成了所追问的对象（what is interrogated），质言之，我们的追问指向了存在者的存在"。② 因此我们不能用知识论意义上的概念或理论来回答价值论意义上的问题。

整个现代哲学，从叔本华、尼采、克尔凯郭尔到胡塞尔、马克思、维特根斯坦，直到海德格尔、萨特等，都在寻求作为"整体的人"或"完整的人"的本质，这种"人的本质"在维特根斯坦那里不是逻辑的对象而只能是"家族相似"，因而也是"不可说的"，在马克思那里不是抽象和孤立的而是感性—对象性的，在海德格尔那里不是科学的对象而是存在的意义——"此在"。总之，我们无法给"完整的人"下定义，对于这种发问我们无可"言说"，对于这种情况下"人的本质"我们不得而知。我们的理智能够理解和把握的只能是第一种情况下"人的本质"，即人的本质属性。并且这种本质属性是且只能是逻辑的对象，是可"言说"的。可"言说"的"人的本质"即人的类本质，人的类本质意味着"人之所以为人"，这是对我们的理智理解"人"这一概念的逻辑规定。如果一个存在者身上没有这种人的类本质，我们在逻辑上就不能称之为人。作为逻辑的对象的人，只能是抽象的人，只能是作为"类"的人。

---

① ［意］托马斯·阿奎那：《论存在者与本质》，段德智译，北京：商务印书馆2013年版，第16页。

② Martin Heidegger：Being and Time，translated by John Macquarrie & Edward Robinson，SCM Press Ltd.，1962：26.

人有三重存在样态，人的"类本质"不足以涵盖人的群体属性与个体属性。根据人的现实存在样态，可以将人分为作为类的人、作为群体的人以及作为个体的人。人的类本质只能区分人和其他非人的存在物，例如我们以种差（理性能力）将人与其他动物区分开，而要将人与植物区分开，则根据人所在的属（动物）就能轻易做到。相对于植物而言，人和其他动物处于同等地位，犹如相对于无机物，人和所有包括植物在内的生物处于同等地位。同样，相对于所有非人的存在物，所有的人都处于同等地位，作为类本质，在人与人之间是无区别的，人的类本质表达的是人类内部所有个体之间无差别的同一性。

理性只能理解人的同一性本质，而情感却可以把握人的差异性存在。在交互主体性的人际对待中，人们根据同一性本质很容易就可以理解义务论、契约论或功利论等伦理规范，并遵守这些规范，这些伦理规范只能对抽象的人有效用；而在主体—客体单向性人际对待关系中，我们只能根据人的差异性本质将无理性能力者视为具体的、特殊的人，只有情感才能把握到无理性能力者的差异性本质，在这种情况下，理性原则所规定的人——人的同一性本质——不得不被悬置起来。人际对待中理性原则与情感原则的冲突，其实是人的同一性本质与差异性本质之间的冲突。在单向性人际对待问题上，如果还要以理性原则作为行为的指导，则会犯怀特海所谓"具体性误置的谬误"[①]，把人的抽象的同一性本质套用在特殊的具体的、表现出个体差异性的无理性能力者身上，是无论如何也做不到的。

我们不能根据区别于动物的类本质来区分人类内部的群体和个体，当我们言说群体和个体的本质时，又不得不借助人的类本质。在严格意义上而言，群体和个体的本质都是它作为类的本质，我们当然不能用抽象的类本质来把握极具个性的个体了，这也是整个现代哲学对传统哲学的质疑所在。

五、本质主义与反本质主义：道德视差的存在论分裂

"本质主义"不同于本质的观念，自古以来，哲学都寻求事物的本质，

---

① ［英］A. N. 怀特海：《科学与近代世界》，何钦译，北京：商务印书馆2009年版，第59－61页。

哲学都寻求人的本质。事物，作为认识与实践的对象，其本质可以由"本质属性"来表达，然而将这种本质的观念"泛化"，甚至使用于不适当的领域，就成了"本质主义"。① 当我们提出"人的本质是什么"的问题时，我们也就提出了一个"形而上学"的问题，因此这个问题的答案也必定是形而上学的，无论是"有理性"还是"会言说"抑或"生存—实践"等，正确的回答方式一定是对本体论的某种承诺，一定承认了"本质的观念"。肇始于现代哲学的反形而上学（尤其是语言哲学）试图否认"本质的观念"，甚至试图否认哲学本身，但是最终陷入自我矛盾。蒯因的"本体论承诺"（ontology commitment）及时纠正了这一谬误，他认为无论如何我们得承诺或接受一种本体论，所谓"何物存在"并不是一个存在论问题，而是一个语言批判问题。"当我们说存在一个大于一百万的素数时，我们就承诺了一个数的存在论，当我们说存在一个半人马（centuar）时，我们就承诺一个半人马的存在论……我们无需纠结于一个特指名词（a singular term）的意义是否取决于它所指称的实体物（entity）的存在，特指名词的意义无需通过命名或指称（name）来获得意义。"② "存在就是成为约束变元的值"③，这是蒯因著名的本体论承诺公式，如果我们取消本体，则一切交互的、对等的交谈都成为不可能，我们之所以能够采用最简单的范畴或概念来把握经验世界，就在于我们在语义学上先在地承诺了某物存在，"对于一个人的概念结构（即知识）——不管是解释什么经验、哪怕是最平凡的经验——来说，他的本体论是其得以可能的基础"。④ 在比较温和的意义上，蒯因认为："我们接受一种本体论就如同接受一种科学理论，例如一系列物理学理论，至少在我们的理性范围内，我们将最简单的概念框架加在混乱的原初经验片段上，使其变得合理有序。我们（所承诺）的本体论正取决于此，即我们在最宽泛的意义上'采取'了这种'基础性'

---

① 俞宣孟：《"本质"观念及其生存状态分析——中西哲学比较的考察》，载《学术月刊》2010 年第 7 期。

② W. V. O. Quine：Froma Logical Point of View, Harvard University Press, 1961：8-9.

③ "To be is to be the value of a valuable"，亦译作"存在就是作为一个变项的值"，或"是乃是变元的值"等等，参见李小兵：《奎因的本体论承诺》，载《北京社会科学》1994 年第 4 期；王路：《奎因的本体论承诺》，载《求是学刊》2015 年第 11 期。

④ W. V. O. Quine：Froma Logical Point of View, Harvard University Press, 1961：10.

（over-all）的概念框架来适应和容纳（accommodate）科学。"①

在某种程度上，本质的观念其实就是本体论承诺，在形成关于人的一切知识之前，我们就承诺了人的存在；在追问人的本质时，我们就已经先在地有了一种本质的观念。反本质主义无法抛弃本体论的承诺和本质的观念，它并没有改变提出问题的方式——形而上学的方式，它能够改变的至多是所承诺的内容而已。因此，我们无需将反本质主义误解为一种取消"本质"的主张，它也许只是从另一个"视角"来探寻人的本质。

我们通常这样谈论人的本质：人区别于动物之处就在于人有理性，人是理性的动物，人的本质就在于理性。这是根据第一种寻求本质的方法所得出的人的本质，人们据此认为人类因拥有理性而区别于动物，并且所有具有此属性的存在者都可以被归属到人的范围中。

"人是理性的动物"，这一定义所言说的必定是全人类相对于动物的差别，是将人与动物相比较之后所发现的差异性，人的这一定义指的是人的类属性，建立在人与自然的自然差异与社会差异之上。② 如果将人的定义——人是理性的动物——当作人的本质，那么人的本质相对于所有人类社会成员都是同一的，不可能是仅适用于某一地区、某一民族的特殊属性。在此意义上，我们将由这种方法得出的人的本质称为"人的同一性本质"。与之相适应的是一种本质主义（essentialism）的哲学观。

本质主义的哲学观有三个显著特点：

（1）还原性。本质主义哲学观认为，感官所接触到的世界有其内在的本质，世界是由"原子"构成的，将世界还原到不可还原之处，就得到了世界的本质——原子。古希腊的"原子论"正是这种意义上的还原论。原子论认为每一个原子都包含了宇宙理性，即整个宇宙的本质，原子和"宇宙—世界"之间的关系是一种"全息投影"（holographic projection）的关系。在人类社会中，古希腊的哲人也在不同程度上应用了这种"还原论"，他们将社会还原为理性的个体——原子个人。斯多葛派认为"每一个人都是一个小宇宙"，每一理性个体身上都包含了整个"宇宙—世界"的全息

① W. V. O. Quine：Froma Logical Point of View, Harvard University Press, 1961：16-17.
② 易小明：《差异与人之本质的生成样态》，载《吉首大学学报（社会科学版）》1995 年第1 期。

信息。因此，他们不约而同地认为，把握了每一理性个体——原子个人的理性，就能从根本上把握社会、世界和宇宙的理性。

（2）规律性。本质主义认为事物的发展与变化是有规律可循的。把握了事物的本质，就能够把握事物的规律，特定事物的规律必定是贯穿事物始终的永恒法则。作为世界之"始基"的原子也必定是遵循着某种规律才能"联合"起来，这种规律即"宇宙理性"或曰"宇宙自然法则"（the natural laws of the cosmos）。宇宙理性具有普遍性，适合于某一"原子"的宇宙理性必定适合于所有"原子"。人类社会亦如此，适合于某一理性个体的规律必定适合于所有理性个体，斯多葛派的"世界主义"（cosmopolitanism）便是如此，一方面奠基于理性个体，一方面奠基于理性法则——适合于所有理性个体的普遍法则。①

（3）抽象性。本质主义认为，事物的表象不是本质，本质一定是表象背后那个抽象的存在，事物的本质不是具体的而是抽象的。当我们思考本质时，不是在思考事物变化多端的外在特征，而是在思考决定事物外在特征的内在特征。在本质主义看来，事物的本质无法通过"看"来得到，而只能通过"想"来得到。于是，本质主义认为事物的本质是"想"的结果，即概念和定义，而概念和定义无不是抽象的。人的概念，如上所述，"人是理性的动物"，便是一个抽象的表述。

用本质主义方法得出人的本质，是人的同一性本质，"人是理性的动物"这一定义仅仅表述了人的形式——理性，而没有表述人的质料——身体。早在托马斯·阿奎那那里，就对亚里士多德对人的这一定义提出了质疑。阿奎那认为作为复合实体的人，其本质应该是形式与质料的统一，"所谓本质也就是事物借以被说成存在的东西。因此，本质这种一件事物借以被称作存在者的东西，便既不应当单单是形式，也不应当单单是质料，而应当是它们两者，尽管只有形式才适合构成这样一类存在的原因"。② 在阿奎那看来，"理性的动物"这一定义并不能述说人的全部本质，

①　张达玮、陆玉瑶：《世界主义与天下体系的分歧与通融》，载《湖北民族学院学报（哲学社会科学版）》2016 年第 1 期。

②　[意] 托马斯·阿奎那：《论存在者与本质》，段德智译，北京：商务印书馆 2013 年版，第 16 页。

因为"动物"不是人之所是的全部。① 部分的东西不足以说明人的整体性存在。

直到现代哲学这里，人们开始反思人的同一性本质与本质主义哲学。事物作为认识和改造的对象，并且仅仅作为认识和改造的对象，其本质可以借由本质主义的方法获得，我们因此确立起关于事物的知识，并且这种知识因其简单性和抽象性而具有相对的确定性。但人不仅是被认识的对象，同时还是认识和改造事物的主体，将认识事物的本质主义方法挪用到对人的认识这里，就难免将人仅仅当作认识的对象，难免将人当作抽象的定义本身，而忽略了人能动的现实性，忽略了人的本质的全面性和丰富性。因此，我们需要明确本质主义的界限，以避免在超出其适用范围的领域错误地使用。只有当事物在认识上是可还原的（reducible）、有规律的以及可抽象时，本质主义的方法才能发挥其效用。本质主义的前提决定了它的界限，一旦超出这个界限，本质主义方法就失效了。本质主义无法表达事物的整体性、无规律性和具体性，在本质主义看来，将身体和情感（非理性）当作人的本质是极其荒谬的。

当现实向理论提出的要求仅仅是区分人类与动物时，根据人的同一性本质——类本质——便能轻易解决问题，但当现实向理论提出的要求是确立起个体的特性时，我们需要一种言说个体本质与存在的理论。既然个体不是类或群体，个体之间的差异性不是类和群体内部的同一性，甚至是与之相对立的，那么言说个体本质与存在的理论就与言说类本质的理论不同甚至对立，一种不同于甚至对立于本质主义的方法——当然也是一种探讨本质的方法——就是反本质主义（anti-essentialism）。

我们可以比照本质主义的特征来阐述反本质主义的特征：

（1）整体性。我们尽可以把物的世界还原为"原子"，但人的世界并非全都是可还原的。事实上，人的世界与物的世界极为不同。物的世界其存在论可以被称为"事物存在论"（ontology of things），而人的世界是一个"事的世界"，其存在论应该被表述为"事情存在论"（ontology of facts）。②

---

① ［意］托马斯·阿奎那：《论存在者与本质》，段德智译，北京：商务印书馆2013年版，第18页。

② 赵汀阳：《第一哲学的支点》，北京：生活·读书·新知三联书店出版社2013年版，第210页。

维特根斯坦认为："世界是事情（facts）而非事物（things）的总和。（1.1）世界的存在取决于事情的存在。（1.11）世界被划分为诸事情。（1.2）"① 人的世界中虽然涉及诸多事物，但仅仅说明事物本身是无论如何也解释不了整个事情的。一种整体主义的思维方法要求我们在分析"人的世界"时要更加注重"关系"（relation）、"交互性"（interactivity）、"机体"（organism）等。总之，关于"人的世界"的真理虽然一部分是可还原的；但还有一部分是不可还原的，并且不可还原的这部分构成了人的特性。当人作为认识的对象时，人是可还原的；但如果将人当作能动的，就要在能动的层面去把握人的本质与存在，这种情况下人就是不可还原的。

（2）生成性。事物的本质不仅是已然生成的，而且是在不断生成的。本质主义所追求的本质只能是事物已然的本质，或曰已然事物的本质，探寻未然事物的本质以及事物未然的本质在本质主义看来都极为不可靠。过去我们认为，大自然和人类社会中的事物及其本质都是已然存在的，事物的本质与规律只需等待人类在不断的生产实践中去发现和提取，例如浮力定律、万有引力定律等，但是果真如此吗？按照现象学和马克思主义哲学的分析，先于科学的并不是脱离人的"生活世界"与人的感性—对象性活动的孤立的外部存在，对象世界并非静静地等待人类去发现它，而是在人的"生活世界"与感性—对象性活动中不断展开和不断出场的。如今我们应该已经达成了这一共识，即事物的本质并非先天已然的，即使有先天已然的本质，也并不意味着永远恒定不变，事物的本质是随着时间、空间以及具体的社会、历史、文化情景而不断变化和不断生成的，例如"橘生淮南则为橘，生于淮北则为枳""士别三日当刮目相待"等。不仅"橘"的本质会随着地理、气候环境的改变而改变，人的本质亦随着人的实践而不断生成。反本质主义要求我们以发展、变化的眼光来理解事物不断生成着的本质及规律。萨特的"存在先于本质"正是在此意义上而言的，人的本质取决于人的存在状态，人只有先"存在"，才能在"存在"之中生成自身的本质。

（3）具体性。我们可以说出有理数、无理数的本质，但我们永远也说不出一个具体数字 17 的本质——关于 17 之内在的十七性（the intrinsic

---

① Ludwig Wittgenstein：Tractatus Logico-philosophicus，Routledge & KeganPaul，1955：31.

seventeenness of 17）。① 关于一个具体数字 17 的各种描述充满不可调和的差异性，我们只能将其置于其所在的属（有理数）中来理解，至于其作为自在存在本身，我们只能在不同的情景中来使用和理解，它的身份和本质从来不是确定的和已然的，并且在现实的运算中，我们从来都是跟一个作为具体数字的 17 打交道，从众多数字中区分一个具体的数字 17。其他事物亦复如是。将人的同一性本质——类本质套用在个体身上，就产生了怀特海所谓的"具体性误置的谬论"，苏格拉底身上当然有人的类本质，也有人的群体本质，但是当描述苏格拉底本人时，不能简单地说"苏格拉底是人"。苏格拉底当然是人，但现实的苏格拉底身上一切类的、群体的特征都被具体化和差异化了。

六、余论

反本质主义也探讨事物的本质，只不过它所探讨的本质不是本质主义所认定的那种本质。因此，我们无法用本质主义对本质的规定性来审视和对待反本质主义所探讨的本质，一如我们不能用人的类本质规定性来纠正或反对人的个体性存在。于是，我们既不能说无理性能力者是人，也不能说他不是人。不能说他是人，是因为他不符合人的同一性本质——类本质。不能说他不是人，是因为一方面他不适合用人的同一性本质来评价；另一方面他是一个差异性的个体，他是他自身，并且被动地处于人际对待的关系之中，理性存在者出于情感而非仅仅是理性将其当作"人"来对待。具体而言，理性存在者将无理性能力者当作一个差异性个体，而非普遍意义上的人来对待。

（作者张达玮，吉首大学哲学研究所硕士研究生。）

----

① ［美］理查德·罗蒂：《后形而上学希望》，张国清译，上海：上海译文出版社 2009 年版，第 30 - 31 页。

SOHO：一场正在进行中的道德的工作革命
——对 SOHO 办公的哲学思考

刘永春

摘要： "SOHO"作为一种新型的工作方式，正在全球范围内蓬勃发展。这实质上是在工作领域中进行的一场道德革命。理由是：第一，SOHO 将工作自主性重新还给了广大普通工作者，将这些人从工作客体的地位中解放出来，使得他们真正成为自己工作的主人；第二，SOHO 彻底改变了传统工作的谋生性、强制性以及等级性的属性，赋予"工作"以全新的道德意义；第三，SOHO 通过肢解现代工作关系及其组织形式，根除了工作关系及其组织形式中的不平等因素，使平等理念在工作中真正得以实现；第四，SOHO 结束了自工作革命以来人类形成的工作与休闲、工作与家庭二分的生活方式，真正实现了工作与生活的有机融合。因此说 SOHO 的发展是在工作领域中进行的一场道德革命。

关键词： SOHO；工作；道德；革命

随着信息技术的飞速发展及其在工作领域中的广泛应用，随时随地的移动办公成为可能，作为其代表的 SOHO 办公方式日益受到追求自由、个性的工作者，特别是 90 后"网生一代"的喜爱和热捧，越来越多的工作者开始抛弃"朝九晚五"的现代工作方式，加入到 SOHO 一族中来。这种行为在纽约、伦敦、巴黎、北京、上海等大城市已经成为一种工作时尚。然而面对这一新兴事物，学术界的反应是迟钝的，普通民众也没有充分意识到这种改变将会给人类未来生活带来什么样的影响，甚至在一些人看来这只是一小部分人标新立异的做法，不足为奇。然而这并不影响它将产生的客观意义。

在笔者看来，随着信息技术的日新月异，这种工作方式将会在不久的将来扩张到人类绝大部分工作领域之中，最终将会取代现代的组织化的工作方式，成为未来工作的主流形态。而这一改变将对未来人类的工作和生活带来难以估量的影响。而事实上，这一革命它已经在悄无声息地进行了。

一、SOHO 的历史演变

SOHO 的演变历程也是"SOHO"概念自身的内涵不断丰富，外延不断扩展的过程。这是一个不断生长的过程，生长的动力来自于信息技术的不断发展与人类不可节制地追求自我价值实现的欲求。因此需要从它历史演变的轨迹中去理解。

"SOHO"是 Small Office（小型办公）与 Home Office（居家办公）的缩写，又简称为"居家办公"。它最早来自于 20 世纪 80 年代中后期美国纽约一个小镇（South Houston）的名字。这个小镇里聚集着一批追求个性、热爱自由的艺术家，他们喜欢在自己家里或者自己租的公寓里从事艺术创作活动，人们就将以此方式工作的这些艺术家称为 SOHO 族，将这种工作方式称为 SOHO。后来这种方式逐渐被一些非艺术家的群体，比如自由撰稿人、律师等自由职业者所采用，这些人只要拥有一台电脑、一部电话以及相关设备就可以开始工作。到 90 年代，这种方式在世界上一些经济发达地区日渐风靡，日本等地还为 SOHO 族专门建立 SOHO 社区，以供他们办公之用。

到 21 世纪初，随着移动互联网技术的突飞猛进，笔记本、平板电脑、智能手机等电子设备的普及，3G、4G 网络的大范围覆盖，Email、QQ、微信等即时通讯工具的广泛使用，以及各种办公应用平台和软件的开发和全面推广，使得人们离开家庭，随时随地进行办公成为可能，因此，SOHO 的内涵从传统的"居家办公"进一步扩展为"移动办公"，即 3A 办公模式——在任何时间（Anytime）、任何地点（Anywhere）处理与工作相关的任何事情（Anything）。这就使得越来越多的传统职业也从"网下"搬到"网上"，比如近些年来出现了网络保姆、网络翻译、网络家教、网络砍价师、网络秘书、网络钟点工、网店装修师、网络模特等网络新职业。除此之外，也涌现出公司型的"SOHO"模式，例如，规模不大的广告公司、设计工作室、律师事务所、会计事务所等也都开始采用这种办公方式，甚至一些大型公司基于高昂的办公费用和人力成本的考虑，也筹划在公司内部推行 SOHO 办公模式。

可以预见，在不久的将来，SOHO 方式将会伴随着信息技术的飞速发展向工作领域的各个方面渗透，最终成为工作的主流形态，甚至连最为传统的职业——农民，都有可能实现 SOHO 办公。例如，在法国，工程专家正在试图将卫星定位系统、手机无线网络与田间灌溉机器连接在一起，帮助农民实现这一目的。

尽管 SOHO 作为一种新型的工作方式在工作领域内呈迅速扩张的态势，但就目前发展现状而言，这种工作方式仍然处于起步阶段，尚不足以动摇现代社会中主流的工作方式，但是这并不阻碍它在本质上是一场革命，因为它对工作方式的改变不是通过对社会整体的激烈改造来实现的；相反，它是通过改变一个个 SOHO 工作者的工作地位、工作观念、工作与生活方式潜移默化地实现的，因此这场革命是温和的、渐进的。同时也是道德的，因为与传统的工作方式相比，SOHO 方式使得工作者、工作性质、工作关系与制度、生活方式都朝着善的方向发展。

二、SOHO 赋予了普通工作者工作主体的资格

SOHO 将工作自主性还给广大普通工作者，将他们从工作客体的地位中解放出来，赋予他们以工作主体的资格，使得他们真正成为工作的主人。这是基于以下理由的考虑。

人类起初创制工作的目的是为了满足自身的需要，但是结果却是人类的部分成员在某种程度上沦为工作的客体，成为只会工作的机器动物，工作成为自己的外在之物。这种情况的出现恰恰是随着人类文明的进步而出现的。

在工业革命之前，对于那些以耕种为生的农民、以放牧为生的牧民，他们能够在遵循生物生长、气候变化的自然规律的前提下，自由支配自己的工作。但是自从工业革命之后，当机器化大生产、流水线生产模式，以及泰勒制为代表的标准化的科学管理模式在整个工作领域中被广泛采用之后，虽然人类普遍的工作效率获得空前的提升，物质财富得到极大增长。但是与此同时，越来越多的普通工作者却丧失了工作的自主性，失去了对

自己所从事工作的基本支配权力。他们的的工作内容被分割成不同的小块，他们只是被要求完成工作任务的极小一部分；不能对工作目标进行设定；也不能够左右自己的工作节奏，对整个工作过程茫然不知；也根本看不到自己的成果，成果对于他们而言完全是陌生的、异己的存在。因此，根本感受不到自我价值的实现，"人的工作就是完成目前机器还不能做的事"①。不仅如此，甚至他们自身都成为被监控的对象，被"空间所控制，被厚厚包围着的灰浆、砖头以及社会监视技术所'规训'，工作场所其实就是一个'全景敞视监狱'"②。由此，工作者不仅丧失了对工作的控制权，而且因为工作之故也丧失了对自己身体的支配权，正如卢卡奇指出，"人无论在客观上还是在他对劳动过程的态度上都不表现为是这个过程的真正主人"③。因此，在这个意义上，广大普通工作者的确沦为了工作的客体。

问题的根源是什么？卢卡奇曾指出，以肯定人的主体精神为特征的人本主义与以可计算化为特征的科学精神是人类文明在发展过程中始终存在的两大张力，如何平衡二者的关系，关系到人类文明的持久繁荣。以可计算化为特征的经济理性自近代以来成为社会的主流，占据社会价值判断的上风。这进一步造成以能否实现利益最大化成为衡量一种工作方式好坏的唯一标准。这样普通工作者就被视为实现利益最大化的工具，以人力资本和经济成本的形式存在于工作之中，因此他们就必然就沦为工作的客体。

那么如何才能改变这一现状，恢复工作者在工作中的主体地位呢？马克思寄希望于无产阶级革命，希望通过无产阶级推翻资产阶级掌握国家政权，让工人真正成为工作的主人。但是就目前的情况而言，SOHO方式的出现却恰恰为马克思主义理想的实现提供了一种全新的途径。

因为在这种工作方式中，广大普通工作者在整个工作过程中是完全自由和自主的。这体现在：其一，工作者对工作场所具有自由选择权，既可以选择在家里办公，也可以选择去咖啡厅、公园等户外办公，一切由自己意愿和喜好而定。其二，工作者对工作时间具有自由支配权，"我的时间，

---

① ［美］埃里希·弗洛姆：《健全的社会》，孙恺详译，贵阳：贵州人民出版社1994年版，第67页。

② A. Gory：Critique of Economic Reason，London and New York：Verso Press，1989：81–82.

③ ［匈］格奥尔格·卢卡奇，《历史与阶级意识》，杜章智等译，北京：商务印书馆1999年版，第153页。

我做主"，何时工作，何时休息以及是否需要加班完全都自我决定，不必再启动朝九晚五的固定时间模式。其三，工作者对工作节奏具有自由控制权，既可以采用高效率的通宵大战，也可以采用舒缓的模式，穿着睡衣，拖着拖鞋，听着轻音乐工作，不必担心他者的监视。其四，工作者对工作目标和工作内容具有自由设定权，工作者拥有独立的思考的空间与创意空间，自主决定工作内容。其五，工作者对工作成果具有自由的分配权，而不必再依赖于他人的施舍和奖励。

因此，在 SOHO 办公时，工作者不再是只需要按部就班的工作机器，不再是工具性的存在，而是主体性的存在，主体地位从此得以确立，人的主体精神得以彰显，独立人格在工作中得以养成。所以，就此而言，它在道德上是具有进步意义的。

三、SOHO 赋予"工作"以全新的道德意义

在人们的日常观念中，"工作"并没有被赋予十分积极的意义，不少人经常会将其视为一件枯燥、无趣、严肃但是为了谋生又不得不做的事情。细而言之，在现代人的观念世界中，"工作"被设定为如下的一种样式：

（一）工作被定义为仅仅是一种谋生的手段

毫无疑问，谋生是工作的第一要务，但是当代人将谋生理解为工作的全部要义，以挣钱来定义工作，以挣钱多少衡量工作好坏，不挣钱的工作，如义工甚至都不会被视为工作。但是如果仅仅将工作视为谋生的手段，那么个体是无法从工作中感受到自我价值的存在与肯定，也无法在工作过程中获得恒久的高层次的快乐体验。不止如此，工作自身也会丧失它所本有的超越性意义，不再具有神圣感，因此也不会激发人们发自内心的对工作的敬畏，这就必然使得人们很难以敬业的态度对待工作。

（二）工作被理解为一种强制性的生活样式

事实上，工作并非天然地就具有强制性，至少在原始社会中，并不是如此，因为那时的工作是与游戏融为一体的。强制性是人类进入阶级社会之后才出现的状况，统治阶级依靠暴力或其他手段强迫奴隶进行劳动生产以满足欲求。人类进入工业社会之后，由于社会分工的细化，科学管理模式的采用，工作内容变得单一、枯燥、无聊。但是在商品社会中，只有通

过工作才能维持生活，因此这种强制性得到进一步加强。人们在工作中放弃自由意志，完全听命于上级的安排，要忍受日复一日的单调和枯燥，甚至时刻准备着逃离职场，正如马克思所言，"只要肉体的强制或其他强制一但停止，人们就会像逃避鼠疫那样逃避劳动"①。可见这种强制性特征给予工作者自由的实现造成了极大的痛苦，使得工作变成避之而不及的事情。

（三）工作被赋予了一套鲜明的等级色彩

尽管我们一再强调职业没有高低贵贱之分，但是几千年的文化传统却在塑造我们一个相反的职业事实：有高低贵贱之分。而且这一观念依然深刻影响着今天我们对工作的认识。特别是官本位的思想对职业影响最为显著。同样是雇佣性质的工作，人们却习惯于将吃财政饭的职业，比如公务员、国企、事业单位里的工作定义为正式的"工作"，认为这是高贵、荣耀的、值得欲求的；习惯于将在民营企业或私营企业的工作，称之为打工，在一些人看来，这都不算是正式的工作。同样，那些"打工"者也不认同自己所从事的事情就是真正意义上的工作。工作中所渗透的鲜明的等级特征，不仅造成了新的职业歧视和阶层隔阂，也导致人们在选择职业时放弃自己的兴趣和优势，而去追逐那些所谓高贵的职业，阻碍自我价值的实现。

综上所述，在当代人的观念中，"工作"具有谋生性、强制性和等级性特征，但是这些特征本身在道德上的合理性是值得商榷的。因为它将我们朝夕相伴的"工作"变成了人们都试图逃避但是又不得不依赖的东西。如何剔除"工作"概念中的这些不道德因素，使得工作成为一件幸福的事情？SOHO 的产生可能有助于这一问题的解决。

首先，SOHO 改变了工作所具有的谋生性特征。在 SOHO 办公中，工作者追求的是个性、自由、创造性以及自我价值的实现，期望获得一种"畅快"的内心体验。工作真正成为了个人兴趣之事，成为个体通过工作实现自我价值之事，这才是工作最为耀眼之处。正如理查德·唐金认为："伟大的工作不在于办公室设计是否符合人体工程学；也不在于办公室色调的搭配；不在于人力资源管理的种种细节；也不在于领导力的强弱——至少不在于自上而下的领导体制；更不在于技术的新旧。真正决定它是否

---

① ［德］马克思：《1844 经济学哲学手稿》，北京：人民出版社 1985 年版，第 44 页。

伟大的关键，要看它能否点亮人性的光辉，使人们实现自己。"① SOHO 这一工作方式最大的特点就是彰显人性，让个体不再受制于他人和工作制度的束缚，可以毫无顾忌地大胆追逐自己的工作梦想。

其次，SOHO 改变了传统工作所具有的强制性特征。在 SOHO 办公中，工作者在工作中获得了主体地位，工作完全是自己的事情，工作内容、形式、进程等都是由工作者自己决定。因此，不存在任何来自外力的强制性因素要求工作者如何行动。在 SOHO 办公下，当人们谈起工作时，联想到的是自由、快乐、个性的展示，而不是压抑、紧张、无趣的负面情绪。事实上，工作强制性的解除更有利于人的潜能的发挥。托马斯·爱迪生曾说："我自己一辈子连一天都没有'工作'过。对我来说，每天都是在玩。"② 居里夫人也说过："就我的人生而言，对自然界的那些新发现让我变得像孩子一样欣喜无比。"③ 当工作不再具有强制性，每个人所做的都是自己喜欢的和感兴趣的事情，工作不再是一种负担，而是一种不可节制的追求。

再次，SOHO 将改变传统工作所具有的等级性特征。其一，在 SOHO 办公中，"职业"的概念将会被肢解，因为每个人可以同时从事多种工作，可以随时更换工作，作为固定的某种职业类型将不会存在，那么附着于其上的等级观念也就不复存在。其次，当许多年轻人放弃让人羡慕的公务员工作，选择 SOHO 办公时，这一事实本身就是对"铁饭碗"的一种有力否定。其三，SOHO 方式的组织结构形式并不具有等级化特征，每个人都是以自由职业者的平等身份展开交往，因此在 SOHO 办公中，工作具有了平等的特征。

四、SOHO 建构了一个平等的工作关系及其组织形式

SOHO 通过改变传统的工作关系及其组织形式，铲除了工作中的不平

---

① ［英］理查德·唐金：《工作的历史》，谢仲伟译，北京：电子工业出版社 2011 年版，第 308 页。

② ［美］克里斯多夫·爱丁顿、陈彼得：《休闲：一种转变的力量》，李一译，杭州：浙江大学出版社 2009 年版，第 131 页。

③ ［美］克里斯多夫·爱丁顿、陈彼得：《休闲：一种转变的力量》，李一译，杭州：浙江大学出版社 2009 年版，第 131 页。

等关系、制度及其观念，使得平等理念在工作中真正得以实现。这是基于以下理由的考察。

平等的理念在人类社会中已经推行了数百年之久，在种族平等、性别平等甚至在动物平等方面都取得了骄人的成就。但是唯独在工作领域中平等观念的推进尤为艰难。比如，上下级间的等级关系、职业歧视等现象依旧普遍存在，这些不平等是由现代工作关系、工作制度、工作文化共同塑造的。这些现象被人们视为理所当然，甚至在很多人看来在道德上是可以接受的。这是因为现代化的工作关系和工作制度将不平等通过潜在的手段合理化、合法化了。但是这种表面的合法化与合理化并不能根除工作关系与工作组织所存在的潜在危机。

就工作关系而言，现代化的工作关系本质上是一种雇佣关系，即由被雇佣者向雇佣者提供劳务，雇佣者向被雇佣者支付一定报酬的权利与义务关系。老板、组织是雇佣者，普通工作人员是被雇佣者。这种被法律所保护的关系好像是平等的，雇佣者与被雇佣者都具有在任何时候自由解除和改变雇佣关系的权利。但实则不然，由于雇佣者是处于优势地位的资源拥有者，雇佣者离开被雇佣者可以生活，但是被雇佣者如果丧失被雇佣的机会就连生活的权利都没有，特别是在就业压力紧张的年代，被雇佣者为了获得维持生活的资源，必须依附于雇佣者的雇佣，接受被雇佣者的剥削。正如马克思所言，雇佣劳动只有在资本主义出现后才发生的现象，是资本家获得剩余价值的重要渠道。因此，现代工作关系的雇佣性质决定了雇佣者与被雇佣者之间的关系在工作中是不可能平等的。

就工作组织而言，科层制是现代社会最基本的组织形式。正如社会学家彼得·布劳所说："在当今社会，科层制已成为工作管理组织制度，并在事实上成了现代性的缩影。"① 科层制将工作组织设定为一个个等级森严的金字塔结构。在较大型的组织中，每个工作者都被分配到这个金字塔的某个位置上，除非处在金字塔的最顶端，否则必然要处在一定的上下级关系中。无论是在行政官僚系统中，还是在企事业单位中，概莫如外。在这种上下级关系中，下级最重要的使命就是服从上级命令，贯彻上级意志。更别说，当上级的权力无法受到约束时，这种不平等往往就会很容易演变

① ［美］彼得·布劳等：《现代社会中的科层制》，北京：学林出版社2001年版，第8页。

成新的人身依附。因为资源的分配权力主要掌握在上级手中，下级要获得晋升的机会，要得到更多的经济利益，最重要的途径是获得上级的信赖。上级利用工作职位所赋予的公共权力来巩固和壮大自我利益，下级为了自我更好地生存和发展，只能唯上级马首是瞻，唯领导是从。因此，上下级关系就异化为一种人身依附关系，人与人之间的平等就难以谈起。正如马克思所言，人从对人的依赖性关系中解放出来，是人类走向自由的重要一步。

受上述两重因素的影响，工作者在工作中很难实现真正意义上的平等。换言之，工作中平等理念的实现，关键在于如何解除这种不平等工作关系和工作组织形式对人的束缚。恰好 SOHO 工作方式的出现为这一问题的解决提供了新的答案。

一方面，SOHO 方式摧毁了传统的雇佣关系，构建了一种新型平等的工作关系。在最初级的 SOHO 方式中，一部分公司将自己的业务直接外包给个体工作者，分别与每一个员工签订劳动合同，只要员工在固定时间内按照要求完成工作就好，至于在哪里工作无所谓。因此，这些员工与公司之间的关系不再是传统的雇佣关系，因为他们成为公司独立的"外包商"，每个人都是自己的老板，因此，构成为了一种业务委托合同关系。而在更高级的 SOHO 中，工作者之间则完全可能是一种临时性的合伙关系。当召集人决定要完成一项工作时，就会通过网上发帖邀请，招聘志同道合的同事，组建团队，团队成员可能彼此都处在"无知之幕"之下，彼此都未曾谋面，但是大家可以在群里自由广泛讨论，分工合作，工作任务完成之后，团体也就随之解散。由上可见，SOHO 方式中所蕴含的工作关系迥异于现代工作雇佣关系，它是一种完全平等的工作关系，消除了雇佣者与被雇佣者之间的身份差异。这种新型关系的出现意味着雇佣关系的终结。马克思说："如果人不再'被雇用'，那么他的工作过程的性质和特征就将改变。工作将成为人类力量的有意义的表现形式，而不是毫无意义的苦差事。"①

另一方面，SOHO 也瓦解了现代科层制为代表的金字塔形的组织结构。在 SOHO 办公中，金字塔形的等级组织结构没有存在的必要也没有这样的空间，因为网络世界是一个扁平化的世界，工作者与工作者之间是由一张

---

① ［美］艾瑞克·弗洛姆：《健全的社会》，孙恺详译，贵阳：贵州人民出版社1994年版，第208页。

横向平行的网络所连接，每一位工作者都可以直接作为独立的个体与网上的任何一个"节点"进行工作交往，任何一位工作者可以同时从事多份工作，只要自己愿意并且具有这样的能力。所以，在这种工作方式中，"上下级"概念已经成为一个过时的东西，将逐步退出历史的舞台，随之而来的是每一位工作者都将以平等的身份与他者展开交往。而人们以平等的身份进行工作实践的结果将是，平等的理念在人类社会中得以不断巩固和深化。

五、SOHO 实现了工作与生活的彻底融合

之所以说 SOHO 改变了自工业革命以来形成的工作与生活二元对立的现代生活方式，使工作与生活重新融为一体，是因为：

工作与生活二元对立的生活方式是自工业革命之后才出现的一种崭新的生活方式。在此之前，工作与生活并不是处于完全隔离状况。在原始社会时期，如理查德·唐金所说："伊尔约龙特人在工作和玩耍之间并没有划下明确的界限。"① 在农耕文明时期，人们过着男耕女织、自给自足的生活。自从人类进入工作革命之后，现代组织化的工作方式造成了工作与生活的严重分裂。

一方面，现代工作方式造成工作与家庭生活的割裂。必须要在某一固定时间、固定地点工作的这种被严格组织化的工作方式造成了工作与家庭两大领域的分裂。这种分裂对工作者的生活带来了诸多麻烦。工作者经常需要每日奔波于两地之间，有时候彼此不能兼顾，要么为了事业上的成就而冷落甚至放弃家庭，要么为了家庭放弃自己梦想的事业，特别是对很多已婚女性而言，是一个不得不面对的两难问题，要么放弃事业，成为家庭主妇；要么放弃家庭，追求事业上的成就。要做得二者兼具，并非易事。不仅如此，这一分裂也是形成当前严重的社会问题的重要因素之一，比如中国农村的留守儿童问题、空巢老人问题、女性就业歧视问题、大城市交通堵塞问题等重大社会问题的发生，在某种程度上与工作与家庭的割裂就具有某种内在的联系。

---

① ［英］理查德·唐金：《工作的历史》，谢仲伟译，北京：电子工业出版社 2011 年版，第 5 页。

　　另一方面，现代工作方式造成工作与休闲的割裂。现代工作方式追求的是高效率，工作环境被严肃、紧张的氛围所笼罩。人们在工作中失去了原始社会和农业社会中享受闲暇的时光，丧失了工作中的乐趣，"游戏"的成分从工作中被剔除，工作完全成为一种谋生的工具。而且随着社会分工越来越细，工作与休闲的隔离愈加深入。繁忙的工作使得"休闲"仅仅成为富人的专利。正如马克思所认为的，在资本主义社会，特权阶级的休闲是以牺牲广大劳动人民的生活时间为代价的。

　　如上所述，现代化的工作方式使得工作与家庭、工作与休闲割裂，而这一割裂对现代人的日常生活造成了严重的困扰，是现代诸多社会问题产生的重要根源之一。那么，如何有效化解这一危机，SOHO 办公的出现为此提供了颇具价值的化解之道。

　　一方面，SOHO 办公实现了工作与家庭的融合。SOHO 办公的起初形态就是"居家办公"。家庭办公可以消解工作与家庭的冲突，实现工作与家庭生活的和谐，工作者可以一边工作，一边照看孩子、照顾老人，与家人团聚，享受美好的家庭时光，免于来回的奔波，获得身心的放松。特别对女性而言更为有利，无论是女性在怀孕期，还是要照顾年幼的小孩，都不用担心与工作发生太大的冲突，而这就将进一步改变女性在工作中的被歧视地位。也并不会因为家庭生活，而减少工作时间。正如经济学家迈克·英格伦说："独立的办公室和家庭办公的发展趋势意味着工作场所将更加为家庭着想，增加家庭工作安排将会减少交通时间，因而有可能增加实际的工作时间。"

　　另一方面，SOHO 办公实现了工作与休闲的融合。工作的进行不需要在紧张的状态中展开，个体完全可以以一种轻松愉悦的心态进行，可以去咖啡店，或者城市公园，豪华的购物中心，或者乡间小屋，甚至可以边旅行边工作，工作完全融入了休闲之中，成为一种生活方式。这样打破了工作组织对个人休闲生活的束缚，扩大了私人领域的边界，将属于公共领域的工作，变成了私人领域的事情，成为个人休闲之事。正如帕克所言："在这种融合中，工作将失去它目前所具有的强制性，获得现在主要同休闲联系在一起的创造性。同样，休闲将不再是工作的对立面，而得到一种现在主要同工作联系在一起的创造财富的地位，值得人们认真计划，获得人类所能得到的最大限度的满足感。"通过 SOHO，结束工作与生活二元对立的局面，实现二者的有机融合，必将是人类文明新的进步。

六、结语

综上所述，正在迅速蔓延的 SOHO 办公是一场悄无声息的正在进行中的工作革命。它会悄无声息地在改变工作者的地位、工作的性质、工作关系及其组织结构，以及工作与生活二元对立的生活方式中实现社会的变革。它本质上是将人从工作的束缚中解放出来，唤醒人的主体精神，塑造人的平等意识，鼓励人充分发挥自身的创造性和个性，在工作中实现自由和自我价值的实现，在这个意义上，这场革命是道德的。因此，我们应当采取措施保护这种革命的顺利进行。政府需要对 SOHO 一族进行政策上的支持和鼓励，特别是社会福利与保障方面；企事业组织也应当重新进行工作组织制度的设计，以适应这种变革；学界需要思考 SOHO 办公的伦理准则问题。社会各界需要对 SOHO 一族进行包容和理解。

（作者刘永春，湖南师范大学公共管理学院讲师。）

大数据隐私伦理问题研究①

唐凯麟 李诗悦

摘要： "大数据时代"的到来引发了一场颠覆性的技术革命。同时，在大数据背景下的个人隐私伦理失范的问题也面临着挑战，主要表现在个人身份信息、个人行为信息以及个人偏好信息的泄露等三个方面。造成这些问题的原因主要是大数据应用主体自身的道德素质的缺失、大数据技术自身的不完善与不成熟，以及大数据使用者的道德原则与立法方面的缺失。只有树立大数据应用主体与时俱进的隐私观、大力开展有关大数据隐私伦理的道德教育、完善大数据技术、创建有关大数据隐私伦理的共有的道德标准以及完善与有关大数据隐私伦理方面的法律法规，才是防止隐私伦理失范现象发生的解决之道。

关键词： 大数据；隐私；伦理；问题

当代全球信息技术的飞速发展，将人类带进了"大数据"时代，大数据是一场崭新的革命，它正在改变着人们的购物行为、支付方式、出行和社交行为以及思维方式，改变着企业的营销模式与生产行为，将商业与工业提升到一个全新的高度。由于蕴含了前所未有的社会价值和经济价值，并渗透到每一个行业和每一个业务领域，大数据成为了与诸多物质资产同样重要的生产要素；与此同时，对于这一重要生产要素的过度使用，如数据的公开、共享和挖掘带来的一系列隐私伦理问题也凸显出来，不容我们忽视。

---

① 本文已发表于《伦理学研究》2016年第6期（总第86期）。

隐私问题关乎人的权利问题。沃伦（Samuel Warren）和布兰戴斯（Louis Brandeis）早在 1980 年就在《哈佛法律评论》期刊发表《隐私与权利》一文中，将隐私界定为"不受干涉"或"免于侵害"的"独处"的权利。① 随着人们对隐私的关注，伦理学界也开始为隐私保护提供道德辩护。不同的学者，由于知识背景、研究视角和研究对象的差异，为隐私问题给出了不同的道德辩护。总的来看，这些不同的伦理辩护可以归纳为两种观点。

一种观点认为，隐私权是人类的基本权利，它与人类其他的基本权利处于同等重要的地位。人类的隐私应该要受到社会的尊重和保护。然而另外一种观点则认为，隐私权只是某些人类的基本权利的派生物，它只有相对于某些人类的基本权利才具有相应的价值，所以隐私只具有相对价值和工具价值。此外，西方学者还从功利论、义务论和德性论的视角对人类的隐私进行了伦理分析。从功利论的角度来说，保护人类的隐私既增进了个体的功利，又可能使得社会功利得到最大化的保护。就义务论来说，如果把人类的隐私权看作一种人类的基本的权利，那么社会就有保护隐私权的义务。从德性论来讲，尊重本身就是一种德性，对隐私的尊重因而得以进入德性论的研究视野。② 尽管伦理学界对隐私、隐私权有多种看法，但是他们对于隐私的看法都有一个共同点，就是隐私对个人的存在具有重要价值。本文试图从信息伦理视角审视在大数据背景下隐私问题的新的伦理失范的表现以及其原因，以期寻求合理的解决之道。

一、大数据隐私伦理问题的表现

大数据时代的到来引发了一场颠覆性的时代变革，它改变了人们的生活方式以及理解世界的方法。但是，与其他新技术一样，大数据技术也将面临一系列意料之外的伦理风险。具体而言，大数据技术所引发的隐私伦理问题主要表现在以下三个方面。

1. 个人身份信息的泄露

大数据技术带来的最大的隐私伦理危机是个人身份信息的泄露。我们

---

① Warren S D、Brandeis L D: The Right to Privacy, Harvard Law Review, 1890: 5.

② 吕耀怀：《信息隐私问题的伦理考量》，载《理论与探索》2006 年第 6 期，第 657 - 660 页。

的个人身份信息主要是指我们的姓名、年龄、性别、家庭成员、教育程度、就业情况、收入水平、健康状况以及淘宝、微博、微信、网易和 QQ 邮箱等账户等。中国网民人数每年都以令人惊异的速度增加。1996 年我国网民仅有 27 万，根据中国互联网络信息中心（CNNIC）发布《第 37 次中国互联网络发展状况统计报告》显示，截至 2015 年 12 月，中国网民规模达 6.88 亿，互联网普及率为 50.3%；手机网民规模 6.20 亿，占比提升至 90.1%。其中有网购用户规模达到 4.13 亿，比例高达六成。网民在使用智能设备（手机、平板、智能手表等）的时候都会留下许多数据足迹，产生许多的数据，这些数据都被相关的公司储存和保留下来，从而汇集在一起形成了具有重要商业价值的大数据。隐私专家索洛夫（Daniel Solove）就提到，已有企业结合全球超过两万种不同资讯来源，提供关于某个人的综合资讯全览。美国最大的行销资讯供应商资料库，共拥有两亿一千五百万人的资料，每个人的资料可细分为最多至一千个资料点。用户数据在未授权和不知情的情况下被买卖利用，个人对于自己隐私信息的掌握权力就大大减弱，这种权力已分散到具有网络存取权的人手中了，从而造成隐私伦理问题。[①] 同时，这也容易导致身份盗用现象的发生。由于互联网上私人信息的可得性，身份盗用事件迅速上升。在美国身份盗用已成为社会的流行病，2012 年被盗用身份人数达 1200 万，2013 年这一数据比 2012 足足多出了 100 万人，成为美国发展最为迅速的犯罪行为。公共记录搜索引擎和数据库成为网络犯罪的元凶。

2. 个人行为信息的泄露

无论何时何地，手机等各种网络入口以及无处不在的传感器，公开或者秘密地在人们并不知晓的情况下采集数据，对个人信息数据进行采集、存储、分析、处理、分享。个人的行为举止、所处的地理位置，都会被一一记录下来，和其他数据进行整合分析。例如，监控摄像、社交网络主动上传数据、信用卡刷卡数据、手机通讯记录、医院看病记录、商场购物情况等。在这种全方位无间隙的监控下，不论是否意识到，主体的隐私都被侵犯，从而导致个人行为信息的泄露。例如，美国棱镜门事件，特工斯诺

---

① 薛孚、陈红兵：《大数据隐私伦理问题探究》，载《自然辩证法研究》2015 年第 2 期，第 44 - 48 页。

登披露美国政府通过网络通信对全世界的电子邮件、网上聊天记录、电话通讯等数据实施秘密监控，危害个人隐私。从康德哲学的观点出发，当主体隐私不被尊重的时候，主体的自由就受到干涉，而人的自由意志与尊严正是人之所以为人的基本道德权利，所以对隐私的侵犯是对人的基本道德权利的侵犯。

3. 个人偏好信息的泄露

大数据分析技术超乎想象的进展，例如关系型数据库、模糊计算理论、基因算法则以及类神经网络等，使得从电信、零售、农业、网络日志、银行、电力、生物、天体、化工、医药等方面数据中发掘宝藏成为可能。利用大数据技术，我们可以归纳过去，形成规律，然后根据规律预测未来。所以维克托说："大数据的核心就是预测。"① 相关公司可以通过对个人行为信息的大数据进行分析预测，得出个人偏好信息。如商家通过购物记录分析出消费者性格、爱好以及消费习惯等信息；保险公司通过大数据预测用户未来的身体情况及患有重大疾病的可能，从而决定是否向其提供保险服务；银行通过大数据预测出用户贷款意愿及未来的偿还能力，评价出其信用等级来决定是否为其提供贷款；而警察则可能根据大数据预测提前采取措施控制嫌疑人。这些信息对于商家、企业非常有价值，提高了管理效率，但对消费者来说，意味着宁静生活被打破了，自然也引发出更多的疑问：隐私的边界在哪里？云端的数据属于谁？

二、大数据隐私伦理问题的原因分析

大数据隐私伦理问题产生的原因是多方面的，总体来说，主要可以分为以下三个方面：大数据的应用主体是其主观原因；大数据带来的技术风险是引发隐私伦理问题的客观原因；而有关大数据使用方面的道德原则、外部规约以及法律缺失是其产生的社会原因。

1. 主观原因

大数据隐私伦理失范的最深层原因应该落实到大数据的应用主体上来。这种虚拟的数据应用主体是指在建设、管理、使用大数据，并具有相

---

① 维克托·舍恩伯格、肯尼思·库克耶：《大数据时代》，杭州：浙江人民出版社 2013 年版，第 26 - 29 页。

应道德需要和能力、道德义务和权利的人或组织。① 主要包括了各种类型、各种层次的用户、网站、网络产品制造商、政府机构和社会组织等。由于大数据的海量性必然会为不同的应用主体带来不同程度的经济利益，因此，不同的应用主体会为了经济利益铤而走险，最终导致伦理失范现象。事实上，在大数据的运用中，不同层次的组织与用户往往从自身的利益出发，以追求利益最大化为目标实施行动，这可能侵害到其他利益相关者的利益，其中用户的利益可能涉及隐私。这说明，各利益相关者的利益多样性导致的伦理失衡似乎是大数据隐私问题的深层伦理根源。

同时，由于大数据的应用主体的多样性，也就使得应用主体具有主体身份的不确定性，主要体现在大数据使用者自身的道德素质上。目前，大数据的应用主体对大数据的发展所需的伦理道德了解甚少。面对管理和运用大数据时出现的一系列新问题，传统的伦理道德无法适应新形势，应用主体们凭借自身的理论水平和认知能力无法对获得的信息和数据进行有效的分析与处理，不知道如何合理利用大数据分析所得的知识，容易出现行为失范。例如，人们热衷于微信朋友圈、微博、Facebook 等网络平台，习惯于将一些文字、照片、视频等共享到网上，其中数据往往涉及个人隐私，如家庭住所、个人喜好等，但使用者却丝毫没有察觉其中的潜在危机。当这些信息切实被公司搜集利用时，他们才恍然大悟，这样的意识与行为的偏差也可能带来隐私伦理问题。所以说，大数据应用主体自身道德素质的缺失往往会成为导致伦理失范的主要因素。

2. 客观原因

大数据技术能够利用一些特殊方法将这些数据转化为有一定商业价值的信息，从这些数据信息中，挖掘和提取个人的隐私。这就说明大数据本身就意味着共享，众多领域的数据共享是大数据时代的前提和关键特征之一，也可能成为隐私失控的开始。尤其是在一些发达国家，大数据隐藏着很多国家重要机密，一旦运用大数据的某个环节出了问题，不仅会造成经济损失，甚至还会给国家乃至整个世界的安全带来毁灭性的后果。但是，由于社会对互联网和大数据的依赖性越来越高，这种依赖性和大数据本身的技术缺陷，势必形成尖锐的矛盾。

① 尼葛洛庞帝：《数字化生存》，海口：海口出版社 1997 年版，第 9-13 页。

更可怕的是，大数据使用最为突出的特征还表现为匿名性和隐藏性。由于这种加密保障的匿名行为，使得人们在网上的行为格外大胆，这便让犯罪分子找到了可乘之机。例如，部分互联网运营商在商业利益的诱惑下故意侵犯用户数据权利，通过非法渠道出售和倒卖个人的隐私数据，获取利益。这也就表示在数据挖掘的过程中，某些原本属于个人隐私的数据也将被公开和传播。这就侵害了个人的利益和隐私权，从而导致隐私伦理失范。

3. 社会原因

有关大数据使用方面的道德原则与立法的缺失是其产生的社会原因。首先是道德原则的不完善，在大数据的使用与管理方面还没有形成一套统一而又完善的道德规范体系，因此，大数据行为处于一种无规范可依据的失范状态。各国对于隐私观的认识不同，从而造成了对于隐私的道德评价标准的多样性，这种对于隐私观多重的道德评价标准与在大数据使用和管理方面还未成形的道德标准存在着许多冲突，从而导致了一系列道德伦理问题的发生。

其次，有关大数据的立法的滞后同样造成了一系列的道德伦理问题。面对层出不穷的大数据隐私伦理问题，法律显现出滞后性。正如斯皮内洛所阐述的："法律在本质上是反应性的，法律与法规很少能预见问题或可能的不平等，而是对已经出现的问题作出反应，通常，反应的方法又是极为缓慢的。"[①] 在我国，尽管对于建立一套有关于大数据使用的全面完善的的法律已经十分努力，但是，相对于大数据的多样性和海量性来说，立法总是处在滞后状态。特别是大数据的全球性，由于各国对于隐私和大数据时代的理解和标准都不同，导致在立法的时候对某一行为是否触犯法律存在着差异，这就给立法和执法带来各种困难。

三、大数据隐私伦理问题的治理

在大数据时代，数据的共享与挖掘都会引发许多隐私伦理方面的问题，那么当这些数据涉及用户的个人隐私的时候，应用主体应该如何使用

---

① 理查德·A. 斯皮内洛：《世纪道德：信息技术的伦理方面》，北京：中央编译出版社1999年版，第241－242页。

才是不违背隐私伦理的呢？康德对绝对命令的第二条阐释："不论对己还是对人，在采取行动的同时应当永远把人视为目的，永远不要把人仅视为手段。"① 简而言之，这一道德律令强调的是尊重。我们可以从对大数据应用主体的治理、大数据技术的治理以及与大数据相关的道理原则与法律法规的完善这三个方面来实现。

1. 对大数据应用主体的治理

（1）树立与时俱进的隐私观

大数据应用主体的隐私观是导致隐私问题的最深层最根本的原因，促进大数据的个体用户或者是组织提高隐私意识，树立与时俱进的隐私观是解决问题的最直接的措施。为此，首先，就要正确清晰地界定大数据隐私权的概念。美国学者斯皮内洛指出："尊重他人隐私的义务是一个自明的义务，在一般情况下，隐私必须受到尊重，因为它是保护我们自由和自决的一张重要的盾牌。"隐私权是一个动态的概念，随着社会事物的不断创新与发展而不断被赋予新的内容。② 可见，"大数据隐私权"是随着大数据技术的创新与发展、隐私权概念的拓展而产生的一个新事物。所谓大数据隐私权，是指大数据的个体用户与组织在使用大数据中其个人隐私信息不被侵犯的权利。从这里可以看出，随着大数据技术的不断创新与发展，隐私权也增加了新的内容，这就更加要求大数据应用主体应当跟随大数据技术的不断更新而树立与时俱进的隐私观。

所以，只有不断增强隐私意识，达到隐私行为与观念的统一，才能减少隐私问题的发生。增强隐私意识能够使得大数据的应用主体在使用大数据相关产品的同时注重隐私保护。只有大数据的应用主体自身在大数据时代调整自己的隐私观，使观念与时代相适应，并不断寻求更能保护自身隐私的行为方式，才能从根本上减少隐私失范现象。

（2）大力开展大数据隐私伦理的道德教育

对大数据应用主体的治理还应该从另一方面来实施，那就是大数据的应用组织应该大力开展有关大数据隐私伦理的道德教育，从而提高应用主

① Emanuel Kant：Grounding for the Metaphysics of Morals，Indianapolis：Hacket Publishing Company，1981：36.

② 吴玉平：《信息技术的伦理探究——从隐私的视角看》，载《自然辩证法研究》2011 年第10 期，第 22－26 页。

体的大数据隐私道德意识，使大数据的应用主体能够从思想上真正形成一种良好的道德意识和隐私理念。

由于大数据是一个新兴的技术，对于大数据隐私的道德教育的内容还比较少，大多数的大数据应用主体都对大数据以及大数据隐私观没有一个清晰的认识。因此，首先需要运用大数据的一些组织或者是公司在开始工作之前对员工进行有关大数据隐私伦理的思想道德教育。其次，大数据应用的组织或者是公司应该与各大网站一起开发一些有关于宣传大数据隐私伦理的软件，或者是有针对性地开展一些相关道德教育的栏目，以此来引起大数据应用主体们的高度关注，让他们从心理上得到熏陶。把道德教育引向多层次教育，运用大数据技术对应用主体的大数据隐私进行监督，控制信息渠道，使大数据隐私道德实现信息共享的作用。总之，在大数据时代，建立科学有效的大数据隐私伦理对于治理大数据隐私伦理失范问题有着积极的作用。

2. 大数据技术方面的治理

由于大数据的数据库接近海量，具有巨大的商业价值，因此加大技术控制，是有效降低隐私泄露风险，防止大数据伦理隐私问题发生的最有效的治理途径。

首先，完善计算机安全技术，建立一个安全的计算机系统。近年来研究较多的网络安全技术主要是防火墙、信息加密、身份认证、访问控制、网上监控、入侵检测等。[①] 例如，可以通过先进的技术手段，对用户留下的大数据痕迹进行归类处理，保护触及用户个人隐私的信息，对其进行加密，以防泄露；为了确保大数据的安全，一些个人、社会组织和公司企业可利用黑客技术对自己的计算机系统安全性、技术安全性进行测试，找出漏洞，从而尽快修补、改进，防止计算机里的信息被盗取。

其次，研发新的数据安全技术。最近两年，许多机构开始引进 Informatica 方案，保护隐私时获得数据价值 Informatica 隐私保护解决方案基于数据脱敏技术。当大数据的应用组织或公司对数据进行拷贝的时候，这个技术就能够对一些触及个人隐私的机密数据进行脱敏保护，防止意外泄

---

① 郑洁：《网络伦理问题的根源及其治理》，载《思想政治教育研究》2010 年第 4 期，第 91 – 95 页。

露。大数据使用者在共享和移动数据的时候，这个技术将会对敏感字段进行脱敏，确保只有认证用户才能查看到真实的信息，并在数据分析和研究中使用这些数据而不违反数据隐私法规。这充分说明，引进新的数据安全技术，净化网络信息环境，对于有效地控制大数据伦理隐私问题的发生是十分必要的措施。

3. 创建大数据有关的道德原则

在大数据时代，确立共有的道德标准和伦理底线，重构理性的公共话语空间和虚拟社会新秩序已经成为了防范大数据隐私伦理问题发生的最必要的手段。[①] 由于不同时空与地区对个人隐私伦理的界定都不同，超越时空与地域的大数据要求创建一个通用的大数据隐私伦理的道德标准，确保大数据应用主体中的组织与个人对大数据道德原则有着共同的认识，减少在数据采集过程中涉及隐私问题时因利益多样性而产生的矛盾。

由于每个大数据应用主体对于大数据隐私的评价标准不同，从而导致许多大数据应用主体不能够非常准确地对数据进行归类处理。例如，支付宝直接在软件上对每个人的账单做出了数据分析，把每个用户的支出分类从而分析出每个用户的消费偏好。对于这种公开的数据分析，用户也许并不认为这是一种对于个人隐私权的侵犯，甚至认为这种消费分析非常便捷地让他们了解到自己的花费用在何处。然而，2012 年 2 月 16 日《纽约时报》报道，Target 公司在其数据库中将 25 项与怀孕高度相关的商品制作成"怀孕预测"指数，通过分析客户的购买记录从而挖掘出一位女中学生怀孕的信息，于是寄去了妇婴用品的优惠券。不知情的父亲对网站的行为大发雷霆，要求网站道歉赔偿。[②] 用户对于事情截然不同的反应充分说明，每个人对于是否侵犯个人隐私有不同的判断标准。正是由于对大数据隐私的判断标准不同，我们无法对隐私失范的现象做出合理的评判，从而无法正确地制止失范现象的再度发生。

4. 完善与有关大数据隐私伦理方面的法律法规

随着大数据技术的普及，有关数据公开、数据安全和数据产权的法律

---

① 安洋宝：《大数据时代的网络信息伦理治理研究》，载《科学学研究》2015 年第 5 期，第 641 - 646 页。

② 邱仁宗、黄雯：《大数据技术的伦理问题》，载《科学与社会》2014 年第 1 期，第 36 - 48 页。

法规缺失已成为引发大数据隐私伦理问题的首要障碍，尽管 2015 年 12 月贵州在全国率先开展大数据立法实践，但是要在全国范围展开尚需时日。因此，在相关法律法规中明确用户的个人信息属于私人资产，保护个人对自身信息的控制权，确保相关企业与组织不得擅自使用；完善个人信息保护的立法体系，明确个人信息的法律与权利边界，对个人、企业和组织如何保护收集来的他人数据信息作出明确规定，完善个人信息违法行为的责任体系；精心设计个人信息保护的执法机制，强化个人信息保护的事前监管。要利用法律的相关机制对大数据进行监督，以法律为武器，通过建立法律法规强制性地确保大数据隐私伦理问题不再发生。国家以及政府部门应该尽快制定出有关大数据应用的发展政策。只有由国家和政府部门为大数据技术的发展提供政策保证和法律监督，才能够保证我国在大数据隐私伦理监管方面处于领先位置。随着有关大数据隐私的法律法规的不断健全，大数据技术将会迎来更好的生存与发展的契机。

（作者唐凯麟，湖南师范大学中国特色社会主义道德文化协同创新中心主任，教授，博士生导师；李诗悦，湖南师范大学道德文化研究院博士。）

当代中国中小企业实现人力资源
管理伦理化转变的研究

姜 珂

摘要：中小企业若想摆脱发展过程中遇到的种种阻隔，需要对传统僵化的人力资源管理方式进行改革，实现人力资源管理的伦理化转变，进而使其在人才竞争中获得优势，并实现中小企业与员工之间的协同发展。

关键词：中小企业；人力资源管理伦理；协同发展

从改革开放至今，我国的社会主义市场经济模式的发展得到了进一步推进，中小企业是我国企业发展的最主要模式，它们不仅在数量上占据非常大的比重，同时为我国的税收、对外贸易、经济推动以及人口就业都做出了可观的贡献。中小企业在市场竞争之中有其独特的优势：诸如"小而活"的企业类型，使中小企业能够非常快速地应对市场变化并且做出决策；国家对于中小企业发展的利好推动使中小企业进入市场的门槛越来越低；扁平化的管理模式有利于综合性管理人才的培养；等等。但是在这些优势之外，人才流失、人力资本投入有限、不注重员工培养等情况仍然是当今中国中小企业发展中最常被诟病的问题，这些问题使中小企业在人才竞争中处于劣势，甚至成为制约中小企业发展的主要原因，而造成这些问题的最主要原因是中小企业人力资源管理的不足。本文认为，要从根本上解决中小企业人力资源管理中的问题不能单纯地依靠机械的、僵化的手段，应当在人力资源管理中开辟伦理视角，并从员工的根本需求出发，真正实现员工的个人发展与企业发展的并行。

一、当代中国中小企业的现实状况

1. 中小企业的发展现状

（1）中小企业的发展贡献

目前，我国现存的中小企业数量有近 5000 万家，占我国企业总数的 90% 以上，可以看出中小企业已经成为我国企业发展的最主要的企业类型之一。根据 2015 年我国家统计局发布的统计数据计算得出：中小企业在 2015 年对我国的 GDP 贡献达到了 60%；在中小企业所参与对外贸易业务中，仅出口进项一项就占国家当年出口总进项总额的 68%；中小企业 2015 年的纳税总额占到了当年国家税收总数的 53%；除此以外，中小企业还提供了大量的就业机会，在中小企业就职的劳动力占我国劳动力总量的近 80%。① 中小企业涉及的行业覆盖面非常广泛，除了在对外贸易行业、服务业等占据一席之地外，在国家进行产业结构调整的形势下，高技术产业得到迅速发展，而中小企业在高技术产业中所占的比重也达到了 40%。另外中小企业依据其小而活的优势快速蔓延并转型至许多新兴的行业领域，诸如随着网络科技发展衍生出的网络购物平台、海外代购平台，随着淘宝网发展衍生出的网店运作团队、拍摄场地租赁业务等。可以看出，中小企业在多个方面为我国经济的发展和稳定起到积极的推动作用，同时国家也为中小企业的发展提供了诸多的机遇。

（2）中小企业的发展阻隔

可以说人才流失是中小企业发展中面临的最致命的问题，而形成人才流失这一局面的原因有许多方面，其中最重要的原因就是中小企业人力资源管理的不当。从伦理学的角度来看，人才流失有一定的必然性，当员工的能力得到提升而企业又不能够提供与之能力相匹配的发展空间时，那么员工一定会向一个更优质的平台流动。诚然，员工的流失有一定的必然性，但是中小企业所面临的人才流失是一种非良性的人才流失，是因企业内部人力资源管理多方面的不足而造成的人力资本流失，这种流失会直接影响中小企业的长远发展。彼得·德鲁克曾经指出，人力资源是企业当中

---

① 以上数据均由国家统计局发布的《2015 国家统计年鉴》计算得出。

最昂贵的一种资源，因此这种资源是最需要维护和补充的。① 如何维护和补充人力资源，除了合理的管理之外更多的是对人力资源的培养、提升、优化以及发展。人才的流失不仅会为中小企业带来成本的损失，美国《财富》2008 年发表的一篇文章指出，员工跳槽离职后企业重新招聘并培养替补员工的成本是离职员工薪水的 1.5 倍；更重要的是，人才流失只是一种表象，在这种表象之下可以反映出中小企业在吸纳和留用高素质人才上的欠缺，这就使中小企业无法形成有力的人才竞争力，这对中小企业在多元化的市场中立足和发展是不利的。

根据相关统计数据测算得出，我国中小企业平均寿命不到 3 年，5 年内破产的中小企业数量所占整体数量比重高达 60%。以北京中关村为例，2008 年中关村"电子一条街"聚集了近 5000 家中小企业，这其中经营时间超过 5 年的有 430 家，超过 8 年的仅有 150 家。② 造成中小企业暴起暴跌困境的原因来自于两个方面：一方面是外部原因，主要表现在中小企业对外部市场经营环境的多变性应对能力的不足，致使其不能做出及时、准确的战略决策；另一方面是内部原因，也是最主要的原因，即中小企业管理的不当，尤其是在人力资源管理方面的不足。面对复杂的市场竞争环境，获得优质的人力资源可以使中小企业在竞争中更具优势，而人才竞争更是赢得市场竞争的关键。由此可见，若想改变中小企业"短寿"的现状，对现有的人力资源体系进行改革和升级具有一定的必要性。

2. 中小企业人力资源管理伦理化转变的必要性分析

（1）人性假设实现了从手段人到目的人的跨越

作为手段人的人性假设经历了从经济人、社会人、自我实现人到复杂人的嬗变，伴随人性假设改变的是与之相适应的管理手段的调整。经济人假设最初被提出是在 19 世纪末期，其内涵是认为人工作的一切目的是经济利益，当时正是科学管理盛行的时期，泰勒、法约尔等管理学家提出的追求利润和效率最大化的管理方法得到极大的推崇。至 20 世纪 20 年代，梅奥通过霍桑实验发现了工作环境的改变会对工作效率产生影响，经济因素

---

① ［美］彼得·德鲁克：《成果管理》，朱雁斌译，北京：机械工业出版社 2009 年版，第 43 – 44 页。

② 赵媛：《中国中小企业人力资源激励机制研究》，北京：北京交通大学 2011 年版，第 7 页。

不再是影响人工作动机的唯一因素，人作为社会中的一员会受到其他来自社会因素的影响，这也是社会人假设的主要内容。社会人假设提出之后，经济人假设被完全否定。随后马斯洛在 20 世纪 30 年代提出了需要层次理论，将人的需要按低级高级的顺列划分为 5 层，并将高层次的内在需要划定为企业激发员工动力的关键。需要层次理论的提出首次将人力资源管理的重点放在了员工需要之上，同社会人假设一起开创并奠定了科学管理学派的发展。20 世纪 60 年代，沙因提出复杂人假设，这一理论也被称为超 Y 理论。复杂人假设是依据人需求的多样性和复杂性产生的理论，不同于社会人假设和自我实现人假设对经济人假设的否定，复杂人假设认为任何需求的存在都是合理的，没有一种普遍的适用于所有员工和所有企业的管理模式。随着复杂人假设的提出，西方进入了管理丛林阶段，各种学派如科学行为学派、权变理论学派等都提出逻辑严谨的管理方法。① 到 20 世纪 80 年代，目的人假设的出现是对手段人假设的质变和飞跃，手段人假设虽然在不停地变化但是人在管理中的位置始终是作为服务于企业管理目标的工具而存在。康德的义务论中最重要的观点之一为"人是目的"，即"你的行动要把你自己人身中的人性和其他人的身中的人性，在任何时候同样看作是目的，永远不能只看作手段"。② 目的人假设就是合乎了"人是目的"这一伦理内涵的假设，从目的人的角度出发制定的管理方法就是人力资源管理伦理化转变之后的管理方法，是真正体现了人本理念的管理方法。

（2）中小企业员工对获得长远发展的期望值提升

当前，大学教育已经成为通才教育，相当大比重的大学生在毕业之后选择在中小企业就职，这就意味着中小企业员工的受教育程度较过去得到了很大的提升。相对于大型企业来说，中小企业的入职门槛要低很多，但是低门槛并不等于低期望值，受过高等教育的员工选择在中小企业就职并不会改变他们渴望获得职业上长远发展的渴望。从期望的角度来看，当出现期望高于实际现状的情况，员工便会表现出消极的工作态度，这种消极的工作态度不仅会影响工作效率，久而久之也会削弱员工对企业的依赖程

---

① 周三多：《管理学——原理与方法》，上海：复旦大学出版社 2013 年版，第 32 - 47 页。
② ［德］康德：《道德形而上学原理》，上海：上海人民出版社 1986 年版，第 43 页。

度和信任感，最终造成员工的离职局面。由此来看，满足员工对于自身发展的期望不仅是员工福利，对中小企业自身的发展也是有利的。中小企业想要真正做到满足员工长远发展的期望就需要从"人是目的"的理念出发调整相关的人力资源管理策略，实现员工个人发展与企业发展的并轨也是中小企业承担"义务性"的一种现实表现。

（3）中小企业在市场竞争中获得生存的必经之路

前文曾提到，中小企业在面对复杂多变的市场环境中呈现出暴起暴跌的发展局面，相当多的中小企业无法实现长期的发展。从利益的角度出发，没有任何一家企业不渴求长远的发展，一些旁观者总会陷入一种误区，认为中小企业不必要发展长远，图一时之利即可。这其实是一种非常狭隘的观点，也过于乐观地估计了市场的不确定所带来的风险，一旦踏入市场便如逆水行舟，没有任何企业可以百分之百保证自身在没有损失的情况之下全身而退。因此，中小企业想要实现对于自身的保全就必须适应市场，并且在市场竞争中拥有自己的优势，而赢得人才竞争对于中小企业获得长远发展具有重大意义。有句俗语叫作"情感留人"，这里的情感不是一时的情绪，而是德性化的人力资源管理所产生的内在凝聚力。日本管理学研究者坂本光司提到，许多日本企业经营的最终目标并不是为了单纯地追求经济利益，而是对其使命感和责任的履行；而员工也不是为了单纯地获取经济报酬而工作，更多的是通过工作获得幸福感和自我实现。① 中小企业完成人力资源管理的伦理化转变更容易使其在人才竞争中获得优势，并最终在市场竞争中占据一席之地，从这一点来看伦理化的转变是必需且必要的。

二、中小企业人力资源管理伦理化转变的基本路径

1. 中小企业人力资源管理观念的伦理化

（1）贯彻以人为本的人力资源管理伦理理念

著名管理学家 R. 爱德华·弗里曼提到："所有公司战略几乎都要涉及

---

① ［日］坂本光司：《日本最了不起的公司：永续经营的闪光之魂》，蔡昭仪译，银川：宁夏人民出版社 2010 年版，第 29 - 31 页。

的问题，我们必须把伦理置于公司战略讨论的中心位置。"① 由此也可以看出，将伦理的价值理念融入人力资源管理乃至其他管理活动中已经成为主流。《管子》曰："夫霸王之所始也，以人为本。本理则国固，本乱则国危。"管仲从国家治理的角度探讨了百姓同国家稳定之间的关系，只有以百姓为本，才能实现国家的稳固和兴旺。这一道理放在中小企业人力资源管理中同样适用，实现中小企业人力资源管理伦理转变的第一步是管理观念的转变，而树立以人为本的观念是人力资源管理伦理的关键。西方管理学发展到今天，已经逐步实现了从以物为本到以人为本的转移，有效的人本管理所带来的是一种员工与企业双赢的发展前景。要树立以人为本的人力资源管理伦理理念，首先要做到对员工的尊重，具体表现为中小企业要尊重员工的基本权利、员工的人格尊严以及每个员工的价值；其次，中小企业应当尊重员工的需求，并且尽可能地去满足员工的需求；最后，要尊重并推进员工的个人发展。树立并实施以人为本是一个逐层深入的过程，也是人力资源管理伦理化转变的依托，在这个基础之上才能实现中小企业人力资源管理的伦理构建。

（2）实现员工发展和中小企业发展之间的协同兼顾

站在中小企业的角度来看，没有任何一家中小企业是不渴望获得利润并实现自身长远发展的；因此中小企业不可能摒弃自身的发展而只谈员工的培养，这是一个脱离了实际的观念。卢梭将原始的人性归纳为两个方面，即对自己的爱护和对他人的怜悯，这两种情绪之间的平衡形成了一种脱离道德约束下的自由，将这一观念放在员工发展和中小企业发展的关系之中，二者的关系可以理解成为他性和为己性的关系。很多人总是会陷入一种误区，认为员工的发展与中小企业发展之间是一种相克的关系。其实不然，承认中小企业要获得长远发展是人力资源管理伦理化转变的起点和归宿，这是毋庸置疑的，但是选择何种实现路径和处理方法却是可以调节的。尊重并实现员工发展是符合为己性伦理内涵的管理方法，但是它并不是孤立的，而是需要同中小企业的发展并行、统一存在。尊重并实现员工的发展才会使中小企业不再将员工工具化、手段化，也不再将发展目标单纯的局限在利润二字之上，而是会为其带来更加上层和广阔的格局，使中

---

① 唐凯麟、龚天平：《管理伦理学纲要》，长沙：湖南人民出版社 2004 年版，第 92 页。

小企业最终承担起相应企业责任。

2. 中小企业人力资源管理制度的伦理化

（1）完善人力资源管理模块的人性化考量

消除歧视性招聘。最常见的招聘歧视表现在两个方面，即学历歧视和女性员工的歧视。学历歧视表现在一些中小企业在招聘之时设定一些脱离实际的门槛，例如只招收本科学历是"211"或者"985"高校的毕业生、学历在硕士及以上或者拥有某高级职称等。不能说学历等级化本身是错的，但却不可否认这种行为的歧视性和不公性。另外，一些中小企业空缺的岗位并非只有高学历或者名校毕业生才能完成，这就会造成大材小用的现状，员工期望值高于实际则必然会出现消极的后果。女性员工的招聘歧视主要表现一些中小企业会在招聘女性员工时设定不准怀孕的规定，很多中小企业将产假看作是一种利益耗损，甚至有些中小企业会出现拒绝招聘已经怀孕或者有怀孕计划的女性员工。消除歧视性招聘是实现员工尊重的第一步。

构建以员工发展为依托的企业培训。要实现员工的发展，首先要实现对于员工的教育和培训。当人进入社会之后，企业教育就成为社会教育不可或缺的环节。企业培训不仅仅是入职培训，更重要的是为员工提供有针对性的技能型培训，使员工的专业技能得以持续不断地提升。另外，企业培训要注重持续性。培训不是阶段的偶然的行为，持续的培训才能达到"养兵"的效果。

注重员工激励。中小企业在实施人力资源管理中最常出现的就是问题就是只罚不赏，虽然从负向激励的角度出发惩罚也能起到一定的警示作用，但是站在伦理的视角，正向的激励才是最能激发员工内在动力的人力资源管理方式。中小企业构建并实施员工激励体系本就是一种符合伦理理念的行为，但要注意的是激励应当从员工的角度出发，充分考虑并尊重员工的需要。另外，还应当在传统的管理激励中融入道德激励，激励行为不仅是一种利益导向，更是一种对员工品德的奖赏。

（2）树立以诚信为基础的高层管理权威

孟子曰："居下位而不获于上，民不可得而治也；获于上有道：不信于友，弗获于上矣；信于友有道：事亲弗悦，弗信于友矣；悦亲有道：反身不诚，不悦于亲矣；诚身有道：不明乎善，不诚其亲身矣。是故诚者，天之道也；思诚者，人之道也。至诚而不动者，未之有也；不诚，未有能动者也。"① 归其根本，追求真诚才是做人的原则。《戒子通录》中写道："夫言行可覆，信之至也。"一个人的行为举止经得起考察，这就是诚信的最高境界。简而言之，诚信乃一个人的立足之本。放在人力资源管理之中，中小企业的管理者只有诚信律己，才能建立员工对中小企业的信任；反之，管理者的权威便会受到质疑。一些中小企业常会出现拖欠员工工资、无理由加班、不兑现员工福利等行为，这些行为在根本上就违背了诚信的要求。20世纪80年代，海尔厂长张瑞敏砸毁外观有缺陷的冰箱这一事件至今仍是国内十分成功的管理学案例，这体现出了企业对于消费者的诚信，是一种对外的诚信，而企业对于员工的内部诚信也同样重要。树立诚信是中小企业对于自身行为约束和自律的表现，更是一种缩小化了的德治，以信治人方得以治。

（3）为员工提供可持续的、公平的职业发展空间

在一些家族式经营的中小企业中，最常出现的一种问题是企业内部高层管理者或者重要的岗位由家族成员把持，致使企业员工的事业上升通道被阻隔。还有一些常见的情况是在中小企业内部，经常出现一人身兼多职多岗或者工作范畴和内容非常庞杂，但是他们的职位并不是管理层或者处于较为低级的管理层，形成权利与权力之间的错位。这些情况的出现就造成中小企业员工内心的落差和不公的情绪，这种情绪会直接影响他们对工作的投入。对于员工来说，一个公平的职业发展空间由三个部分组成，即绩效、薪酬以及晋升。因此，在中小企业内部构建公平的绩效考核体系是为员工提供职业发展空间的第一步，另外使员工的工资与绩效关联在一定程度之上对员工起到了制约和激励作用。当薪酬与绩效关联之后，就会在无形中减少人浮于事的情况，员工不会因为个人投入与薪酬收获的无关联性而将工作质量和进度置之度外；相反他们会尽量保证工作的高品质和高速度的完成从而获得优良的绩效考评结果，进而获得薪酬上的福利，这也是符合公平需求理论中的公平内涵的方法。对于员工晋升这一问题来说，无论从管理还是伦理的角度来说，强调的都是责、权、利的统一。马克思的权利义务观是义务和权利的探讨和论证，其大致意思是：没有人可以只

① 孟子：《孟子·离娄上》，世界书局1939年版。

享受权利而不承担义务，或者只承担义务而不享受权利，权利和义务是不可分割的。这一理论对权力和权利同样具有适用性，权力和权利也具有一定的不可分割性。因此，中小企业也需要依据绩效考核的数据和科学的评价指标为员工的晋升提供保证，实现权力和权利的统一。从伦理的角度来看，中小企业为员工提供可持续的职业发展空间符合了员工发展诉求的行为，是实现员工与中小企业协同发展的重要步骤。

3. 中小企业人力资源管理参与者人格的伦理化

"士有百行，以德为先。"一个人不管做什么事情，从事什么行业，都应当以礼仪道德为先。实现中小企业人力资源管理的伦理化转变，不单单是一种观念和制度上的调整，更重要的是对中小企业中所有参与者的德性培养。伦理人格从狭义上理解，是人所具有的道德品质；广义是指人之为人的价值、尊严的总和。如果中小企业内部的所有参与者都缺乏良性的伦理人格，那么任何的人力资源管理伦理方法都是无法实行的。我们可以想象，如果管理者没有诚信、不尊重员工的权利和隐私、行为鄙陋、言语无忌，那么无论这个人多么具有管理才能，其行为都很难服众；如果员工之间尔虞我诈、钩心斗角、只重私利，那么企业制定再好的制度也都是无法推行的。实现参与者人格伦理化的最重要的一步是中小企业对于员工的德性教育。员工在工作中受到利益、权利等因素的驱使和诱惑非常容易造成其价值观念的偏差，中小企业应当承担其对员工的责任，实行对员工的道德教育和培养。对于中小企业管理者来说，积极主动地同员工一起参加道德教育也是其提升自身德性的最好方法。

三、中小企业人力资源伦理化转变的远景追求

1. 实现德性化的经营管理

人性化的管理在近些年越来越被关注，除了受员工的需求日益多样、人才竞争等因素的影响之外，还来自于员工在工作中的幸福程度越来越受到社会舆论的注意。近些年，过劳死事件的出现让整个社会开始陷入了关于工作与生活关系的反思之中。上海社科院亚健康研究中心于2014年进行了关于过劳死的研究，结果显示，IT行业、建筑业是出现过劳死概率较高的行业，其中IT行业出现此类事件的比例更大、平均年龄最低，仅为37.9岁，并且大量过劳死人群的年龄在30岁甚至25岁以下。富士康集团

仅在 2010 年 1 年时间之内，就发生了令整个社会哗然的 14 连跳事件，而这令人震惊且深思的背后真相是每个人都不应该忽视的。中小企业实现人力资源管理的伦理化转变是一条朝着德性化管理无限接近的优化之路，而实现这一转变最基本的要求是对员工的尊重和关怀，员工作为独立的人，首先具有人的尊严、权利和需求。马克思的异化劳动理论中曾说道，正是由私有制造成的劳动与劳动条件的分裂，才使劳动者和他的产品、劳动本身、类本质以及和他人之间关系发生了异化。虽然当今与私有制劳动处于不同的社会形态，但是这种员工被工具化了的工作现实同样具有"异化"的特点，是一种新型的"异化"表现，处于这种工作环境之中，员工是很难有机会实现个人的全面发展的。德性化的经营管理是中小企业对于内部责任的一种担当，从长远来看要注重员工的培养、推动员工的个人发展，从细节处出发也要实现对于员工身心健康的关注和关怀。

2. 维护社会主义市场经济的稳定发展

中小企业作为我国企业发展的主要模式之一，无形之中影响着社会主义市场经济健康、稳定的发展。我国中小企业吸纳了 80% 以上的劳动力资源，而这些劳动力资源是否能够获得持续的职业培养、相应的社会教育以及满足其可持续发展的希望都直接影响整个社会主义市场经济的稳定运行。本文一直强调从伦理的角度实现对中小企业人力资源管理的调整，实现人力资源管理伦理化的意义有两个方面：一方面是对内部的影响，"己欲立而立人，己欲达而达人"，无论是对于中小企业还是员工来说，人力资源管理的伦理化转变是实现员工和中小企业双赢局面的最佳路径，反之若员工一直被当成中小企业实现其经营目标的工具，则可能会造成员工在工作中丧失积极性、跳槽甚至罢工等极端行为的出现；另一方面是对外部的影响，当中小企业和员工都可以获得更好的发展之后，这种良性的、积极影响不会仅仅局限于中小企业内部，而是会逐步扩大至整个市场，这对于整体大环境的稳定和发展是有利的。伦理化的转变并不单单是一种手段，通过伦理化转变的方式可以完成对所有参与者的一种全新的道德教育和道德指引，从而使所有参与者形成一种理性的自觉，使大家都可以自觉、自愿遵循市场竞争的规律来追求自身的发展。中小企业在整个市场经济的稳定和发展之中并不是孤立的、无关的部分，相反中小企业是否能获得长久的发展对于整个社会主义市场经济的健康发展是有着非凡意义的，它甚至可以延伸为中小企业对外应当肩负责任中重要的一环。

3. 肩负相应的社会责任

前文反复提到，中小企业实现人力资源管理的伦理化转变是中小企业对其内部责任的承担，也是中小企业承担自身责任的第一步，而承担相应的社会责任是其对外部责任的担当，这也是发展成熟的中小企业的终极使命。提到社会责任，最先想到的是中小企业对于消费者的责任，消费者作为与中小企业发展联系颇为紧密的利益相关者，他们的个人利益应当受到相应的保障和尊重。比如近些年受到大众关注的食品安全问题，例如苏丹红事件、瘦肉精事件再到三聚氰胺毒奶粉事件等；房屋纠纷问题，例如房屋质量不过关、延期交房、假学区房等；个人信息安全问题，如消费者个人信息泄漏、银行账务被盗等。造成这一系列问题的原因除了立法的漏洞之外，更多的是企业经营者自律意识的不足。我们常说"君子慎独"，一个人要时常提醒自己无论任何时候都要保持个人德行的高尚，那么作为中小企业也一样，无论是否有相关立法的约束都应当履行自身的责任，不自欺、不欺人。另外，雾霾问题的出现引起了整个社会对于环境问题的重视。雾霾问题的出现是一种积累和爆发，中小企业作为社会共同体的一部分有与生俱来的责任，无论任何时候都不能够以消耗环境为代价来谋取自身的、短暂的发展。最后，中小企业也应当在具有一定实力的情况之下进行社会福利或者公益活动，实现其对于整个社会的回馈。作为存在于整个社会中的一员，中小企业不应只是单方面地以消耗社会资源来谋求自身发展，从权利与权力统一的角度出发，中小企业应当将自身看作"企业公民"的一部分为社会乃至整个国家的发展做出自身的努力。

（作者姜珂，湖南师范大学道德文化研究院 2014 级博士研究生。）

网络伦理与网民政治心理调适探究

钟立华

摘要： 网络伦理是社会发展中的新课题，要持续增强转型时期的网络伦理和网络文明建设，尤其重视网络政治参与的伦理规范，培育公正文明的网民政治心理。网民政治心理的特征在于较强的政治意识和主体意识，但其不良倾向在于政治价值判断模糊，致使主流政治价值观衰微，并且网络社会的纷繁复杂加剧了犬儒态度的蔓延，对网民健全的政治心理发展形成阻碍。调适的网民政治心理，不仅需要挖掘传统文化的伦理思想资源，还要构建现代理性的伦理规范体系。

关键词： 网络伦理；网民；政治心理；伦理思想

在过去的二十年中，互联网对中国社会产生越来越重要的影响。网络的运用使民众的生活变得方便快捷，网络技术触及政治、经济、文化、社会的每一个角落。根据中国互联网信息中心（CNNIC）的第 38 次《中国互联网络发展状况统计报告》，截至 2016 年 6 月，我国互联网普及率已达到 51.7%，网民规模达到 7.10 亿，手机网民数量 6.56 亿。① 通信技术的普及、移动通讯网络的发展和手机应用的创新使得网民群体迅速发展，移动互联网塑造的社会生活形态进一步加强，网络社会规范性建设的重要地位也进一步突显。

一、网络伦理与网民政治心理

简而言之，与现实社会的规范相对，网络伦理是人们在虚拟的网络社

---

① 中国互联网信息中心：《中国互联网络发展状况统计报告》，2016 年 8 月。

会中应当遵循的道德准则和行为规范。网络伦理问题是网络技术给现代社会带来的重大挑战之一。个性化是现代社会发展的趋势，网络对个性化认可且有巨大的推动作用，彰显个性化的网络伦理道德与传统集体伦理道德产生一定的冲突。"中国的传统道德对衣食住行等方方面面都有严格的礼制规定，人们被迫'非礼勿视，非礼勿听，非礼勿行'，个人的欲望和情感较难得到满足。因此，人们迫切需要一个发泄的环境，释放自己的压力。在这种环境下，当网络出现后，我们才可能尽情地放纵自己，放松自己。"① 虚拟、开放的网络社会行为难于追踪和管理，容易滋生不伦理和不道德的价值观念。当无数模糊甚至扭曲的网络伦理道德充斥网络社会而又听之任之，这种无序而汹涌的潮流就会具有撕裂、分解道德文明的负能量。习近平主席在第二届世界互联网大会开幕式主旨演讲中指出："要加强网络伦理、网络文明建设，发挥道德教化引导作用，用人类文明优秀成果滋养网络空间、修复网络生态。"② 这为中国社会发展转型新时期指明了网络伦理建设的目标和方向。要牢牢把握网络伦理和网络文明建设的主动权和主导权，增强网络引导人们积极向善的能量，减弱网络造成人们消极负面的影响，弘扬社会主义伦理道德理念，持续打造网络社会的"山清水秀"。

在网络伦理涉及社会生活众多的领域中，网络政治参与是最直接的一面，由此形成的网民政治心理较为深刻地体现人们内心价值判断，也是反映网络伦理道德的重大方面。政治心理是在政治社会化过程中，人们对政治关系、政治过程和政治现象等政治生活的心理反映，具有直观、不稳定的特征，表现为对政治生活的某种认知、情感、态度、情绪等。政治心理是传统政治文化的积淀，更与现实社会直接相连，有明显的时代烙印。在网络空间中，对政治过程、政府管理、公共权力、公共政策、国际关系等领域是网民关注的主要内容，由事件和人物引起的网络争论成为网络政治文化的主要内容，逐渐形成具有网络文化特质的网民政治心理。作为一种群体心理意识，它在转型期社会的潜在作用不可忽视，"群体意识的发展，对社会体系既会产生整合性的影响，也会产生破坏性的影响。因为，群体

---

① 徐云峰：《网络伦理》，武汉：武汉大学出版社 2007 年版。
② 李萍：《推进网络伦理建设》，载《党建文汇月刊》2016 年第 1 期。

偏见的出现将会造成群体间的冲突"。① 网民政治心理的多样性会加剧群体、阶层、团体之间不同政治道德和政治文化间的冲突，增加维持国家观念、共同政治理想和价值观的难度，尤其在"无边界"的网络世界中，外来的伦理道德观念对中国的道德文明也将产生冲击，或多或少契合了人们某些内在的价值需求，信奉"存在即合理"的教条，伦理的考量"泥沙俱下"。

二、网民政治心理特征分析

网络文化的特征在于它的多元性和开放性，打破了传统的信息传播的时空限制，有助于网民获得丰富的政治信息。在网络社会中，网民可以更快捷、更广泛地学习和积累政治知识，提高对政治现象的深入了解和分析。一方面，网络信息具有图文并茂、声情交融的特点，信息充盈，效果真实，感染力强，世事、国事、天下事的最新动向"触手可及"，极大地提升了他们对自身所处的国内、国际政治环境的敏感度。另一方面，突破了报纸杂志、电视广播等传统媒介的单向传递信息，网络社会出现了多种声音，呈现了多样文化，观点的交锋和思想的碰撞可以使网民从更多不同的角度看待社会问题、政治问题，从而逐渐形成自己对问题独特的、理性的认识，为以后参与政治实践打下良好的心理素养基础。

网络政治语言是网络社会政治认同的一种体现。网络社会政治认同是指在网络社会中产生的一种政治情感和政治意识上的归属感。更重要的是，网民属于认知水平和政治觉悟相对较高的群体，网络语言的大量使用往往包含了他们感性的政治判断。如"躲猫猫""俯卧撑""打酱油"等词汇就明显地带有一种对现实不合理、不合法现象的不满和嘲弄。"被……"除了表达由于非正常原因被迫接受不公正的事实，还有对被剥夺话语权的抗议。"屌丝"源于处于弱势群体的一种自谑，表达了对社会地位上升的追求，同时也是对公平、公正的竞争平台的渴望。不断涌现的网络语言，经过网络海洋的大浪淘沙，能留下来的凝练而富有表达力，在网民群体中流传，具有"只可意会不可言传"般的效果，因为真正的含义"你懂的"。近些年来，官方媒体的宣传和报道、领导干部的讲话和访谈中时

---

① 塞缪尔·P. 亨廷顿：《变革社会中的政治秩序》，北京：华夏出版社 1989 年版。

而出现热门的网络语言，不是集体"卖萌"，而是接近"地气"，也是执政者体察民情、洞察民意的体现。因此，网络语言不仅丰富了现实的社会生活，还在一定范围内增强了网民的政治价值意识。

网络文化具有交互性的特点，网民通过网络广泛地了解社会政治事件和国际热点问题，在新闻跟帖区、论坛社区、社交论坛、微博、微信、博客等空间表达自己的情感，发表见解和看法，和其他参与者进行自由的交流，从某个角度来说，网络社会就是一种参与型社会。在此过程中，网民的权利和义务意识可以得到巩固和提高。随着网民主体独立意识的提高，其对政治体系的整体以及运作过程就能逐渐形成强烈而明确且理性的认知、情感和价值取向，清楚自己在现实社会中作为国家一员的权利、能力、责任，政治效能感增强，对自我的政治能力具有积极的认识和评价。了解政治、关注政治、参与政治逐渐成为网民一种内在的兴趣和需求，部分网民便形成了较为清晰和独立的政治信仰和政治理想，为参与更加深刻的政治实践和政治生活确立了方向。

三、网民政治心理不良倾向研究

（一）主流政治价值观衰微

政治价值观是政治文化的核心，政治价值观决定着人们对政治角色、政治态度、政治行为的选择。一个国家的主流政治价值观是本国公民在政治立场、政治态度、价值判断等方面所应持有的基本尺度，是维系国家政治稳定和社会和谐的内在要求，需要占据主导性的地位。网络的信息传播打开了更为广阔的言论自由空间，不同组织、不同派别都可以在网上发表自己的政治观点、阐述自己的政治见解，网络政治信息复杂，形成了多样的网络文化，不同程度地模糊了网民的政治价值评价。

由于网民在认知不同的政治现象和政治观点时受网络社会的纷繁芜杂信息的影响以及或明或隐的政治价值取向的引导，一般人仅靠已有的政治常识和行为经验，难以对重大政治事件作出全面准确判断和评价，这也使得部分网民出现了政治心理困惑甚至原有价值判断的极度转向。于是，他们惊见于曾经崇拜的"偶像""英雄""明星"人物的不断倒塌，诧异于无数所谓"真相""内幕""小道"消息的不断涌现，而一些打着"公共"旗帜的"大腕"、曾一呼百应的"大V"被揭露真实面目的时候，直让他们感叹当初"很傻很天真"。很多时候，姗姗来迟的"官方"定论虽然能止住"流言"的扩散，但是谣言的累积已一点一点地动摇着主流价值体系的根基。

网络文化的自由使得网民可能失去正确的政治价值标准判断。自由是有限度的，但网络社会容易给人一种自由无边界的错觉，任何人都可以自由、自主地在网络上发表自己的意见，也可以从开放的网络中获取多元化的和自己感兴趣的信息。但由于复杂的网络环境，大量的虚假信息混杂其中，背后的政治价值导向又十分隐秘，足以迷惑不少网民。在许许多多的热点公共事件中，网络问政的方式多样，瞬时集聚，形成强大的网络舆论，直指政府公信力。现实中，网民因为一些违反法律规则和有悖道德规范的问题得不到合理解决已累积不满情绪，网络事件恰恰成为一个个引爆点，他们在网络上转发、"灌水"，发表严厉的言论，夹杂一些恶毒、污秽的网络语言，对"不道德者""不法者"大加指责和倾泄愤慨，甚至人身攻击。这种非理性的心态在蔓延，逐渐使他们忘记了现实社会基本的道德和法律规范，无意中为一些潜伏的"网络推手"煽风点火，满腔的政治热情成为一种伤害，实际上已偏离了公平正义的轨道。

(二) 犬儒态度暗流涌动

犬儒派是古希腊时期出现的哲学流派之一，犬儒派的各种乖张叛逆的行为和愤世嫉俗的感情是对当时社会的一种消极回应，经过漫长的岁月，犬儒主义渐渐走出了思想精英的圈子，以个体心理的形式走入大众社会的各个阶层，使得犬儒化的倾向变成一种态度，影响了民众政治心理的健康发展。网络社会的开放和自由，犬儒态度更加暗流涌动、推波助澜，长期泡在网络世界中的人们也不免受其影响：一为"过热"，市场经济利益日趋多元化，网民的政治动机也呈现多元化，部分网民甚至以偏激和极端的动机参与到网络政治之中，给正常的社会秩序和观念造成不可估量的破坏和混乱；二为"过冷"，即部分网民积极主动地问政议政和理性化的态度逐渐弱化了。

政治心理就是个体和群体的观念、意识以及他们对自己政治经验和政治行为的反应，包括政治素质、政治观念、政治态度、政治评价取向等政治品质。在中国社会转型期，不少人对所处时代发生的种种新问题、新现象不理解、不认同，而现实又不能及时地予以解决。逐渐地，很多人"淡定"起来了，"围观"成为一种习惯——不相信既定事实会有任何良性的改变，认为阶层低下的人们对政治体系永远只是微不足道的存在。当然，也有很多人非常不"淡定"，这种心态和情绪在网络社会聚集和发酵。改革开放三十余年，市场经济过程中出现的少部分公职人员权钱交易、司法不公、奢靡腐化等现象，导致了公众对政府不满情绪和不信任感有了一定程度的增长，政治认同的资源逐渐流失。而且，随着网络对官员腐败、社会黑暗面报道的增多，网民对政府的情感不如从前，不信任情绪和心态的蔓延有所加剧。少部分网民一边对现实政治心怀芥蒂，一边却又故意对政治改革的每一小进步视而不见，不相信、不信任成为一种惯性，为了反对而反对，信奉"官方的话要反着听"，却对一些没有根据或无中生有的网络传言坚信不疑，"不管你信不信，反正我是信了"。犬儒派在政治上本身是倾向于无政府主义的，藐视一切权威、反对政权；现代社会犬儒化的倾向表现在政治心理上就是一种消极的政治态度，一种带有偏见的态度——政治冷漠倾向，"把政治等同于'假大空''搞运动'，蔑视、冷落政治"①。或者是其反面——政治偏激主义，排斥党组织，甚至否定党的领导，把所有社会问题都归结于体制，对公务人员的廉洁自律一概否决，等等。

四、网络伦理对政治心理调适

（一）发掘传统文化的伦理思想资源

儒家思想在中国传统社会较长一段时期内主导地位，是中国传统文化的重要组成部分。现代社会中，我们仍然可以挖掘儒家思想中的优秀资源，对网民政治心理进行调适。儒家思想强调"正身自省"，曾子曰"吾日三省吾身"（《论语·学而》），注重对自身言行的反省觉悟，追求高尚的道德情操。网络社会大大丰富了人们的生活，由于其开放、自由、匿名等特点，部分网民在虚拟的网络世界中不由自主地忘却了现实社会的规范，在彰显自我个性的同时失去了任何拘束。对历史人物、政治事件、公众话题，没有深入了解便妄下判断，乱置臧否，没有分析，只有结论。对于不同意见者，口诛笔伐——有时，只是为了反对而反对，甚至污言秽语

---

① 段志坚：《当代大学生政治社会化的现状思考》，载《人民论坛》2010 年第 5 期。

相对，各种人身攻击的网络语言狂轰滥炸，大有把"异己"者进行消灭才解恨的意味。网络社会虽然是一个虚拟的空间，但也是一个有形的世界。网络上的一段段言论，其实就是一面面反观网民内在心理世界的镜子，一下子展示在海量的网民眼前。如果一开始，就有较好的自我约束和警醒意识，对自己严格要求，面对别人对自己万般"幼稚""谬误"的观点，即使别人一时对自己不能理解，也不要去怨恨别人，应该思考是不是自己表达的意思让他人误解或者是不是自己的措辞的方式让他人不能接受；那么，就可以给出更加清晰和明确的解释和回复，以自己的理智与诚意去改变别人的看法。

因此，在网络社会，同样需要古人的智慧，培养一种宽容、平和的政治心理。《论语·子路》有曰："君子和而不同，小人同而不和。""和而不同"的网络社会是自由的、民主的，让人自由，诚心待人，止于至善，网民在获取知识和科学的同时，也追求正义的价值。允许他人与自己有不同见解、有不同价值诉求是民主、自由的体现。有学者提出，宽容是民主的基础，笔者信以为然。网络可以迅速、广泛地集中各种政治见解，基于不同地域环境、民族身份、出身背景、文化层次的网民对政治现象有着不同的观点，意见和诉求或有不同，但是是真实的存在。《论语·学而》亦云："人不知而不愠，不亦君子乎？"如果别人不了解自己或误解自己，也不要去怨恨别人，那不也是君子所为吗？"不患人之不己知，患不知人也。"别人不了解我，我不着急，着急的是我不了解别人。因为，"君子求诸己，小人求诸人"，凡事求之于己，首先从自己方面来要求，那才是一个君子所为。所以，面对他人的异见，可以试图从对方的立场出发，先说服自己再说服别人，以理服人。

（二）构建现代理性的伦理规范体系

政治心理是反映政治生活的晴雨表，网民的政治心理对其政治价值观有重大影响，有正确的政治价值观才会有积极、理性、文明的政治参与实践与行为。在社会转型期，要经历社会价值观的反思、裂变、更新和重塑，这是文明、开放社会来临前的"阵痛"，网络社会的发展，在某种程度上加剧了这种症状，网民在政治价值观上产生诸多迷茫和困惑是可以预见和理解的，迫切需要社会主义核心价值观以更加生动、有力的内容和形式进行有效引导，同时不断完善相关法律和制度建设。一方面，相关管理部门要以民主、科学、人文的精神，制定出台合理、可行的法律，规范网络生活秩序，坚决打击有组织、有意图的网络传谣行为，维护国家和社会的稳定，保护公民人身财产的合法权益，为网民创设一个良好的网络环境。另一方面，加快中国社会诚信体系建设。现实社会诚信缺失现象令人触目惊心：假冒伪劣、坑蒙拐骗、司法不公、贪污腐化等，网络世界中的诚信缺失也日益让人目不暇接：发布虚假信息、哗众取宠、恶意造谣、网络恶搞、网络钓鱼、垃圾邮件、网络病毒等。信息技术的进步没有伴随提高网民道德素养提高，网络反倒成为一种掩护恶行的便捷工具，在网络社会尚未成熟之时，健全的网络监管和法律法规没有配套跟进，导致网络世界一时乌烟瘴气。因此，将网络社会道德诚信记录纳入个人诚信体系的建设要提上日程。不造谣、不信谣、不传谣，自觉维护国家安全和社会稳定是一条基本准则；同时，不参与任何具有政治意图的网络推手行为，共同维护良好网络世界的"正能量"。

同时，建设政府诚信伦理。政府诚信在社会诚信体系中居于主体地位，目前政府诚信缺失的现象已经使得不少民众对国家的情感减弱，"上不信，则无以使下"，倘若领导干部无法取信于自己的下级，又如何能够得到人民群众的信任和支持呢？因此，要通过加强对公职人员的诚信观念教育，强化内外部监督等机制，将公职人员的诚信档案作为重要的考核指标，使他们深刻认识到树立诚信威望，对于优化政府形象，调适民众政治心理，增强政治认同具有积极的作用。

（作者钟立华，湖南师范大学公共管理学院博士研究生，研究方向为马克思主义哲学、政治哲学。）

安乐死道德难题的成因及其
解决对策之分析

龙显辉

摘要：安乐死道德难题的实质是安乐死在现实生活中所面临的道德上的指责。主要表现为：（1）盲目尊重患者自主意志而同意安乐死是不负责任的表现；（2）家属同意安乐死是出于利己的目的；（3）医生实施安乐死是不道德的行为。难题的原因在于患者自主意志的不准确，家属的和医生同情与自我同情界限的模糊以及传统医德规定医生的职责是治病救人。解决安乐死道德难题在于维护患者利益，给予患者医学伦理关怀和减轻患者痛苦。基于此，本文认为：（1）临时干预患者的选择而违背其自主意志是合理的；（2）培养人们的同感意识，从动机上引发关心患者的道德行为是必需的；（3）医生让患者无痛苦死亡也并非不道德和反人道主义的。

关键词：安乐死；道德难题；同感；无痛苦死亡；居间家长主义

"'安乐死'一词源自希腊文 euthanasia，原意指无痛苦的死亡。现在指有意引致一个人的死亡作为提供他的医疗的一部分，有时也译为'无痛苦致死术'。"① 辛格在《实践伦理学》中把安乐死的对象分为患有严重先天性残障或疾病的新生儿、脑死亡（无自我意识）的病人以及患有现代医学确定为无法医治类疾病的成年人。如果说对患有严重先天性残障或疾病的新生儿、脑死亡无自我意识的病人实施安乐死主要是面临是否有权利剥夺残疾人、植物人的生命权的法律难题的话，那么对绝症患者主动要求的安乐死所面临则是道德上的难题，即如果绝症患者不愿忍受痛苦，主动提出安乐死的要求，医生和家属在尊重患者意愿对患者实施安乐死时所面临

---

① 邱仁宗：《生命伦理学》，北京：中国人民大学出版社 2009 年版。

的道德上的矛盾。在本文中，笔者将对什么是（主动）安乐死的道德难题，安乐死道德难题产生的原因，以及如何解决安乐死难题谈些自己的看法。

一、安乐死的道德难题及其形成原因

（一）何谓安乐死的道德难题？

安乐死作为医生有意引致患者死亡的行为，就必然涉及人们对其进行道德评价，评价的标准就是看安乐死是否符合患者的利益，凡符合患者的利益就是道德的，凡损害患者的利益就是不道德的。由此，我们可以引出安乐死道德难题的含义，即所谓安乐死的道德难题是指人们对安乐死进行道德评价时出现的道德上的矛盾。表现为：（1）如果医生和家属是因为尊重患者的自主意志而同意安乐死是道德的，但盲目尊重患者自主意志而同意安乐死却是不道德的；（2）因为同情患者而同意安乐死是道德的，因为自我同情而同意安乐死却是不道德的；（3）医生"救死"是道德的，但"助死"却是不道德的。安乐死道德难题的实质是安乐死在现实生活中所面临的道德上的指责。

（二）安乐死道德难题形成的原因

安乐死在现实生活中面临道德上的难题，造成安乐死道德难题的主要原因是以下三个方面。

第一，患者自主意志的不准确。患者自主意志的不准确造成医生和家属因为尊重患者自主意志而同意安乐死是道德的，因为盲目尊重患者自主意志而同意安乐死却是不道德的之间的矛盾。赞成尊重患者自主意志而同意安乐死是道德的人认为：人有权利选择生活的方式也有权利选择死亡的方式，如果绝症患者不愿继续忍受病痛，主动要求安乐死以换取肉体的解脱，那么作为医生和家属就应该遵从他们的请求，安乐死并不是剥夺一个人的生的权利而是尊重患者的自由选择。基于此，尊重患者自主意志而同意安乐死符合人道主义，因而也是道德的。反对者认为：强调尊重自主意志而同意安乐死显然是符合逻辑和人道主义的，但盲目尊重患者的自主意志而同意安乐死却是不负责任的表现。"自愿安乐死取决于当事人对自己的生活已作出了没有活着的价值的评价，然而这样一种自我评价又是与外人对自己的评价相关，当事人的生活意愿往往取决于他从外人那里获得了一种怎样的对待……"① 如果绝症患者一旦得不到家庭以及社会积极的鼓励和正面评价，他们就会把自己归为不受家人和社会欢迎的那一类人，认为自己活着就是家庭和社会的负担，因而就会为了节约家庭的负担和对社会医疗资源的占用而做出安乐死的决定；事实上他们并不是没有求生的意志。如果医生和家属盲目地尊重患者自主意志，只关注患者是否提出安乐死的要求而漠视这种要求背后的真正动机，使出于节省费用和负担而"自杀"的行为成为可能，实际上是不负责任的表现。"如果这样一种提高社会资源利用率的社会心理真的形成，那么就会给当事人造成极大的心理压力，对其心理感受造成极大的负面影响。"② 从伦理学上讲，这是不道德的。

第二，同情意识与自我同情意识界限的模糊。同情意识与自我同情意识界限的模糊造成因为同情意识而同意患者安乐死是道德的，因为自我同情而同意患者安乐死却是不道德的之间的矛盾。同情是人的一种情感。"……同情有两种：第一种是对别人痛苦的真正同情，行为主体试图分担这一痛苦。第二种是不自觉的、无意识的对自己的同情，即看到别人的痛苦便引发自己的不安、不忍之心，久而久之便会出现一种自我痛苦，这种痛苦之深重便会又引起了自己对自己的同情。"③ 比如，"当我们看到对准另一个人的腿和手臂的一击将要落下来的时候我们会本能地收缩自己的腿或手臂；当这一击真的落下来的时，我们也会在一定程度上感觉到它，并像受难者那样受到伤害"④。从同情的角度而言。如果家属和医生是因为同情患者，因为不忍心让患者继续遭受身体的疼痛和精神的折磨而遵从患者提出安乐死的请求对患者实施安乐死是在情感上是被人们接受的，因为同情本身就是一种美德。但"同情会变成自我同情，而自我同情只能破坏医护人员的关爱、分享与分担意识，摧毁病人与医护人员的信赖关系，对双方都会造成灾难性的后果"。⑤ 当家属和医生看到患者的器官被切开，插上呼吸机，进食主要靠鼻管，排泄靠导尿管便会对患者产生同情怜悯之心，

① 甘绍平：《应用伦理学前沿问题研究》，南昌：江西人民出版社 2002 年版，第 93 页。
② 甘绍平：《应用伦理学前沿问题研究》，南昌：江西人民出版社 2002 年版，第 94 页。
③ 甘绍平：《应用伦理学前沿问题研究》，南昌：江西人民出版社 2002 年版，第 94 页。
④ 亚当·斯密：《道德情操论》，蒋自强等译，北京：商务印书馆 1997 年版，第 10 页。
⑤ 甘绍平：《应用伦理学前沿问题研究》，南昌：江西人民出版社 2002 年版，第 95 页。

久而久之，这种同情就会变成自我同情。在自我同情的催促下，家属、医生就会和患者处于同一痛苦之中。为了结束这种自我痛苦，他就试图结束患者的生命。医生出于自我同情，出于不想看到患者遭受病痛的折磨所引发的自我痛苦而同意对患者实施安乐死无疑是一种利己、自私和淡化责任意识的表现，显然是不道德的。

第三，传统医德与安乐死相悖，造成医生救死行为是道德的，和医生"助死"行为却是不道德的之间的矛盾。"传统医学伦理观认为：医生的神圣职责就是救死扶伤，治病救人，医学的目的就是维持生命，即使最低的生命质量也应不惜代价去延续它。"[①] 我们在现实中也经常听到这样的话，"请您（医生）不惜一切代价也要救活他"，这说明传统医学伦理要求医生对待无论患有何种疾病，痛苦程度如何的病人都要恪守自己"救死"的职责，即不惜一切代价爱护病人的生命，努力解除病人的痛苦，帮助病人早日恢复身心健康，这才是医生的本职所在。但是"'安乐死'……是指有意引致一个人的死亡……"的行为，"有意"一词就说明安乐死从本质说是一种"故意杀人"（特殊情况下的杀人）的行为，"从某一角度来说，安乐死本质上是一种'助死'"。[②] 安乐死不仅与传统医德要求重视生命、热爱生命、珍惜生命的人道主义思想相冲突，也与传统的积极对待人生的伦理态度相冲突；因而，医生实施安乐死是不道德的行为。

道德与非道德的判定标准是看安乐死是否符合患者的利益。从尊重患者自主意志、同情患者和让患者无痛苦地死亡的角度来看，安乐死明显具有正当性。但从盲目尊重患者自主意志、自我同情和"故意杀人"的角度来看，安乐死必然受到道德上的指责。前者是从理论上论证，后者是从情感上论证，他们之间的冲突表明当理论运用于实践时必然不都会被人们的情感所接受。因此，要解决安乐死在现实生活中面临的道德难题就不能依靠一些所谓普遍适用的规则，而是要根据患者的特殊情况对患者做出独特的决断。

---

① 方锦祥等：《安乐死伦理困惑之探讨》，载《包头医学》2012 年第 2 期。
② 卫瑜：《安乐死的道德难题及对策分析》，山西大学 2014 年硕士学位论文。

二、解决安乐死道德难题对策之分析

面对安乐死在现实生活中所遭受的道德困难，如何解决安乐死的道德难题，就需要深入思考。笔者认为，可以通过以下三个方面来实现。

第一，坚持"居间医疗家长主义"原则。居间医疗家长主义是指医务人员为提升患者利益或保护患者免受伤害，违背患者意愿而干涉其自主状况尚不清楚的选择。居间医疗家长主义通常发生在医务人员来不及对患者的危险选择进行自主状况辨析的紧急情形下，干预稍有延迟，便会给患者造成利益损害的情况下，它是一种暂时性干预。

在医疗实践中，完全的自主意志是一种理想化的状态，要甄别出绝症患者做出安乐死决定的意志是否是完全的自主意志是不可能的。尊重患者自主意志对医生和家属可以说是一种义务，但尊重自主意志并不代表不能干预患者的意愿。对于绝症患者而言，他们做出安乐死的决定有时候仅仅是因为在疾病发作和疾病治疗过程所带来的痛苦的一刹那或者出于减轻家庭负担和提高社会社会资源利用率的"社会期待"，此时，他们做出安乐死的决定是明显违背他们真心的。在这种情况下，患者家属和医务人员就需要和患者进行详尽的沟通，把医疗决策的相关信息告知患者，使患者对其医疗选择的性质及后果有清醒的认知，审慎权衡自己选择的利弊。同时，医务人员也要对患者做出安乐死的决定是否完全出于个人意愿作出适当的评估，以免患者是受到外在压力而违心地要求安乐死。实际上，只要采取适当的医疗措施，比如，通过注射镇痛药消除患者的癌细胞扩散所带来疼痛就有可能改变患者的不明智选择。盲目地尊重患者的自主意志容易助长患者的任性、盲目、非理性行为。"……居间医疗家长主义是危急情形下的暂时干预，且干预给患者带来的影响是可以逆转的，所以，即使事后辨明患者当时的选择是自主的，且不会伤害到无辜。随着这一干预被撤回。患者的自主意愿仍有机会得到支持和尊重。相反，如果不对患者进行及时干预，一旦患者的选择事后被辨明不过是一时冲动，则伤害已经造成，且往往难以弥补。"①

---

① 肖健：《医疗家长主义合理性辨析——从广州华侨医院产妇拒剖案切入》，载《道德与文明》2013 年第 1 期。

居间医疗家长主义并不是不尊重患者的自主选择，而是通过和患者进行对话和沟通协商使患者对自己的选择做出利弊权衡的一种临时性干预。它一方面遵循了尊重患者自主意志的原则，另一方面又发挥了医生、家属在医疗事件中居于主导地位的原则，实现了患者利益的最大化。

第二，培养同感意识。安乐死在实践中因同情与自我同情界限的模糊而造成的道德矛盾从本质上说是理性与情感的冲突。因此，解决安乐死道德难题既需要理论的论证又需要情感上体验，这种情感上的体验即同感意识。"同感在本质上是一种情感共鸣，它能够激发我们的道德情感，从动机上引发利他主义的道德行为。"它是人们能感知他人痛苦的基础。对于绝症患者而言，无论是放弃治疗，等待死亡，还是拼命抵抗，在医院利用药物、医疗器械进行过度治疗都是一个极其痛苦的过程。这个过程不仅摧毁患者的人性与尊严，而且也瓦解了家属和医生对患者的信心和耐心。病人等待死亡的过程就是家属和医生对患者逐渐失去耐心的过程。死亡固然可怕，但真正让人可怕的是"久病床前无孝子"，在临终前没有被安抚、被照顾、被关怀。"关怀伦理学家把关怀看作一种能力，即能够感知他人的需要，并以关怀的姿态对他人的需要作出反应。"① 要做到感知患者的需要就需家属、医生从情感上和患者建立联系，使他们和患者产生情感上的共鸣。培养同感意识就是从情感上在家属、医生和患者之间建立联系，从而激发家属、医生对患者的同情和关切之心，使家属、医生尽可能切近地感受患者的感受，设身处地地为患者着想，把患者的痛苦看作自己的痛苦，从内心上产生对患者真正的同情之感，以这种情感驱使发自内心地关心患者，照顾患者，关心患者。

生命都是神圣的。在安乐死问题上，患者的家属和医生都没有权利去帮患者做出生或者死的决定。医务人员和患者家属所要做的就是给绝症病人提供全面的照护，包括医疗、护理、心理等各个方面，同情关怀不仅是改善病人的生理状况，而且也使患者的生命受到尊重，症状得到控制，生命质量得到提高，患者有权利要求安乐死，但家属和医生必须培养自己的同感意识，给患者最大程度的医学伦理关怀。

第三，在对患者的自主选择进行适度干预和给患者医学伦理关怀的前

---

① 张浩军：《同感与道德》，载《伦理学》2016 年第 8 期。

提下，积极地对人们进行现代生死观教育。传统的生死观教育总是教我们如何去热爱生命，去珍惜生命，唯独没有教会我们如何去面对死亡，以至于当医生对病人实施安乐死时，我们总是对医生充满着责备。传统的生死观教育对于解决医德与安乐死之间的矛盾具有消极作用，因此，要解决医生"救死"与"助死"之间的矛盾就必须对人们进行现代生死观教育。进行现代生死观教育，就是要让人们明白，"更好的生活是可以追求的，活得更久无疑是享受充实生活的前提条件。但当活得更久却不能充分享受快乐，甚至变成一种痛苦后，其实际意义就大打折扣了"①。对于患有癌症这一类被现代医学确定为无法医治的疾病的成年人而言，他们的继续存活意味着要承受无尽的痛苦。既然死亡已经无法逃避，在病人提出安乐死的请求下，医生采取人为的手段帮助病人结束身体上的痛苦和精神上的折磨，让病人无痛苦地死亡就并不是违背医生救死扶伤职责的不道德行为。安乐死作为优化死亡的一种方式，它是对病人死亡尊严的积极维护，相比于对患者进行过度治疗而加重患者痛苦的医疗行为而言，它更能体现人道主义的原则。当然，这个过程必须经过患者提出要求，家属和医生对患者意愿进行甄别以及和患者对话协商，以实现患者利益最大化为最终根据。在现实中，人们也应该根据患者的实际情况，理性地对待死亡。正如龙应台在《目送》所讲的："所谓父母子女一场，只不过意味着，你和他的缘分就是今生今世不断地目送他的背影渐行渐远。你站立在小路的这一端，看着他逐渐消失在小路转弯的地方，而且，他用背影默默告诉你，不必追。"

综上所述，无论通过对患者的自主意志进行适度的干预，还是给予患者医学伦理关怀，抑或是在同患者对话协商沟通，让患者对自身的选择进行利弊权衡的前提下尊重患者的自由选择，让患者无痛苦地死亡来解决安乐死道德难题都必须统一于患者的利益之中，保证无论是支持安乐死还是反对安乐死始终是出于善良意志，不到最后关头，绝不轻易使用安乐死。

（作者龙显辉，湖南师范大学公共管理学院2015级伦理学专业硕士研究生。）

---

① 李振良等：《医学人道主义视阈下生命伦理学的思考》，载《医学与哲学》2014第35期。

农村留守儿童伦理关怀缺失的现状及反思

何爱爱

　　摘要：农村留守儿童作为社会弱势群体，其伦理关怀存在物质维度、精神维度和安全维度上缺失的现状。农村留守儿童伦理关怀缺失的原因在于家庭关怀缺位：家庭环境的失衡性；学校关怀缺乏：忽视留守儿童的特殊性；社会关怀缺失：社会组织未充分发挥社会力量。改变农村留守儿童伦理关怀缺失的现状，需要家庭、学校、社会共同努力，建立"三位一体"的伦理关怀体系，使农村留守儿童健康快乐地成长。

　　关键词：农村；留守儿童；伦理关怀

　　党的十一届三中全会的召开，拉开了中国改革开放和现代化建设的序幕，同时也启动了中国社会转型的进程。随着中国城市化进程的加快，越来越多的农业人口参加城市的建设，大量农村青壮年劳动力长期进城务工，从而忽视对自己子女的照顾，产生了一定数量的留守儿童。从总体规模看，全国共摸底排查出农村留守儿童902万。① 这个数字不容小觑，因人口流动引发的留守儿童问题已成为不争的社会事实：留守儿童问题是近年来一个突出的社会问题。作为社会的特殊群体，农村留守儿童属于社会弱势群体，是我国快速城市化发展阶段的独特产物。对于留守儿童，我们要从伦理学的角度去分析他们对于生活的感受、价值的取向和行为的选择，给予他们物质上、精神上和安全上的伦理关怀，这不仅是农村留守儿童健康快乐成长的需要，也是推动"中国梦"进程的需要和实现社会和谐发展的需要。

----

　　① 《全国范围内摸底排查农村留守儿童902万》，载《人民日报》2016年11月10日11版。

一、农村留守儿童伦理关怀缺失的现状

根据《国务院关于加强农村留守儿童关爱保护工作的意见》，农村留守儿童被定义为父母双方外出务工或一方外出务工另一方无监护能力、不满十六周岁的未成年人。他们一般指与自己的父母单方一人、与祖辈、与父母亲的其他亲戚一起生活，或者无人照顾的农村儿童。伦理关怀是一个综合性工程，涉及生活中的各个方面，如学习、生活、身心健康等。农村留守儿童事件的频频发生，折射出其伦理关怀缺失的现状，主要表现在物质维度、精神维度和安全维度三个方面。

（一）农村留守儿童物质维度上关怀的缺失

物质维度的关怀是伦理关怀的基础和前提，一个人只有保障了其基本的生存权，才有资格谈发展权。马斯洛的需要层次理论告诉我们生理需求是人的第一需要，只有基本的需要（衣服、水、食物等）满足到维持生存所必需的程度后，其他需要才能成为新的激励因素。社会转型过程中，我国取得了经济与社会发展巨大成就的同时也伴随着一系列的社会问题，如城乡差距、贫富差距的进一步拉大，这与中国特色社会主义的本质要求相背离。农村留守儿童多为家庭贫困者，正因为家庭经济条件贫乏，其父母背井离乡去外地打工赚钱。相比城市儿童，农村留守儿童享受到的物质资源少之又少；城市儿童的营养状况优于农村留守儿童，农村非留守儿童的营养状况优于农村留守儿童。由于父母常年外出打工，有的留守儿童饮食不合理，有的需要承担家务劳动，有时甚至需要做繁重的农活，超出他们的体力承受范围。长此以往，这些孩子出现营养不良、抵抗力下降、健康状况不佳的情况，必定会影响到其将来的健康和智力发展。贵州毕节五名留守儿童在垃圾箱点火取暖窒息身亡的事件，折射出了社会主体对留守儿童在物质维度上伦理关怀的缺失。①

（二）农村留守儿童精神维度上关怀的缺失

农村留守儿童在成长中因为缺少父母的关注和呵护，情感丰富而脆弱——依赖性和独立性、冲动性和理智性、自觉性和任性并存，极易产生认识、价值上的偏离，以及个性、心理发展的异常。农村留守儿童之所以产

---

① 刘笑菊：《留守儿童伦理关怀的缺失及其反思》，载《青少年研究与实践》2015 年第 4 期。

生心理问题，首先是年龄，因为他们属于未成年人，正是情感、品德、性格形成和发展的关键时期，而他们的父母在自己的孩子出生才几个月或一周岁后，就外出务工，长期与父母分离，使他们生理和心理上的需要得不到满足，缺乏父母的关爱，亲情失落，产生孤独感、荒谬感、迷茫感，导致心理失衡。父母与孩子一年中也难得见几面，如若见面，会给予孩子金钱上的补偿，忽视了孩子对家庭温暖天然的渴望与需求。在祖辈为监护人的农村留守儿童家庭中，老人们通常文化欠缺，不懂教育方法与艺术，给予孩子更多的是起居饮食方面的照顾，对其情感的需求无法仔细体察。有的监护人过于溺爱、放纵孩子，简单、盲目地满足孩子的物质要求，使孩子容易形成任性、自私的性格；而寄住在亲友家的孩子常有"寄人篱下"的感觉，亲友的照顾毕竟取代不了父母血缘上的亲近、依赖，他们往往没有在自己父母面前那样自在放松。由于精神维度上关怀的缺失，农村留守儿童在性格上表现出偏执、冷漠、自私、脆弱、暴躁等不良人格特征，社会适应能力、心理承受能力、生活习惯等均较差。这些性格特点，显然不利于他们日后的健康成长，同时由于年少时缺乏精神关怀而带来的负面影响具有持久性。

（三）农村留守儿童安全维度上关怀的缺失

农村留守儿童安全事件时有发生，这反映了社会主体对农村留守儿童安全维度上关怀的缺失。2015 年 3 月 7 日，江西一偏僻山区小村五名留守儿童（其中最大儿童只有 11 岁）溺亡；2015 年 3 月 14 日，河南光山县小学生校园被砍伤事件中，22 名小学生被砍伤，1 名老人生命危在旦夕；2015 年 5 月 24 日，河南省南阳市桐柏县 56 岁男性教师性侵 10 多名小学女生，受害女生最小的年龄仅为 7 岁，最大的年龄 13 岁；2015 年 6 月 9 日，贵州省毕节市七星关区田坎乡的 4 名留守儿童因缺少父母、邻居、师生的关爱，致心理扭曲而喝农药自杀。这些事件反映出农村留守儿童的生存状态确实令人担忧，尤其是他们最基本的安全保障更值得社会关注。

二、农村留守儿童伦理关怀缺失的原因

社会体制具有导向性和决定性。在计划经济时代，社会成员被城乡分割的二元户籍制度划分为城镇居民和乡村农民两种截然不同的身份。几十年的城乡二元分割的社会结构不仅使我国农村产生了大规模的剩余劳动力，而且形成了巨大的城乡收入差距。中国社会目前正处于一个由传统社

会向现代、由计划经济体制向市场经济体制的急剧转型期。其间，大规模农村剩余劳动力流入城市并与城乡壁垒发生碰撞，各种社会利益关系更趋复杂，各种矛盾冲突随之产生。农村剩余劳动力转移的社会因素和我国现存的城乡二元户籍及教育制度的体制因素是促成农村留守儿童产生的根本原因，此外，家庭、学校、社会方面关怀的缺位在不同程度上影响农村留守儿童伦理关怀的缺失。

（一）家庭关怀缺位：家庭环境的失衡性

家庭是具有婚姻关系、血缘关系或收养关系并且长期共同生活的小群体，是社会基本甚或单位。① 家庭是人出生后的第一所学校，父母是孩子的第一任老师。家庭影响具有普遍性和长久性，在长期的共同生活中，父母对子女无微不至的关怀、爱护和教育，会使父母逐渐获得一种血缘伦理权威，一般来讲，亲切和睦、充满爱心、具有良好家风的家庭环境有利于孩子健全人格的培育；反之，则会给孩子的成长造成障碍。笔者认为家庭环境的失衡性是构成农村留守儿童伦理关怀缺失的主要成因。

首先，单向度的关怀。关怀是父母教育孩子的情感基础，现实生活中，很多农村父母因文化水平低，综合素质欠缺，其关怀是不合理的，比如过分溺爱孩子，只注重物质上的吃饱穿暖，忽视精神和心理上的鼓励和安慰。其次，家庭温暖难以持续。由于父母常年在外务工，大部分父母让爷爷奶奶或其他亲人临时监护自己的小孩，逢年过节才回家与孩子团聚几次，很多留守儿童难以感受到家庭的温暖，毕竟这种亲子之间的特殊关怀关系是临时监护人所代替不了的，并且在这种环境下成长的留守儿童的家庭教育也是比较欠缺的。2016 年 3 月底以来，民政部、教育部、公安部在全国范围内联合开展农村留守儿童摸底排查工作，有 36 万农村留守儿童无人监护，占全国农村留守儿童的 4%，显然这些无人监护的留守儿童亟需家庭伦理的关怀。

（二）学校关怀缺乏：忽视留守儿童的特殊性

学校是有目的、有计划、有组织地向受教育者传授文化知识、劳动技能、价值观念、政治观点、社会规范，以培养符合一定社会要求的公民的机构，是一种特殊的社会组织。② 部分农村教师关怀素养欠缺，忽视留守

---

① 陈万柏、张耀灿：《思想政治教育学原理》，北京：高等教育出版社 2007 年，第 105 页。
② 陈万柏、张耀灿：《思想政治教育学原理》，北京：高等教育出版社 2007 年，第 106 页。

儿童需要特殊关怀，师生关系不够融洽。当前，很多农村教师尚未具备或者完全不具备关怀素养。他们只关注学生的学业成绩，往往忽视个体心理和思想道德方面的发展及出现的各种问题；很多教师仅仅是教条地将课本上的知识灌输给学生，缺乏情感上的交流，善于晓之以理，缺乏动之以情；由于一部分农村留守儿童学习成绩差、调皮捣蛋、不懂礼貌，被老师贴上"坏学生"的标签，农村一些教师不懂也不善于科学运用思想政治教育的方法与艺术，看不到这些留守儿童背后的酸楚，对留守儿童关爱不到位，进而影响师生关系的和谐。2015年10月18日，湖南邵东县新廉小学在校教师李桂云被3名留守儿童劫杀，而其中年龄最大的13岁的刘某，初三在读，多次获得过"三好学生"和"优秀少先队员"的荣誉称号，这也从侧面映射出学校思想政治教育教育的苍白，教师对留守儿童特殊性关怀的缺乏。

（三）社会关怀缺失：社会组织未充分发挥社会力量

社会组织是指为执行某种社会职能、追求特定工作目标而组成的相对独立的社会群体，如政府机关、工矿企业、学校、商店等。① 人们生活在各行各业的社会组织中，但对于留守儿童问题，社会组织未充分发挥社会力量，主要表现在：其一，缺乏关怀性的政策。政府在鼓励农民进城的同时，没有制定好解决农村留守儿童问题的社会政策与相应的法律；其二，缺乏关怀性的社会氛围。虽然留守儿童问题已经引起了广大媒体和社会各界的重视，但关怀留守儿童的社会氛围不够强烈，有的社会组织对"关爱留守儿童计划"的参与度与持续度不够。

三、建立"三位一体"伦理关怀体系

关怀是人的一种基本需要，伦理关怀，是每个人生存发展都不可或缺的一种关怀，不仅表现在物质层面上重视、尊重、理解人的现实需要，更关注人的发展、价值和意义，是一种更深层次的对人精神层面上的关怀，体现了道德性与目的性的统一。只有积极构建家庭、学校、社会"三位一体"的关怀体系，给予农村留守儿童物质上、精神上、安全上的伦理关怀，才能优化他们的成长环境，促进他们的健康成长。

---

① 陈万柏、张耀灿：《思想政治教育学原理》，北京：高等教育出版社2007年，第108页。

（一）家庭伦理关怀：注重亲情伦理，强化家庭教育的责任

对于留守儿童而言，家庭是情感、性格形成的重要场所。有研究表明，"无论缺乏父爱还是缺乏母爱，都可能给处在社会化关键阶段的儿童带来终生难以愈合的心理创伤，使孩子在角色认识、结识伴侣、职责承担和适应社会的过程中出现偏差，甚至导致越轨行为"。① 2015 年 "江西五名留守儿童溺亡事件" "贵州毕节四名留守儿童自杀事件" "湖南三名留守儿童劫杀教师事件" 中反映出家庭伦理关怀的缺失，这种家庭关怀的缺失，导致家庭伦理冲突凸显，人伦情感逐渐散失，甚至走上违法犯罪的道路。为了让留守儿童能够感受到家庭中的亲情，培养他们积极的道德情感和阳光的人生态度，父母应主动承担起对儿童传授文化知识、培养道德品质、指导行为规范等教育的责任，多给孩子一些精神上的关爱，使孩子树立正确的人生观、世界观、价值观。

首先，父母应努力提高自己的思想道德素质和科学文化素质，反对迷信，明辨是非，养成良好的行为习惯，成为 "现代人"。父母要给孩子树立良好的榜样，言传身教，以身作则，不仅关注孩子物质层面的需求，更要关注孩子精神层面的需求，引导孩子健康成长。其次，父母应通过多种渠道加强与子女的交流。尽量多回家看望孩子，陪伴是最长情的温暖；不能经常回家的父母可以通过电话、微信、QQ 等聊天方式加强与孩子的情感联系和亲情交流，并且与监护人、老师等保持联系，随时关注孩子的思想动态和情绪变化，并对之进行针对性的引导，让其既感受到亲情，又可以快乐成长。再次，父母应为留守儿童选择合适的监护人。父亲或母亲有一个在身边最好，不能在身边，也应尽量选择家庭中的成员做孩子的监护人，如爷爷、奶奶、外公、外婆等，让孩子在这个大家庭中能够感受到爱，感受到家庭的归属感，弥补父爱、母爱的缺失。最后，父母应与子女互相体贴、互相尊重。父母要让孩子知晓其背井离乡、外出打工的不易，赢得孩子的尊重；同时，父母也要理解孩子，不能用过高的期望给孩子造成很大的压力，更不能用学习不好就对不起父母的付出等思想给孩子造成精神压力，而要从实际出发，与孩子一起制订学习计划与目标，帮助孩子进步，使孩子快乐学习、快乐生活。

---

① 穆光宗：《中国的未来交给谁：独生子女问题的紧急报告》，北京：中国工人出版社 1994 年版，第 191 页。

（二）学校伦理关怀：更新教育理念，关注留守儿童的特殊需求

教师是人类灵魂的工程师，学校担负着对本阶段青少年进行人格塑造的重要职责，这就要求乡村教师具备政治素质、道德素质、思想素质、知识素质、能力素质、身体素质和心理素质等。2015年"河南南阳市桐柏县男教师性侵多名小学女生事件"折射出部分农村教师道德素质存在问题。

首先，教师要不断提高作为教育者的综合素质，树立反映时代要求的新观念，更新陈旧的教育理念。教育者只有具备实事求是、民主、严于律己、宽以待人等良好的思想作风，才能深入做好思想教育的工作。此外，教师要学会应用教育的方法与艺术，多关注留守儿童的特殊需要，给予更多的关心与尊重，与留守儿童建立良好和谐的师生关系。其次，教师应关注留守儿童的情感和精神，引导留守儿童正确面对留守生活，重视对留守儿童的生命教育。这尤其需要教师去理解和关注他们的内心感受，走进他们的内心世界，给予他们精神上的鼓励和支持，满足他们对精神和情感的需求，成为他们精神成长的引路人，激发他们内在的生命潜能。最后，学校要加强安全防范，开展安全教育与演习，防止校园砍人等暴力事件发生。寄宿制学校要完善教职工值班制度，落实学生宿舍安全管理责任，丰富校园文化生活，引导寄宿学生积极参与体育、艺术、社会实践等活动，增强学校教育吸引力，营造关怀型的校园文化，为留守儿童的健康成长保驾护航。

（三）社会伦理关怀：营造伦理关怀氛围，构建社会主义和谐社会

"贵州毕节自杀事件"中四兄妹是在家暴的环境里成长的，他们自我封闭，缺乏亲人的关爱，他们属于社会弱势群体，在家庭的伦理关怀及其缺乏的情况下，社会的伦理关怀就显得尤为重要。避免"毕节自杀事件"的再次发生、促进留守儿童健康成长是一项系统工程，需要社会各个方面的相互合作和共同推动。具体来说，加强留守儿童的社会伦理关怀可以从以下两个方面着手：

首先，政府是解决农村留守儿童伦理关怀问题的主导力量。其一，大力发展农村经济，逐步消除城乡差距、区域差距。根据民政部、教育部、公安部在全国范围内联合开展农村留守儿童摸底排查工作结果，从范围看，东部省份农村留守儿童87万人，占全国总数的9.65%；中部省份农村留守儿童463万人，占全国总数的51.33%；西部省份352万人，占全国总数的39.02%。①"十三五"规划建议指出："共享是中国特色社会主

---

① 《全国范围内摸底排查农村留守儿童902万》，载《人民日报》2016年11月10日11版。

义的本质要求。必须坚持发展为了人民、发展依靠人民、发展成果由人民共享，作出更有效的制度安排，使全体人民在共建共享发展中有更多获得感，增强发展动力，增进人民团结，朝着共同富裕方向稳步前进。"① 我国社会发展已经步入新常态，一系列社会矛盾和社会问题愈加明显，城乡、区域及行业之间的贫富差距拉大，教育、医疗等社会公共服务资源配置不均衡，政府只有竭力破除城乡二元结构，加大对农村的资金投入，统筹城乡发展，实现城乡发展一体化，才能从根本上解决农村留守儿童问题。其二，进一步推动户籍制度改革，各级政府相关部门，要看到户籍制度对农村留守儿童及其各方面问题的产生之间的关系，加快户籍制度改革，使得留守儿童有平等接受教育的权利，使父母与孩子不再长期分离，同时政府要不断完善关于留守儿童的法律法规，用法律的途径维护留守儿童的正当权益。其三，地方政府可建立农村留守儿童档案，密切关注留守儿童的成长，依据对象的不同，对农村留守儿童给予合理的资金补贴、物资补贴和精神上的鼓励与慰问。

其次，非政府组织是解决农村留守儿童伦理关怀的重要力量。充分发挥电视、广播等传统媒体和微信、微博等新媒体的作用，报道留守儿童生活学习的客观实际情况，以引起社会各界的强烈关注。媒体通过大力宣传关爱留守儿童的先进事迹，传播社会正能量，树立典型，带动更多的组织加入关爱留守儿童的活动中，营造全社会关爱留守儿童的良好氛围，构建社会主义和谐社会。近年来，慈善机构、希望工程、大学生志愿者团体等社会力量开展的针对农村留守儿童的监护指导、心理疏导、行为矫治、社会融入和家庭关系调适等服务取得了一定的成效。

农村留守儿童也是民族的希望、祖国的未来，家庭、学校、社会三者对农村留守儿童的伦理关怀是相辅相成的，建立家庭、学校、社会"三位一体"联动的运作机制有助于呵护农村留守儿童的健康成长，为他们的发展和未来撑起一片蓝天。

（作者何爱爱，长沙理工大学马克思主义学院硕士研究生。）

---

① 《中共中央关于制定国民经济和社会发展第十三个五年规划的建议》，载《人民日报》2015 年 11 月 4 日。